초대박물관장자서전

博物館과 한평생

金載元 著

探求堂

여의도 자택에서(1982)

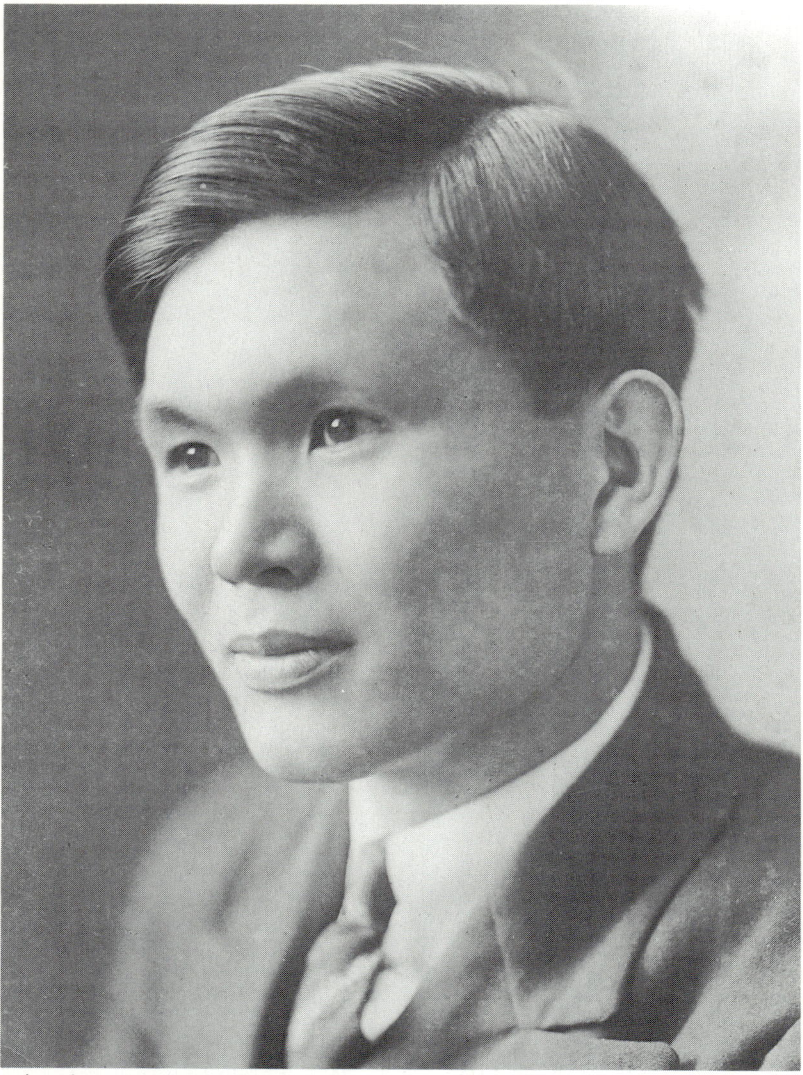

안트워프 시절(1934~35)

박물관장 시절(1954)

박물관장 시절(1960년대)

책머리에

이 自敍傳은 아버님께서 1980년 11월경부터 몇 달에 걸쳐 쓰신 것이며 내용에서는 1971년 가을로 끝을 맺고 있다. 원래는 某 일간신문에 내실 계획으로 시작되었던 것이나 신문사 사정으로 실리지는 않았다. 그 후 文章을 다듬어 원고지에 옮겨 놓으시고 몇 년이 지났다.

돌아가신지 몇 달 후에, 원고지 천매에 달하는 이 自敍傳이 조그만 연두색 보자기에 싸여서 書齋 선반 위에 놓여있는 것을 발견하고, 언제나 미리미리 생각하시고 준비하시던 아버님을 다시금 새롭게 대하는 듯 했다. 日帝 때부터 解放전후, 6·25동란, 4·19 및 5·16혁명의 어려운 시기를 겪으시면서 4半世紀를 항상 우리 文化財와 함께 하시고 우리 문화를 國內外로 알리기 위해 東奔西走하시며 學問발전과 後學양성을 위해 적극적으로 추진하시던 일들이 자세하게 쓰여져 있다. 또 직선적이신 성격과 부지런하시고 유머가 넘치며 자상하셨던 아버님의 모습이 그대로 나타나 있다.

생전에 써 놓으신 이 自敍傳에 附錄을 첨가하여 이미 발표하신 글 중에서 自敍적인 내용을 모았으며, 또 아버님과 가까우셨던 여러 선생님들이 생전에 쓰신 글과 돌아가신 후 永訣式 때의 弔辭와 신문기사 그리고 追慕辭를 모아 한 권의 책으로 엮어 보았다. 내용 중에는 약간 중복되는 경우도 있으나 기록적인 면에서 뜻이 있다고 생각되어 그대로 실었다.

이제 이 글을 세상에 내놓음으로써 어려웠던 시절을 헤쳐나가는 한 博物館人의 고충을 알게 되고, 信念을 가지고 적극적으로 대처하시는 태도와 앞서가는 국제文化人으로서 東·西洋을 내 집처럼 드나들며 한국인의 긍지를 세우고 우리 문화의 자랑에 모든 노력을 기울이시던 모습에서, 우리의 삶과 인생을 계획하고 실천하는데 도움을 얻을 수 있다면 큰 의미가 있을 것이다.

아버님의 人品과 業績을 기리는 글을 써 주신 여러 선생님들과, 이 책을 준비하는 과정에서 많은 助言을 해주신 李基白선생님, 郭東璨선생님께 깊은 感謝를 드리며 원고정리에 도움을 준 金琇漢씨 및 李善亨에게도 고마운 마음을 표한다. 그리고 이 책을 기꺼이 출판해 주신 探求堂의 洪錫禹사장님께 감사 드린다.

이 自敍傳은 蕠堂著作集 제 4 권으로 내놓으며 앞으로 제 1 권 論文集, 제 2 권 隨筆集을 출판할 계획이다. 그리고 지난해에 이미 출간된《景福宮 夜話》는 제 3 권에 해당되는 것이다.

1992년 4월, 二週忌에

金 理 那

차 례

부 록

제 1 장 ■

新天地를 憧憬하며

보포리집

나의 어릴 때 이름은 舍廊(사랑)에서 낳았다고 해서 「사랑돌」이라고 하였다. 사랑스럽다고 하여 지은 이름은 아니었다. 어른들께 왜 하필 끝에 「돌」자를 부쳤느냐고 물었더니 까닭이 없는 것도 아니었다. 함경도에서는 어린아이 이름에 「돌」자를 붙이는 풍습이 있어 5월에 낳은 아이는 「5월돌」, 얼굴이 검은 아이는 「검정돌」이라고 부르는 일을 흔히 볼 수 있었기 때문이다.

5, 6세 가량 되었을 때였다. 얼굴이 검고 튼튼하게 생긴 한 여인이 나타나서 나의 어머니라고 하였다. 그녀는 엿 몇 가락을 내게 사주었고 할머니로부터 벼 몇 가마니를 받아가곤 하였다. 분명히 나의 어머니는 따로 있는데 저 여인은 도대체 누구인가 하고 물었더니 이웃 부인네들이 하는 말이 내가 한 어머니에게서 나온 것이 아니라는 것이다. 배꼽 위와 그 아래를 각각 다른 어머니가 낳았다는 것이었다.

그러나 후에 할머니가 다음과 같이 자세히 설명하여 주셨다. 즉 그 여인의 집은 「독구루마네」라 불리었고 남편은 달구지로 물건을 나르는 노동자였다. 그리고 그 부부는 아들이 많고 모두들 건강했기 때문에 나도 그 여인이 낳은 아이로 이름을 올려 그 집 아이들 같이 건강하기를 바랐다는 것이다. 그 후 가끔 길에서 그 여인을 만나면 대단히 반가워했고, 자기 집에까지 데리고 가서 내게는 兄뻘이 되는 아들들을 만나보게 하였다. 정말 씨름꾼처럼 튼튼하게 생긴 아이들이었고 나를 대환영해 주었다. 나는 이렇게 왜 나의 친구들에게서는 전혀 찾아볼 수 없는 그런 가짜 어머니가 필요했는지도 잘 모르면서 어린시절을 보냈다.

나는 아버지의 얼굴을 기억할 수가 없다. 아버지는 내가 세살 때 세상을 떠나셨다고 한다. 무슨 병이었는지는 모르나 약 1,2년 동안 편찮으시다가 끝내는 돌아가셨다고 한다. 내게는 동생이 하나 있었다. 동생은 아버지가 돌아가신 후에 태어났으므로 이른바 遺腹子였던 셈이다. 동생의 이름은 載亨이었는데 내 이름 끝자가 元자여서 그에 부응하는 亨자를 붙여 그런 이름을 갖게 된 것이다.

1915년 당시, 내가 여섯살이었을 때 우리 동네에서는 홍역이 유행했다. 우리집에서도 나의 사촌되는 智順이가 먼저 걸렸다가 쉽게 나았다. 그리고 그 다음에 걸린 것이 載亨이었다.

그러나 지순의 경우와는 달리 재형은 경과가 좋지 못했다. 아버지가 돌아가셨기 때문에 동생이 생길 수 없다고 하여 온 집안은 크게 당황하였다. 당시 우리 동네에는 洋醫는 한 사람도 없었고 漢醫만 있었다. 그러나 한의의 약을 먹여도 효험이 없자 자연히 무당에게 가서 점을 치고, 무당이 시키는 대로 고사를 지냈다.

그런데 우리가 살던 그 집은 동네에서도 이름난 凶家라고 후에 들었다. 하루는 어머니가 병간호에 지쳐 피로하여 밤에 눈을 부쳤는데, 동쪽 변소가 있는 곳에서 달구지에서 모래 같은 것을 땅에 부리는 듯한 요란한 소리를 듣고 놀라서 깨었다고 한다. 그러나 깨고 보니 다시 아무 소리도 들리지 않아 불안한 예감에 떨었다는 것이다. 그리고 곁에 있는 어린아이는 여전히 높은 열이 나면서 앓고 있었다고 한다.

기억이 확실치는 않으나 그때(6세) 나도 한 번 무서운 경험을 한 적이 있다. 저녁 무렵 변소에 갔다가, 귀신이 나와서 내 등을 덮치는 것 같은 착각이 들어 소리를 지르며 집안으로 뛰어 들어오고 만 것이다.

재형의 열은 좀처럼 내리지 않았다. 어머니는 東峰山에 사람을 보내서

가재를 잡아오도록 하였다. 그때가 겨울이었는데도 東峰에 갔던 사람이 용케도 가재를 잡아왔다. 가재는 해열제라고 하여 높은 열을 내리는 데 祕方으로 잘 쓰였다. 그래도 열은 내리지 않았다. 무당집이란 무당집에는 다 사람을 보내 갖가지로 고사를 지냈으나 재형의 병은 도무지 차도가 없었다.

결국 유복자로 세상에 태어난 그 아이는 죽고 말았고, 나는 유일한 동생을 잃고 말았다. 공동묘지에 매장하고 온 사람들에게 어머니는 땅이 너무 얼지 않았더냐고 물으셨다. 어머니는 재형이가 죽은 후 얼마 동안 정신을 차리지 못하셨다.

얼마 후에 우리는 이 흉가를 팔고 새로 집을 지어 이사를 했다. 나는 이 불길한 집에 다시는 가지 않았으며, 시장터에서 멀지 않은 그 집을 항상 먼 발치에서만 보고 지나갔다. 그런데도 그때마다 무서웠던 그 집 변소가 생각났다.

내가 태어난 곳은 地境이라는 곳이다. 함흥에서 남쪽 국도로 30리를 가면 朱伊川이라는 내가 있는데 그곳이 바로 지경이며, 그곳을 경계로 咸興郡과 定平郡이 갈린다. 지경에는 300호 가량의 촌락이 있었다. 닷새에 한 번 장이 섰는데 동쪽 약 20여리에 있는 連浦라는 어촌에서 생선장사가 왔던 관계로 지경은 농수산물이 풍부한 살기 좋은 곳이었다. 동네사람들은 '죽을 지경'이라고 부르면서 사람이 살 곳이 못된다고 농담을 하였다.

그리고 지경은 그 지방에서 제일 처음으로 개화바람이 분 곳이기도 했다. 즉, 1905년경에 이 지방의 일찍 깨인 사람들이 모여서 興南學校라는 사립학교를 세웠는데 흥남이라는 이름은 함흥의 남쪽이라는 뜻이다. 校舍라고는 교실 두 개와 그 옆에 딸린 사무실이 고작이었다.

이 학교 설립에 주도적 역할을 한 사람은 高炳默이라고 하는 분으로, 체격이 큼직하고 얼굴이 길고 무엇보다 맑은 인상을 주는 분이었다. 高선생은 같은 地境에 살고 있는 金學山이라는 선비의 수제자로, 주민들을 설득하여 학교를 세우는 데 성공하였던 것이다. 물론 학교를 세운 뜻은 새로운 학문을 가르치는 것이 목적이었으므로 새 학문을 공부한 교사가 필요하였다. 그러나 그 근처에서는 그러한 교사를 구할 수가 없었기 때문에 외부에서 선생님 두 분을 모셔왔다. 그중의 한 분이 全鍾麟, 나머지 한 분이 千秉洙선생이었다. 전종린선생은 후에 연희전문학교의 문과를 졸업하고, 서울 정동, 지금의 중화교회가 있는 자리에서 正則學院이라는 학원을 경영한 적도 있었다.

고병묵교장 밑에서 신학문을 배우려고 모였던 젊은 지경 청년들은 4년의 수업기간을 끝내고 일부는 함흥에 가서 그곳 사립고등보통학교를 졸업한 사람도 있었고, 상급학교에 진학한 사람도 있는데 그중에는 東京帝國大學을 나온 사람도 있었다.

우리 家門은 지경에서 가장 유력한 有志였으므로 많은 돈을 기부하여 홍남학교를 후원하였다. 그리고 학교를 경영하기 위해 필요한 財源의 일부를 소유하고 있던 과수원에서 나오는 수입으로 선생들의 월급이나 겨울철 난방비 같은 것을 충당하였다.

우리 집안은 이 지방에서 「보포리집」이라 불리었던 제일 큰 부자집이었다. 보포리라는 것은 定平郡 高山面에 있는 마을 이름이다. 그 일대는 이름 그대로 바다에서 멀리 떨어져 있고 높은 산으로 둘러싸인 곳이다. 그곳에서 나의 高祖되시는 분이 복 많은 부인을 맞이하여 가세가 번성하게 되었다고 하여, 우리 가문 전체가 보포리집이라고 불리게 된 것이다.

내가 5, 6세 되던 때에는 地境에 10여호의 보포리집 일가가 모여서 살고 있었다. 그 중에서 보포리집 宗家라고 할 수 있는 집이 바로 우리 큰댁이었고, 따라서 큰댁이 제일 부자로서 가문의 중심을 이루는 집이었다.

그 재산은 주로 海事에서 연유하였다. 해사라는 것은 明太漁業을 말한다. 함경도 일대의 제일 큰 재원은 어업이고, 그 중에서도 명태잡이였다. 함경남도에서 명태잡이의 중심은 三湖·新浦·新昌·遮湖(차호) 같은 곳이었는데 사업의 방법은 자본을 가진 사람이 어부들에게 미리 장비와 양식을 선불하고, 겨울에 명태가 잡히면 그것을 말려서 이른바 北魚를 만드는 것이다.

명태가 많이 잡히는 때는 바로 추운 겨울이다. 추운 겨울에 생명태(生太)를 노천에 걸어 놓으면 얼어서 부풀어 오르는데 추우면 추울수록 더욱 많이 부풀어 오른다. 그러다가 낮에 기온이 높아지면 녹아내린다. 이렇게 얼었다가 녹고, 녹았다가는 다시 얼고 하는 사이에 명태는 말라서 북어가 되는 것이다. 추운 겨울일수록 좋은 북어가 되고, 그 반대이면 부분적으로 썩게 되어 좋지 않은 북어가 된다. 그래서 날씨가 추우면 추울수록 크게 이익을 볼 수 있었다. 그 대신 춥지 않으면 어민들에게 선불했던 돈도 받지 못하게 된다.

이러한 방법은 마치 地主와 小作人 관계와 같아서 결국은 어부들을 착취하는 것이었다. 북쪽에서 만들어진 북어를 부산 같은 곳으로 가져가면 원가의 몇 배에 달하는 이윤이 남는다. 이 海事가 당시 북쪽지방의 거의 유일한 큰 사업이었다.

이 장사에서 크게 성공한 대표적인 예가 바로 보포리집이었고, 그 돈은 고스란이 토지에 투자되어 함흥군 안의 어느 면에 가든지 보포리집이 제일 큰 지주였다고 한다. 나도 큰댁에 가서 그 두터운 토지장부를 본 적이 있었다. 그것은 굉장히 큰 책이었는데 아마도 보포리집 자식 중에도 그 많은 땅을 한 번이라도 다 둘러본 사람은 아무도 없었을 것으로 생각된다.

가을이 되면 사람을 보내서 타작을 하여 수확된 것을 한군데 모았다가 팔아서 돈으로 가져온다. 그러나 타작한 나락을 한군데 모으는 일에서부터 그것을 팔아 현금으로 지주에게 가져올 때까지 중간에서 없어지는 물량은 이루 헤아릴 수도 없었다. 나의 생각에 절반 정도나 지주에게 돌아오면 다행이었다.

토지 중 제일 좋은 곳은 함흥평야에 있었고 그중에서도 중요한 곳은 우리가 살던 朱地面 안에 있었다. 나락을 타작하여 넓은 마당에 옮겨오면 그 노적가리는 마치 산과 같이 컸다. 벼를 탈곡하기 위해서 이삼십명의 소작인들이 모이는데 이 작업은 일주일 가량이나 계속되었다. 동네 사람들은 항상 나를 보면 부자집 아이라고 불렀는데 그때는 무슨 뜻인지 잘 알지 못했다.

만 여덟살이 됐을 때 나는 지경에 있는 흥남학교에 들어갔다. 그런데 어느 날 어머니는 함흥이라는 도회지로 이사간다고 하며 나를 데리고 지경을 떠났다. 당시 우리 큰댁도 이미 함흥에서 살고 있었으므로, 겉으로는 큰댁을 따라서 간 것처럼 보였으나, 27세의 과부가 외아들을 데리고 낯선 곳으로 이사간 것은 막연하나마 외로워서였다고 볼 수밖에 없었다. 그 때문에 나는 함흥공립보통학교로 옮겼다. 당시에 그 학교는 후에 도립병원이 된 예전의 客舍자리였고, 학급은 모두 여덟 학급이었다.

함흥집에서 산 지 채 일년도 못 되는 어느 날 아침, 어머니가 보이지 않았다. 그때 나는 마침 감기에 걸려 누워 있었는데, 집안이 온통 뒤집히고 우리 큰댁에서는 사람을 동원하여 어머니를 찾았으나 간 곳을 알 도리가 없었다. 결국 어머니는 여덟살 된 아들을 함흥에 남겨두고 팔자를 고칠 작정으로 행방을 감춘 것이었다.

이러한 상황에서 나는 다시 달구지에 세간살이를 싣고 地境으로 돌아왔다. 그때는 벌써 흉가로 소문난 옛 집은 처분되고, 새 집으로 옮겨간 후였다. 지금 기억으로는 내가 돌아온 것을 반긴 사람은 祖母 한 사람 정도였던 것 같다.

당시 그 집의 주인은 叔父였고 안주인은 叔母였다. 그러나 여러 사람들의 입에서는 내가 비록 어린아이지만 장차 이 집은 맏아들의 자식인 내가 주인이 될 것이라는 말이 나왔다. 실제로 叔母는 내가 地境으로 돌아온 것을 반기지 않는 눈치였다. 24세(癸巳生)의 젊은 부인으로서 부모를 잃은 조카에 대한 이해와 관용을 베풀 만한 너그러움이 없었던 것이다.

나는 흥남학교에 다시 입학하였다. 그때까지도 교실은 둘 뿐이었고, 선생 역시 두 분이었는데 자격을 구비한 사람이 아니었다. 한 교실에 두 학년을 수용하였는데 여학생은 모두 합해서 4, 5명밖에 되지 않았다. 그러다가 얼마 후에 私立興南學校는 없어지고, 地境公立普通學校가 설립되었다. 덕분에 자격없는 교원은 없어졌으나 그 대신 머리에다 금테두른 모자를 쓰고, 허리에는 칼을 찬 訓導가 왔다. 이것은 일본사람들의 武斷政治의 일면이 구석진 시골에 나타난 현상이었다. 地境에서는 주재소 소장과 보통학교 교장이 제일 높은 사람이었다.

그즈음 元山에서 연장된 기차가 지경과 연결되어 咸興까지 가게 되었다. 그리고 지경에 생긴 역 이름이 咸南興上이라고 된 후부터는 지경이라는 이름이 없어지고, 興上 또는 咸南興上이라고 불리게 되었다. 咸興까지의 차비는 20전, 시간은 20분 정도가 걸렸다. 이와 동시에 전깃불도 들어오게 되었다. 아이들은 칙칙폭폭하고 달리는 기차구경을 하기 위하여 철길에 모여들었다. 닷새에 한 번 열리는 시장에는 이웃동네 여자들이 머리에 짐을 이고 철길까지 몰려와서 이 신기한 기차구경을 하였다.

정거장이 생겨 하루에도 몇 차례씩 내왕하는 손님들을 실어나를 무렵, 그때까지 없었던 우편소도 새로 생겼다. 우편소에는 전화시설도 있었고, 또 얼마 되지는 않았으나 전화를 가설한 상점도 하나 둘 생기게 되었다. 그것은 물론 興上 안에서 통화하려는 것이 아니고 咸興 같은 곳에 통화를 하려는 것이었다.

아버지가 돌아가신 후 家長이 된 叔父는 興南學校를 거쳐 서울의 普成學校에서 공부를 하다가, 1912년 나의 아버지가 세상을 떠나자 잠시 집에 돌아온 후 다시는 학업을 계속하지 못하였다. 결국 신학문을 계속하지 못하고 중단했던 것이다. 그러나 조선의 독립에 대한 희망을 갖고 거기에 많은 관심을 갖고 있었다.

그러던 어느 날 한반에 다니던 아이가 얼마 있지 않아 조선이 독립되고 우리들도 대통령을 뽑는다고 하였다. 나는 무슨 소리인지 몰라서 다시 물었다. 그는 미국대통령 윌슨이 곧 우리나라에 온다고 하였다. 윌슨이 오게 되면 일본사람들을 다 쫓아버리고 말 것이며, 그렇게 되면 이제는 일본말을 더 이상 배울 필요가 없게 된다고 하였다.

아주 신나는 이야기 같아서 집에 돌아와 叔父에게 말씀드렸다. 그리고 정말 그러한 일이 일어날 것인가 하고 물었다. 叔父는 어린 내가 그런

소리를 하고 다니는 것에 대해 염려스러움을 감추지 못하면서 그런 말은 하지 말라고 타이르셨다. 그러나 동네의 젊은 사람들도 무슨 이야기를 들었던지 수군거렸고, 좀 더 나이가 든 우리 叔父 같은 분은 그윽히 기뻐하면서 옷장에 감춰두었던 태극기를 꺼내놓고 언젠가는 다시 쓸 때가 올 것이라고 하였다.

이때 마침 큰 뉴스거리가 날아왔다. 우리 조선의 제26대왕이었던 高宗이 돌아가셨다는 것이다. 그래서 그 因山을 구경하러 우리 시골에서도 많은 사람이 서울에 갔는데, 나의 祖母님도 아랫집 할머니와 함께 서울 구경을 가시겠다는 것이었다. 다행이 아랫집 아들, 나에게는 七寸叔이 모시고 간다고 하여 叔父는 祖母님을 부탁하였다.

祖母님이 서울에서 돌아오시기 전 어느 날, 시장거리 쪽에서 떠들썩한 소리가 났다. 그러한 일은 여태까지 있었던 적이 없었기 때문에 마을사람들은 대단히 놀랐다. 얼마 있다가 사람들이 오늘은 일본사람을 쫓아내기 위한 큰 운동을 벌이는 날이라고 하였다. 학교도 문을 닫았고 아이들은 장거리 쪽으로 모였다. 나도 아이들의 뒤를 따라갔다.

긴 장거리 길은 온통 사람으로 메워졌고, 사람들은 주재소가 있는 곳으로 달려갔다. 마음 속으로는 겁이 났지만 나도 사람들을 따라 그쪽으로 달려갔다. 약 5분 정도 달렸을 때 요란한 총소리가 났다. 잇따라 떠들썩한 함성이 들렸고, 일부 사람들은 가던 길을 거꾸로 돌려 몰려오기도 하였다.

"일본 순사가 총을 쐈다."

"……씨가 일본순경이 총을 쏘려고 할 때 가슴을 내밀면서 쏠테면 쏴라 라고 하였다."

는 등, 어른들은 어른들대로 어린애들은 어린애들대로 온통 흥분하여 외쳐댔다. 거리의 상점들은 모두 문을 닫았고 사람들의 얼굴은 새파랗게 되어 당장이라도 큰 변이 날 것 같은 흥분 상태로 우왕좌왕하였다. 다행히 총소리는 두 번밖에는 나지 않았다. 조금 있다가 함흥경찰서에서 지원부대로 4, 5명의 일본순사가 왔다. 모두들 극도로 흥분되어 있었으나 사람들이 워낙 많아서 모두 가둘 수도 없고 손을 쓸 도리가 없는 듯하였다.

나는 우연히 일본순사 곁에 서 있었는데 그는 나에게 叔父를 불러오라고 명령하였다. 나는 놀라서 떨고만 서 있었는데 나의 인척이 되는 韓秉鎭이라는 분이,

"그 아이는 나이가 어려서 그런 심부름을 못합니다."

라고 하였더니 일본순사는 손을 들어 韓氏의 뺨을 때렸다. 이러는 사이에 나는 슬그머니 빠져나왔다. 수백명의 군중 속에서 나를 다시 찾기는 어려운 일이었다. 그날은 온 장거리가 홍분의 도가니 속에 빠졌는데 해가 저물면서 점차 진정되었고, 밤에는 비교적 조용해졌다.

다음날 아침이 되었다. 마을사람들은 3월 1일에 서울에서 조선독립운동이 시작되었는데 孫秉熙라는 분이 제1의 지도자이며, 崔南善씨가 독립선언서를 발표하여 수십만명이 모여서 독립만세를 불렀다고 하였다. 그리고 얼마 전에 일본 사람들에게 독살된 高宗의 因山은 뒤죽박죽이 되었다고 하였다. 서울에서는 3월 1일에 만세를 불렀고 그것이 함흥까지 오는 데 이틀이나 걸려서 함흥에서는 3월 3일에, 그리고 興上에서는 3월 5일에 만세운동이 일어났던 것이다. 손바닥만한 興上에서는 온갖 소문이 떠돌았다. 어떤 사람들은 미국대통령 윌슨이 우리나라에 올 때까지 대부분의 일본사람을 몰아내야 된다고 떠들었다.

점차 홍분이 가라앉을 무렵, 함홍에서 나온 일본순사들이 시골 청년들을 한두 사람씩 붙잡아가기 시작했다. 알고 보면 만세운동에 휩쓸리지 않은 사람이 거의 없었으므로 누구든지 붙잡아갈 수 있었으며, 실제로 잡혀간 사람들은 5, 6개월의 징역을 선고받았다. 이때의 만세운동의 총지휘관 역할을 한 高炳默선생은 2년 징역을 선고받고 많은 고생을 하였다.

3·1운동을 겪고 난 후 興上에는 많은 변화가 일어났다. 무엇보다도 우선 배워야 한다는 생각에서 입학기도 아닌데 하루에도 몇 사람씩 普通學校에 자식을 데리고 찾아와서 입학시켜 주기를 원했다. 뿐만 아니라

일본으로 공부하러 간 사람은 거의 없었으나 3·1운동 후에는 일본에 가서 신문배달을 하면서 공부하겠다고 집을 떠난 청년들이 많아졌던 것이다. 이때 떠난 사람 중에는 나와 함께 매일 놀러다니던 친구들도 있었다. 수년 전 그들 중의 몇 사람이 아직도 일본에서 살고 있다는 소식을 듣고 감개무량했던 기억이 난다.

興上에는 그때까지 새로운 의술을 배운 사람이 하나도 없었다. 따라서 興上의 제일 큰 과제는 新醫를 모셔오는 일이었다. 興南學校가 公立學校로 된 후 낡은 校舍가 필요없게 되자, 유지들이 모여 그 집을 옮겨 짓고 共濟會館이라는 간판을 달았다. 그리고 그 조직체인 공제회에서는 우선 그곳에 新醫를 모셔다가 醫院을 차리기로 했다. 그러나 이 일은 끝내 이루어지지 못했고 얼마 후에 어느 醫學校를 졸업한 사람이 개업하자 자연히 해결되었다. 그 대신 共濟會館을 이용하여 夜學을 세워 학교를 다니지 못한 젊은 청년들에게 새 학문을 가르치는 일을 하였다. 高等普通學校에 입학한 후에 나도 무보수로 그곳에서 가르친 적이 있었다.

어느새 興上에도 기독교 예배당이 생겼다. 일요일마다 興南에서 나이 많은 長老가 오고 예배당 종이 울렸다. 종소리가 날 때마다 많은 호기심이 났으나 웬일인지 한 번도 예배당에 가본 적은 없었다.

날로 변해가는 주위환경에도 아랑곳 없이 나의 어린시절은 행복하지 못했다. 아버지의 얼굴도 모르고 자랐고, 하나밖에 없던 동생은 죽었으며, 어머니는 再嫁해 버려 나는 늘 외로웠다.

함흥에서 다시 興上으로 돌아온 후 학교성적은 뛰어나게 좋았으나 나는 항상 침울하고 우울하게 지냈다. 나와 같은 나이 또래의 친구들은 어쩐지 어리고 유치하게만 느껴졌다. 게다가 叔母는 가끔 나를 슬프게 하였다. 그녀는 대체로 좋은 분이었으나 홀로 세상에 남은 조카를 이해할 만한 분은 아니었다. 다만 할머니만은 달랐다. 큰아들을 잃고 난 후, 외로운 손자가 가끔 울고 있는 것이 가엾어서 나와 함께 우시던 일이 지금도 잊혀지지 않는다.

나는 가끔 혼자 앉아서 멍하니 공상에 젖어 있곤 하였다. 이러한 나에게는 친구가 많지 않았다. 그래도 가끔 여름밤 같은 때, 모깃불을 피우고 친구들과 노래하면서 하늘에 떠 있는 수많은 별들을 헤아려 보기도 하였다. 가장 잊혀지지 않는 기억은 밤에 우는 수많은 개구리 소리였다. 바로 집 앞이 논이어서 여름밤에는 개구리 울음소리가 요란하였다. 그후 내가 興上을 떠나서도 홍상을 생각하면 동시에 개구리 울음소리가 들리는 듯했다. 나는 친구들과 논두렁을 다니면서 개구리를 잡기도 하고, 잡은 개구리의 다리를 잘라 껍질을 벗겨 소금을 쳐서 구워먹기도 하였다.

早死하는 집안

나는 興上普通學校를 4년 만에 졸업하였다. 그때는 6년제 보통학교는 큰 도시에만 있었기 때문에 高等普通學校 입학시험은 4년제 보통학교를 표준으로 하였다. 그해 중학교 시험을 친 아이들은 모두 여섯명이었다. 그중에 咸興高等普通學校에 입학한 아이가 3명, 아직 정식으로 인가되지 않은 永生中學校에 입학한 아이가 3명이었다.

이것은 홍상 전체에 대단히 명예로운 일로서 보통학교 선생들은 큰 자랑거리로 삼았다. 우리가 금단추를 단 제복을 입고 모교에 가면 재학생들은 모두 몹시 부러워하였다. 지금 대학생들이 뽐내고 다니는 것보다 못할 것이 없었다.

나는 咸興 中荷里라는 곳에서 하숙을 하고 있었다. 그 집은 나와 같은 학교에 다니던 남학생과 그의 할머니와 조카딸이 살았다. 조카딸이 늘 늦잠을 잤기 때문에 나는 제때에 아침밥을 먹지 못해서 지각하는 일이 많았다. 이것을 叔父에게 말씀드렸더니, 어느날 叔父는

"너를 더 이상 하숙시킬 수가 없어서 雲興里에 새로 집을 사기로 하였다."

고 하셨다.

"그러면 밥은 누가 해줘요?"

"그것은 어떻든……"

걱정할 것이 없다는 말이었다. 얼마 후 叔父는 책보따리를 꾸리고 이

불을 싸서 지게꾼에게 지우고는 나에게 따라오라고 하였다. 말씀하시는 모습이 평소와는 달리 공연히 웃고 서성대면서 침착하지 못한 느낌을 주었다.

숙부가 데리고 간 곳은 咸興高等普通學校가 있는 雲興里 쪽에 바로 학교가 보이는 위치에 새로 지은 집이었다. 방에 들어갔더니 20세 정도 되는 젊은 여자가 있었다. 그녀는 叔父와 나를 반가이 맞아주었다. 叔父는 어느새 小室을 얻어 앉힌 것이었다. 이름은 許敬子라고 하였는데 결혼하고 얼마 후 과부가 되어 叔父의 친구인 金癸埈이라는 사람의 중매로 데려온 것이었다. 叔父는 축첩을 하며 호사할 성격도 못 되었고 또 재산도 넉넉한 편이 아니었는데도 小室로 들어온 그분은 보포리집 사람이라는 사실에 마음이 끌려 들어왔던 것 같았다.

叔父는 학업을 중단하고 고향에 돌아와서는 별다른 직업을 가진 적이 없었다. 이름이 좋아 농사를 감독하는 小地主였을 뿐이었다. 그렇다고 兄이 별세한 후 老母를 혼자 두고 다시 학교에 다닐 그런 용기도 없는 사람이었다. 그래도 신학문에는 대단한 관심이 있어서 正則講義錄이라는 책이 우편으로 배달되어 왔다. 그러나 그 시절의 叔父에게 위안을 줄 수 있었던 것은 역시 여자였고 그것이 소실을 두게 된 동기였다.

許敬子 아주머니는 英子라는 동생과 함께 살았다. 英子는 나와 동갑으로 일본 사람들의 절인 興福寺라는 절에서 경영하는 興福學院에 다녔다. 나에게는 대우를 극진히 잘 하였으나, 당시에 첩노릇을 하는 여자는 다 좋지 않은 사람이라는 선입관이 있어, 나는 끝까지 敬子 아주머니를 아주머니라고 부르지 않았다. 부르지 않았다기보다는 처음에 부르지 못한 탓으로 나중에도 부를 수가 없었던 것이다. 그래서 수십년이 지난 지금도 마음 한구석에 미안한 마음으로 그 생각을 하게 된다.

그런데 차차 雲興里 일대에서는 젊은 소실이 동생과 조카를 돌보고 사는데 아주 미인이라는 소문이 나기 시작했다. 심지어는 동급생 중에서도 美人 아주머니를 보겠다고 찾아오는 학생들도 있었다. 나는 12살에 중학교에 들어갔지만 같은 반 학생 중에는 17세, 18세에 입학한 학생도 있었고, 이미 결혼도 하고 아이까지 있는 학생도 있었다.

그러던 어느날 밤 괴이한 일이 생겼다. 밤 한시쯤 아랫방에서 자던 아주머니의 비명소리가 들려왔다.

"조카, 조카, 저것이 무엇이요? 누가 우리집에 들어왔나봐요!"

하는 것이 아닌가. 그때 나는 13, 14세쯤 되었을 때다. 소리는 질러야겠는데 말이 나오질 않았다. 그래서 외마디 소리로 고함을 쳤으나 사실은 고함도 아니고 이상한 소리에 불과했다. 그 순간 침입한 자는 문을 차고 달아났다. 그제서야 우리는 겨우 불을 켜고 벌벌 떨었다. 아마도 우리 美人 아주머니를 노리고 온 놈이 틀림없었던 것 같다. 우리들은 떨고 앉아있을 수만 없어서 이웃집 사람을 깨워 응원을 청했다.

후에 咸興高等普通學校 운동장이 뒤로 옮겨지게 됨에 따라 자연히 우리가 살던 집은 헐리게 되었다. 그래서 우리는 따로 새 집을 사고 그곳으로 가서 3년 이상을 살았다. 이 3년 동안은 비교적 조용히 공부할 수가 있었다.

내가 5학년이 되었던 해 4월 말에 나는 온 몸에 열이 나고 더이상 학교에 다닐 수가 없어서 興上 집으로 돌아왔다. 알고 보니 장티푸스에 걸렸던 것이다. 장티푸스는 보통 40일통이라고 불렸고 당시에는 정말 40일 동안이나 앓아눕는 어려운 병이었다. 후에 안 일이지만 그때 咸興 雲興里에서 많은 환자가 발생했다고 한다.

내가 咸興에서 기차를 타고 집으로 돌아왔을 때는 아직 논두렁에 풀도 돋아나지 않은, 봄이 채 오지도 않은 때였다. 그때부터 나는 높은 열에 시달리기 시작했고, 얼마 동안을 그런 상태로 있었는지 알 수 없었으나, 하루는 돌연히 요란한 개구리 울음소리가 들려왔다. 나는 나를 간호하던 叔父에게 왜 갑자기 개구리가 우느냐고 물었다. 叔父는 웃으시면서 개구리가 운 것은 벌써 오래 전부터였는데 내가 열 때문에 듣지 못하다가, 열이 내리고 몸이 정상으로 돌아오면서 개구리 소리가 들려오는 것이라고 말씀하시면서 기뻐하셨다. 알고 보니 나는 근 20일간을 고열 때문에 귀가 막혀 아무 소리도 듣지 못했던 것이다.

叔父는 논두렁에서 창포를 뜯어 내 방에 놓았다. 그 사이 봄이 와서 이런 풀들이 자라났던 것이다. 나는 너무 기뻐서 叔父에게 좀 더 많은 창포를 가져다 달라고 하였다. 창포의 냄새는 온 방안을 가득 채웠다. 나는 당장이라도 일어날 수 있을 것 같았다. 그래서 창문을 열고 밖을 내다보았더니 문 앞 울타리에 서있는 나무가 신록으로 물들어 있었다. 내가 함흥에서 집으로 올 때는 아직 겨울 같았는데 봄은 이미 와 있었다.

그런데 내가 조금씩 바깥 출입을 하게 되자 이번에는 叔父가 몸져 눕게 되었다. 나를 간호하는 사이 장티푸스에 전염되었던 것이었다. 온 집안이 들썩거렸고 모두들 크게 당황하였다. 실은 내가 병에 걸려 정신을 못차리고 있을 때 무당의 말이, 咸興郡 上川面에 있는 우리 몇代祖의 墓에 이상이 있다고 했다는 것이다. 그래서 급히 사람을 보내 조사하였더니 과연 그 墓域 안에 누가 暗葬한 흔적이 있었다. 門中이 모두 크게 놀라서 알아 본 결과, 같은 문중에서도 멀리 떨어진 駉鎬라는 사람이 우리 종가가 잘 사는 것을 시기하여 한 일이었다. 吉地라고 생각된 우리 直系先代의 墓域에 자기 아버지를 암장하여 地德의 힘으로 자기네 일가도 홍하게 될 것이라고 믿었던 것이다.

내가 정신없이 앓고 있는 동안에 叔父는 이 일을 처리하고 駉鎬가 묻은 死骨을 다른 곳으로 移葬시켰다. 그 덕분인지 몰라도 나는 회복되었는데 일은 그것으로 끝나지 않고 이번에는 叔父가 병으로 눕게 된 것이다. 叔父를 간호할 사람이 없어 내가 주로 간호를 하였는데 어느덧 6월도 지나고 7월의 여름철이 되었다. 홍상에는 그때까지도 洋醫가 없었기 때문에 함흥에서 劉七石이라는 의사가 기차를 타고 왕진을 왔고, 또 그 때의 이름있는 다른 漢醫에게도 왕진을 청하였으나 끝내 효험을 보지 못한 채 1925년 음력 6월 5일에 叔父는 세상을 떠났다.

우리 집안의 불행은 이것으로 끝나지 않았다. 나에게는 또 다른 叔父 駉鎬가 있었는데, 그분 역시 장티푸스에 걸려서 다음 달인 음력 7월 15일에 세상을 떠났다. 곧 이어 許敬子 아주머니가 낳은 載瀅이라는 애기도 병으로 죽었다. 내가 4월에 장티푸스에 걸려서 시작된 우리 집안의 불행은 이렇게 계속되어 모두 세명의 생명을 앗아가고 말았다.

이러한 불행이 계속되는 사이에 우리 집안에 무당출입은 그칠 사이가 없었고, 온 집 구석구석에 死神이 도사리고 있는 것 같은 불길한 느낌을 떨칠 수가 없었다.

그런데 駧鎬 叔父가 세상을 떠나고 아직 장례도 채 끝나기 전에 또 다른 불행이 닥쳐왔다. 이번에는 내가 다시 병석에 눕게 된 것이었다. 열병도 전염병도 아닌 것으로 누워 일어날 수가 없는 묘한 증세였다. 한쪽에서 발인(發靷)을 하는 동안 나는 택시에 실려 함흥으로 떠나야만 했다.

그러나 함흥에 입원수속이 되어 있었던 것도 아니어서 나는 우선 우리 집안의 사위가 되는 나와는 촌수가 먼 朱舜郁이 경영하는 함흥 시내의 여관으로 갔다. 그런데 우리집에서 세명씩이나 장티푸스로 죽은 사실을 알고 있던 그 여관에서는 내가 오는 것을 대단히 싫어하여 거의 門前逐客을 당할 뻔하였고, 심지어는 식사를 주는 것마저 꺼리기까지 하였다.

咸興道立病院에서 진찰을 받자마자 곧 외과에 입원하게 되어 더이상의 수모는 받지 않았으나, 이때가 나의 소년시절 중 가장 어려웠던 때였던 것 같다. 담당의사는 永井茂라는 일본인 의사였는데, 내가 학교에 낼 진단서에 進行性筋萎縮이라는 병명을 써넣었다. 이 진단은 잘못된 것 같았으나, 그릇된 진단 때문에 치료가 잘못된 것도 없었다. 왜냐하면 치료라야 허리 부분을 전기치료하는 것이 고작이었고 약이라고는 별로 신통한 것도 없었기 때문이다.

입원 후 얼마 동안은 거동이 곤란하여 용변도 자유롭게 할 수 없는 형편이었으나 곧 별로 힘들지 않게 되었다. 아침은 병원에서 4, 5분 거리에 있는 石氏네 「가릿국」(함흥 특유의 국밥) 집에서 국을 가져다 주었고, 점심과 저녁은 병원밥을 먹었다. 나에게는 근 일년이라는 오랜 세월이 불행의 연속이었지만 입원 생활이 어느 정도의 휴양을 가져다 주었다. 그러나 독실 입원료가 하루에 3圓씩이나 되어 우리집 家計는 엉망이 되었다.

나는 의사의 양해를 얻어 퇴원한 후 다시 홍상집으로 돌아왔다. 이제부터 어떻게 살아야 할 것인가가 내게는 중대한 문제가 아닐 수 없었다.

두분의 叔父가 돌아가신 뒤로 우리는 집안의 支柱를 잃은 격이 되었다. 그때 叔父가 남긴 가족은 2남2녀였다. 둘째와 넷째가 아들이었고, 첫째와 셋째가 딸이었다. 그들은 모두 소학교에 다니고 있었다. 나는 토지를 처분하여 병으로 지게 된 빚을 갚았다.

叔父는 하는 일은 없었으나 친구 李奎英이라는 사람의 장사를 돕다가 그 사람이 진 부채의 보증인이 되었다. 李奎英은 장사에 실패한데다가 노름판에서 돈을 잃게 되었기 때문에 그의 부채를 대신 모두 변상하지 않으면 안 되었다. 그래서 세상을 떠나실 때는 무일푼이 되었고 별세 전 몇 해 동안은 내 아버지가 남긴 유산으로만 생활하고 있었다. 나의 병으로 인한 빚도 모두 내 이름으로 되어 있는 땅을 팔아서 갚은 것이었다.

나는 다음해인 1926년 4월, 咸興高普 5학년에 다시 입학하였다. 4년 동안 함께 공부하던 학우들은 모두 일년 먼저 졸업하였고 그중에는 좋은 상급학교에 다니는 친구들도 있었다. 어제까지의 하급생들과 같이 공부하는 것이 대단히 괴로웠다. 그러나 중학교 졸업장은 필요하였기 때문에 일년을 더 다녔다. 그때 일년 늦은 괴로움은 상당히 컸던 모양으로 지금도 그때의 꿈을 꾸는 일이 있다.

1927년 중학교를 졸업하고 나는 2년 동안 홍상에서 한약을 먹고 몸조리를 하였다. 그러나 그렇게 시골에서 일생을 보낼 생각은 없었다. 그 당시 내게 가장 즐거웠던 것은 東京에서 오는 朝日新聞을 보는 일이었다. 그 신문의 기사는 내가 이제부터 가보려고 하는 넓은 세계를 보여주는 것 같았다. 우리집 앞을 지나가는 기차소리를 들을 때마다, 나는 언젠가 저 기차를 타고 죽을 「地境」인 興上을 멀리 떠나게 되는 것을 상상하곤 하였다.

나는 일년이라는 기간동안 한 가족이 당할 수 있는 가장 불행한 일을 한꺼번에 겪었고, 제대로 공부도 하지 못했기 때문에 상급학교 입학시험에 합격할 자신도 없었다. 시험준비차 동경에라도 가려고 했으나 叔父가 별세한 후여서 쉽게 집을 떠날 형편이 못 되었다. 어떤 사람은 나에게 결혼이라도 하라고 권한 사람도 있었다. 이것은 다시 말해서 나에게 영원히 시골에 파묻혀 살라는 것이나 다름 없었다. 그뿐 아니라 설령 내가 결혼할 의사가 있었다 하더라도 우리 보포리집은 원래부터 早死하는 집안이라는 소문 때문에 신부를 구할 수가 없었다.

早死하는 집안이라는 소문은 사실 이번 일로 다시금 증명된 것이기도 하였다. 작고하신 두분의 叔父들은 각기 32세, 31세로 가셨고, 나의 아버지는 그보다 이른 21세로 세상을 떠났다. 그 윗代는 어떠했는가? 祖父는 44세로, 曾祖父도 44세로 별세하였다. 큰댁의 載仁이라는 나의 6촌 형도 20세 되기 전에 사망하였다. 載仁兄이 죽기 몇 해 전에 서울에서 온 白樂이라는 사주쟁이가 '前程萬里 日暮西山'이라고 써 놓았더라는 말은 후에 들은 것이다. 그는 정말 20이라는 나이에 萬里 같은 앞 길을 남겨두고 가버렸던 것이다.

西洋 며느리

1925년에 우리 시골에는 큰 화제거리가 하나 생겼다. 독일로 음악을 공부하러 갔던 載勳(載仁의 동생)이라는 보포리집 아들이 서양 색시를 데리고 고향으로 돌아온다는 것이다. 그는 고향을 떠나서 동경으로 갈 때 李春德이라는 예쁜 아가씨와 이미 결혼한 몸이었다. 그녀는 소학교도 졸업하지 못했으나 상냥한 美人이었다. 약 일년 정도 같이 살다가 載勳은 東京에서 바이올린 공부를 했다고 들었다. 그전에는 서울에서 普成學校에 다녔으나 졸업도 하지 않고 東京으로 갔던 것이다. 동경에서 다시 上海로, 그리고는 상해에서 중국 여권을 얻어서 독일로 가서 바이올린 공부를 한다더니 이번에 귀국한다는 것이다.

그가 독일로 간 1920년 무렵 우리나라의 많은 젊은 사람들이 상해를 거쳐 유럽 또는 미국으로 갔다. 당시 상해에는 3·1운동 후 건너간 우리나라의 망명객이 많았고, 그분들을 따르는 젊은 청년들도 많았다. 이들 젊은 청년들은 불행하게도 정규 학교교육을 받을 기회가 없었기 때문에 그곳에서 중국 여권을 얻어 미국이나 유럽으로 유학의 길을 떠났던 것이다. 나는 이때의 사정을《압록강은 흐른다》의 著者인 李儀景씨에게서 전해들을 기회가 있었다. 같은 처지에 있던 李儀景이 독일에 간 것은 1921년이었고, 金載勳이 독일에 간 것은 1920년이었다.

載勳이가 서울에 도착한다는 전보가 오자, 그 뉴스는 우편소를 거쳐서 곧장 興上 전체의 주민들에게 알려졌다. 나는 載勳을 맞이하러 서울로 갔다. 시베리아를 경유하여 온 그들은 2등침대를 타고 서울에 왔다. 조선사람으로서 독일 여자와 결혼해서 온다는 것이 신기하였고, 그런 훌륭한 사람이 우리 보포리집에서 태어났다는 것이 자랑스럽기도 하였다.

그들은 몇몇 고향 친구들의 마중을 받고 조선호텔에 가서 하루를 지냈다. 나는 난생 처음으로 서양식 호텔을 구경하였다. 물론 그 서양 여자와는 한마디도 말이 통하지 않았으나 모든 것이 다 훌륭하게 보이기만 했다. 내가 묵은 관철동 신행여관은 하루에 두끼를 포함해서 1원50전이었는데 조선호텔은 자는 데만도 9원이라고 들었다. 그렇게 많은 돈을 지불하고 호텔에서 묵는 서양 손님들이 나에게는 까마득히 높게만 보였다.

이튿날 나는 홍상 본댁에 전보로 도착 시간만을 연락하고 그들과 같이 기차를 탔다. 載勳의 어머니는 아들이 설마 소문대로 서양 여자를 데리고 오리라고는 예상치도 못한 채 정거장에 나왔다가 거의 기절할 뻔하였다. 이날 홍상역에 모인 사람은 아마도 천명쯤 되었으리라고 생각된다. 다시 말해서 한집에서 두사람씩 구경꾼들이 나와, 역에서 시장까지의 거리를 하얗게 메우고 있었던 것이다.

그날 이후, 보포리집의 서양 며느리에 대한 이야기는 끊이지 않고 사람들의 입에 오르내렸다. 우선 그들을 위해 서양식 침대를 사야 했고, 탁자와 의자도 장만해야 했으며, 심지어는 휴지(변소 화장지)까지 준비해야 했다.

그중에서도 제일 어려웠던 것은 서양 며느리의 입에 맞는 식사였다. 육식을 주식으로 하는 그녀를 위해 매일 쇠고기가 필요한 것은 물론이었다. 그러나 쇠고기는 5일에 한 번인 장날 외에는 구할 수 없었고, 구한다 하더라도 냉장고가 없었던 때라 이틀 정도도 두고 먹을 수가 없었다. 그렇다고 매일 함흥으로 쇠고기를 사러 갈 수도 없었다. 또한 아침에 빵을 먹는 서양 며느리를 위해 빵과 버터를 구하기도 어려웠고, 매일 물처럼 마시는 홍차도 쉽게 살 수 없었다.

게다가 그녀는 번번이 온돌방에 구두를 신고 들어왔고, 그런 식으로 시어머니를 대하니 홍상에서 한때 화제의 중심이 된 것은 당연하였다.

얼마 후 함흥 일대에서는 보포리집 서양 며느리가 근방의 닭을 모조리 잡아먹었다는 소문이 났다. 육식이 주식인 그녀에게 쉽게 구할 수 있는 것이 닭이었기 때문에 이 소문은 전혀 근거가 없는 것은 아니었다. 지금부터 50년 전의 일이다.

동네 사람들은 그녀에게 「도깨비」라는 별명을 붙였다. 눈이 푸르고 코가 높은 서양 여자의 이야기는 들어본 일은 있어도 가까이 본 적은 없었는데, 막상 가까이 보니 괴물 같다고 하여 그렇게 심한 별명을 붙였던 것이다. 그녀는 1년 후에 다시 독일로 돌아갔다.

金載勳은 서울 공회당과 함흥 眞砂座에서 각기 한번씩 연주회를 가졌는데, 후에 들은 이야기지만 그 음악 수준은 지금의 수준에 비할 바가 못 되었다고 한다. 그러나 당시 그가 우리나라에서 처음으로 멘델스존의 〈바이올린 콘체르토〉를 연주한 것은 의미있는 일이었다. 피아노 반주자를 구하기 어려웠던 때라 스투데니라는 체코 사람이 반주를 맡았다. 그리고 그와 함께 있었던 후스라는 사람이야말로 당시 조선에 와있던 제일 가는 바이올리니스트였다.

金載勳이가 왔다 간 후, 나는 일본으로 유학가기보다는 오히려 독일로 가는 것이 좋지 않을까 하고 생각하게 되었다.

시베리아 기차를 타고

이리하여 나는 1929년 6월 어느 날, 나를 극진히 돌봐주시면서 많은 눈물을 흘리신 할머니를 집에 남기고, 叔母와 조카들을 두고서 독일로 유학의 길을 떠났던 것이다. 그때 나는 만 20세였다. 겨우 중학교만 졸업한 내가 독일에서 어떻게 공부할 것인가에 대해서는 별로 생각지도 않고 독일을 향하여 출발하였다. 일생 동안 많은 여행을 다녔지만 그때 시베리아를 거쳐서 유럽으로 간 나의 첫여행이야말로 내 생애 최고의 여행이었던 것으로 느껴진다.

물론 이 여행을 결행하기까지에는 많은 어려움이 있었다. 제일 큰 어려움은 학비 마련이었다. 내 소유 토지의 가장 좋은 부분을 東洋拓殖會社에 근저당으로 넣고 3,500원을 대부받았다. 명목은 토지개량이었으나 그 회사는 조선사람의 땅을 빼앗는 것이 목적이었기 때문에 명목이야 어떻든 상관이 없었다.

대부받은 3,500원 중에서 나는 500원만을 가지고 여비등에 충당하고, 3,000원은 千載現이라는 사람에게 빌려주었다. 그에게서 이자를 받고 원금의 일부를 독일로 송금해주면 약 3년간은 넉넉히 학비가 된다는 계산이었다. 이것을 중개한 사람은 朴定杰이라는 사람으로 그후 그는 승려가 되어 朴秋潭이라는 이름으로 서울 근교인 소요산 自在庵의 주지로 있다가 별세했다. 千載現은 朴定杰과 의형제를 맺은 사람인데 그에게 3,000원을 맡긴 것이 얼마나 어리석은 일이었는지는 내가 독일에 건너간 후 6개월 만에 판명되었다. 나는 千에게서 한푼의 돈도 받지 못했던 것이다.

독일로 가는 여권을 받는다는 것은 그리 쉬운 일이 아니었다. 우리가 지금 우리 정부에서 여권을 받는 데에도 여러 가지 복잡한 서류를 제출해야 되는데 하물며 식민지 백성이 외국으로 가는 일이 쉬울 까닭이 없었다. 나는 여권 신청서를 나의 주소가 咸興郡(후에 咸州郡으로 변경)이었기 때문에 함흥경찰서에 내었고, 신원조회는 홍상경찰관주재소에서 하였다. 그런데 막연히 독일 유학이라는 여행 목적으로는 통하지 않았다.

"일본에도 좋은 학교가 많은데 왜 하필 독일로 가야 하는가"

라는 그들의 부정적인 반응을 미리 예상한지라 '음악공부를 하기 위하여' 라는 여행 목적을 내세웠다. 물론 우리 家門의 金載勳이 음악을 전공한다는 것을 염두에 둔 때문이었다. 그리고 나는 함흥경찰서 고등계 형사 4, 5명을 제3자를 통하여 요리집에 초대하여 접대하였다.

최후의 여행허가 결정은 함경남도 경찰부에서 내려졌고, 여권은 道廳에서 교부되었으나 일본 외무대신의 官印이 찍혀 있었다. 나는 내가 음악공부를 하러 간다고 독일에 갔으면서 지금까지 악보조차도 읽을 줄 모르는 것을 보면 웃음이 나오는 것을 참을 수가 없다.

때는 6월 초였다. 나는 서울에서 며칠간 머무르고 지금의 신세계백화점(그때는 三越백화점) 안에 있는 일본 여행사에서 베를린까지 가는 표를 사가지고 먼 여행길에 올랐다.

기차는 新義州에서 滿洲로 넘어간 후 하얼빈에서 잠시 멈췄다. 그 곳에서 일본인이 경영하는 北滿호텔에서 잠깐 쉬고는 곧장 滿洲里로 갔다. 거기에서 다시 蘇滿 국경도시인 오트폴로 넘어가면 긴 시베리아 여행이 시작된다. 외국이라고는 처음일 뿐만 아니라 일본에도 가본 적이 없는 나에게는 모든 것이 새롭고 신기하였다.

3·1 독립선언문에 "우리 앞에 이제 신천지가 전개된다"는 말이 있다. 그때는 나의 앞에 정말 신천지가 전개되는 듯 느껴졌다. 가도가도 끝이 없는 시베리아의 大草原. 원래 시베리아에는 알타이와 우랄 산맥이 있다고 들었으나 막상 가보니 자그마한 산이었고, 그곳을 지나가는 사람들은 그 산을 지나는 줄도 모르고 지나치고 말았다. 곳곳에 대도시가 있었으나 그때의 시베리아 철도는 그런 도시를 대개 밤에 지나가게 마련이었다.

시베리아라고 하면 대개 荒漠한 곳, 사람이 살기 어려운 곳, 러시아 帝政時代에 중죄인을 유배보내던 곳, 춥고 얼음에 쌓인 곳이라는 생각을 갖고 있었다. 나는 톨스토이의 《復活》에 나오는 시베리아가 어렴풋이나마 기억에 떠올랐다. 어느 대목엔가, 오랜 겨울이 지나가고 봄이 오면 멀리 있는 호수의 얼음이 녹으면서 깨어지는 소리가 요란하게 들려온다고 하였다. 나는 고향인 興上에서 살면서 定平 쪽에 있는 廣浦의 얼음이 녹기 시작하면 氷面이 팽창하여 부풀어 올랐다가 깨어지는 소리를 들을 때마다 시베리아의 봄을 연상하곤 하였다.

기차가 초원지대를 가로질러 시베리아를 달리기 시작하자 그곳은 황막한 불모의 인상을 주지는 않았다. 사막과는 달리 넓은 풀밭에는 온갖 빛깔의 꽃들이 피어 있었고, 드문드문 보이는 人家의 집들은 큰 나무를 겹쳐서 지었는데 창에는 으레 화분을 내어놓아 집안의 분위기는 추운 곳에 산다는 느낌이 아니었다. 기차가 바이칼湖에 다달았을 때, 그곳은 호수라기보다는 차라리 넓은 바다와 같았다.

무한한 大平原!

러시아는 정말 큰 나라였다.

시베리아에는 정신병이 한가지 있다고 하였다. 나와 함께 기차를 타고 가던 中谷治宇二郎이라는 젊은 고고학자가 정신병에 관한 이야기를 하여 주었다. 그것은 성년이 되면, 몽유병자와도 같이 먼 수평선 저쪽에 무엇이 있나 하는 기대로 집을 떠나 결국은 일생 동안 다시 제고향으로 오지 않는 수도 있는 병이라는 것이었다. 생각하면 나도 그와 비슷한 병에 걸려 미지의 천지를 찾아가고 있는 것인지도 몰랐다. 사실 지금 생각하면 나도 그후 다시는 興上에 돌아가 살 수 없게 된 것이니까.

바이칼호에 가는 도중에 치타라는 큰 도시가 있다. 일본이 시베리아에 출병했을 때 많이 들은 이름이기도 하였다. 그곳을 지나면 이루쿠츠크라는 큰 도시가 있었으나 그런 곳은 통행하는 사람을 볼 수 없도록 밤에 통과하였다.

기차의 손님들은 매우 국제적이고 다양하였다. 그들의 일부는 독일·프랑스·영국·일본 사람들로서 上海·北京 지방에서 시베리아를 거쳐 가기 위하여 합류되었다. 그중에는 全州의 미션스쿨에서 학생들을 가르치다가 유럽을 거쳐서 미국으로 간다는 레이너 夫妻도 있었다. 그 부인이 나에게 예수를 믿으라고 한 일이 아직도 기억에 생생하다. 조선에서 온 사람은 이 사람들뿐이었으나 별로 가까이 사귈 기회는 없었다.

그런데 1968년 내가 덕수궁 사무실에 있을 때 대한여행사의 미스 쥰金이 미국 손님 한분을 모시고 온 일이 있었다. 이야기하는 동안에 그가 바로 그때의 레이너氏인 것을 알았다. 그는 그후 오랫동안 루이스빌 대학에서 교수로 있다가 정년퇴직하고 옛일이 그리워 한국을 찾아왔다는 것이었다. 그러나 그때의 부인과는 이별하고 지금 부인은 다른 사람이라고 하였다.

시베리아 열차는 서너 시간에 한 번씩 정거하였다. 그때마다 손님들은 기차에서 플랫폼을 산보하였다. 나도 이들 국제 손님들 중의 한사람이라는 사실만으로도 가슴이 뿌듯하였다. 그리고 기차 안에서 많은 새로운 지식을 얻을 수 있었다.

시베리아를 통과하는 외국 손님들은 급한 병이라도 걸리지 않는 한 하룻밤이라도 지상에 내려서 시간을 보낼 수가 없었다. 모스크바에 가서야 비로소 다음 차를 탈 때까지 자유시간이 주어졌다. 그곳에서 일본 사람 몇 명과 함께 한국 사람인 朴의 안내를 받았다. 그는 오래도록 소련에서 살아온 우리나라 교포였다. 그런데도 일본대사관과 가까이 지내면서 일본어로 안내하는 사람으로 일본인 여객에게는 이름이 알려져 있었다.

나는 그에게 그곳에 사는 한국 사람들의 소식을 물었더니 그들은 모두 동양 사람의 망신만 시키는 귀찮은 존재들이라고 하였고 역시 나에게도 친절하게 대해주지 않았다. 그래도 나는 일본 사람들의 뒤를 따라다니면서 朴氏의 설명으로 몇 군데 名所를 구경하였다. 인상에 남는 것은 많은 聖堂들이었는데 폐쇄된 곳도 있었으나 미사를 올리는 곳도 있었다.

朴氏는 그후에도 오래도록 일본인 여객의 안내를 하다가 소련측의 미움을 받아 국외추방을 당하였다고 한다. 그를 폴란드 국경까지 데리고 가서 국경을 넘어가라고 명령하고는 국경을 넘어서자 뒤에서 그만 총을 쏘아서 죽였다는 후문이었다.

동쪽에서 도착하는 역과 유럽으로 가는 열차의 출발역이 달라서 사보이호텔에서 버스를 타고 다음의 출발역으로 갔다. 소련과 폴란드와의 접경도시로 「네그로로예」라는 곳이 있다. 조그마한 마을인데 역 앞 광장에

"온 세상의 모든 프롤레타리아들은 단결하라."라는 구호를 露語·英語·佛語·獨語로 크게 쓴 간판이 인상적이었다.

유년시절

함흥고보 시절

보포리집 큰댁 식구(1928) 뒷줄 왼쪽으로부터 金兢鎬, 朴秋潭, 金林鎬,
가운데줄 왼쪽으로부터 필자, 金載勳의 妻, 金載勳, 載勳의 형수,
앞줄 載勳의 조카 雲集, 良集

독일유학시절

독일 뮌헨에서 할머니께 보낸 사진(1931. 8. 2.)
이 사진 뒤에는 다음과 같은 내용의 편지를 썼다. "할머님! 저는 恒常 잘 지냅니다. 이 寫眞에서 보시듯이 늘상 웃고 지냅니다. 며칠 前 湖水를 찾아간 일이 있습니다. 그곳에서 밤을 새고 왔습니다. 그때 湖水가에서 아침을 먹으면서 박은 寫眞이 바로 이것입니다. 來日이나 늦어도 3, 4日內로 시골로 놀러 갑니다. 다시 그곳에서 寫眞 박어서 보내 드리겠습니다. 손자 재원 올림"

제 2 장 ■

異域萬里

새 天地

모스크바를 출발한 이틀 후 아침에 베를린(伯林)의 샬로텐부르그 역에 도착하였다. 金載勳에게는 미리 연락했지만 마중나오지는 않았다. 하긴 그가 나오지 않은 것이 그리 놀라운 일은 아니었다. 왜냐하면 내가 고향을 떠나기 전에 그 '도깨비'와 갈라서는 것이 좋을 것이라는 편지를 보냈기 때문이었다. 사실 내가 독일에 있는 동안 느낀 바였지만 그의 푸른 눈의 아내는 어느 모로 보나 수준 이하의 도깨비였던 것이다.

역에서 나는 그란드 호텔 암 크니(Grand Hotel am Knie)로 향했다. 마음은 몹시도 불안했으나 태연하게 택시를 탔고 또 용감하게 호텔로 들어갔다. 용감했다는 것은 내가 아는 독일어 단어가 모두 2, 3백자 정도였는데도 그것으로 만사를 처리할 생각이었기 때문이다. 프론트에서 종이를 받아 그럭저럭 성명과 주소를 썼는데 직업란에는 농업(Agrikultur)이라고 썼다. 내가 아직 대학생이 아닌 까닭이었다.

4층 방에 들어와 창밖을 내다보면서 내가 정말 輿上에서 세계 최고의 대학이 있다는 독일, 그것도 수도 베를린에 와 있음을 실감하였다. 언제 대학에서 강의를 듣고 언제 박사가 될 것인지, 실로 막연한 느낌이었다. 나는 곧 한국학생회의 우편사서함에 편지를 썼다. 한국학생회에서는 샤로텐부르그의 제2우편국에 있는 사서함 12번을 사용하고 있었다.

다음날 金亨泰가 찾아왔다. 그리고 비싼 호텔에 있을 것 없이 자기방으로 가자는 것이었다. 나는 金의 방에서 나흘 밤을 지냈다. 점심시간에는 우리 학생이 제일 많이 모여드는 칸트街의 값싼 중국식당으로 갔다. 그곳에서 우리나라 유학생의 대부분을 만났다. 金栢秤·裵雲成·劉在晟·韓載南 등등.

그중에서 金栢秤은 신문기자로 이름이 있던 金佑秤의 동생으로 당시 인류학을 공부하고 있었다. 나중에는 의사가 되었고, 2차대전 후 미국으로 건너가 아직도 그곳에 있는 것으로 안다.

裵雲成은 미술대학에 다니는 화가였다. 배운성은 전주 출신의 갑부 白寅基가 성악 지망생인 아들 白命坤과 같이 경제학을 공부하라고 독일로 보내주었던 것인데 그 뜻을 어기고 화가가 되었던 것이다. 대학 안에 있는 그의 화실에도 가보았는데 나로서는 잘 판단이 되지 않았으나 우수한 사람이라고 들었다. 그가 1940년경 귀국하여 처음으로 鮮展에 낸 작품은 南總督의 초상이었다. 이렇게 다분히 권력자에게 아부하는 태도는 일본인 심사위원들에게까지 말썽을 불러일으킨 요인이 되었다. 그는 李克魯의 주례로 당시 항간에 유명했던 文藝社의 여사장과 결혼하여 일시 화제가 되기도 하였다.

그리고 劉在晟은 베를린공과대학 기계과에 재학중이었다. 그는 培材中學校만 졸업한 탓에 미분·적분을 배우지 못하여 강의를 따라가기가 어렵다고 하였다. 그러나 결국 베를린공대를 졸업하여 학위를 받게 되었다. 귀국 후에는 서울공대에서도 잠시 강의를 했으며, 십여년간 인천에 있는 한국기계의 사장을 지냈다. 그는 또 독일 여자와 결혼하였는데 아들 유주용과 딸 모니카 劉는 다 알다시피 가수로 활약하였다. 그가 독일 부인과 이혼하고 다시 재혼한 후 그 독일 부인은 아들, 딸을 모두 데리고 미국으로 이민갔다고 들었다. 그는 1980년경 극빈 속에서 최후를 마쳤다.

韓載南은 서울法專 출신으로, 일본 東北帝大를 다녔던 까닭에 학문적인 기초가 단단한 유일한 사람이었다. 平南 成川 갑부의 아들이었는데 후에 어떻게 되었는지 아는 사람이 없었다. 그의 동생 韓載德은 北에서 월남하여 귀순한 사람이었다.

金亨泰는 중국에서 醫學校를 졸업한 의사로서 독일 학위를 따는 것이 소원이었는데 뜻을 이루지 못한 채 일찍 귀국을 하였다. 그후 소식을 모르고 지내다가 언제인가 5·16 民族賞을 심사할 때 그가 심사대상에 올라 坡州에서 개업하고 있는 것을 알게 되었다.

金亨泰를 만난 다음날 쪼 공원의 벤치가 있는 곳에서 한국학생회 모임이 열렸다. 회원은 5, 6명밖에 되지 않았다. 안건은 얼마 후에 열릴 世界被壓迫民族大會에 대표를 보내는 일에 대한 협의였다. 이미 金栢枰이 대표로 지정된 뒤라 주로 그의 의견을 듣는 식으로 진행되었다. 물론 在獨조선학생대표의 자격이었으나 돈 한푼 모아주지 못한 것 같았다.

이 자리에서 나는 독일에서 李克魯·李儀景이 1927년도 제네바회의에 참가하였다는 이야기를 들었다. 金法麟은 프랑스어로, 그리고 다른 두 사람은 독일어로 연설하였다고 한다. 그때 李克魯가 연설한 요지는《한국의 독립 *Die Unabhangigkeit Koreas*》이라는 소책자로 출판되었다. 이것이 독일 도서관에서 얻어볼 수 있는 유일한 책이었다. 李克魯의 이름은 중국 발음으로 Kolo Li였다. 그 역시 중국 여권으로 上海를 거쳐서 유럽에 왔던 것이다.

상세한 이야기는 알 수 없으나 제네바회의에서 한국대표가 문제로 삼았던 것은 당시 회장단에 片山潛이라는 일본 사람이 포함되어 있는 문제였다고 한다. 그는 일본의 저명한 공산주의자로서 소련에 망명했던 사람인데, 그 회의가 소련의 조종하에 있었기 때문에 片山이 많은 영향력을 가졌던 것 같다. 때문에 왜 피압박 민족이 아닌 일본 사람이 회장단에 포함되어 있는가를 문제삼았던 것이다.

도착한 지 얼마 되지 않았고 또 그때의 내가 이해할 만한 일도 아니었기 때문에 나는 학생회의보다는 베를린 구경에 더욱 마음이 쏠렸다. 저물 무렵이긴 해도 아직 환한 때인데도 불구하고 남녀가 서로 포옹하고 키스를 주고받는 장면에 시선이 가기도 하였다. 유럽이 처음인 나는 길을 찾아가기도 어려웠다. 거의 모든 건물이 4층이나 5층으로 되어 있는 베를린의 거리는 어디를 가나 다 똑같은 것 같았다. 그래서 혼자 칸트街에 찾아가는 일도 힘들었다.

나는 감당하기 힘든 이 큰 도시보다는 좀더 작은 도시에 있는 것이 낫겠다는 생각이 들었다. 그 곳은 바로 뮌헨이었고 그곳에서 대학에 들어가자는 생각이었다. 거기에는 李儀景이라는 한국사람이 있다고 들었다. 그리고 함훙을 떠날 때, 독일 사람인 노이기르그 신부가 자기 누이 헤아만 부인이 뮌헨에 산다며 가르쳐 준 일도 있었다.

뮌헨으로 떠나기 전 나는 헤아만 부인에게 미리 도착시간을 연락했는데 친절하게도 그 부인은 뮌헨 역까지 마중나와 주었다. 그녀의 남편은 鐵路工夫였고, 그녀는 조그마한 식품점을 하고 있었다. 그들의 주소를 나는 아직도 잊지 않고 있다. 세단街 16번지로 스타인하우센이라는 노동자들의 주택지였다.

뮌헨에 도착한 이튿날 李儀景을 찾아갔으나 만나지 못하였고 다음날 그가 나를 찾아와 주어서 나의 장래 계획에 대해 의논하였다. 나는 우선 방을 옮기기로 했다. 大學이 있는 아달베르트街에 있는 건물의 3층으로 호프만이라는 老夫人이 살고 있는 곳이었다. 대학에서 5분 정도 걸리는 거리였다. 李儀景에게서는 독일어를 배우기 시작하였다.

그러나 한국의 시골에서만 살다온 나는 거리의 소음, 특히 밤에 앞 도로를 달리는 자동차 소리 때문에 잠을 잘 수가 없었다. 한달 후에 그 곳을 떠나서 이번에는 좀더 上流住宅地인 보겐하우센에 있는 뫼街로 옮겼다. 그 집은 폰 아이타라는 前뮌헨大 敎授의 별장 같은 집이었다. 그들은 50이 훨씬 넘은 미혼의 딸과 같이 살고 있었다. 나의 방은 맨 윗층이었는데 옆방에는 某工大生이 아르바이트로 집안일을 도우며 지내고 있었다.

폰 아이타교수는 유명한 법학자로 그의 흉상이 뮌헨대학의 중앙홀에 있었다. 그러나 당시에 더 유명했던 사람은 바로 이웃집에 살고 있는 게오르그 케르센스타이너(Georg Kerschensteiner)교수였다. 그는 勞動敎育

學(Arbeitpadägogik)이라는 신학설을 낸 사람이며, 그의 저서인 《教育理論 *Theorie der Bildung*》, 《教育機構論 *Theorie der Bildungsorganisation*》은 일본에도 많이 소개되어 일본 교육학계에도 잘 알려져 있었다. 정년이 된 지 오랜 노교수들의 저택은 잔디도 있고 조용하여 나는 당분간 이곳에서 살기로 하였다. 李儀景은 나에게 독일어를 가르쳐 주었다.

그런데 가장 큰 고민은 내가 무엇을 전공해야 하는가 하는 문제였다. 나는 외롭게 자라서 내성적이었고 과장된 표현인지는 모르나 염세적인 경향까지도 갖고 있던 젊은이였다. 나에게 위로가 되는 것은 소설이나 철학책이었다. 그래서 文學이나 哲學을 공부해볼까도 생각해 보았다. 물론 이러한 생각은 시골에서 자라나 겨우 중학교만을 나온 나의 짧은 지식에서 나온 것이었다. 철학은 너무 어렵고 문학은 꼭 그것을 전문으로 공부할 필요가 없는 것처럼 생각되었다. 그래서 교육학을 공부하라는 李儀景의 권고를 받아들이기로 했다.

그렇게 결정한 후 李와 나는 독일어 공부를 위해 《實驗心理學教育》과 좀 힘이 드는 쇼펜하우어의 《生活觀 *Aphorismen der Lebensweisheit*》을 같이 읽기로 하였다. 이 책들은 아직도 내가 보관하고 있는데 지금 읽어보아도 여전히 난해한 책이다.

나는 1929년 가을부터 대학에 나갔다. 그러나 천재가 아닌 나는 강의의 절반도 알아듣지 못하였다. 한 학기는 그렇게 지나갔다.

李儀景은 매일 아침 나에게 왔다. 그의 방은 이살江에서 멀지 않은 곳이었기 때문에 강을 끼고 한 시간 정도 걸으면 내가 있는 곳으로 올 수 있었다. 독일책을 같이 읽고, 빵·쏘세지·햄과 차로 점심을 먹고, 이야기를 나누고 헤어지곤 하였다. 이것이 내가 다른 사람과 같이 이야기할 수 있는 유일한 시간이었다. 독일어가 짧았던 나는 그 많은 여가시간을 영화관 같은 곳에서 외로움을 달래며 보내야 했다.

李儀景은 1899년 海州 태생이었다. 중학교는 물론 소학교조차 졸업하지 못했으나 3·1운동 이전에는 京城醫學專門學校에 다녔다고 한다. 海州 본가에서는 농사를 지었고 중 이상의 생활은 하였다고 들었다. 내가 알기로는 獨子로 이미 결혼까지 하여 아들과 딸 하나씩 두고 있었다. 3·1운동 때에는 학생신문 같은 것을 만드는 데 협력하였다고 한다. 그는 결국 학교를 그만두고 新義州를 거쳐서 上海로 가게 되었다.

그곳에서 그는 安重根義士의 4촌 되는 安鳳根을 만났다. 安義士네 가문 전체가 왜경의 시달림을 받을 때였기 때문에 安鳳根도 고향을 떠나 상해로 갔고, 거기서 가톨릭 신부의 도움으로 독일에 갔다가 다시 상해에 돌아와 있었다. 바로 이때 李儀景은 黃海道 출신인 安을 만났던 것이다. 李는 어떻게 해서든 독일에만 가면 생활에는 걱정이 없다는 생각으로 중국 여권을 얻었다. 이때 安鳳根은 韓鳳根으로 改姓하여 Han Fong Ken이라고 하였고, 李儀景의 中國音은 Li Yiking이었다.

두사람은 그때 프랑스 정부와의 협정 덕분에 값싼 프랑스배를 탈 수 있었다. 마르세이유에 도착한 후 우선 파리로 갔다가 곧장 독일 비르쯔부르그(Würzburg)라는, 당시 인구 10만도 안 되는 자그마한 대학도시로 갔다. 그 근처에 安이 머물렀던 가톨릭 수도원이 있고, 그곳에 가면 숙식을 해결할 수 있다는 安의 의견이었다. 그들은 그곳에 가서 얼마 동안 있었는데, 이것이 인연이 되어 후에 한국에서 간 학생들 대부분이 비르쯔부르그에 모여들었는데 어떤 때는 그곳에 70명에 가까운 한국 학생이 왔던 적도 있었다.

앞에서 말한 바와 같이 그들은 정규 학교교육을 받을 기회가 없었던 사람들로 외국어 지식도 많지 않았다. 그러나 李儀景은 醫專에서 약간의 독일어를 배워 곧 독일어에 능통해졌다. 그리고 개인교수를 하여 돈을 벌어 생활을 할 수 있었다.

그때는 심한 인플레로 시시각각 독일의 돈가치가 떨어질 때였다. 외국돈을 가지고 식당에 가더라도 식사가 끝날 때쯤 되면 독일돈으로 바꿔서 값을 치뤘다고 한다. 식사를 시작할 때와 끝날 때와의 환율에 엄청난 차이가 있었다는 에피소드까지 전하여 온다. 그때의 우리 학생들은 미국돈 30불 정도면 넉넉하게 공부할 수 있지 않았나 생각된다. 독일 기차는 4등까지 있었는데, 한국사람은 모두 1등으로 여행하였다 한다. 그러나 이러한 好況도 오래 계속되지는 않았다.

독일의 인플레는 얼마 후에 잡히고 점차 정상으로 회복되었다. 반면 한국사람의 생활은 어려워져서 떠나는 사람이 많아졌다. 그 무렵 李儀景은 폐가 나빠져서 많은 고생을 했으나, 1925년에 뮌헨으로 와서 다시 生物學을 전공하였다. 그는 2년 동안 알렉산더 폰 훔볼트(Alexander von Humboldt Stiftung) 재단의 장학금을 받아 1929년 봄에 학위를 땄다고 한다.

1929년 크리스마스에 나는 마우러씨 가정에 초대를 받았다. 암 그록겐박이라는 조용한 곳인데 그 댁에는 세 딸이 있었다. 첫째인 요한나(Johanna)는 유치원 보모자격을 갖고 있었고, 둘째인 올가(Olga)는 대학에서 수학을 전공하고 있었으며, 셋째인 로사(Rosa)는 영문학을 공부하는 학생이었다. 아버지는 직업학교 수학선생이었고 어머니는 뚱뚱보였다. 물론 이 집에 초대된 것은 로사와 친한 사이였던 李儀景의 덕이었다.

뮌헨에는 유명한 카니발(獨語로는 '파싱')이 있었다. 파싱은 몇 주일씩 계속되었는데 그때가 되면 젊은 사람들은 온통 들뜨고 흥분하게 된다. 그래서 대학도 축제 분위기가 되며 학생클럽들마다 각기 파싱이 열린다. 어느 정도의 行樂이 허용된 탓에 풍기가 문란했던 점도 있었으나 그것이 바로 파싱의 목적이라고도 했다.

마우러씨 댁에서 열린 조그마한 파싱 파티에 갔다가 나는 난생 처음으로 데이트 신청을 하였다. 용기를 내어 올가에게 어느날 센드링겐토 영화관에서「드라이피어텔 지벤」時에 만나 영화구경을 하자고 한 것이다.「드라이피어텔 지벤」時는 7시15분전이라는 말이다. 그러나 내가 그렇게 정해놓고 7시45분에 약속한 장소에 갔으니 꼭 1시간을 늦게 간 것이었다. 거기에는 아무도 없었다. 나는 감히 데이트 신청을 한 것이 부끄러웠고, 그녀가 일부러 나오지 않은 것으로 생각하였다. 이것은 한때의 에피소드로 지금도 그때 당황했던 생각이 난다.

1975, 6년에, 뮌헨에서 독문학 공부를 했고 지금 誠信女大 교수로 있

는 鄭奎和씨가 독일에서의 李儀景의 교우관계를 조사한 적이 있었는데, 나는 그를 통해서 마우러 자매들의 거주지를 알아냈다. 요한나와 올가는 그후 미국에 이주하여 미쉬간州의 애플게이트(Applegate)라는 조그마한 시골에서 산다고 하였다. 나는 그들에게 편지를 썼다. 얼마 후 요한나의 답장을 통해 그들의 소식을 알게 되었다. 그들은 그때 벌써 70이 넘은 할머니가 되어 있었다.

뮌헨대학 시절

1931년 봄, 나는 폐디스토마에 걸린 것을 알았다. 학생 건강을 맡은 카텐티트(Kattentidt) 박사의 진단을 받고 튀빙겐(Tübingen)에 있는 열대병요양소(Tropen-Genesungsheim)로 찾아갔다. 그곳은 주로 아프리카 등지에 갔다가 土疾에 걸려 온 사람들을 치료하는 곳이었다.

그때 나는 千載現에게서 이미 돈이 오지 않아 지극히 살기 어려운 때였다. 때문에 카텐티트박사의 주선으로 모든 비용은 외국학생보조기금에서 지불되거나 대부받았다. 그 덕분에 나는 얼마 동안 학교를 쉬면서 치료를 받고 편안히 지낼 수 있었다.

이 무렵의 독일 政界는 히틀러 집권 직전의 소란하고 갈피를 잡을 수 없는 때였다. 1차대전 후 독일은 정치·경제 전반에 걸쳐 혹독한 혼란에 빠졌다. 그중에도 인플레가 가장 혹심했다. 후에 히틀러 밑에서 軍需相을 지냈고, 戰犯者로 20년의 징역살이를 한 알베르트 스페아의 회고록을 보면 다음과 같이 쓰여 있다.

> 1923년 9월 슈발츠발트로 자전거 여행을 갔을 때 나는 이런 말을 썼다. '정말 싸다. 하루 저녁의 숙박비가 40만마르크, 저녁식사가 180만마르크……그러나 얼마 후 인플레가 거의 끝날 무렵엔 저녁식사가 10억 내지 20억 마르크, 심지어 학생식당에서 먹는 식사조차도 10억마르크였다. 나는 극장표 한 장에 3,000만 내지 4,000만 마르크를 지불하였다. 그러나 그후 달러로 주는 월급을 받게 되었을 때 내 월급은 16달러였는데, 그것으로 나는 훌륭하게 생활할 수 있었다. (Albert Speer,

Inside the Third Reich, Avon Book, New York, 1971).

이와 같은 혹독한 인플레를 극복하는 데 공훈을 세운 샤크트(Hjalmar Schacht)박사는 후에 히틀러에게 큰 신임을 받았다. 1934년에야 겨우 인플레는 잡혔다. 그러나 비록 인플레는 극복되었어도 독일의 중요 공업지대인 루르 지방은 프랑스에게 점령된 상태였다. 그리고 해마다 막대한 배상금을 연합국인 프랑스에 지불해야 했기 때문에 이것이 전후 독일의 경제를 더욱 견디기 어렵게 압박하였던 것이다.

이 모든 사항을 규정한 베르사이유조약의 내용은 실은 독일에 재기의 기회를 주지 않고 완전히 제2등국으로 전락시키고자 한 전무후무한 가혹한 것이었다. 거기에 대해 독일은 적어도 처음에는 그것을 충실하게 지키려 했으나 역부족이었다. 독일은 400만, 심할 때는 그보다 더 많은 실업자를 안고 있었다. 실업자가 400만이라고 해도, 한 사람에게 딸린 식구를 넷으로 보면 1,600만이라는 인구가 먹고 살 길이 없었다는 얘기가 된다. 그러나 그때 벌써 독일은 사회보장제도가 확립되어 국가재정의 대부분은 실업자수당으로 나가는 상황이었다.

그때의 정치적인 혼란은 말할 것도 없고, 패전국으로서 자력으로는 재생할 도리가 없었을 때 나타난 것이 바로 나치黨이었다. 당수로 등장한 히틀러에 대해서는 이미 여러 가지로 잘 알려져 있었다. 내가 1929년 뮌헨에 도착하였을 때는 히틀러가 정치활동을 할 수 없었던 때였으며, 연설금지령까지 받은 상태였다.

히틀러는 원래 독일 태생이 아니라 오스트리아 태생이다. 그러나 그는 오스트리아까지 병합한 대독일을 꿈꾼 사람이었다. 그래서 독일에 와서 독일 병사의 자격으로 전쟁에 참가하였다. 그는 민중의 가슴을 파고 들어가는 선동적인 연설의 천재였다. 알베르트 스페아가 호기심으로 한번 히틀러의 연설을 들으러 갔다가 나중에는 히틀러의 정당에 들어가게 되었다고 쓰고 있는 것을 보아서도 그 점을 잘 알 수 있다.

히틀러의 연설은 처음엔 拙辯으로 들린다. 그러나 이야기를 계속하는 도중 차차 열을 올리다가 급기야 마지막에는 청중을 흥분의 도가니로 몰아넣는 그런 비상한 재주를 가지고 있었다. 이에 반하여 히틀러의 동지이자 후에 宣傳相을 지낸 유명한 괴펠스박사의 연설은 모든 것이 잘 정돈되고 순서가 있고 논리가 정연하여 히틀러의 야성적인 제스츄어와는 대조적이었다고 한다.

나도 단 한 번 히틀러의 연설을 들은 적이 있었다. 연설장인 비어홀은 입추의 여지없이 청중들로 가득 차 있었다. 卐표의 완장을 단 나치당원들에게 둘러싸인 채 히틀러는 조용히 말을 시작하더니 장장 2시간이나 되는 긴 연설을 하였다. 그의 연설은 조리는 없었으나 대중들이 알아듣기 쉬웠고, 대중의 감정을 흔들기에 충분한 호소력을 지니고 있었다.

그는 당시 실업자 생활에 시달리고 있던 대중들의 마음 속에 유태인에 대한 증오심을 심어주는 격정적인 말을 하였다. 나 같은 외국사람까지도 충분히 흥분시킬 수 있는 그런 최면술을 가지고 있는 것 같았다. 그는 대학에는 발도 들여놓지 못한 사람이었으나 오히려 그것 때문에 대중들에게 더욱 호소력이 강했던 듯하였다.

뮌헨은 히틀러가 정치운동을 시작한 곳이며, 이 곳에서 *Voelkischer Beobachter*라는 신문을 발간하고 있었다. 나는 그들이 벌리는 데모를 몇 차례인가 보았다. 소위 SS(親衛隊)니 SA(突擊隊)라고 불리는 당원들은 군대식의 갈색 유니폼을 입었는데 수만명이 대오를 정비하고 소리 높이 구호를 외치며 행진을 하였다. 이 조직은 점차 커져서 대학생들 중에도 이 유니폼을 입고 다니는 학생들이 많았다. 결국 1933년에 나치당은 정권을 잡게 되었다.

나치당의 슬로건의 하나는 민족 혈통의 순수성을 지킨다는 것이었다. 원칙적으로 동양인을 좋아하지 않았기 때문에 동양 사람들은 독일 여자와 함께 길을 걷는 것도 삼가지 않을 수 없었다.

그러나 그중에서도 히틀러가 제일 싫어한 것은 유태인이었다. 사실 제 1차대전 후 폴란드 같은 곳에서 많은 수의 가난한 유태인들이 독일로 흘러들어왔던 것이다. 그리고 그들은 독일 사람들이 가장 곤란에 처한

때를 이용하여 사회의 여러 방면에 파고들기 시작하였다. 그들은 주로 자유업으로 진출하였다. 즉 변호사·의사·교수·예술가로 진출하였는데 교직의 경우 20퍼센트까지 유태인이 차지하였다고 하나 믿을 만한 것인지는 알 수 없다.

여기서 이야기를 다시 나의 튜빙겐 시절로 돌려보면, 그때 혼란스러웠던 독일의 경제와 정치는 그곳에 모여있는 모든 사람들의 마음에 어두운 그림자를 던져주었다.

그러던 어느날, 그곳에서 멀지 않은 스튜트가르트시에 있는 古城에 누군가가 방화한 사건이 일어났다. 끝까지 범인은 밝혀지지 않았다. 공산당의 소행이라고도 하고 또는 공산당에게 뒤집어 씌울 작정으로 나치당이 한 짓이라고도 했다. 그러다가 그와 비슷한 사건이 또 일어났다. 베를린 국회의사당 방화사건이 그것이었다. 당시 체포된 방화범은 판 데아롭베라는 화란 출신의 노동자였는데 그 정체는 끝까지 밝혀지지 않았다. 이 국회방화사건은 1933년 나치 집권 직후의 일인데 체포된 사람은 나치당의 하수인일 것이라는 소문이 파다하였다.

1933년 1월, 혼미를 거듭하던 독일 정계에 큰 변동이 생겼다. 총선거를 한 결과 나치당은 47. 8퍼센트를 차지했고, 겨우 3. 4퍼센트를 얻은 다른 우익정당과 손을 잡고 정부를 조직하게 되었다.

그 당시 힌덴부르크 대통령은 긴급조치령으로 겨우 명맥을 유지하던 중앙당의 부뤼닝 수상 대신 1932년 봄, 폰 파펜에게 정부를 조직하게 하였다. 그러나 그것으로도 나치당의 진출을 막을 수는 없었기 때문에 같은 해 겨울, 군인 출신인 슈라이어에게 정권을 맡겼으나 그것도 실패하여, 결국 1933년 1월 히틀러가 집권하게 되었던 것이다.

독일의 불안정한 양상은 독일 사람들에게는 물론 나 같은 외국 학생들의 일상생활에도 큰 영향을 끼쳤다. 나치당의 집권 이후 대학에 있던 많은 유태계 교수들이 파면 또는 자진 퇴직했고, 젊은 학생들은 독일을 떠나기 위해 온갖 힘을 다 기울였다.

그리고 대학 강의실에서는 강의를 시작할 때 의자의 앞 널판을 발로 두드리면서 교수에게 인사하던 방법은 사라졌다. 대신 손을 들고 일어나면서 "하일, 히틀러!" 라고 외치는 나치식 인사방법이 도입되었다. 교육학 강의도 나치식의 교육학을 가르치는 베르나우워라는 젊은 강사가 맡게 되었다. 한편 뮌헨대학에서도 유명한 유태계 철학교수인 회닉스발트 박사가 어느새 자취를 감추었다고 한다.

히틀러는 "나에게 5년의 시간만 달라!"고 외쳤는데, 그 말에 기대를 거는 사람, 그리고 몹시 비판적인 사람의 두 갈래로 나뉘었다.

나는 이러한 독일의 소용돌이 속에서 최대한의 노력을 기울여 만 5년 후인 1934년 봄에야 겨우 소정의 시험을 성공리에 치를 수 있었다. 1930년대의 독일 學制는 일본의 학제와 같았다. 다시 말해서 일본이 독일의 학제를 모방한 것이었다. 고등학교를 졸업하고 대학에서 3년이면 졸업할 수 있었다. 자연과학, 인문·사회과학의 모든 부분에서 최소한 3년이면 디플로마를 딸 수 있는 시험을 칠 수 있었다. 그러나 4, 5년이 걸리는 것은 보통이었을 뿐만 아니라, 너무 오래 대학에 다닌다고 해서 쫓아내는 일도 없었다.

다만 교육학 부분은 그러한 디플로마 시험이 없는 대신 학자를 양성하기 위한 최종시험인 독토르 시험만 있었기 때문에 나에게 문제되는 것은 이 시험뿐이었다. 그것은 5년 이상, 아니 10년이 더 걸릴 수도 있었으나 사정이 급박한 나는 온갖 수단을 다하여 이 시험에 패스하지 않으면 안 되었다. 그리고 나는 결국 5년 만에 그것을 이루었던 것이다.

학업 때문에 아버지가 남겨놓은 유산의 대부분을 거의 방매하다시피 하였으나 시험에 패스한 나는 일단 집으로 귀향할 명분이 생겼다. 그동안 수십명의 우리나라 학생들이 독일에 왔다갔으나 대부분은 졸업장을 손에 쥐지 못하고 돌아갔다. 기초교육이 단단하지 못한데다가 독일어라는 두터운 언어의 장벽을 넘어서기가 어려웠고, 또 장학금을 얻을 길이 없는 대부분의 우리나라 학생들에게는 힘든 일이었다.

나만 해도 방값을 제때에 내본 일이 없었다. 또한 끼니를 거르는 일도 하루 이틀이 아니었다. 독일의 겨울은 춥고 길다. 그 춥고 기나긴 겨울

밤, 나는 空腹으로 누워서 잠을 이루지 못하는 때가 많았다. 멀리서 교회의 종소리가 들리는데 15분마다 한 번씩 치는 종소리를 듣고 있다가 겨우 잠이 든다 해도 배가 고파서 곧 다시 깨어나기 마련이었다. 게다가 잠깐씩 자다가 깨면 온몸에 땀까지 났다.

이렇게 어려운 시기를 여러 번 겪었다. 그러나 그런 때에도 나는 하숙집 사람들에게 나의 곤경을 감추기 위하여 점심 때는 식당에 갔다오는 것처럼 매일 외출을 해서는 공원에 있다가 돌아오곤 하였다.

독일에서의 마지막 해에는 벨기에의 안트워프에 사는 엘세 판 데아스툿겐 부인(이하 엘세 부인으로 약칭함)의 도움이 많았다. 마지막 졸업시험의 수수료도 그분이 보내주었고, 그 외에도 몇 백 마르크의 돈을 송금해주기도 하였다. 나는 엘세 부인을 함부르크에서 뮌헨대학에 와 있던, 그녀의 먼 친척되는 보부릭군을 통하여 알게 되었다. 보부릭군은 나에게 엔네 멜헬양도 소개해 주었다. 그녀는 나의 유럽시절에 가장 많은 정열을 쏟게 한 사람이었고, 나의 인간관계에서 매우 중요한 자리를 차지하게 되었다.

1931년 어느날, 신문학교수인 데스타(d'Ester)박사의 강의실에 갔는데 보부릭군이 그의 집에 예쁜 여학생을 초대하였으니 꼭 오라는 것이었다. 그녀가 곧 엔네양이었다. 그녀의 아버지는 웨스트화리아(Westfalen) 지방의 베얼레부르그(Berleburg)라는 조그마한 도시에서 우편국 직원으로 일했다. 그녀는 2남3녀 중 둘째딸이었다.

엔네는 어릴 때 당뇨병에 걸렸는데 그 유전성 때문에 결혼을 하지 못할 것이라는 생각에서 형제 중 유일하게 대학에 진학하였다. 전공은 교육학이었고 독실한 가톨릭 신자 집안의 딸이었다. 모든 이교도는 우선 구원받아야 된다는 가톨릭 교인들의 믿음에도 불구하고 우리의 우정은 근 50년이나 계속되었다.

1941년 그녀가 보르네만(Bornemann)교수의 부인이 된 후에도 우리는 좋은 친구 사이였는데 나의 妻와 맏딸이 유럽에 갔을 때 그녀의 집에 가서 묵기도 하였다. 그러나 1979년 3월 12일에 세상을 떠남으로써 우리의 관계는 끝나게 되었다. 허나 그것으로 양쪽의 관계가 완전히 끝난 것은 아니었다. 그후에도 내가 독일에 가면 엔네의 동생들이 나를 초대해 주었던 것이다.

1934년 크리스마스 때, 나는 동양에서 온 많은 교수들, 그리고 유학생들과 함께 로마를 방문하는 기회를 갖게 되었다. 전 유럽에 체재하는 동양 학생들을 모두 로마에 초청한 그 일은 무솔리니의 모종의 정치적인 제스츄어에서 나온 발상임에 틀림없었다. 우리가 자비로 독일과 이탈리아의 국경인 브렌넬까지 가면, 그곳에서 2등열차로 로마 왕복을 하게 되며, 또 일주일 동안은 로마에서 賓客으로 있을 수 있었다.

나는 李儀景씨와 같이 유럽문명의 발상지인 로마에 가서 무솔리니의 연설도 듣고 모든 고적을 소상히 구경할 수 있었다. 지금 여기에서 당시 로마에서 받은 인상을 되새길 수는 없다. 왜냐하면 나는 그후에도 여러 차례 로마에 갈 기회가 있었기 때문에 어느 것이 그때의 인상이었는지 분간할 수가 없는 까닭이다.

나는 로마에서의 예정된 일주일을 5일로 단축하고 뮌헨으로 돌아왔다. 그해의 크리스마스는 나의 독일에서의 마지막 크리스마스라는 이유로 엔네는 집에 돌아가지 않고 나를 위하여 뮌헨에 있었기 때문이다. 나는 크리스마스 이브날 8시경에 뮌헨에 돌아와서 엔네와 같이 트리 아래에서 성탄을 축하하고, 또 눈내리는 잉그릿셀 가르턴을 밤 늦게까지 거닐었다. 그때 우리는 젊었으며 우리의 나이를 합해도 50이 되지 않았다. 지금도 크리스마스는 나에게 일년 중 가장 큰 명절로 생각된다. 그리고 텅 빈 기차를 타고 티롤 지방을 거쳐서 뮌헨으로 돌아오던 나의 젊은 시절을 생각해 본다.

1935년 6월, 나는 뮌헨을 떠나 벨기에로 갔다. 이제 대학을 나왔으니 내가 독일에 온 목적은 우선 그것으로 달성된 셈이다. 그러나 다시 생각해 보면 나는 공부를 위한 공부를 했다기보다는 시험을 위하여, 아니 그보다도 졸업장을 따기 위하여 대학에 다녔던 것 같다. 학문적인 실력을 쌓는 것은 다음 문제였다. 그래서 나는 곧바로 귀국하기보다는 오히려 좀더 머물러 있으면서 착실히 공부를 했으면 하였다. 그때 일본의 대륙 진출은 동양 전체에 상서롭지 않은 검은 구름을 던져주었기 때문에 당장 집으로 돌아갈 생각은 없었다.

나는 나에게 많은 호의를 베풀어 준 엘세 부인에게 몇 해 더 공부할 수 있는 곳이 없을까 하고 편지를 냈다. 부인의 답장은 여하튼 벨기에로 오라는 것이었다. 내 주머니에는 집에서 보내온 5, 6백원이 있었다. 이것으로 모든 것이 뜻대로 되지 않으면 그곳에서 귀국할 작정을 하고 벨기에로 가기로 했다.

그 전에 나는 독일에서 마지막으로 라인 강을 구경하고 싶었다. 돈에 궁색했던 나는 독일 국내여행조차 할 기회가 없었다. 나는 중학교 때부터 동경하던 라인강을 배로 내려가기로 했다. 마침 그 날은 화창한 봄날이어서 라인강을 즐기려는 유람객으로 대만원이었다. 그들은 노래를 부르고 춤을 추었고, 더욱이 로렐라이를 지날 때는 그 유명한 하이네가 지은 노래 '로렐라이'를 불렀다.

이 배를 타기는 탔으나 나는 앞길에 대한 불안 때문에 즐거운 줄도 모르겠고, 빨리 종착점인 본에 도착했으면 하는 생각뿐이었다. 하지만 배삯을 절약하기 위하여 緩行船을 탔기 때문에 지루하기 짝이 없었다. 그로부터 35년이 지난 1971년, 나는 妻와 함께 그곳을 호화여객선의 특등실의 식당에 앉아서 경치를 즐길 기회가 있었다. 감개무량하였다.

내가 지칠 대로 지친 저녁 8시가 지나서야 본에 도착하였다. 나는 택시를 타고 일본인 친구 苫米地歡三의 하숙을 찾아갔다. 苫米地는 나를 진종일 기다렸는데 다음날 아침 일찍이 벨기에로 떠난다는 말에 저으기 놀라는 것 같았다. 苫米地의 부모는 서울 岡崎9 5번지에서 살았는데, 그의 아버지는 당시 한국에서 제일 많이 벽돌을 생산하고 있었다.

그 친구는 成歡에서 태어난 셋째아들이라 하여 歡三이라는 이름을 갖게 되었다고 했다. 나의 유일한 이 일본인 친구는 1937년에 귀국한 후 군인이 되었다. 그리고 내몽고에서 「노몬한」사건이라는 소련군과의 충돌이 있었을 때 불행하게도 전사하고 말았다.

내가 예정시간보다 일찍 벨기에의 안트워프에 도착하여 기다리고 있는데 어떤 신사가 와서 프랑스어로 질문을 하였다. 그분이 바로 후에 6년 동안 같이 있게 된 헨쩨교수였다. 엘세 부인도 나와 자동차에서 기다리고 있었다.

헨쩨교수는 원래 화가로 독일인 부모 밑에서 태어났지만 벨기에 국적을 가지고 있었다. 1차대전 후에는 중국고고학에 관심을 갖고 독학으로 실력을 쌓아 켄트대학의 강사가 되었고, 후에 교수 칭호를 받았다. 대학에서 그는 중국의 미술과 고고학을 가르치고 있었다. 그에게는 엘세 부인이 큰 후원자였는데 그녀의 힘으로 유럽에서도 드물게 동양에 관한 우수한 도서를 수집할 수 있었다. 그러나 동양책, 즉 일본과 중국책을 읽을 능력이 없었기 때문에 내가 그의 조수로 오게 된 것이었다.

안트워프의 6년

나는 안트워프에서 6년이라는 긴 세월을 보냈다. 이곳은 일찍이 플랑드르(Flandre)미술의 중심지로 17세기 바로크미술의 거장인 루벤스의 활동무대이기도 하였다. 그러한 찬란한 시대의 업적이 많이 남아 있었으나, 그때는 독일에서 외국으로 가는 중계무역지로 한몫을 보는, 경제적으로 윤택한 곳이었다. 상업의 도시 안트워프에서 내가 어떻게 6년이라는 긴 세월을 지냈는지 나로서도 알 수 없는 일이다. 더욱이 그 6년은 내 나이 25세부터 31세 때까지로 나에게는 가장 중요한 시기가 아니었던가!

정확히 평가하자면 헨쩨교수는 素人學者였다. 다시 말해서 그는 어느 의미로는 천재적인 소질을 가졌으나 정규 대학수업을 받지 않은 사람으로 그의 학풍은 그러한 면을 노출시켰다. 중국고고학이 전문분야라고는 하나 실제로 발굴에 참가한 경험은 물론 없었고 중국이나 일본에 가 본 일도 없는 사람이었다.

헨쩨교수의 가장 큰 관심사는 中國 靑銅器 研究로 그때까지 거의 미개척 분야였던 청동기 문양의 의미와 그 해석이 그의 연구의 초점이었다. 그래서 이 방면에 몇 개의 많은 示唆를 주는 論著를 남겼다. 그러나 그는 관용성이 없는 외고집 학자로 학계에서는 외톨이였다. 더욱이 전쟁 때 나치에 동조한 죄명으로 독일에서 벨기에로 押送되어 옥고도 치뤘으나 무죄로 나왔다. 그 결과 독일학계에서도 문제있는 사람으로 취급되었다.

1980년 6월, 쾰른 동양미술박물관에서 강연할 때 나를 소개하던 館長 괴퍼박사는 나에게 어떻게 헨쩨교수와 그렇게 오래 같이 있을 수 있었는가 하고 묻기도 하였다.

헨쩨교수는 1970년경 90여세의 노령으로 양로원에서 逝去하였다. 양로원이라고는 하나 한국식 양로원은 아니고 돈은 있어도 의탁할 곳 없는 사람들이 사는 곳이었다. 그 곳에서 몇해 전에 먼저 돌아간 부인의 뒤를 따라 외롭게 갔다. 물론 자식도 없었고, 나도 간접적으로 그의 逝去를 들었는데, 어느 누구도 학계에서 추도사를 쓰지 않은 것은 그의 성품 때문이라고는 하나 섭섭한 일이었다.

헨쩨교수와 일하던 시절을 돌이켜 보면 재미있는 에피소드가 생각난다. 그는 나를 만난 직후에 나에게 한 장의 圖版을 내보인 적이 있었다. 그것은 바로 내가 뮌헨을 떠나기 얼마 전에 함흥고보 동창이며 의사였던 崔在緯가 신혼여행에서 보낸 석굴암의 浮彫 菩薩像이었다. 나는 곧 그것을 알아맞췄다. 다음에 나에게 보인 것은 덕수궁미술관 소장의 큰 半跏思惟像이었다. 나는 대단히 당황하였다.

“코가 좀 높은 것 같은데……”

이 말을 듣고 그는 멀리서 온 조수가 자기나라의 미술에 대해서 아무것도 모른다는 사실에 크게 놀랐던 것이다. 그러나 어떻든 나는 헨쩨교수의 조수로 만 6년 동안 그곳에 있었는데, 유럽에서 제2차대전이 시작되어 더욱 확대될 조짐이 보이던 1940년 5월까지였다.

내 생활비는 엘세 부인에게서 나왔고, 나는 안트워프의 헨쩨교수의 도서실에서 책을 읽는 것으로 세월을 보냈다. 그곳에는 동양, 특히 韓·中·日의 고고학과 미술에 관한 중요한 책들이 거의 구비되어 있었다. 韓

國에 관한 것을 예로 들면 총독부의 고적조사보고 같은 것은 물론이고 중국미술에 관한 자료가 잘 정리되어 있었다.

日本 上智大學에 근무하는 한 스위스人 교수가 年 2, 3회에 걸쳐 헨쩨교수에게 일본에서 나오는 중요한 책을 사서 보내주었다. 헨쩨교수의 도서는 전쟁 후에 뮌헨에 있는 바바리아주립도서관에서 매수하여 지금은 그곳의 중요한 도서로 소장되어 있다. 헨쩨교수는 특히 중국 청동기에 대하여 관심이 많아 그 방면의 자료는 거의 완벽할 정도로 수집되어 있었다.

뮌헨에서 나는 어떻게 해서든지 대학 졸업장을 받는 데 집중노력을 하였는데, 이제 안트워프에 와서 제대로 공부할 기회를 갖게 된 것이다. 그 대신 대학 때 전공한 교육학하고는 거리가 먼 동양학, 더욱이 중국연구가 나의 주된 공부가 되었다. 또 이 기회에 외국어를 하나 더 배울 수도 있겠다고 생각하였다. 하지만 주위 사람들이 거의 모두 독일어에 유창하였기 때문에 프랑스말이나 벨기에 국어의 하나인 플래미쉬(플라망語)를 유창하게 배울 기회는 없었다. 지금도 프랑스어로 논문도 쓰고 또 강연할 만한 능력을 갖추지 못한 것을 애석하게 생각한다.

아무튼 나는 그곳에서 많은 공부를 하여 독일어로 몇 가지 논문을 썼다. 그리고 런던의 벌링턴하우스에서 열렸던 중국고미술전람회에도 가보았고, 파리와 룩셈부르크 등에 여행을 가기도 하였다.

그런데 1936년부터는 나의 장래에 대한 여러가지 고민이 싹트기 시작했다. 내 나이 벌써 28세였고, 더 이상 밥이나 얻어먹으면서 외국에서 쓸쓸하게 살 수는 없을 것 같았다.

1936년 베를린올림픽이 열리게 되었다. 그러나 그곳으로 가는 여비를 마련할 길이 없어 아예 가 볼 생각은 엄두도 내지 못했다. 또 간다고 해도 입장권 한장 살 수도 없었던 형편이었다. 孫基楨이 마라톤에서 우승한 다음날, 헨쩨교수댁에 갔더니 내 책상 위에 서투른 솜씨로 그린 태극기를 세워놓았다. 이때를 계기로 나는 우선 한번 귀국해 보려고 작정하였다.

1936년 크리스마스날, 헨쩨교수와 마주앉아서 당시 히틀러 집권으로 일어난 유럽 정계의 소용돌이에 관해서 이야기를 나눴다. 그리고 다음날 나는 드디어 귀국의 길에 올랐다. 우리나라의 형편을 살피고 다시 오겠다는 약속을 하고, 실로 8년 만에 고국으로 향하였다.

귀국길에 나는 엔네양과 벨기에의 리에쥬에서 합류하여 프랑스 파리로 갔다. 27일에 파리에 도착하여 테르미누스 뒤 노르라는 북정거장 앞에 위치한 호텔에 여장을 풀고 파리의 명승지를 샅샅이 돌아보았다. 저녁에는 아르벤츠 크란츠(전나무 가지로 만든 원형장식)에 촛불을 켜고 우리의 장래에 만복이 깃들기를 기원하였다. 그러한 상황에서 서로의 관계를 어떻게 조정하여 해결할 것인가 하는 점이 가장 큰 과제였던 것은 물론이었다. 지금까지 파리에는 적어도 10여 차례 갔었으나 그때와 같이 샅샅이 명소를 구경한 적은 없었다.

그때 咸興 태생의 李龍濟라는 분이 파리에서 고생한다고 하여 그를 방문하기로 하였다. 그의 주소는 뤼 데 블랑제 26번지(파리 제5구)로 새로 된 주택가에 있는 아파트였다. 겨우 찾아서 벨을 눌렀더니 광대뼈가 튀어나오고 머리가 덥수룩한 40전후의 사람이 나왔다. 조그마한 방에는 갓난아기의 기저귀가 가득 널려 있었고, 그는 아기를 달래고 있는 자기 부인을 소개하였다.

나는 고향인 함흥사람을 만나서 대단히 반가웠으나 주인은 별로 반가운 기색이 아니었다. 생활에 지쳐있는 듯하였고, 또 장래에 대한 희망도 보이지 않는 그러한 환경 속에서 나를 만나는 것이 반가울 까닭은 없었으리라.

Li Long-tsi라는 그의 이름이 말해주듯이 그 역시 중국을 거쳐서 파리에 온 것이었다. 고향에서 하등의 기초지식도 갖지 못한 채 와서 프랑스 문학을 전공했으나, 학비의 보조없이 그것이 얼마나 어려운 것인가를 상상할 수가 있었다. 그는 쾨흐랜이라는 음악교수의 서생으로 있다가 그의 딸과 결혼했으나 생활능력이 없어, 학교 교사인 부인의 힘으로 살아간다고 하였다. 그는 고향에 소식을 전할 생각은 없었으나 내가 묵고 있는 호텔까지 와서 이야기하다가 갔다. 日帝時代에 청운의 꿈을 안고 외국에 와서 고생하는 우리나라 젊은이의 모습을 그에게서 읽을 수 있었다. 그 후 그의 소식은 전혀 듣지 못했다.

12월 31일, 엔네양과 리용역에서 작별하고 나는 마르세이유로 떠났다. 내가 탈 香取丸은 정월 초하룻날 그곳에서 떠나기로 되어 있었다. 8년 동안 외국에서 지낸 나는 香取丸호에 탈 때부터 큰 혼란을 겪어야만 했다. 틀림없는 프랑스 땅인데 한발 들어서니 그곳은 일본이었다. 밖은 서양인데 배 안의 분위기는 일본 같았고, 조금 더 과장해서 표현하면 두개의 세계가 병립하는 것 같은 느낌이었다.

그러한 느낌은 후에 판문점에서도 같았다. 금을 긋고 이쪽은 자유세계, 저쪽은 공산국가, 하는 식의 두 세계의 병립이었다. 내가 8년이라는 세월 동안 완전히 서양화된 까닭이었는지는 모르나 그때 나는 잠시 동안이나마 큰 혼란을 느꼈다.

3등선실의 승객은 인도유학생이 대부분이었다. 그밖에 프랑스에서 의사가 된 사이공 출신의 關씨, 레바논 사람 타바라氏, 白系 러시아여인 브즈고이양 등이 있어서 그런대로 이야기친구는 되었다. 원래 旅客船 시설이란 9할까지가 1등객, 그 나머지가 2등·3등 손님을 위한 것이다. 3등 손님은 동정하여 태워주는 식이었기 때문에 말할 수 없는 수모를 느꼈으나 싼 값으로 여행해야 되니 별 도리가 없었다. 음식도 나쁘고 올라가 산책할 갑판도 변변치 않았다. 그때는 TV나 라디오도 없었다. 그러나 인도양을 항해하는 동안 배에서 무전을 받아서 신문을 등사하여 돌려주었다.

1936년 12월에는 중국에서 유명한 西安事件이 일어났고, 다음해 1월 일본에서는 宇垣내각이 流産되었다.

그런데 싱가폴에서 우연히 한국신사 두분을 만났다. 兪億兼씨와 具滋玉씨였다. 그들은 기독교 관계 회의에 참가하고 귀국하는 도중이라고 하였다. 나는 8년 만에 배 안에서 고국 사람을 만나게 되어 말할 수 없이 기뻤다. 배가 上海에 도착했을 때 두분을 기다리는 한국사람들이 많이 나와 있었다. 나도 그때 기념촬영을 했다. 두분은 그곳에서 下船하였다.

上海에 내리니 안트워프에서 사귄 중국인 친구 艾毅根의 동생인 艾璐生이 형의 편지를 받고 나를 기다리고 있었다. 그런데 그를 만나기도 전에 일본형사 두명이 나에게 다가왔다. 그리고 "오마에노 나마에와(너의 이름은)?" 하고 물었다. 비록 3등실을 타고 오기는 했지만 그 말을 듣는 순간 나는 놀라고 또 당황할 수 밖에 없었다. 나는 비로소 日帝의 힘이 미치는 곳에 왔음을 실감하게 되었다. 외국에서 돌아오는 한국사람들을 모두 위험인물로 보고 조사한다는 말은 들었어도 이런 대접을 받을 줄은 상상도 하지 못했다.

나는 艾璐生과 간단한 몇 마디 이야기만 나눈 후 상해시를 구경하고 다시 배로 돌아왔다.

李儀景, 뮌헨에서(1937)

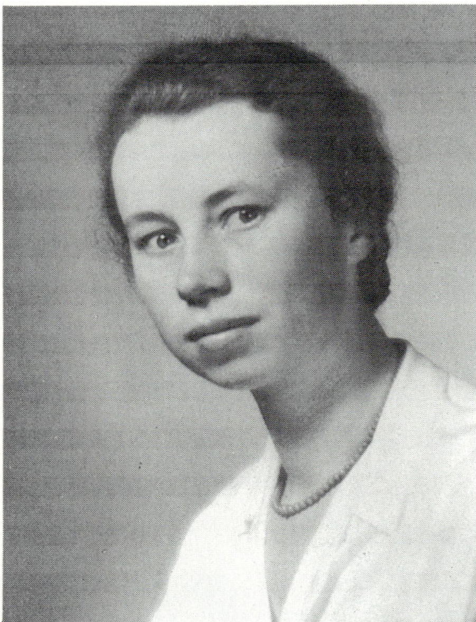

엔네양

헨쩨교수

헨쩨교수 부부와 함께,
안트워프시 자택 서재에서(1935)

헨쩨교수 서재에서,
안트워프시(1938)

제 3 장 ■

安全한 港口를 찾아서

일시 歸國
—다시 시베리아 기차를 타고

4주일 이상의 지루한 여행을 마치고 나는 日本의 神戶에 내렸다. 그곳에서 기차를 타고 東京으로 갔고, 다시 京都에 가서 약 3주일 동안 박물관과 명소를 둘러보았다. 일본에서 탄 기차는 3등칸이었으나 下關에서 釜山으로 가는 連絡船은 1등실을 탔다. 그것은 倭警의 무례한 조사를 어느 정도 피해보려는 의도였다. 사실 1등객에게는 그렇게 무례하게 굴지는 않았다.

8년 전 독일로 떠나기 전에 나는 慶州에 갈 기회가 없었다. 그러나 이제는 경주의 고고학과 미술이 나의 가장 큰 관심사가 되었기 때문에 서울로 가기 전에 경주로 가 볼 계획이었다. 그때는 부산에서 동해안을 거쳐서 경주에 가는 기차가 없었기 때문에 나는 우선 大邱에 내려야 했다. 그곳 역전에서 引客꾼을 따라서 여관으로 갔다.

고국에서의 첫밤을 여관에서 지낸 나에게는 오래도록 잊히지 않는 일들이 많았다. 내가 안내된 방에는 가구라고는 전혀 없었으며 오직 木枕 하나밖에 없었다. 벽은 온통 때 투성이인데다가 빈대를 잡은 핏자욱까지 얼룩져 있었다. 게다가 조금 늦게 도착한 내 앞에 저녁상이 들어왔는데 한두 가지 외에는 모두 다른 상에서 남은 것을 다시 놓은 것 같았다.

여관방은 무척 어두웠다. 벽에 뚫어 놓은 구멍 위에 10촉짜리 전등이 올려져 있어 두방을 한꺼번에 비추고 있었으니 그럴 수 밖에 없었다. 이윽고 숙박부를 쓰라며 종이를 가져왔다. 그것도 흰 종이가 아니라 한 쪽에 인쇄가 되어 있어 그곳에 손님이 성명 등 기타 사항을 쓰면 原本에 다시 옮겨쓰는 모양이었다. 물론 나는 멀리 독일에서 왔다는 것은 쓰지 않았다. 8년 만의 고국에서의 첫밤을 그렇게 지냈고 이것이 내 눈에 비친 우리나라의 모습이었다.

다음날 아침, 대구역 앞에서 경주행 버스를 탔다. 길가의 자그마한 초가에서는 겨울 하늘 높이 연기가 올라가고 있었는데, 그 모양이 어찌나 가난하고 애처롭게 느껴지던지 이 초라한 고국의 모습에 저절로 눈물이 나왔다. 버스가 멈추거나 출발할 때마다 안내양이 '스톱푸', '핫샤 오라잇'하고 신호를 했다. 이것 역시 내게는 눈물나는 것이었으나 억지로 참았다.

경주에 도착하여 산과 같이 큰 신라시대 무덤을 보고는 크게 놀랐으나 곁에 있는 자그마한 초가집은 슬픈 대조를 이루었다. 그런데 유감스럽게도 佛國寺까지는 왔는데 그 위의 石窟庵까지는 시간이 없어 올라갈 수가 없었다. 지금과는 달라 그때는 왕복 3시간이 걸렸다. 나는 정해진 시간에 대구행 버스를 타고 다음날 일찍 서울에 도착해야 했기 때문에 석굴암에는 갈 수가 없었던 것이다. 결국 그 후 1942년까지 나에게는 석굴암 구경을 할 기회가 주어지지 않았다.

서울에 도착하니 興上에서 온 친척 몇 분과 서울에 사는 崔在緯 등 옛적 咸興高普 동창들이 나와서 영접해 주었다. 곧 일본식 여관에서 여장을 풀었으나 조금도 쉴 사이가 없었다. 그날 저녁, 미국과 유럽에 가는 崔承喜 고별공연을 府民館에서 한다고 하여 그것을 구경하러 갔던 것이다. 공연은 대단한 성황을 이루었다. 후에 내가 다시 유럽에 갔을 때 崔承喜가 미국을 거쳐서 벨기에까지 왔었는데 그 이야기는 뒤로 미루기로 하겠다.

興上에 돌아온 나는 8년 전이나 그때나 달라진 점이 하나도 없다는 것에 놀랐다. 정말로 咸興이나 興上에서는 시간이 움직이지 않고 정지하고 있었던 것처럼 느껴졌다. 무엇이나 예전과 꼭 같았다. 아침에는 해가 뜨고 저녁 때는 예전과 똑같이 같은 산으로 해가 졌다. 홍상 장거리에 가보면 그곳의 초가집은 유럽 어느 곳에서도 볼 수 없는 초라한 것이었다. 또 사람들의 생활도 아마 지나간 100년 동안 큰 변동이 없는 것 같았다.

이렇게 눈 앞에 보이는 모든 물건이나 움직임은 8년 전에 살아온 그 환경 그대로였기 때문에 나는 말할 수 없는 친근감을 느꼈다. 그러나 한편 겨우 한달 전에 두고 온 유럽의 내 친구들과 그 사회 역시 이제 나에게는 떼어버릴 수 없는 세계가 되어 있었다.

이 두개의 세계, 두개의 전혀 다른 가치관 앞에서 나는 당황하지 않을 수 없었다. 거기서 오는 정신적인 혼란은 이루 표현할 수도 없었다. 이 혼란상태는 내가 우리나라에 머무르고 있는 동안 줄곧 계속되었고, 유럽에 돌아가서도 오래도록 수습하지 못할 정도였다. 한국에서 쓴 내 편지를 받은 엔네양도 그러한 혼돈상태를 생생하게 느꼈던 것 같다. 후에 내 편지가 무슨 뜻인지 알 수가 없었다고 말할 정도였다.

내가 동경에 있을 때 독일의 영화감독 팡크박사가 만든 〈새 땅〉(新しき土)이라는 영화가 상영되어 큰 인기를 모으고 있었다. 영화의 줄거리는 오랜 유럽유학에서 돌아온 일본 청년의 고민을 그린 것으로, 그 내용에 나는 큰 공감을 느꼈다.

나의 叔母는 과년한 총각이 왔으니 장가를 보내야겠다고 서둘렀다. 사실 나도 어느 정도 뜻이 있어 몇 사람의 신부감을 보기도 하였다. 그러나 극도로 마음의 평온을 잃은 나는 내가 무엇을 원하고 있는지 내 자신도 알 수가 없었다.

하루는 叔母가 무당을 찾아가서 혼처에 대한 것을 물었더니 "신랑은 신발을 신고 먼 길을 떠날 채비를 하는데 결혼은 무슨 결혼이오?"하고 반문하더라는 것이다. 그것이 사실이냐는 숙모의 물음에 나는 당황하였다. 하기는 재정적인 뒷받침이 있어서 신부를 앞세우고 유럽에 가면 얼마나 좋을까 하고 생각하던 참이었다.

귀국은 했으나 나는 아무것도 해결할 수 없었다. 그때 일본의 대륙침략은 점차 본격적으로 진행되었고 소위 兵站基地가 되어 버린 한국에서 살기란 여간 어려운 일이 아닌 듯 싶었다. 그렇다고 각박한 유럽에서의 생활을 더 이상 계속하기도 힘들었다.

1937년 7월, 소위 蘆溝橋(Marco Polo Bridge)事件이 발생하였다. 일본측의 설명에 의하면, 마침 그곳에서 연습중인 일본군대를 향해 중국군이 발포하였다는 것이다. 그러나 이것은 일본측의 조작 선전일 뿐, 이것으로 급기야 中日戰爭이 정식으로 개시되었던 것이다. 이러한 일본의 대륙 침략 정책하에서 식민지 백성으로 살았던 우리의 살림은 점점 더 어려워졌다.

나는 다시 유럽으로 가기로 결심하였다. 그러나 유럽에 가기 전에 적어도 우리나라의 절경인 金剛山만은 보고 가고 싶었다. 그래서 시간을 내어 일단 溫井里로 가서는 그곳에서 萬物相, 海金剛으로 들어갔다. 溫井里에는 당시 서울여관이 있었는데, 목사인지 장로인지 되는 주인 때문에 외국손님도 오곤 했던 당시로서는 상당히 좋은 여관이었다.

그때 서울여관의 주인이 무심코 하는 이야기를 그냥 흘려들을 수가 없었다. 언젠가 그가 상해에 갔을 때 어느 한국 사람이 독일 부인과 그 사이에서 낳은 사내아이를 데리고 상해에 왔었다 한다. 그때는 한국 사람도 일본인으로 취급되어 여권 없이도 상륙하던 시절이었다. 그런데 그 독일 부인은 일본 국적을 가지고 있기는 했으나 중국 관리가 상륙을 허가하지 않았다는 것이다. 아무런 증거서류도 없다는 것이 이유였다. 궁여지책으로 그들은 아들을 증거로 내보였다. 보니 틀림없는 튀기가 아닌가. 이렇게 하여 그들은 겨우 상륙허가를 받았다는 것이다.

나는 그 이야기를 들었을 때 마음이 얼마나 언짢았는지 모른다. 나중에 알게 되었지만 그 분은 海州 출신의 崔昌顯이라는 사람이라고 李儀景에게 들은 적이 있다. 그는 독일에서 국제결혼을 하였으나 대학졸업장도 없이 독일 여자를 데리고 귀국했다고 한다. 국내에서도 생활고에 시달려 결국 외국인이 많이 사는 상해에 가면 일자리를 얻을 수 있으리라고 생각하였던 것이다. 崔昌顯은 해방 후 서울의 어느 사범대학에서 독일어를 가르쳤는데 그 부인이 얼마나 생활고에 시달렸던지 허리가 다 구부러져 보기에도 딱했다. 한국 사람을 따라오지 않았던들 평범한 독일 여자의 생활을 했을 것이다.

이것은 특수한 예이지만 일제 때 수십명의 독일 여자가 한국 남자를 따라 우리나라에 왔다 갔다. 그중에는 교양이 없는 도깨비 같은 사람도 있었으나 그렇지 않은 사람도 있었다. 그러나 그들 대부분은 한국 사람과의 결혼생활에 실패했고, 숱한 애처로운 사연을 남겨놓은 것도 사실이었다. 최창현의 이야기가 나에게는 큰 교훈처럼 생각되었다.

溫井里를 떠날 때 그 여관주인은 내게 손을 들어보이며

> "독일 가서 박사가 되어 오시오. 그리고 독일 색시는 데리고 오지 마시오."

하고 말했다. 내가 독일에 가서 오랫동안 있다 왔다는 말을 하지 않았기 때문이다.

일단 귀국한 나는 새 여권을 받았는데 이때 발급받은 일본 여권은 아직도 보관하고 있다.

1937년 9월 9일, 시베리아 횡단 열차를 타고 滿洲里에서 오트폴로 넘어갔고, 9월 16일에 폴란드에 입국, 그리고 9월 18일에 베를린에 도착하였다. 베를린까지 마중나온 엔네양에게는 그 사이의 일을 보고하고 뮌헨에 가서 李儀景씨를 만나 한국의 형편을 이야기하였다. 1920년에 한국을 떠난 후 한번도 고향에 다녀온 적이 없었던 그에게는 고향에 돌아갈 기회가 점점 더 불가능한 것처럼 느껴졌을 것이다. 결국 그는 1949년, 독일에서 別世하였다. 몽매에도 그리던 고향을 다시는 보지 못하였던 것이다.

1937년 크리스마스 이브에 헨쩨교수 夫妻와 나는 다시 마주앉게 되었다. 나는 말은 하지 않았으나 장래에 대한 뚜렷한 전망이 없어 약간 초조한 기분으로 그분들과 함께 '만약 전쟁이 난다면……' 하는 화제를 중심으로 대화를 나누었다. 그 분들은 당시 57, 58세로 외로운 상태였기 때문에 될 수 있으면 나와 같이 지낼 수 있기를 원하는 눈치였다.

1938년에 일어난 체코사태 때문에 유럽의 정세는 전쟁 일보 직전까지 갔었으나 기적적으로 전쟁을 피할 수 있었다. 당시의 유럽 정세는 급속도로 변해가고 있었다. 여기서 그때의 에피소드를 하나 소개한다.

체코의 수도 프라하에는 오래된 캣슬(城)이 있었고 그 안에는 도서실이 있었다. 늙은 司書는 매일 신문도 보지 않고 그곳에서 일만 열심히 하고 있었다. 어느날 밖에 나와보니 몇 대의 차가 정문 앞에 서 있었는데 그 안에서 사진으로만 보아왔던 사람이 내렸다. 바로 히틀러였다. 이게 웬일인가 하고 놀란 그는 자기 방으로 뛰어갔다. 그는 그때까지 체코가 독일군에게 점령당한 것도 모르고 있었던 것이다.

같은 해(1938년) 겨울이라고 생각된다. 미국과 프랑스를 거쳐서 崔承喜와 그의 남편 安漠이 브뤼셀과 안트워프에 왔다. 소문에 의하면 崔承喜가 미국 로스앤젤레스에서 크게 망신을 당했다 한다. 공연 도중 우리 교포가 윗층에서 꽹가리를 두들겨대는 통에 공연장은 수라장이 되었다는 것이다. 그녀는 일본을 떠날 때 「사이 쇼기」라는 일본식 이름으로 갔고, 미국에서도 완전히 일본 앞잡이로 행동하여 그것이 우리 교포들의 비위에 거슬렸던 것이다.

그녀의 해외공연은 일본 외무성이 특별한 호의를 가지고 지원해 주었다. 예를 들어 파리 공연 때는 일본대사관에서 400개의 좌석을 사서 親日的인 프랑스 사람에게 주었으며, 마르세이유 공연 때도 마찬가지였다. 이것은 내가 安漠에게서 직접 들은 이야기이니 틀림없을 것이다.

하루는 안트워프 주재 일본영사인 森山이라는 사람이 헨쩨교수 부처와 엘세 부인, 그리고 나를 브뤼셀에서 열렸던 崔承喜의 무용회에 초대하였다. 그런데 나는 「사이 쇼기」이건, 崔承喜이건 상관없이 그녀의 공연에 크게 감격하였다. 왜냐하면 그녀의 레퍼토리가 전부 한국무용으로 일관하였던 까닭이다. 그녀는 안트워프에서도 큰 성과를 거두었다. 그곳에는 여류문인인 竹林文子(본래 日本文士인 竹林無想庵의 妻로 그때의 이름은 宮田文子였다)가 살고 있었는데 그 자택에서 일본 거류민들이 모인 조촐한 환영파티가 있었다. 나는 그녀와 安漢을 훗날 1941년 귀국하여 함흥에서 다시 만난 일이 있다.

1939년 6월, 엘세 부인과 나는 고속도로로 라인강을 거쳐서 슈발츠발트와 뮌헨을 향해 약 2주일간 여행을 떠났다. 그때가 2차대전이 발발하기 3개월 전이었던 것 같다. 말끔하게 완성된 고속도로 위로 많은 차량이 다녔는데 사실은 그 고속도로도 역시 히틀러의 전쟁준비의 일단이었던 것이다. 지금도 기억에 남는 곳은 푸로인덴슈탓트·프리덴바일러·보이론城 같은 곳이다.

그곳에서부터 다뉴브강이 시작되는데 발칸지방에서 보면 큰 바다와도 같은 다뉴브강도 거기에서는 아주 자그마한 내에 지나지 않았다. 그때 뮌헨에 들러서 李儀景을 만났는데 그것이 그와의 마지막 만남이었다.

第二次世界大戰— 歸國

1939년 9월 3일, 나는 독일인 친구인 브루노 사이델(Bruno Seidel)과 함께 안트워프의 부두를 산책하고 있었다. 그날은 영국수상 쳄벌레인의 對獨宣戰布告가 있었다. 그보다 며칠 전에는 히틀러의 탱크가 폴란드의 바르샤바를 향하여 진격했었다.

헨쩨교수는 매일 11시에 히틀러총통의 대본영에서 발표하는 라디오뉴스를 듣고 기뻐하였으나, 한편으로는 크게 걱정도 하였다. 그는 벨기에 국적을 갖고 있었지만 마음은 독일 사람이었던 것이다.

전쟁이 확대될 것으로 예상한 나는 11월 5일, 전쟁 중인 독일로 가서 엔네양을 만났다. 그날 쾰른에서 125마르크를 바꾼 것이 여권에 기록되어 있다. 그런데 내가 독일에 있는 동안 뮌헨시의 뷔르게르 뿌로이 맥주회사의 큰 홀에서 히틀러가 연설을 하고 나온 지 15분 후에 미리 장치되어 있던 시한폭탄이 터져서 대소동이 벌어진 사건이 있었다.

나는 그때 조선일보의 사회부에 몇 차례 전쟁이야기를 써 보냈는데, 11월 초에는 〈歐洲에서 본 歐洲〉라는 글이 신문에 실리기도 하였다. 후

일담이지만 그 기사 내용이 일본의 守山이라는 朝日新聞社 특파원이 보낸 기사보다 시간적으로는 약간 늦었으나 내용은 그것에 별로 뒤지지 않은 것이었다고 지금도 洪鍾仁씨는 말하고 있다.

전쟁의 혼란한 상황 속에서 더이상 유럽에 머물 수 없다고 판단한 나는 다시 귀국할 마음의 준비를 하게 되었다. 1940년 4월, 독일은 덴마크를 점령하고 노르웨이까지 진격하였다.

나는 계속해서 조선일보에 글을 써 보냈는데 한번은 내 사진까지 실렸다. 그런데 그것이 오래된데다가 인상도 졸장부 같이 보여서 洪鍾仁씨에게 새 사진을 보내면서 먼저 보낸 사진으로는 귀국 후 신부감을 고르는 데 큰 지장이 있으리라고 써 보냈더니 새 사진을 내어주었다.

洪鍾仁씨를 알게 된 것은 내가 1937년에 일시 귀국했을 때였다. 지식욕이 왕성했지만 그때까지 외국에 나갈 기회가 없었던 그는 내가 서울에 올 때마다 나를 만났고, 고국을 떠날 때면 가끔 기사를 써 보내달라고 부탁을 하였다. 그는 고료는 줄 수 없으나 대신 빠지지 않고 신문을 보내주겠다고 약속했는데 그 약속을 지켜주어서 나는 항상 조선 사정을 알고 지낼 수 있었다.

1940년 5월 5일, 나는 만 6년이라는 젊은 시절을 보낸 안트워프를 떠났다. 독일을 거쳐 시베리아 철도를 이용하여 귀국할 생각이었다. 1929년에 유럽에 왔으니 꼬박 11년간 유럽생활을 한 것이었다. 만약 전쟁이 일어나지 않았다면 그때 귀국할 결심을 하지 못했을런지도 모를 일이다. 벨기에의 친구들과 작별하고 국경을 넘어 독일의 뒤셀도르프로 갔다.

내가 묵은 호텔은 역전의 자그마한 것으로 손님은 많지 않았으나 예비역으로 있다가 소집되어 온 나이 많은 남자들이 부인들과 함께 묵고 있었다. 나는 도르트문트에서 휴가를 받아온 엔네양과 함께 불안한 분위기 속에서도 세계의 운명이 걸려 있는 이 전쟁이 언제 끝날 것인지, 또 우리가 언제 재회할 수 있을지 등등, 여러 가지로 우리들의 이야기는 그칠 줄 몰랐다.

5월 10일 아침, 나는 여느때와 마찬가지로 일찌감치 아침식사를 하러 식당에 갔다. 벌써부터 군인 부부들이 나와 식사를 하고 있었다. 평화스러운 분위기였다.

한 쪽에 뚱뚱한 사람이 자리잡고 앉았는데 주머니에서 커다란 버터덩어리를 꺼내서 식탁 위에 놓았다. 그때는 누구든지 버터票로 버터를 배급받았는데 그가 커다란 버터를 앞에 놓고 있었기 때문에 모든 사람들의 눈이 그리로 쏠렸다. 웨이터가 그 손님에게 어디에서 그렇게 큰 버터를 구했느냐고 물었더니 자기는 화란 사람인데 어제 집에서 가지고 온 것이라고 하였다. 그랬더니 눈을 크게 뜬 웨이터가

"그럼 화란쪽에서도 시작된 모양인데요?"

라고 말하지 않는가. 그때 식당에 있던 손님들은 아무도 모르고 있었으나 그날 아침 5시를 기하여 독일군이 일제히 화란 국경을 넘어 침입하였던 것이다. 조용히 식사를 하던 군인 가족들은 갑자기 말을 멈추더니 재빨리 식사를 끝내고는 자기 방으로 돌아갔다.

조금 있다가 도르트문트에 갔던 엔네양이 돌아왔다. 지난 밤에 한잠도 자지 못했다는 것이었다. 도르트문트의 공군기지에서 쉴새없이 비행기가 떠서 화란과 벨기에의 要地를 공격하였다는 것이다. 도르트문트에서 벨기에의 리에쥬까지는 비행기로 30분도 걸리지 않기 때문에 폭격하고 돌아와서는 또 다시 폭격하러 갔다오는 일이 반복되어 밤새 그 시끄러운 소리 때문에 잠을 자지 못했다는 것이다.

이제 얼마 동안 잠잠했던 일선에 본격적으로 불이 붙었다. 내가 5월 5일에 벨기에를 떠나지 않았다면 나는 아마도 일년 이상을 움직일 수 없었을런지도 모를 일이었다. 그날은 바로 독일어로 핑그스텐(Pfingsten, 英語로는 Pentecost), 즉 聖靈降臨祭라고 하는, 부활절에서 50일째 되는 큰 祭日이었다. 역에 갔더니 휴일에 예정되었던 모든 기차가 운휴되고 군인들만 수송시키고 있었다.

나는 5월 12일에 기차로 베를린으로 가서 그곳 바이에리슈 프랏츠의 퀸(Herbert Kühn) 교수댁으로 갔다. 그 댁에서는 나를 위하여 근처에 방을 하나 잡아주었다. 그때까지 베를린은 한번도 폭격을 당한 일이 없

었고 시민생활에도 큰 불편이 없는 듯 보였다. 그러나 근처의 광장에 갔더니 푸른 색을 칠한 벤치가 따로 있었는데, 그 위에 '유태인用'이라는 글이 쓰여 있었다. 유태인 박해의 한 표시였다.

나는 큄멜(Otto Kümmel)박사와 라이데마이스터(Leopold Reidemeister)박사를 찾아 박물관으로 갔다. 여러 가지 이야기를 하는 동안에 그들은 나에게 고국으로 돌아갈 것 없이 그곳에 머물러 있으라고 하였다. 나도 그 말에 관심이 가서 어떻게 하면 그곳에 있을 수 있는가를 물었다. 지금은 戰時여서 중앙정부의 승인이 있어야 하니까 정부의 누구 누구를 만나보라고 하였다.

나는 이미 서울로 가는 기차표를 가지고 있었으면서도 아직도 유럽에 미련이 남아 있었던 것이다. 그래서 가르쳐주는 대로 중앙정부를 찾아갔다. 입구의 경계는 삼엄했다. 들어갈 때 출입증을 받아야 하고 나올 때도 역시 출입증에 면회한 사람의 사인을 받아야 나올 수 있었다. 예측한 대로 예산이 없어서 새로 사람을 쓸 수 없다는 담당관리의 대답이었다.

퀸교수는 先史學 전공자로 나이 50 가까이에야 비로소 生男하여 기분이 최상이었다. 부인도 40이 넘은 나이였는데 용케도 첫아기를 낳았다. 그때 퀸교수는 약 2년 이상 태울 담배를 저장해 두고 있었다. 이 담배가 없어질 때 쯤 전쟁이 끝날 것이라고 하였다. 그후 나는 1953년과 1971년에 퀸교수를 다시 만나게 되었는데 그때 낳은 아들은 1964년경 미국에 유학갔다가 교통사고로 죽었고, 부인은 1979년에 작고하였다고 했다.

나는 5월 16일, 베를린을 뒤로 하고 귀국의 길에 올랐다. 다른 때 같았으면 폴란드를 거쳐서 모스크바로 갔을 텐데 이번에는 북쪽 쾨닉스베르그(지금의 Kaliningrad)市를 지나서 라트비아와 렛드랜드, 즉 발틱해안의 자그마한 두 나라를 지나서 갈 수밖에 없었다. 이 작은 나라들은 지금은 모두 소련 영토에 편입되어버렸으나, 원래는 1차대전 후 러시아가 발틱해로 진출하는 것을 막기 위해 세워졌던 나라였다. 내가 간직하고 있는 당시의 여권에는 5월 18일에 이 두 나라를 통과한 것으로 기록되어 있다.

모스크바에 도착할 때, 기차가 연착되어 시내에서 휴식할 여유가 없었기 때문에 승객들은 곧장 버스를 타고 서쪽역에서 동쪽역으로 간 후 시베리아로 출발하였다. 시베리아를 통과하는 것이 벌써 세번째였다. 이번에는 3등칸에 타서 여행이 약간 괴로웠지만 그때의 상황에서는 전란 속의 유럽을 빠져나와 고국으로 가는 것만으로도 충분히 만족스러웠다. 그 시베리아 열차 안에는 독일에서 도망한 유태인들이 대부분이었고, 그 외의 손님은 거의 없었다.

소련 국경을 넘어 만주리에 도착했을 때 그곳의 일본헌병과 일본경찰이 제각각 기다리고나 있었다는 듯이 나를 데리고 갔다. 세관은 거치지 않아도 좋다는 것이었다. 그들은 유럽에서 벌어진 전쟁이 어떻게 진행되고 있는지 파악하기 위하여 나를 데리고 간 것이다. 먼 길을 온 손님의 피로함 따위는 아랑곳도 없었다.

나는 똑같은 이야기를 두번이나 되풀이해야만 했다. 헌병은 헌병대로 경찰은 경찰대로 같은 질문을 했던 것이다. 그리고는 각각 저녁을 대접하겠다고도 하고, 그것이 필요없으면 술을 사겠다고도 했으나 나는 갈 길이 아직 멀었기 때문에 그곳에 머물러 있을 형편이 못 되었다.

도중에 하얼빈에서 하룻밤을 자고, 그 다음날 다시 기차를 탔다. 기차가 신의주를 통과하여 얼마나 지났는지 알 수 없었으나 밤중에 新安州역에 못미쳐서 정거했다. 오래간만에 기차에서 내려 우리나라 땅을 밟아보았다. 그런데 이때 갑자기 수만마리의 개구리 울음소리가 시끄럽게 들려왔다. 개구리 울음소리를 오랜만에 다시 듣는 터라 나는 실로 감개무량하였다. 그 소리는 나에게 고국에 왔다는 실감을 안겨주었다.

내가 硝煙이 자욱한 유럽을 떠나서 우리나라에 다시 왔구나! 이제는 그 끔찍한 전쟁이 벌어지고 있는 유럽에 다시 갈 수는 없을 것 같았다. 고향에 돌아온 나의 할 일은 무엇이었던가. 1940년경의 우리나라는 막바지로 치닫는 일본사람들의 압제에 숨이 막힐 정도였다.

日帝 末期의 서울生活—결혼

나는 일단 고향인 興上에서 얼마 동안 있다가 우선 東京에라도 가보기로 하였다. 안트워프를 떠날 때, 나는 동경에 있는 벨기에대사 포르톰(Forthom)씨에게 보내는 소개장을 가지고 있었다. 그 소개장은 아무 소용도 없는 것이었지만 일단 동경에 갈 수 있는 명분은 되었다.

이번에도 關釜連絡船은 1등실에 타고 갔다. 역시 1등실은 대우가 약간 좋아서 왜경은 친절하게 대해 주었다. 나의 신분을 묻기에 유럽에서 얼마 전에 돌아왔다는 이야기를 하고 여권을 보여주었다. 여권이란 것을 처음 보는 사람인지 눈을 크게 뜨고 이것은 외무대신의 旅行免狀인가, 하고 물었다. 외무대신 廣田弘毅라는 이름이 있었던 까닭에 내가 거물인 줄로 착각을 한 모양이었다.

동경에 도착하여 나는 벨기에대사관에 찾아갔다. 벨기에대사관은 본국이 독일에 점령당해 있었기 때문에 그 기능을 잃은 지 오래였다. 대사부부는 다른 고급 간부들과 함께 輕井澤에 가 있었고, 대사의 아들인 젊은 외교관이 나를 접대해 주었다. 당시의 외교관클럽 같은 곳으로 나를 데리고 갔는데 그들은 의기소침하였다. 젊은 포르톰2세는 그때 나에게 코카콜라를 마시겠느냐고 물었는데 나는 그것이 무엇인지 몰라서 어리둥절해 하였다.

나는 동경에서 姜世馨씨를 만났다. 그는 일본의 日獨協會 직원으로 자주 매스컴에 오르내렸다. 그는 동경 上智대학 철학과를 졸업하고 독일에 갔다온 사람이었다. 그가 자주 매스컴에 오른 이유는 나치의 청년부 지도자이자 히틀러 측근의 한 사람인 발두 폰 시라(Baldur von Schirah)라는 사람이 일본에 왔을 때 통역을 하고부터였다. 그가 독일어를 잘 했던 까닭이었다. 나는 그를 따라 銀座에 있는, 일본사람과 결혼한 독일 여자들이 경영하는 다방 같은 곳을 돌아다녔다. 일본과 독일의 동맹은 도처에 日·獨 친근무드를 무르익게 하였다.

당시 보성전문학교에서 철학과 독일어를 가르치던 安浩相씨는 일본어를 배우려고 京都에 와 있었는데 나의 독일 선배였기 때문에 그를 찾아 갔다. 그가 일본에 있는 동안 그는 그의 독일어 시간을 나에게 주도록 金性洙교장에게 추천하여 후일에 나는 普成專門學校의 촉탁강사가 되었다. 金性洙씨와는 1930년 유럽 순방 때 만난 적이 있었는데 곧 알아봐 주셔서 고마웠다.

普專의 시간강사 생활은 후에 太平洋戰爭 때, 普專이 잠시 拓殖經濟專門學校로 간판을 바꾸고 독일어 시간도 없어질 때까지 계속되었다. 그러나 수입면에서는 아무런 도움이 되지 못했다. 학교일로 쉬는 시간, 방학 동안 등등을 빼면 강사료는 교통비도 되지 못했으나 그것이 나의 직업이었고, 金性洙씨의 그늘 아래에서 創氏도 하지 않고 무사히 견딜 수 있었다.

그때의 촉탁강사로는 李鍾雨 · 李相殷 · 朴希聖 · 咸秉業 · 金東錫 · 李夏馥 · 李容漢 등등이 있었다. 그중에서 咸秉業(日語)과 金東錫(英語)은 해방과 더불어 월북했으며, 李容漢을 제외하고는 모두 끝까지 高麗大學을 지켜간 분들이다. 그러나 촉탁강사는 그때나 지금이나 원칙적으로 직원이 아닌 존재였다.

그때의 간부는 金泳柱(부교장) · 張德秀 · 兪鎭午(法科科長) · 李常薰(商科科長) · 孫晋泰(圖書館長)이었고, 평교수는 徐載元 · 尹行重 · 安浩相 · 朴克采 · 金海均 · 玉璿珍 · 陳承祿씨 등이었다. 그런데 張德秀는 후에 정계의 거물이 되었으나 암살당했고, 尹行重 · 朴克采 · 金海均은 월북했고, 徐載元 · 玉璿珍은 被拉되었으며, 孫晋泰는 6·25동란 중에 행방불명이 되었다. 혼란기에 사람들의 운명이 평탄하지 않았던 것을 알 수 있다.

1940년 11월 海州에서 判事로 停年退職하고 변호사로 개업하고 있던 北青 출신인 李楨準이라는 분이 癌에 걸려 京城帝大부속병원에 입원한 일이 있었다. 그분에게는 東京女醫專을 졸업한 딸(李彩熙)이 있었는데 회복할 가망이 없는 부친의 간호에 정성을 다하고 있었다. 같은 병원 피부비뇨기과에 있던 나의 咸興高普 동창인 崔在緯가 우연히 그 병실을 지나가다가 그분의 딸인 여의사에게 관심을 갖게 되었다. 그녀는 당시

海州道立病院에 있었는데, 우연히 이 변호사의 먼 친척을 알고 있었던 崔가 중매인이 되어 후에 그녀는 나의 아내가 되었다.

될 수 있는 대로 속히 결혼하기로 작정한 나는 별로 많은 아가씨를 선보는 일도 없이 간단하게 결정하였다. 생각해 보면 32세의 노총각이 너무나 급히 상대방을 결정하지 않았나 싶은 우려도 있었으나, 결국 결혼은 운수인 것 같다. 여러 해를 두고 교제한 후에 결혼해도 실패하는 수가 있고, 그 반대도 있을 수 있다.

인생의 전반을 외톨이로 지낸 나는 무엇보다도 중요했던 나의 결혼에 대해 교제기간도 갖지 않고 빨리 결정해버린 것이었으나, 아직껏 한번도 후회한 적이 없다. 이리하여 나는 안전한 보금자리를 갖게 된 것이었다.

우리의 결혼식은 1941년 4월 6일, 지금의 서대문 고려병원 근방에 있던 天香閣호텔에서 紗帽冠帶의 구식으로 올려졌다. 나는 우리나라 사람들이 신식으로 베일을 쓰고 프록코트를 입고 올리는 결혼식을 항상 우스꽝스럽게 생각하였던 것이다.

이때 참석하여 주신 분들로는 金性洙·兪鎭午·玉璿珍씨 등 명사가 있었고 천향각호텔에서 서양식 피로연을 가졌다. 특히 玉璿珍씨는 명축사를 하였고 都宥浩는 독일어로 축사를 했다.

나는 결혼식이 끝난 후에 독일의 엔네양에게 이 사실을 알렸다. 그때는 아직 소련을 통하여 서신왕래가 가능했었다. 그런데 엔네양이 보르네만박사와 결혼하여 보르네만 부인이 된 사실은 전쟁이 끝난 후에야 알았다. 전쟁은 많은 것을 해결하여 주는 해결사 역할을 하고 있었던 것이다. 보르네만박사에 대해서는 나도 면식이 있었는데 그는 뮌스터대학에서 심리학을 가르치고 있었다.

都宥浩는 서울商業高等學校를 졸업하고 北京 燕京大學에 다니다가 비엔나대학에서 先史學을 공부한 재사였고 英語·獨語를 자유롭게 구사하던 사람이었다. 그는 비엔나에 있을 때부터 李康國과 친하게 지냈고, 월북 후에는 科學院의 考古學 및 民俗學硏究所長으로 있으면서 《安岳 第三號古墳 발굴보고》(평양, 1957년)를 그의 이름으로 내기도 하였다. 그가 사망한 소식은, 1972년에 日本에서 高松塚이 발굴조사되었을 때 왔던 北韓의 朱永憲에게서 들었다. 都宥浩에게는 都實浩(弟)·都容浩(兄)의 두 형제가 있었다. 都容浩는 함경남도 도당위원장도 지낸 공산당의 열성분자였다.

진주만 기습 당시 일본의 탄압은 더욱 극심해져서, 우리들은 더욱 더 살기가 어려워졌다.

"아무리 머슴 같은 일을 하더라도 일본 사람은 천하의 보배, 그 막강하다는 미국의 태평양함대를 괴멸시킨 일본의 힘이여!……"

이것은 당시 전차 안에서 들었던 일본 사람들의 대화이다. 정말 하늘이 무서운 줄 모르는 자들이었다.

한편 이때 우리의 생활은 비참하기 짝이 없었다. 아내가 府民病院에 나가면 나는 집에서 아이들과 집을 지키곤 했다. 우리집 수입은 아내의 고정수입과 나의 강사수입을 합해도 100원 미만이었으나, 興上에서 오는 소작료가 얼마간 보탬이 되었다.

그때 함흥고보 후배 하나가 일본술 白鶴을 파는 상점에 있었다. 그는 매달 3병씩의 배급표를 주었는데 이 술을 마시기 위해 普專 친구들이 모이곤 하였다. 尹行重·金海均·咸秉業·朴希聖·李相殷·李容漢 같은 친구들로서 술을 마시면 한국의 엘리트라고 자찬하였으나 지금 돌이켜보면 정말 한심한 때였다.

한번은 金海均의 咸悅 본댁에 慈親 생일잔치가 있어 모두 내려간 일도 있었다. 호남 갑부인 그는 崔容達·李康國 등과 친하게 지내다가 월북해 버렸다. 지금 그는 어떻게 되었을까 하고 생각할 때가 많다.

엘세부인과 함께, 하이델베르크에서(1939. 6.)

엔네와 그의 남편 보르네만교수(1965)

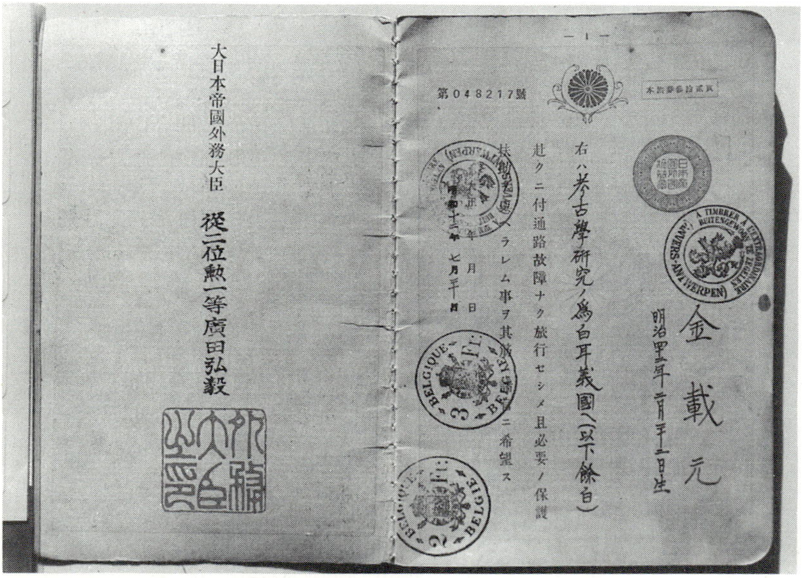

1937년 일시 귀국후 재발급 받은 여권

婚禮式 스냅사진 (1941. 4. 6), 舊天香閣 호텔에서

1941년 초여름, 신혼시절, 明倫洞 앞 큰길에서

婚禮를 마치고 (1941. 4. 6.), 舊天香閣호텔 옥상에서

文人들과 같이(1940년대 초), 뒷줄 왼쪽으로부터 朴啓周, 李孝石, 앞줄 왼쪽에으로부터 筆者, 崔貞姬, 裵雲成(화가), 金東煥

普成專門學校 학생들의 방문, 明倫洞집 골목(1943)

가족사진, 丈母님과 함께(1944년 여름)

제 4 장 ■

초창기의 國立博物館

국립박물관의 기초를 다지며

미국 사람이 진주하고 그들이 軍政廳을 조직하자 영어하는 사람들, 특히 미국에서 공부한 사람들은 모두 한자리씩 차지하였다. 그러나 그때까지 책상에만 앉아 있었고, 普專에서 독일어나 가르치고 있던 나는 대학에서 고고학을 가르치거나, 또는 박물관 일이나 하는 것이 좋으리라는 생각이 들었다.

나는 總督府博物館에 가보았다. 예전부터 알고 지내던 일본 사람들은 모두 사기가 죽어 있었는데 나를 보자 반가워하였다. 그들은 자기들은 정치색이 없는 사람들이니 이대로 남아 있을 수 없을까 하고 말했다.

이어 얼마 전부터 女醫專 강당에서 모임을 갖고 있었던 學術院(지금의 학술원은 아니다)에도 나가 보았다. 그곳에서는 일본 사람들로부터 여러 기관을 접수하는 일을 하고 있었다. 위원장인 白南雲에게서 여비를 받아가지고 경주박물관에 가기로 하였다.

그리고 가기 전에 서울박물관에 들러 崔泳喜와 일본인 有光敎一과 상의하였다. 그들의 의견은 첫째, 지금의 관장인 大坂金太郎은 정식 통지가 있을 때까지 직장을 지키고 있을 것, 둘째, 경주에는 학예직을 맡을 사람이 없으니 지금 군청의 촉탁으로 있는 崔順鳳을 당분간 관장으로 있도록 할 것, 셋째, 崔 외에 崔南柱라는 사람이 박물관에 드나드나 그 사람은 사무능력이 없으니 절대로 채용하지 말 것 등이었다. 崔泳喜와 有光은 그중에서도 세번째 사항을 특별히 유의하라고 했다.

당시 나는 公的인 직책을 맡지는 않았지만 그러한 요령으로 경주박물관을 운영해야 할 것이라고 말하였다. 경주에 도착한 후 우선 崔順鳳을 찾아 같이 박물관에 갔다. 그는 소학교 졸업의 학력으로, 오랫동안 보통학교 교장을 지낸 大坂의 밑에서 박물관 일을 하고 있었으나, 일본 사람에게는 무조건 굽실거리는 등 자기 개인의 이익에 더욱 충실한 사람이었다.

大坂은 오랫동안 慶州普通學校 교장을 지냈기 때문에 많은 경주 청년들이 그의 제자로 있었다. 또한 고적에 관심이 많아 경주박물관을 만드는 데 많은 애를 썼는데 그의 저서로는 《慶州의 古蹟》·《趣味의 慶州》가 있다. 그런데 내가 10월 10일에 다시 경주에 갔을 때 그는 나와의 약속을 어기고 일본으로 밀항한 후였다. 그러나 그때 당시로는 가장 좋은 여관이었던 安東旅館에 나를 초대하여 저녁식사를 대접했을 때 그에게서 많은 이야기를 들은 것을 지금도 잊을 수 없다. 나중에 들은 얘기지만 90의 고령으로 1970년 초까지 고향인 日本 山陰地方에서 살았다고 한다.

하루는 軍政廳 文教部에 가서 文教部長인 록카드대위에게 벨기에에서 쓰던 Ph. D. 학위가 적힌 나의 명함을 보였다. 그는 "베리 굿 맨"이라고 몇 번이나 되풀이하더니 며칠 후에 나를 國立博物館長으로 임명하였다.

이리하여 향후 25년간 계속된 나의 직장이 마련되었다. 그때 내 나이 36세였다. 만 61세에 정년이 되어 나올 때까지 25년간의 오랜 세월을 박물관에서 살았고, 나의 세계는 모두 박물관 창문을 통하여 보고 경험한 세계였다. 그것은 결코 화려하지도 않았으며 영달이 약속된 길도 아니었다.

11월 초에 나는 明倫洞에 있는 우리집에서 景福宮에 있는 관사로 이사하였다. 관사는 경복궁의 敬安堂이었다. 그곳은 둘레에 담이 있었고 지붕의 네 귀에는 용머리가 있는 집이었다.

이곳으로 속히 이사한 이유는 경복궁의 萬春殿·思政殿·千秋殿 뒤에 있는 회랑에 일본 사람 柳宗悅·淺川伯敎 등이 모아놓은 民藝資料가 있었기 때문이다.

그런데 매일 밤 허술한 이 건물 문을 부수고 미군들이 기념품 삼아 유물들을 가져가려고 침입하였기 때문에 그것을 막기 위하여 급히 이사를 한 것이었다. 이 물건들은 그후 민족박물관으로 옮겨졌고, 지금은 다시 國立博物館으로 이관되었으나 당시에 작은 물건들의 손실이 컸으리라고 생각된다.

이때의 박물관 사정을 잘 아는 사람으로는 崔泳喜와 有光敎一이 있고 그 외의 일본 사람은 전부 일본으로 귀국한 뒤였다. 그래서 崔와 상의하여 有光은 당분간 서울에 두기로 하였다. 우선 처리해야 할 일은 扶餘와 慶州에 疎開되어 있는 진열품을 서울로 옮기는 일이었다.

10월 10일, 군정청 사회교육과 담당인 미첼(Paul C. Mitchell)중위와 윈클러 (Robin W. Winkler)軍曹 및 젊은 미국 졸병 두명, 그리고 有光 등 5명을 데리고 나는 부여와 경주로 떠났다. 미첼중위는 원래 뉴욕시 펠함 파크(Pelham Park)에 있는 맹아학교 부교장이었고, 윈클러軍曹는 콜럼비아大學生이었다. 오후 3시에 출발한 우리는 그날밤은 鳥致院에서 지냈는데, 도중에 일본 패잔병들이 부산으로 이동하는 것을 보았다.

우리가 지나가는 길가에 있던 사람들은 아직 해방군인 미국 사람들을 본 일이 없었기 때문에 우리가 지나가는 곳마다 환호성을 질렀고, 학교에 가는 국민학생들은 손을 들어 제각기 “만세”하고 외쳤다. 일행 중의 미군들은 물론 有光도 잠시나마 자신의 국적을 잊고 같이 손을 들어 만세를 불렀다. 모두 잊지 못할 그때의 감격이었다.

우리가 부여에 도착했을 때, 그곳의 청년들이 모여 큰 환영회를 열어주었다. 우리를 어느 이층집에 데리고 가서 융숭한 저녁식사를 대접하였다. 그들은 모두 22, 3세의 희망과 감격에 찬 청년들이었는데 자신들의 장래의 포부를 털어놓았다. 그때의 윈클러는 지금 뉴욕 월街의 브로커로 크게 성공하였다. 후에 그것이 태평양전쟁 때의 경험 중 제일 기억에 남는 일이라고 하였다. 그런데 이상한 것은 그후에도 나는 수십차례 부여에 갔으나 그 청년들 중 한사람도 다시 만날 수가 없었고, 그때 대접받은 집도 다시 찾아내지 못했다는 점이다. 마치 무슨 전설에나 나오는 이야기 같은 느낌이 든다.

그때까지 扶餘分館에는 杉山信三이라는 일본 사람이 관장으로 남아 있었다. 부여에 학예직 같은 것으로 있던 中村春壽의 의견을 참작하여 당시 군청에 있던 洪思俊을 관장으로 내정하고 그곳을 떠났다.

다음에 우리는 공주로 갔다. 그곳에는 古蹟顯彰會라는 한식건물이 있었는데, 반은 警防團, 반은 遺物陳列室로 사용하고 있었다. 이곳에서는 본직이 약종상인 지방유지 劉始鍾을 관장으로 하기로 하고, 古蹟顯彰會를 公州分館으로 승격시키기로 하였다. 劉始鍾은 그후 오래도록 분관장직을 맡아보았다. 한편 이곳에서 중학교 교장을 한 輕部慈恩이라는 사람이 있었는데, 부근에서 발견된 유물을 가지고 일본으로 가버렸다는 것을 알게 되었다. 그후 일본에 있는 미군정청을 통하여 輕部가 사는 시골까지 사람을 보냈으나 輕部가 일본으로 가지고 온 것이 없다고 하는 바람에 진상을 알 수가 없었다. 그후 그는 鳥取大學 분교의 교수가 되었고, 해방 후에 서울에 찾아온 일도 있었다.

우리는 또 공주에서 경주로 달렸다. 잠은 여관에서 잤으나 식사는 매일 「C레이숀」이라는 미군들의 깡통으로 대신하였다. 냇가에서 냇물로 차나 커피를 끓였다. 이것을 보니 전쟁 중에도 미군들은 비슷하게 행동하였을 것으로 짐작되었다. 공주에서 경주로 가는 도중에도 역시 몇 번이고 장거리로 가는 시골사람과 많은 국민학교 어린이들의 환영을 받았다.

예정보다도 늦어져서 우리는 중간의 俗離에서 하룻밤을 보낸 후 다음날에야 경주에 도착하였다. 그때 이미 大坂은 浦項에서 배를 타고 일본으로 떠난 후였고, 崔順鳳이 박물관을 지키고 있었다. 우리는 오랜 시간을 경주에 지체할 수가 없어서 경주에 소개되었던 金銅半跏思惟像·金冠·金製腰帶 등, 金冠塚 등에서 출토된 중요한 국보급의 진열품과 또 부여에서 옮겨 놓았던 文様磚 같은 것을 싣고 이번에는 聞慶·奉化郡

쪽으로 중앙선을 거쳐서 서울로 향했다.

우리가 통과한 그 지방 사람들도 역시 미군을 처음 보는 모양으로 곳곳에서 감격스러운 환영을 하였고, 손을 들어 만세를 불렀다. 우리들은 저녁 늦게 豊基에 도착하였다.

풍기에서는 숙소는 쉽게 마련하였으나 진열품을 둘 곳이 걱정이었다. 그러나 그것은 곧 해결되었다. 즉 그곳 支署에 찾아갔던 것이다. 내 기억에 순경은 거의 없었고 保安隊가 조직되어 치안을 맡고 있었다. 그들에게 진열품을 실은 스리쿼터 트럭을 맡기고, 그 안에는 우리나라의 국보가 있으니 책임을 지고 지키라고 하였다. 우리나라의 국보! 물론 털끝만큼도 손상이 가지 않을 것이라고 하는 그들의 애국심을 믿고 나는 아무런 걱정도 하지 않았다.

이렇게 하여 우리는 소개품을 싣고 무사히 서울에 돌아왔고, 얼마 후에 약속한 대로 각 지방 박물관의 분관장 발령을 냈다.

1915년 일본 사람들이 施政記念物產共進會를 경복궁에서 개최한 일이 있었다. 그때 그 건물(學術院·藝術院건물)* 일부를 지어 미술관으로 만들고, 지방에 흩어져 있는 문화유물과 기타 사서 모은 문화재를 전시하였다. 그 미술관만이 반 항구적인 건물이었는데 그것을 중심으로 박물관을 만들었다. 그것이 이른바 총독부박물관이다.

총독부박물관에는 독립된 직제가 없었다. 그것은 총독부의 일부, 즉 學務局 社會敎育課의 한 係에 지나지 않았다. 직원들은 매일 그곳에 가서 출근부에 도장을 찍고 사무실로 왔던 것이다. 해방 직후 學務局에는 나중에 한국은행 총재를 지낸 全禮鎔씨, 사회교육과에는 소위 혁신계 정객으로 오랫동안 고생을 한, 그러나 후에 국회부의장까지 지낸 尹吉重씨가 있었다.

나는 우선 박물관을 독립된 기구로 만드는 데 성공하였다. 따라서 박물관이 생긴 지 30년 만에 처음으로 관장직이 생겼고, 우리 직원은 학

---

* 현재 전통공예관으로 사용

무국에 가서 출근부에 도장을 찍을 필요가 없게 되었다. 그리고 동시에 고적에 관한 사무, 즉 고적 수리에 관한 것은 문교부로 돌려주었다. 지금은 이 업무를 文化財管理局에서 하고 있다.

국립박물관은 경주·부여·공주의 세 분관을 가지게 되었는데 지방박물관 중에는 開城의 府立博物館이 있었다. 개성은 高麗의 옛 도읍이라는 특별한 의미가 있었지만 대부분의 중요한 전시품은 서울박물관에서 대여한 것이었다. 전국에 있는 박물관을 모두 통합해서 한덩어리로 만들려던 때였으므로 이것도 서울박물관에 통합시킬 필요가 있었다.

1946년 2월 19일, 나는 개성으로 갔다. 그곳은 지방색이 강하였으므로 상당히 어려운 대결을 각오하였다. 아니나 다를까, 그 지방의 어른으로 자타가 인정하는 孔聖學 노인이 많은 사람들을 거느리고 와서 나와 대화를 나누었다. 나는 개성부립박물관을 국립박물관의 일부로 만든다 하더라도 서울에서 가져온 대여품을 곧 가져갈 생각도 없으며, 또 지금 걸려 있는 孔씨가 쓴 '博物館'이라는 간판도 그대로 둔 상태에서 더 좋은 박물관으로 만들 계획이라고 말하였다.

이러한 나의 의견에 그곳에 모였던 사람들은 지방 재정에 부담을 안겨주는 박물관을 중앙에 이관하는 데 찬성하지 않을 수 없었다. 그러한 분관을 설치하려면 우선 행정과 예산조치가 선행되어야 하는데 그들은 행정에 대한 경험도 없었으며, 또 그때의 군정청 당국자도 그러한 절차를 몰랐기 때문에 개성분관의 설치는 예상 외로 쉽게 이루어졌다.

이렇게 하여 國立博物館은 慶州·扶餘·公州·開城의 네개의 분관으로 전국의 역사·미술 박물관을 모두 통합했다. 그런데 그 외에도 박물관으로서 제일 큰 규모를 갖춘 것으로 李王職美術館(해방 후에 德壽宮美術館으로 개칭)이 있었는데 그것의 규모는 국립박물관에 비하여 결코 작은 것이 아니었다. 日政時代에는 李王職 所管으로 총독부 소속이 아니었고, 해방 후에도 그러한 종래의 관례가 지속되었기 때문에 그 소속관계가 확실하지 않았던 것이다.

그 밖에도 서울에는 또 하나의 박물관이 있었다. 그 명칭은 施政紀念

館이었는데 일제의 한국통치와 관계있는 유물들을 모아놓은 곳이었다. 역대의 統監과 總督의 肖像, 日皇이 한국에 왔을 때 사용한 馬車와 寢臺, 韓日合併調印室의 家具 등등이 있었다.

일본 패망 때는 加藤灌覺이라는 사람이 관장으로 있었다. 그는 여러 차례 박물관 사무실에 찾아와서, 자기는 일본의 敗戰을 가장 유쾌한 일로 생각하며, 이제 全州李씨로 創氏까지 하였으니, 施政紀念館을 民俗館 같은 것으로 고치고 계속 관장이나 그 보좌역으로 있게 해달라고 애원하였다.

加藤은 역대 총독들에게 아부하면서, 글재주가 있어 잡지에 글도 쓰곤 했던 사람이었다. 그런데 일본 사람 사이에는 露探(러시아를 위한 탐정)이라는 소문도 있었는데 그것은 그가 露日戰爭 전후 시베리아에 있었던 까닭이었다. 그리고 우리나라를 떠나는 일본 사람 중에는 그에게 行李(짐)를 맡겨두기도 하였다는데 그는 그것을 임의로 처분하기도 했다는 것이다. 그는 또 한국 여자를 데리고 살았으며 평소에 학대가 심하여 때리기가 일쑤였다는데, 일본 패망 후에는 일변하여 그녀에게 대우를 극진히 했다고 한다. 그들은 기념관 앞에 있는 자그마한 집에서 살았다. 그는 결국 일본으로 가지 않고 북한산 기슭에 있는 愛隣園이라는 고아원에서 죽었다. 여기에 하잘것없는 加藤의 일을 길게 쓴 것은 당시의 日文잡지에 그의 글이 실려 있기 때문이다.

나는 시정기념관을 宋錫夏씨에게 맡겼다. 그리고 그것을 國立民族博物館으로 개칭하여 경복궁 회랑에 있던 柳宗悅·淺川伯敎 등의 창고품을 이관하였다. 그러나 宋錫夏씨는 병약한 몸으로 박물관에 전력을 기울이지 못하다가 6·25동란 전에 他界하고 말았다. 그러자 당시 문교부 문화국장으로 있었던 趙根泳씨는 그의 중학교 동창인 金鎬卓씨를 관장으로 데리고 왔다. 그러나 그는 전문지식이 전혀 없는 사람이었고, 결국 환도 후에 퇴직하고 말았다.

정부에서는 비상시국을 맞아 민족박물관을 국립박물관에 통합시킨 후 1·4후퇴를 하였다. 지금 민족박물관의 수집품들은 모두 국립박물관에 소장되어 있다.

여기서 또 언급하고 싶은 것은 科學博物館이다. 그때 문교부에 있던 미군들은 박물관에 대한 지식이 전혀 없었다. 그곳에는 아무도 그 일을 맡을 사람이 없었다. 그런데 어느날 都逢涉(전 서울대 약대학장)씨가 찾아와서 趙福成이라는 사람을 추천하였다. 趙福成은 나비학자로 알려졌으나, 학력은 중학교 졸업밖에 되지 않았다. 나는 그의 학력 때문에 학교보다는 박물관에 있는 것이 더 좋으리라고 생각하여 科學館長으로 추천하고 발령도 났으나 얼마 후에 밀려나고 말았다. 지금 생각해 봐도 그때 趙보다는 石宙明씨가 과학관장으로 더 적합했으리라고 생각한다.

石宙明은 水原高等農林學校를 졸업한 후 나비연구에 많은 공적을 남겼고, 그 외에도 여러 가지 저술을 남겼다. 과학관에서는 趙관장 밑에서 일을 하다가 9·28수복 때 피살되었으나 그 경위는 확실치 않다.

미군정 시절에는 미국인들과 우리나라 사람들과의 대화가 잘 되지 않아 여러 방면의 인사가 제대로 신속하게 정돈되지 못하였다. 내가 그들에게 조언한 것은 모두 그대로 결정되었다.

그러한 예는 國立圖書館도 같았다. 문교부 敎化局의 미국인들이 도서관의 적임자를 내게 물어와 나는 李丙燾씨를 찾아갔다. 그랬더니 그는 京城帝大 朝鮮語科를 졸업한 李在郁씨를 추천하였다.

李는 대학 졸업 후 계속 도서관에 있다가 전쟁 말기에 대구에 가서 학교 교원으로 있으니 그 사람을 불러오라는 것이었다. 그리고 당시 도서관에서 李와 같이 일하던 朴奉石은 惠化專門 卒業生이었는데 자기는 관장이 될 생각이 없으니 李를 모셔와야 된다고 하였다. 그래서 나는 그에게 급히 전보를 쳐서 서울로 오라고 하였다.

윈클러軍曹와 함께 李在郁을 만나보니 李의 말이 자기는 일단 도서관을 떠난 사람이라고 사양하면서 朴奉石을 관장으로 추천하는 것이었다. 그러나 나는 처음 생각했던 대로 李를 관장으로 밀어 결국 그가 관장, 朴奉石이 부관장이 되었다. 정부 직제에 '副'라는 것은 많지 않은데 유독 도서관에 부관장이 있게 된 것은 이러한 에피소드에서 유래한다.

국립도서관은 박물관과 병립되어 있는 기관으로 나는 항상 그들을 도우려고 하였다. 그래서 록펠러재단의 파스(Charles Fahs)박사에게 李在郁을 미국에 보내서 도서관 운영에 대해 배워오게 하자고 제의하였다. 그러나 이 일은 내 뜻대로 되지 않아 李의 渡美는 실현되지 않았다. 한편 李在郁과 朴奉石 모두가 6·25사변 때 拉北된 것은 애석한 일이다.

박물관에는 여러 가지 어려운 문제가 많았다. 그중에서도 첫째는 연구원 充員 문제였다. 박물관에는 고고학 및 미술사 계통의 사람이 필요하였으나, 우리나라에서 그 부문을 공부한 사람은 엄밀히 말해서 한 사람도 없었다. 따라서 고고학과 미술사에 가까운 분야의 사람을 써야만 했다. 예를 들어 역사를 전공한 사람이라면 고고학이나 미술사로 전공을 돌릴 수가 있을 것이며, 미술실기를 한 사람이라면 미술사를 할 수 있겠다고 생각하였다.

그러나 해방 직후 우리나라의 학계에는 어떤 분야이건 대개 전문인이 적었다. 따라서 대학을 졸업한 사람은 곧바로 대학교수가 되었고 그래도 모자라는 자리는 전문학교 출신으로 충당될 정도였다. 이러한 상황에서 누가 박물관에 올 것인가?

나는 이 일을 有光과 상의한 끝에 우선 李弘稙씨를 데려왔다. 그는 일본에서 소학교부터 대학까지 나온 사람으로 유명한 東京府立 第一中學校, 浦和高等學校를 거쳐 東京帝國大學을 나왔는데도 大學에서는 오라는 곳이 없었다. 그 이유는 전공이 日本史인 까닭이었다. 또 일본에서 거의 반생을 지내다시피 한 그는 소위 국어(일어) 상용을 실천한 탓에 많은 오해를 받았던 것이다.

다음으로 早稻田大學을 나온 閔天植이 있었는데 그는 미술사에 많은 관심을 가지고 있었다. 그리고 延禧專門 文科를 나온 徐甲祿은 나와 마찬가지로 興上 출신이었다. 그런데 閔天植은 9·28 후에 좌익이라고 오해를 받아 옥에서 고생하다가 풀려나왔으나 그간의 고생이 원인이 되어 얼마 후 사망하였다. 또한 徐는 6·25 전에 폐결핵으로 死去하였다.

누구보다도 박물관에 오래 있다가 고고학자로 대성한 사람은 金元龍씨이다. 그는 京城帝大 東洋史科를 졸업한 후 뉴욕대학에 유학하여 Ph. D.까지 받았다. 후에 서울대학에 고고학과가 생기자 그곳으로 옮겼다.

이상은 학예직이었으나 솔직하게 말해서 초창기에는 억지로 자리에 앉은 격으로 제 구실을 할 때까지는 상당한 시간이 걸렸다. 그뿐 아니라 당시의 월급은 2주일도 생활할 수 없는 박봉이어서 그것을 보충하기 위해 대학의 시간강사로 출강하였다. 식구가 많은 李某씨는 일주일에 출강시간이 18시간이나 되었으니 어느 것이 본업인지 알 수 없는 형편이었다.

德壽宮과 景福宮

덕수궁미술관은 일제시대에 이왕직박물관으로, 후에는 이왕직미술관으로 되었다. 이름대로 李王職에 소속된 것으로서 舊王室의 재산으로 경영되었다. 국립박물관은 주로 지방에서 발견되거나 고고학조사로 출토된 유물을 관리했고, 그 외에 구입한 도자기나 회화를 수장하고 있었다. 이에 반하여 덕수궁미술관은 재원이 풍부하여 소장품의 거의 모두가 매입한 것이었다. 소장된 회화·도자기·불상 등은 질적으로 국립박물관 소장품에 뒤지지 않았을 뿐만 아니라 양적으로도 회화·도자기는 국립박물관을 능가할 정도였다.

李王職은 舊王宮의 관리부처로서 총독부 소속이 아닌 일본 宮內省 소관이었는데 해방 후에는 그 소속이 확실치 않아 오래도록 제자리를 찾지 못하고 있었다. 이곳에는 일제하에서 오랫동안 수고했던 李揆弼이 관장으로 임명되었다. 그는 도자기에 대한 상당한 지식이 있는 귀중한 존재였다.

소속이 확실하지 않은 구왕실에는 미술관 외에도 많은 재산이 있었다. 지방에 산재해 있는 막대한 토지나 삼림 외에도 서울 시내의 昌慶苑·秘苑 같은 것을 소유하고 있었다. 그것을 제대로 잘만 운영한다면 막대한 수입이 생길 터인데 해방 직후에는 월급도 지급할 수 없을 정도로 어려운 형편이었다. 그래서 李揆弼은 窮餘之策으로 미술관 강당을 결혼식장으로 대여하면서 그 수입으로 미술관 운영을 지탱하기도 하였다.

그러던 어느날 덕수궁미술관에 갑자기 곤란한 사태가 닥쳐왔다. 讀者들은 해방 직후 서울에 美蘇共同委員會라는 것이 생긴 것을 기억하고 있을 것이다. 한국을 남북으로 갈라서 점령한 미국과 소련 두 나라는 공동위원회에서 문제의 해결책을 구하자는 것이었다. 서울에 적당한 사무실을 구하던 중에 美軍政當局이 발견한 것이 바로 덕수궁 石造殿이었다.

그런데 그 안에 있던 미술관 시설, 즉 진열장과 繪畫格納施設 등을 두고는 사무실을 만들 수가 없었다. 따라서 그런 것들을 때려부수기로 하였던 것이다. 일정한 기일 안에 석조전을 미소공동위원회의 사무실로 변조하라는 상부의 명령이 하위급 미군들에게는 일종의 작전명령으로 생각되었던 모양이었다. 그리고 그 결과는 전율할 만한 것이어서 일본에서도 보기 힘들 정도로 잘 정비되어 있던 진열시설은 순식간에 파괴되고 말았다. 한편 그들이 그곳에서 회의를 열기는 하였으나 합의에 도달하지는 못했다는 것은 우리가 다 아는 바이다.

나는 그곳에서 열린 저녁파티에 초대되어 內外國人들이 서로 안고 춤을 추는 것을 몇 번이나 보았다. 하기는 원래부터 외빈들을 영접하기 위해서 지었던 석조전에서 내외 남녀들이 사교춤을 추는 것은 어쩌면 당연한 일일는지도 모른다. 하지만 그곳이 얼마 전까지도 미술관이었다는 것을 생각하면 언짢은 생각이 들었다.

이 덕수궁미술관 사건과는 다른 또 하나의 사건을 이곳에 적어볼까 한다. 그것은 곧 兵舍 부족을 느낀 미군정청에서 경복궁 전역에 콘세트를 짓기로 결정한 일이다. 그들은 사전에 아무런 통보도 없이 박물관 앞뜰을 파헤치기 시작했다. 이 일대는 옛날 경복궁의 건물자리가 전면에 걸쳐 있었기 때문에 파본 결과 인공을 가한 礎石, 온돌 같은 것이 무수하게 드러나서 처참한 광경이었다.

나는 미군의 처사에 반발하여 古蹟保存委員會의 宋錫夏위원장에게 이 사실을 전하고, 고적보존위원회를 소집하여 그 공사를 중지시킬 것을 건의하는 한편 현장사진을 각 신문사에 배부하였다. 그 결과는 과연 놀랄

만한 것이었다. 각 일간신문에 톱기사로 취급되었고 몇몇 인사의 담화가 발표되었다. 또 경복궁에서 찍은 현장사진은 민심을 동요시키기에 충분했다. 지금도 그런 경향이 있지만 그때의 우리 신문은 일본에 반발하던 심리가 이어져 미군정의 실책에 민감하였다.

놀란 것은 군정당국자였다. 나는 監察總長(Inspector General)이라는 조사관에게 심문을 받았고, 고적보존위원회의 결의에 동조하여 영문 건의서를 타이핑해준 미국인인 채핀(H. Chapin)여사까지 호출되었으며, 美國人敎化局長 기파드(D. Giffard)씨는 러치(A. Lerch)장관에게서 감독불충분으로 꾸지람을 받았다. 그는 이것이 원인이 되어 얼마 후 고향인 호놀룰루로 돌아가기까지 하였다.

군정장관인 러치장관에게서 영문으로 된 譴責狀과 그 번역문이 나에게 전달된 것은 며칠 후의 일이었다. 그 문구는 대단히 과격한 것이었다. 기파드는 나에게 견책장을 받더라도 아무 대답도 하지 말고 가만히 있으라고 충고하였다. 그 내용은 다음과 같다.

> "……그대의 不忠(disloyal), 不正直(dishonest)한 행동은 조선 미군정청으로 하여금 귀하를 불신임하게 하고…… 금후 다시 여하한 不忠, 不順, 不正한 행위가 있을 경우에는 묵과함이 없을 것……"

그런데 이 번역문은 영문 견책장의 올바른 번역은 아니었는데 일례로 不忠이라는 語句 같은 것도 적절한 우리말 표현은 아니다. 나는 기파드의 말대로 가만히 있었다. 그랬더니 다시 다른 사고는 일어나지 않았다. 그때 그 이상의 반발을 했더라면 박물관장을 계속할 수는 없었을 것이다. 그후에도 기파드는 나의 가장 친한 미국 친구 중의 한 사람으로서 박물관 사업에 많은 협조를 해주었다.

그런데 그는 1965년 10월 13일에 나를 찾아 한국에 오던 중 서울 도착 20분 전에 일본항공 기상에서 심장마비로 별세하였다. 나는 동행하였던 호놀룰루미술관장 그리핑(R. Griffing)과 같이 그가 군인시절 잠시 살았던 素砂 근처의 미국 군인들이 Ascom City라고 부르던 곳에 있는 火葬場으로 갔다. 그곳에서 火葬시킨 후 그 遺骨을 생전에 그렇게도 좋아하던 이조백자 항아리에 넣어서 본국으로 보냈다. 한편 이 글을 쓰고 있는 1980년 11월 현재, 그때의 그리핑도 역시 他界하고 이 세상에 없다.

景福宮 兵舍사건은 미군정청에서 일하던 한국인 사이에서도 크게 문제가 되어 文敎部長 兪億兼씨는 公報室長 李哲源씨와 함께 현지조사를 했다. 그리고 결국 慈慶殿 앞 뜰에 콘세트를 짓는 것을 중지하고, 대신 香遠亭 앞에서 현재의 국립박물관이 있는 곳까지 兵舍가 들어서게 되었다.

이렇게 하여 경복궁 兵舍건설 반대는 반 성공한 셈이었으나 이 때문에 오랫동안 박물관 구내에 미 군용차량이 밤늦게까지 다니는 통에 소란함을 면치 못하였다.

위에 언급했던 譴責狀은 다른 서류와 함께 아직도 우리집에 보관하고 있다.

大學講師 · 慶州의 첫 發掘 · 開城博物館

해방 직후에도 서울대학은 일제시대의 기구를 개편하지 않고 그대로 답습하였다. 그때는 法文學部라는 것이 있었는데 지금의 문리대는 법문학부의 일부가 후에 독립되어 발전한 것이다.

일제시대 때 京城帝大 법문학부에는 美學及美術史學科 및 史學科의 일부로 考古學이 있었다. 만약 내가 서울대에 고고학 담당으로 간다면 助敎授 자리가 있다고 하였다. 美學及美術史學科에는 正敎授 자리도 있었으나, 우리나라에 미술사를 전공한 사람이 없었으므로 美學敎授는 있어도 美術史교수는 없었다. 그리고 그러한 현상은 최근까지 계속되었다.

그런데 그때 宋錫夏씨는 人類學科를 신설해야 한다고 했으며, 자기 분야인 民俗學도 人類學의 일부로 편입시켜 대학박물관에 人類學科라는 간판까지 달았다. 나도 잠시 그곳에서 고고학강의를 하였다. 宋錫夏씨는 그때가 자기 전공을 살릴 좋은 기회라고 생각하였던 것이었다. 그러나 나의 강의도 부족했고, 宋의 강의는 더욱이 학생들을 만족시킬 수가 없었다. 민속학은 세계 어느 곳에서나 아직도 체계가 잡혀 있지 못한데다 그 당시에 宋이 학생들의 구미에 맞도록 강의하기란 여간 어려운 일이 아니었다.

宋錫夏는 일찍이 東京商大를 중퇴한 후 한국의 민속연구를 하여 선구자 역할은 하였으나 고혈압으로 건강이 좋지 않아 항상 조심하여야 했다. 그는 얼마 후부터 대학에는 출강하지 않았고, 대신 民族博物館에 전념하였으나 병약하여 6·25 전에 桂洞 자택에서 별세하고 말았다. 그가 50도 되지 않아 사망한 것은 애석한 일이었다.

나는 그때 문리대에 강사로 나간 것이 인연이 되어 해방 직후부터 1970년까지 약 20여년간을 강사로 다녔다. 그 외에도 동국대·단국대·중앙대학에서도 강의하였는데 박물관의 적은 월급에 많은 보탬이 되었다.

1946년 봄에 우리는 경주에서 해방 후의 첫 발굴사업을 실시하였다. 그런데 한국 사람 중에는 고고학을 체계적으로 공부한 사람이 없었으며, 발굴에 경험이 있는 사람은 더욱 없었다. 마침 有光이 남아 있었기 때문에 그를 돌려보내기 전에 그와 함께 경주 고분 중의 한 군데를 파보는 것이 많은 도움이 되리라고 생각하였던 것이다.

나는 군정 당국의 양해를 얻어 박물관의 林泉·李建中·徐甲祿 등과 함께 5월 初에 경주로 갔다. 그것이 우리나라의 첫 발굴사업이었던지라 많은 사람들의 관심을 끌었는데 李丙燾·李相佰·李崇寧·趙潤濟 등 震檀學會의 重鎭학자 전원이 경주에 올 정도였다.

이 발굴의 성과를 나는 《壺杅塚과 銀鈴塚》이라는 제목으로 단행본을 발간하여 내외 학계에 기증하였다. 또 *Artibus Asiae* (東洋美術誌), Vol. X, No.3(1947)에도 그 개요를 실었다.

그 壺杅塚에서는 「乙卯年國岡上廣開土地好太王壺杅十」이라는 16자의 銘이 있는 銅壺가 발견되었는데 고구려 제19대왕의 이름이 경주 고분에서 나왔다는 사실이 당시에 큰 센세이션을 일으켰다. 그리고 이 銘文의 字體는 유명한 廣開土大王碑의 字體와 같은 것으로 유물상으로 고구려와 신라를 연결하는 것이었다. 또한 乙卯年의 干支에 대해서는 廣開土王 死後 2년인 415년으로 比定되었으며, 당시 이러한 물건을 신라에 가져온 사람은 역사상의 인물인 왕자 卜好가 아니냐 하는 說까지 나왔다.

이 발굴은 5월 말에 끝났고 이제 有光은 본국으로 돌아가게 되었다. 나는 有光을 미군 지프에 태워 부산 부두까지 데려다 주었다. 부두에는 滿洲에서 철수한 더럽고도 야윈 수천명의 일본 사람들이 배에 올라타려고 장사진을 치고 있었다. 그때 나와 함께 부산까지 간 사람은 호놀룰루 출신인 기파드씨였다.

일본과 우리의 관계를 떠나서 그동안 포로와도 같이 혼자 남아 있었던 有光, 어제까지 우리 발굴대원의 일원이었던 有光을 보내고서 섭섭함을 금치 못했다. 그날은 종일토록 우울한 심정이었다. 그후 그는 일본에 가서 많은 고생을 하다가 후에 京都大學 考古學 주임교수를 지냈고, 지금은 명예교수로서 奈良에 있는 橿原考古學硏究所의 非常勤 소장직을 맡고 있다.

가장 진실한 親韓派였던 그가 1967년 11월 한국에 왔을 때, 우리 학계의 몇 사람이 모여서 그의 回甲(11월 10일)을 축하하는 조촐한 모임을 가졌다. 有光은 서울의 박물관에 있었던 기간을 합쳐 모두 15년간이나 한국에 있었지만 단 한 사람의 한국 친구도 사귄 일이 없었다. 이것은 한국인과 日人들 간의 당시의 관계를 잘 보여주는 예라고 생각한다.

한국을 잊지 못하는 그를 위하여 나는 아시아재단을 움직여 1963년에 1개월간 초청하여 예장동에 있었던 우리집에서 같이 지냈다. 그런가 하면 맏딸 리나가 京都에 있는 그의 집에서 1개월간 묵으면서 京都·奈良을 위시한 고적지대를 탐방하며 공부하기도 하였다. 그외에도 우리집 식구들은 여러 차례에 걸쳐 有光댁을 방문하고 대접을 받은 일이 있었다.

박물관의 임무란 소장 진열품에 대해서 우선적으로 책임을 지는 것임은 물론이다. 그러나 실제로는 모든 문화재와 고적에 대해서도 관심을 가지지 않을 수가 없었다.

날짜는 자세히 기억나지 않으나 1946년 어느날, 開城 滿月臺에서 兵舍건설사건이 생겼다. 滿月臺는 옛날의 궁궐 자리였다. 지금은 지상에 거의 아무것도 남아 있지 않지만 학자들은 그 당시 궁궐이 있었던 자리를 어느 정도 추측할 수가 있었다. 궁터였으니만큼 그곳은 누가 보아도 위치가 좋았다. 그런데 개성 근처에 兵舍가 필요한 미군들은 바로 이 만월대에다 콘세트를 세우려 했던 것이다. 그들의 눈으로는 그 자리를 이용해서는 안 될 아무런 이유도 발견하지 못했다.

그 유서 깊은 곳을 파헤치자 놀란 것은 개성 시민들이었다. 그러나 언어와 감정의 장벽으로 인해 시민들의 뜻이 미군들에게 바로 전해지지 않았다. 공사가 본격화되자 시민들은 흥분하였고, 급기야 국민학교 학생들까지도 교내에서 일종의 데모를 벌였다. 시내에는 말할 수 없이 불안한 분위기가 감돌기 시작하였다.

바로 그때 일본주재 태평양총사령부의 문화담당인 골덴 볼스(Golden Bowels)와 하바드대학의 랑든 워너(Langdon Warner)교수가 우리나라에 왔다. 볼스는 일본에서 태어난 미국인으로 일어를 일본 사람처럼 유창하게 잘 하였는데 후에는 東京大學에서 文化人類學을 가르친 사람이었다. 그리고 워너교수는 전쟁 때 미군총사령부에 진언하여 奈良·京都 등을 폭격하지 못하게 한 장본인이었다. 그 때문에 그의 死後 그를 위한 자그마한 碑가 京都 근교에 세워진 것은 유명한 이야기이다.

나는 이 두사람이 오게 된 것이 다행스럽게 생각되었다. 그래서 미국인 教化局長인 크네즈(E. Knez)에게 말하여 두사람을 滿月臺에 보내도록 하였다. 현장의 상황을 보고 놀란 그들은 東京總司令部에 그 사실을 보고하였다. 그리고 한국에 있는 8軍司令部에 즉시 공사를 중지하라는 명령이 내려졌다. 이리하여 이 사건은 큰 사고없이 끝나게 되었다.

나는 가끔 이런 사람들이 서울에 있었다면 경복궁에 콘세트를 세우는 일도 중지시킬 수 있었을 것이라는 생각을 하였다. 兪億兼씨와 李哲源씨 같은 사람이 좀더 우리나라 문화에 이해가 있었다면, 또 그들이 미국사람들과 더 원활히 대화할 수 있었다면, 그렇게 오래도록 박물관 뜰 한가운데에 군용지프나 군용트럭이 다니는 일은 피할 수 있었을 것이라는 생각이 들었다.

나의 박물관 봉직 25년 동안에 아슬아슬한 고비를 넘긴 일이 한두번이 아니었으나 그중에서도 큰 사건이라면 1948년 5월, 개성에서 일어난 松嶽山사건이었다.

38선이라는 魔의 분계線은 송악산 봉우리 아래로 통과했기 때문에 그 봉우리는 완전히 북한 영토에 속해 있었다. 그곳에 있는 북한 병력과 개성에 있는 우리 부대 사이에는 가끔 대포를 쏘는 일이 있었는데 그때는 그것이 더욱 심했다.

그런데 문제는 약간 구릉진 지형 위에 있었던 개성박물관이었다. 완전히 사정거리 안에 있었을 뿐만 아니라, 우리쪽 砲陣도 박물관 근처에 있었다. 이러한 상황에서, 박물관의 물건을 제대로 보관한다는 것은 불가능한 일이었다. 그래서 나는 개성박물관에 진열되어 있던 유물 중 고려자기를 위시한 중요 수집품을 서울로 옮기기로 결정하였다.

그때의 기록에 의하면 1949년 5월 15일에 黃壽永씨와 李弘植씨 두사람이 황급히 개성으로 갔다. 그러나 개성박물관장으로 있었던 秦弘燮씨는 그 수집품들을 서울로 옮기는 것에 완강히 반대하였다. 그것들을 서울로 옮기면 개성시민들이 크게 반발할 것이라는 것이 그의 반대 이유였다.

그러나 본관에서는 秦의 반대를 물리치고 다시 黃壽永·閔天植 두사람을 파견하였다. 결국 31개의 나무궤짝에 넣어 경찰관 세명의 호위를 받으면서 개성역을 피해 8km나 떨어진 鳳東역에서 기차를 타고 무사히 서울로 돌아왔다.

이 송악산사건이 일어난 지 약 1년 후에 6·25가 터졌다. 북한군은 개성 시민들이 자고 있던 새벽 5시도 되기 전에 이미 모든 시가지를 점령했던 것이다. 생각해 보면 우리들의 처리는 정당하였다. 한편 그때 우리가 남겨둔 제2급품의 진열품들은 어찌 되었는지 아직도 모르고 있다.

그때 문교부 문화국장으로 있던 趙根泳씨는 사전승인 없이 개성박물관에서 물건을 옮겼다는 이유로 나에게 시말서를 쓰라며 노발대발하였다. 그러나 나는 같은 박물관 안의 물건을 분관에서 서울로 옮기는 것은 관장의 재량에 속하는 일이라고 맞섰던 것이다. 그렇지만 또 국립박물관이 主務部인 문교부와 대립하여 계속 싸울 수는 없는 일이었으므로 趙의 면목을 세우는 선에서 일을 처리하고 말았다.

미국 나들이

1948년 4월, 나는 록펠러재단의 초청으로 金元龍씨와 같이 미국으로 떠났다. 1940년에 유럽에서 돌아온 지 만 8년만에 다시 외국으로 나가게 된 것이었다. 당시 록펠러재단의 인문부장이었던 파스(Charles Fahs)씨에게서 후에 들은 이야기로는, 우리가 同財團의 연구비로 초청한 첫 케이스였고, 그 결과에 따라 한국을 자기들의 사업계획에 포함시킬 작정이었다고 했다.

우리를 태운 미군수송용 함정은 인천항을 떠나 4월 27일에 무사히 샌프란시스코에 도착하였다. 2주일간의 航海는 생각보다 유쾌하지 못했다. 출발을 앞둔 약 2주일 전쯤 나는 첫아들을 잃었던 까닭이다. 내가 긴 항해를 처음 하기는 1937년의 마르세이유에서 神戸까지인데, 그때는 3등실, 이번에는 1등실이었다. 그런데도 샌프란시스코에 닿았을 때는 긴 감옥생활에서 해방된 것 같은 기분이었다.

배가 부두에 도착하자마자 헨더슨(Gregory Henderson)이라는 청년이 마중나왔다. 그때 그는 국무성 副領事로 채용된 사람으로 버클리(Berkeley)대학에서 한국에 대한 강의를 듣고 있다고 하였다. 그는 조지 맥큔(George McCune)교수의 부탁으로 나를 맞이하러 나왔던 것이다. 맥큔교수는 평양 숭실대학과 관계가 깊은 故 尹山溫씨의 첫째아들이다.

나는 헨더슨을 따라서 버클리시에 있는 인터내셔널 하우스에 여장을 풀었다. 좀 쉬고 싶었으나 곧장 헨더슨을 따라서 대학에 갔다. 그날은 맥큔 부인이 남편의 강의를 代講한다고 하였다. 마침 유태계 학생의 한국문제에 대한 연구발표가 있었고, 그것이 끝난 후 맥큔 부인의 강평이 있었다. 그런데 천만 뜻밖에도 나를 소개하는 것이 아닌가.

"……는 서울 국립박물관장인데……"

학생들은 박수로 환영하였다.

"來後日 이 시간에는 김재원씨의 강의가 있겠습니다."

나는 대단히 놀랐으나 갑작스런 소개에 별 도리없이 응할 수밖에 없었다. 학생들의 얼굴을 보니 한국인 2세, 일본 및 중국인 2세 약간명, 그 외에 서울에 부임할 국무성 관리 몇 사람이 있었다.

거리로 나온 나는 비교적 조그마한 시가에 많은 자동차가 붐비는 것에 놀랐다. 내가 오래 살았던 유럽의 어느 시에 가도 이렇게 많은 자동차를 본 적은 없었다. 나는 버클리시에서는 맥큔 부인이 만들어준 스케쥴에 따라서 움직여야 했다.

그때 만났던 加州大學 교수들은 페르디난드 렛싱(Ferdinand Lessing)·멘헨(Maenchen)·부드버그(Boudberg) 등으로 모두 이름있는 사람들이었다. 그중에 렛싱이라는 분은 본래 베를린民俗學博物館에 있다가 헤딘(Sven Hedin)의 아시아 내륙지대의 독일탐험대에 참가한 사람이다. 그가 독일을 떠나 미국으로 갈 때 벨기에의 안트워프를 거쳐갔는데 나는 그때 그의 배에까지 찾아간 적이 있었다.

버클리에서 멀지 않은 곳에 밀즈(Mills)대학이 있다. 자그마하고 아름다운 여자대학으로 그 건물들이 梨花女子大學校 건물과 비슷하게 느껴져 인상적이었다.

샌프란시스코에는 두개의 미술관이 있었다. 그중의 드 영(De Young) 미술관에는 발터 하일(Walter Heil)이라는 독일 출신 관장이 있었다. 그는 내가 독일어를 하는 것을 알고는 줄곧 독일어로 이야기하였다. 또 판젤(Pantzel)이라는 목공을 소개하여 주었는데 독일 남부의 순수 바바리아 방언을 하는 그 사람과 한참동안 이야기하였다.

하일박사는 나를 클리프 하우스(Cliff House)라는 훌륭한 식당으로 초대하였다. 그 식당은 태평양 연안의 절벽 위에 있었는데 그 아래에는 수백마리의 물개가 바다에서 돌바위 위로 올라왔다 내려갔다 하는 것이 정말 장관이었다. 하일박사는 자기 집에까지 데리고 갔는데 그곳에서 별장같이 아름다운 그의 저택을 구경하였다. 샌프란시스코의 명물인 베이브릿지(Bay Bridge)를 한눈에 볼 수 있는 좋은 위치에 있었다.

그 이후에도 나는 하일박사를 몇 차례 더 만날 수 있었다. 1957년 韓國美術展示會 때는 샌프란시스코에 내려서 아내와 함께 그의 집을 방문하였다. 그런데 그후 1966년 브런디지(Brundage)미술관(현재 애시언 아트 박물관)이 개관될 때에 가서 들은 이야기로는 하일 부인이 자살했다는 것이다. 맥큔교수도 전쟁 중 과로로 심장병을 앓고 있었는데 전쟁 중에는 한국데스크에서 일했던 것으로 알고 있다. 맥큔교수는 버클리대학을 한국연구의 중심으로 만드는 것이 꿈이었다.

나는 맥큔家의 호의로 전후 두차례 그의 알함브라 밸리(Alhambra Valley)의 저택에서 4일간 묵었다. 맥큔교수와는 여러 차례 한국의 장래에 대한 대화를 나누었는데, 그것도 그의 병세 때문에 잠시 동안만 가능한 정도였다. 그는 그때의 건강상태에서 다시 회복하지 못하고 얼마 후 他界하고 말았다.

부인 에블린(Evelyn)과는 그후에도 교제가 계속되었다. 그녀는 한국미술사에 관심이 많아서 나중에 *The Art of Korea*라는 책을 냈고, 일본어 번역판까지 출판하였다. 한국미술에 관한 책이 없었던 때라 많은 사람들이 크게 기대를 하였으나, 단시일 내의 연구결과였던 데다가 한국어와 일본어에 대한 독해력이 부족하여 관계논문을 충분히 참고하지 못했기 때문에 크게 환영을 받지는 못했다. 그러나 나는 대단히 감격하여 간단한 서문을 써주었다.

어느날 뉴욕의 살모니(Alfred Salmony)교수로부터 될 수 있는 대로 5월 하순까지 동부로 오라는 연락을 받은 나는 또 철도파업이 있으리라는 소문을 뒤로 하고 총총히 버클리를 떠났다. 시카고를 거쳐서 뉴욕에 도착한 후 미군진주 직후에 박물관 일을 도와주었던 윈클러군의 집에 일단 머물렀다.

그의 아버지는 브롱스(Bronx)에 있는 은행의 중역이자 월街에서 자리잡은 브로커로 상당한 부자였는데 리버사이드 드라이브에 있는 넓은 아파트에 살고 있었다. 이 일대는 한때 뉴욕 굴지의 주택지였으나 후에는 부유층들이 다른 곳으로 옮겨갔다고 한다. 내가 유숙하던 방에서는 허드

슨강가의 여러 가지 광고판이 보였다. 그중에서도 불이 켜졌다 꺼졌다 하면서 Baking Powder라는 글자를 만드는 것이 눈에 띄었다.

나는 곧 록펠러재단에 가서 파스박사를 만나 그가 나를 위하여 만들어 놓은 스케쥴을 들었다. 그리고 뉴욕대학에서는 東洋美術史를 강의하는 살모니박사를 만났다. 그는 쾰른의 동양미술관에 있다가 히틀러정권 때문에 쫓겨온 유태계 독일인이었다. 그리고 1920년대에 헨쩨교수와 같이 *Artibus Asiae*라는 학술지를 창간한 사람으로 많은 곡절 끝에 他界할 때까지 이 학술지의 주간으로 있었다. 그는 헨쩨교수 관계로 나와는 구면이어서 그후 내가 다시 뉴욕에 갔을 때는 여러 모로 나에게 많은 도움을 주었다.

파스박사의 양해를 얻어 나는 보스턴으로 갔다. 보스턴은 여러 모로 동양미술 연구의 중심이었기 때문에 우선 그곳으로 간 것이었다. 이런 중심지에 와보지도 않고 단번에 파스씨의 스케쥴대로 캔사스시에 갈 생각은 없었다. 케임브리지시 근처의 백베이라는 역에 내렸더니 워너 교수가 마중나와 있었고, 또 군정청에 와 있던 길버트슨씨도 와 있었다.

워너교수는 바로 개성 만월대사건 때 미군들의 콘세트 건립을 중지시켜 준 사람으로 노령인데도 불구하고 역까지 나와서 오히려 죄송스러운 마음이었다. 그의 주선으로 나는 하바드대학의 교수클럽(Faculty Club)에서 유숙하게 되었는데, 후에 들으니 이것은 대단히 명예스러운 일이라고 한다.

내가 이곳에 도착한 다음날은 하바드대학부속 포그박물관 회의실에서 동양도자연구 그룹(Oriental Ceramic Research Group)의 모임이 열렸다. 이날 모인 사람은 샌프란시스코에서 온 중국인 골동상인 李氏, 워싱턴 프리어美術館에서 온 포프(John Pope)씨, 뉴욕 메트로폴리탄미술관의 호비(Hobby)씨 등 陶磁硏究의 권위자들이 많이 모였다.

당시 모임의 중요 논제는 新羅土器와 고려자기, 고려자기와 宋磁 또는 白磁와의 관계에 대한 문제였다. 길버트슨씨도 陶磁器 硏究家로 한국에 있을 때의 연구결과를 발표하였다. 그때의 주목할 만한 점이라면 宋靑磁

와 高麗青磁의 단면을 현미경으로 조사해 보면 그 단면이 거의 같다는 점이었다. 토의가 끝난 후에는 보스턴미술관의 동양미술부 차석으로 있었던 페인(Robert Treat Paine Ⅲ)씨댁의 만찬에 초대되어 갔다.

보스턴미술관의 동양미술부는 岡倉覺三이라는 일본인이자 유명한 미술사학계 원로가 일찍이 창시한 것으로 일본·중국의 많은 逸品을 모았다. 그가 귀국한 후에는 富田幸次郎이라는 사람이 부장으로 있었고 페인씨는 그 아래의 차석이었다. 비중으로 보아서는 페인씨가 훨씬 우위에 있었으나, 1960년대에 富田이 퇴직하고 그 후임이 된 페인씨는 불과 몇 해 후에 세상을 떠나고 말았다.

페인씨는 한국미술전시회 때 전시품을 선정하기 위하여 서울까지 오기도 했다. 그는 미국의 동양미술 연구자로는 최상급의 학자로 저서로는 소퍼(Alexander Soper)교수와의 共著인 *The Art and Architecture of Japan*이 있다. 페인씨는 미국 독립전쟁 때 이름을 떨쳤던 한 군인의 후예로, 그의 이름 Robert Treat Paine 3世는 바로 그 先祖의 이름을 물려받은 것이었다. 그리고 상당한 재산을 가지고 있어 그의 단독주택은 책으로 가득 차 있었다. 일본·중국의 서적은 물론이고, 한국에 관한 책인 高句麗·樂浪 遺蹟의 조사보고서, 金冠塚發掘보고 등등, 중요한 것은 거의 다 소장하고 있었다.

이야기를 다시 앞으로 돌리자면, 이날 학회가 시작될 때 워너씨가 개회사를 하였는데,

"오늘 특별히 멀리 한국에서 국립박물관장 김재원씨가 참석하게 된 것은……"

하고 소개하여 세계 최연소의 국립박물관장이었던 나는 크게 당황하였다. 게다가 당시에는 미국의 그 많은 陶磁 전문학자들의 이름도 전혀 모르고 있었던 것이다.

다시 뉴욕에 돌아왔다. 스웨덴의 極東博物館長으로 세계적인 명성을 가진 칼그렌(Bernhard Karlgren)씨가 도착했기 때문에 그의 환영회에 참석하기 위해서였다. 그러나 뉴욕에 가는 도중 예일대학의 오스굿(Cornelius Osgood)교수를 만나기 위해 뉴헤븐시에서 하차하여 그의 자택에서 묵었다. 그는 전에 3개월 동안 江華島에 머무르면서 우리나라의 民俗을 연구한 사람으로, 그 결과는 *Koreans and their Culture*라는 저서로 나왔다. 그날 저녁은 한잠도 자지 못했다. 그리고 다음날 그의 강의를 들었다.

"박물관장에는 두가지 타입이 있다. 학자로서의 박물관장, 사무가로서의 박물관장……"

그 강의는 나를 위한 특강과도 같은 느낌이었다.

"박물관장은 대외적으로는 그 나라의 문화를 대표하는 기관의 長인 동시에 사회교육기관의 長으로서…… 박물관장으로서의 어려운 일은 그 아래에 여러 가지 타입의 사람을 쓰는 일이다. 그 아래에는 학자도 있고, 사무가도 있고, 기술 방면의 사람도 있고……"

그의 강의는 내게 대단히 유익하고 감동적이었다.

5월 20일 콜럼비아대학에서 칼그렌교수의 中國青銅器에 대한 강연을 들었다. 칼그렌교수는 원래 중국어학에 능통한 세계적인 泰斗로서 이 방면에 대한 그의 저서는 세계적으로 유명하다. 근래에 그는 青銅器에 대한 많은 저서를 냈다. 그의 연구는 스웨덴 極東考古博物館 報告書에 나와 있다. 그런데 이번에는 필스버리(Pilsbury)재벌의 青銅器 圖錄을 집필하기 위하여 온 것이라 한다.

그의 강연장에서 포그박물관의 도자연구회에 왔던 사람들 대부분을 다시 만났다. 그 외에도 헝가리 國立博物館長 호바드(Hobard)씨, 中國古美術蒐集家 마이어(Meyer)씨 등도 만났는데, 묘하게도 그후 2, 3일 동안 나는 가는 곳마다 같은 사람들을 만나게 되었다.

그러나 내가 뉴욕에서 제일 자주 만난 사람은 살모니교수였다. 그의 연구실에서 나는 내가 안트워프를 떠나기 전에 헨쩨교수와 함께 쓴 책도 처음 보았고, 또 *Artibus Asiae*에 실린 우리 박물관의 慶州 壺杅塚 發掘에 대한 약식보고문도 보았다. 그는 나에게 그것에 대한 약간의 고료를 주었는데, 이것은 특별대접이었다. 대개 이런 학술지에서는 고료를 지불하지 않기 때문이다.

내가 뉴욕에 있는 동안에 마침 메트로폴리탄박물관에서는 독일에서 온 베를린박물관 소장의 繪畫展이 열렸다. 이것은 전쟁 때 독일사람들이 어느 塩鑛에 疎開시켰던 베를린미술관의 繪畫 작품들을 반환하기 전에 일반에게 전시하는 것이었다.

그중에는 보티첼리·카라바지오·벨리니·크라낙·홀바인·루벤스 같은 잘 알려져 있는 화가들의 세계적인 名品들이 있어, 이 전시회는 공전의 성황을 이루었다. 이 때문에 전시실 바닥이 관람객에 의해 마멸되어 전시장을 수리하지 않으면 안 될 지경에 이르렀다고 한다.

그런데 베를린미술관의 미술품을 옮겨온 명분은 보관하기 위한 것이었다고는 하나 속셈은 약탈할 목적이었다는 비판을 받아 그것을 옮겨온 주동인물인 메트로폴리탄미술관장인 프란세스 켈리는 한때 어려운 입장에 처하게 되었다.

뉴욕시에서 겪은 일 중에서 가장 나를 놀라게 한 것은 시의 중앙에 있는 모던아트미술관이었다. 기원 전후의 고대 유물에만 관심을 갖던 나로서는 그때 처음으로 그곳에 가서 본 모던아트라는 것에 놀라기만 했을 뿐이었다. 마치 일본에 '모던 걸'이라는, 최신 유행을 따르는 신여성이 처음 나타났을 때의 일반인의 거부반응과도 비슷한 종류의 감정을 느꼈다.

파스박사가 나를 캔사스시로 보낸 이유는 넬슨미술관과 그곳의 부관장인 시크만(Laurence Sickman)이라는 사람이 있기 때문이었다. 시크만은 당시 보스턴시의 페인씨, 프리어미술관의 포프씨와 함께 미국에 있는 동양미술가로는 제일인자로 인정받고 있는 사람이었다.

넬슨미술관을 정확히 말하면 윌리엄 록힐 넬슨 미술관(William Rockhill Nelson Gallery of Art)인데, 이것은 원래 캔사스시에 있던 유일한 신문인 《캔사스 시티 스타》의 소유주의 이름이다. 그는 그 신문을 넘긴 돈 전부로 이 미술관을 설립했던 것이다.

시크만씨는 처음부터 이 미술관에 관여한 사람 중의 하나였다. 캔사스시의 여름은 무덥고 습기가 많기 때문에 미술관은 완전히 냉방장치가 되어 있었고 미술관으로는 아주 인상적인 곳이었다.

캔사스시에서 나는 외로운 시간을 보냈다. 함께 이야기할 친구도 없는 이곳에서 3개월 이상 체류한다는 것은 고역이 아닐 수 없었다. 그곳에서 멀지 않은 트러스트街에는 姜鴻範이라는 70이 넘은 한국 노인이 중국식당을 경영하고 있었다. 나는 가끔 그 곳에 가서 한국음식을 먹으면서 외로움을 달랬다.

"아, 미스터 김! 오늘은 냉면이나 하나 잡수시려오?……"

하면서 그는 한국음식을 장만해 주었고 김치도 만들어 주었는데 돈은 받지 않았다. 처음에는 미안하여 일주일에 한번 정도 갔으나 후에는 양식이 먹기 싫어 거의 이틀에 한번씩 찾아갔다. 그 외에는 캔사스대학의 학생식당에 가거나 또 그것이 싫으면 시내에 있는 포럼(Forum)이라는 카페테리아로 가곤 했다. 지금은 거기에도 수십명의 한국 학생이 있겠지만 그때는 내가 유일한 한국 사람이었다.

6월 1일, 나는 시크만씨와 그의 친구 볼드윈과 함께 자동차로 시카고에 갔다. 그곳에는 국제올림픽위원회의 브런디지위원장이 살고 있었다. 그의 中國青銅器 수집품은 세계적으로 유명하였는데 그 날은 칼그렌씨를 초대한다고 하여 그들과 합류하기 위하여 시카고에 갔던 것이다. 융숭한 만찬 후에 4, 5시간 정도 청동기를 구경하였다. 이 青銅器들은 후에 모두 샌프란시스코시에 기부되어 독립된 박물관을 이루게 되었다.

8월 22일, 나는 캔사스시를 떠났다. 그곳에서는 배운 것도 많았으나 더운 여름이어서 괴로운 날이 더 많았다. 그러나 록펠러재단에서 돈을 받고 왔던 까닭에 빨리 떠날 수도 없었다. 그때 그 재단에서 月生活費로 받은 돈은 200불도 되지 않았다. 미니아폴리스(Minneapolis)에도 좋은 박물관이 있어 그것을 본 후 나는 시카고로 갔다.

미니아폴리스 역시 여름은 습기가 많은 무더운 기후였기 때문에 견디기 어려운 곳이었으나 시카고는 큰 도시여서 우선 숨이 트이는 것 같았다. 나는 인터내셔널 하우스에 숙소를 정하였다. 그리고 나는 중국의 甲

骨文 연구로 세계적으로 유명한 董作賓씨를 만나기 위해 시간을 약속하고 찾아갔다. 그는 미국에 와 있기는 했으나 영어는 거의 하지 못했고 자기방에 들어 앉아서 甲骨文 硏究에만 몰두하고 있었다.

그의 방에 가 보았더니 방 구석구석에 毛筆로 메모한 쪽지를 붙여 놓고, 中國茶를 끓여서 마시고 있었다. 본국에서는 생활이 어려웠기 때문에 이 大學者를 돕기 위해 미국 사람들이 모셔온 것이었다. 그때 董氏가 기념으로 써준 甲骨文 족자는 우리집의 家寶가 되었다. 나는 이것을 인연으로 그후 1960년에 震檀學會 이름으로 臺北에서 朱家驊·溥儒 두분과 함께 한국에 초청한 일이 있다.

록펠러3세가 뉴욕과 버클리에 지어놓은 인터내셔널 하우스는 훌륭한 시설로서 미국 외에 파리와 동경에도 있었다. 외국의 학자와 유학생들이 숙박할 수도 있고 회의를 가질 수도 있는 곳으로 동경(여기서는 國際文化會館이라고 한다)에는 도서관 시설까지 갖추어져 있었다.

나는 시카고를 거쳐서 캐나다의 토론토시에 가서 외롭게 지내고 있는 金元龍씨를 만났다. 나는 다시 케임브리지에 가서 얼마 동안 있다가, 뉴욕으로 와서는 이 큰 도시에서 얻을 수 있는 모든 것을 보고 이용하며 공부도 하고 오페라도 관람하러 다녔다.

그러나 나는 몇 개월 앞당겨서 일찍 집으로 돌아갈 것을 결심하고 파스씨의 양해를 얻었다. 떠나기 전에 파스씨는 록펠러센타의 62층 식당에서 나를 위한 송별만찬회를 열어 주었다. 이날 참석한 사람은 록펠러재단의 간부인 스티븐슨(Stevenson)씨, 뉴욕현대미술관장, 부룩클린박물관의 케이트(George Kate)씨, 메트로폴리탄박물관의 東洋部長인 프리스트(Alan Priest)씨, 同 총무인 이스비(Easby)씨 등이었다. 그때 나는 한국박물관이 얼마나 어려운 운영을 하고 있는지를 설명하였다.

12월 20일, 눈이 내리는 뉴욕시를 떠나 나는 TWA사의 비행기로 로스엔젤레스를 거쳐서 샌프란시스코에 도착하였다. 떠나기 전에 왈돌프 아스토리아 호텔에서 林元植씨, 尹丙洙씨와 많은 이야기를 나누었다. 지금 생각하면 모두 아득한 옛날 이야기처럼 느껴진다.

샌프란시스코에서는 맥큔씨댁에서 2일간 머물렀는데 그 사이에 맥큔 교수는 他界하고 말았다. 결국 내가 미국에 도착한 직후에 만난 것이 마지막이 되었다.

12월 23일, 팬암 비행기로 나는 호놀룰루로 떠났다. 나의 옛 친구인 기파드씨가 비행장까지 마중나왔다. 29일까지 기파드의 집에 머무르면서 나는 장차의 한국에서의 생활을 생각해 보았다. 북쪽에서 보내오던 전기가 중단되어 라디오도 잘 들을 수가 없다고 하는 말에 우선 전지로 들을 수 있는 라디오를 샀다.

크리스마스 때 우리는 루키엔스씨댁의 아침식사에 초대되었다. 태평양을 눈 아래로 볼 수 있는 호화주택에 앉아서 음악을 듣고 미술을 논하면서 아침식사를 한다는 것은 얼마나 즐거운 일인가! 그런데 나는 그 아름다운 아침식사가 시작되는 시간이 오후 2시라고 하는 데에 우선 놀랐고 배가 고파서 혼이 났다. 그러나 그보다도 더 놀랐던 것은 그 집에서 식구들이 받은 크리스마스 선물의 量이었다. 모두 쌓아 놓으니 1미터의 높이는 되는 것 같았다.

호놀룰루에 있는 동안 많은 사람들을 만났다. 미술관장인 그리핑씨가 나를 위하여 칵테일파티를 하였고, 崔윌버라는 분이 한국 교포들을 초대하여 만찬회를 열어 주었다. 崔는 후에 李承晩대통령이 사임했을 때 전세비행기편으로 호놀룰루에 모셔간 甲富였다. 그는 화초재배와 실내장식으로 많은 돈을 번 사람으로 내가 갔을 때 그의 정원에는 화초가 많았다.

그리고 그때 나는 후에 駐美大使가 된 梁裕燦씨도 만났다. 그가 영어로 간단한 환영사를 하여 나도 영어로 답사를 하였는데 나의 영어가 독일사람이 하는 영어와 같다고 말하였다.

12월 29일, 호놀룰루를 떠났다. 30일 아침에는 멀리서 富士山이 보이더니 오전 9시에 羽田비행장에 도착하였다. 그때의 일본입국 비자는 일본이 주는 것이 아니고 美軍司令部 소관이었다. 서울에서 친했던 굿맨(Goodman)씨와 미쉬간대학 교수로 사령부에 와 있었던 플러머(James Plumer)교수가 도와주어 1월 9일까지 동경에 머무를 수 있게 되었다.

굿맨씨댁에 머무르면서 나는 9일까지 戰後의 동경을 구경하였다. 그 당시 동경은 지금의 동경과는 판이하게 달랐다. 전쟁 직후의 일본의 참상은 어디에서나 볼 수 있었다. 전차를 타도 창에는 유리가 없었고, 시트의 천은 시민들이 칼로 오려가는 형편이었다. 神田 古書店街에 갔더니 古本이 홍수같이 나와 있었다. 그것은 지식층의 생활의 빈곤을 말해주는 것 같았다.

나는 예전에 서울의 박물관에 있었고 그때 中野에 살고 있던 熊谷宣夫를 만나러 갔다. 영양부족으로 보이는 그의 모습은 초췌하였다. 내가 아무 예고도 없이 미술연구소를 거쳐 그의 집에 찾아온 것에 대하여 그는 대단히 감격했다. 그는 미술연구소의 여러 학자들을 모아 놓고 좌담회를 마련하였다. 그때 그곳에 모인 사람들은 전후의 일본 미술학계를 대표하는 사람들이었다. 原田淑人·小場恒吉·田澤坦·本間順治·齋藤忠·田中一松·松下隆章·新規矩男·澤柳大五郎·中川千咲·嘉門安雄·山口타케꼬·石澤正男·福山敏男·熊谷宣夫·矢島恭介·川上經·中村傳三郎·持九一夫·久野健·中武宣傳·秋山光和 등. 그 외에도 화란 라이덴의 동양미술박물관장 크리거씨가 참석하였다.

하루는 미쉬간대학의 플러머씨와 柳宗悅과 함께 鎌倉으로 갔다. 그곳에서 유명한 불교학자인 鈴木大拙씨를 만났다. 그는 얼마 후에 호놀룰루에 강연하러 간다고 하였는데 그때 벌써 八旬이 넘은 고령이었다.

1949년 1월 9일, 김포에 도착하였다. 이때에 미국에 갔던 이야기는 乙酉文化社에서 나온 《學風》(1948년 1권 2호, 同 12월호, 1949년 2·3·4월호)에 〈아메리카통신〉이라는 제목으로 썼고 후에 1973년 探求堂에서 출판된 《黎堂隨筆集》에도 수록되어 있다.[참고 : 《景福宮夜話》에 재수록되어 있음]

景福宮官舍 1號의 정원에서(1945. 11.)

景福宮官舍 1號의 현관(敬安堂 자리)

文化財의 接收 작업중,
景福宮 慈慶殿에서(1946)

제주도行 김포비행장에서(1947. 9. 24.)

柳宗悅氏와 함께
鎌倉의 鈴木大拙氏宅을
방문함(1949. 1. 日本)

가족사진, 景福宮官舍에서(1949)

제 5 장

動亂時代

6·25 動亂

1949년 2월에는 몇몇 젊은 사람들의 의견을 참작하여 박물관을 중심으로 美術研究會를 발족하였다. 이러한 생각을 제일 먼저 한 사람 중의 하나가 李如星이었고, 그와 가까운 閔天植·韓相鎭 같은 젊은 사람들이 열의를 가지고 협력하였다.

李如星은 畫伯이라고 불릴 정도로 그림에 대한 소양이 많았다. 그는 신문기자로도 일했는데 해방 전에는 《數字朝鮮研究》라는 책을 냈고 해방 후에는 1947년에 백양사에서 《朝鮮服飾考》라는 책을 출판하였다. 지금 생각하면 素人學者라고 할 수 있는 사람이다.

한편, 그는 建國準備委員會의 事務局長을 지내는 등 정치활동도 활발했던 사람으로 후에는 자진 월북하였다. 그리고 그의 동생으로 李快大라는 西洋畫家가 있었는데 역시 월북했다가 유엔군의 포로가 되어 부산 피난시절에 나타났으나, 다시 北으로 돌아갔다.

李如星보다 나중에 들어왔지만 더 오랫동안 美術研究會에 관계하면서 발표도 하고 지방 탐사도 같이 한 사람이 近園 金瑢俊이다. 그는 일찍이 東京美術學校를 졸업한 西洋畫家로 8·15 후에는 서울대학교 미술대학에서 강의를 했는데 美術史에 관심이 많아 《朝鮮美術大要》(乙酉文化社, 1948)라는 책을 썼다. 그는 글재주가 있었고 문체가 소탈하여 비록 미술사를 전공하지는 않았으나 당시에는 좋은 책이었다.

미술연구회는 실기보다 미술사적인 연구를 하는 것이 목적이었으나, 미술사를 전공한 사람은 거의 없었다. 서울대 미대에서도 미술사 강좌를 몇 사람에게 맡겼으나 모두 도중하차하였다. 한번은 時調연구가인 李秉岐씨가 강의를 하였는데 신라미술을 논할 때 문헌으로 당시의 문화가 얼마나 발달하였는가에 대해서 말하고서, "그러니까 그때의 미술은 굉장하였다"라는 식의 강의를 했었다. 당시 미술연구회의 활동상황은《歷史學報》제1호(1952년) 彙報에 상세하게 실려 있다.

미술연구회는 즉 1949년 2월부터 6·25사변 전인 1950년 5월까지 모두 50여회의 발표회를 가졌으며, 발표한 사람들의 이름은 다음과 같다.

李弘稙·金元龍·崔熙淳·閔天植·黃壽永·申應植·金瑢俊·李揆弼·金永基·韓相鎭·閔泳珪·金良善·李慶成·金永周·朴勝木·李漢哲·兪慕烈·鄭大爲·尹京烈·부르노.

내가 미국에서 가져온 슬라이드 환등기는 미술연구회 활동에 활기를 불어넣었다. 그전까지는 圖版을 돌려가며 보던 것을 슬라이드를 비치면서 강연을 하게 된 것이다. 지금은 거의 상식으로 되어 있는 슬라이드를 그때까지 아무도 몰랐던 것이었으니 생각하면 우리가 얼마나 시골뜨기였는지 알 수가 있다.

내가 미국에서 돌아온 후인 1949년 5월쯤 파스씨가 다시 한국에 왔다. 나는 그에게 고달픈 박물관 이야기를 하였다. 무엇보다도 월급으로는 생활도 안 되는데 무슨 일을 할 수 있겠느냐고 하소연하였다. 그러자 그는 뜻밖에도 미국에 돌아간 후 매년 2천불씩, 3년간을 부쳐주었다. 그 돈에 대한 것은 일체 나에게 일임했고 용도를 밝힐 필요는 없다는 것이었다. 그때 2천달러라면 상당히 많은 돈이었는데 나중에 대단히 유용하게 쓸 기회가 있었다. 왜냐하면 일년 후에 한국동란이 일어났기 때문에 돈이 필요했던 것이었다.

그때 나와 친한 사람 중의 하나가 유엔한국위원회의 서기장인 에곤 란즈호펜-베르트하이머(Egon Randshofen-Wertheimer)씨였다. 그는 오스트리아의 외교관으로 히틀러를 피하여 미국으로 망명했다가 유엔에 들어가 한국위원회의 서기장으로 오게 되었다.

그때 나온 신문을 보면 그의 이름이 많이 등장하는데 영어발음으로는 워스하이머, 또는 하이머 등등으로 불렸지만 본래는 '란즈호펜-베르트하이머'라는 긴 姓을 갖고 있었다. 또한 그의 부인은 고상한 취미를 가진 분으로 미국의 패션잡지 《보그 *Vogue*》에도 관계하였고, 특히 실내장식에도 일가견이 있어 景武臺 내부를 장식하기도 했다.

그 당시 그는 한국에 앞으로 2, 3년 안에 위험한 시기가 닥칠 것이라고 예언하였다. 나는 유네스코에서 박물관 관계요원을 구한다는 말에 그의 추천을 받아 지원하기도 하였다. 그러나 그것은 불가능한 일이었다. 왜냐하면 한국은 아직 유네스코에 가입도 되지 않았을 뿐만 아니라 그런 국제기구에서는 그들이 이미 아는 사람들 중에서 직원을 뽑기 때문이었다.

1950년 봄에 파스씨가 또 찾아왔다. 내 기억으로는 4월 20일경이었던 것 같다. 그때 그가 가져온 프로젝트는 한국사 편찬이었다. 외국에서 제일 알고 싶어하는 것은 한국의 역사였다. 그런데 도무지 쓸만한 책이 없었다. 그래서 영어로 한국역사를 써달라는 것이 그의 청이었다. 그러나 영어는 고사하고 한국말로 쓴 역사책조차 없었다.

따라서 이 문제를 토의하기 위하여 미국대사관에서 參事官으로 있던 안국동의 키니(Robert Kinney)씨의 사택에서 회합을 가졌다. 이때 모인 사람은 白樂濬씨와 李卯默씨, 그리고 파스씨와 나였다. 白·李 두분들은 해방 직후 미국 사람들에게 가장 잘 알려져 있던 우리나라의 名士들이었고, 또 이분들이 모두 延大와 가까운 인사들이었기 때문에 延大教授들을 주축으로 해서 우선 한국어로 된 한국사를 쓰자는 결론을 내렸다. 그러나 결국 이 韓國史 프로젝트는 6·25 이후 서울로 환도하여 震檀學會의 사업으로 수행되었는데 뒤에서 다시 이야기하기로 하겠다.

같은해(1950년) 6월 12일경 뉴욕대학의 살모니교수가 미국대사관의 교환교수로 서울에 왔다. 그가 탄 비행기에는 덜레스국무장관이 타고 있었다. 국무장관을 맞이하기 위해 의장대가 나와 있었는데 일반여객들은 의장대의 奏樂이 연주되는 동안은 내리지 못했다. 그때문에 살모니 교수는 비행기 안에서 30분 가량을 기다려야 했다. 그런데도 그는

"金! 이렇게 樂隊까지 데리고 나와 나를 환영해 줄 줄은 몰랐구려."

라고 크게 외치면서 여유를 보였다. 그러나 살모니교수의 강연은 두번으로 끝이 났다. 6·25동란이 터졌던 것이다.

6월 25일은 일요일이었다. 그날 나는 명동에서 영화를 보다가 그 사실을 알고는 미국대사관의 文政官인 휘플(Dorothy Whipple)여사에게 가서 살모니와 함께 앉아 있었다. 멀리서 포성이 들려왔다.

"뭐……걱정할 것 없어. 미국에서 B−29 같은 큰 비행기 10대만 오면 끝날 것을……"

익살을 잘 부리는 살모니교수는 그후 가는 곳마다

"한국전쟁을 누가 시작했는지 알아? 그건 바로 이 살모니란 말이야!"

라고 말하곤 했다.

나는 그후에도 그를 자주 만날 기회가 있었다. 그는 1959년 여름, 유럽여행 중에 호화여객선 노르만디호 위에서 사망하였다. 그는《아티부스 아시애》의 창간 동지였던 헨쩨교수와 사이가 좋지 못했는데 그때문에 한때 나와의 관계까지 어색해지기도 하였다. 지금 두사람 모두 他界하고 나니 다 부질없는 일이었다고 느껴진다.

6월 28일 밤, 나는 경복궁 관사에서 자지 않고 삼청동에 있는 C씨의 조그마한 집에서 지냈다. 그때 정부요원들 대부분은 한강을 넘어가 소위 '渡江派'가 되었으나, 박물관에서는 한사람도 자리를 뜬 사람이 없었다. 물론 정부로부터 어떠한 지시도 받은 일이 없었다.

30일이 되니 벌써 內閣 직속의 物質文化硏究保存委員會의 김용태라는 사람이 왔고, 박물관에서 일하던 金永昱은 南勞黨員으로 나타났다. 역시 館員이던 李在箕도 자칭 黨員이라 하였으나 확실하지 않다. 운영위원회가 결성되어 위원장이 된 사람은 완장을 둘렀고, 어디서 났는지 일본도

를 들고 다녔다.

여하튼 박물관에서는 나만이 완전히 제명되었다. 그때 박물관 지휘권은 김용태가 쥐었는데 그의 명령에 의해 나는 모든 권리를 넘겨준다는 문서에 도장을 찍었다. 그런데 도장을 찍기 위해 며칠 만에 사무실에 나온 나는 그동안 변한 박물관의 분위기에 놀라지 않을 수가 없었다. 어떤 사람은 아주 외면하다시피 하였다.

그때 가끔 나를 찾아온 사람이 학예직에 있던 閔天植이었는데 그가 한푼의 돈도 없다고 하여 나는 그에게 얼마간의 돈을 주었다. 그러나 불행하게도 그는 오해로 인하여 9·28수복 후에 경찰에 잡혀갔다가 나중에 풀려나기는 했으나 얼마 후 영양실조로 죽었다. 지금도 그를 생각하면, 내가 그를 위해 아무것도 도와주지 못해 죽은 것만 같아서 마음이 아프다.

美術硏究會의 모임에 자주 오던 韓相鎭도 나를 찾아왔었는데, 그는 그 후 행방불명이 되었다.

8월 15일까지 우리는 경복궁 관사에 있었다. 그때까지 나는 자술서를 쓰라는 위원장의 종용을 받기도 했고, 또는 의용군으로 나가라고 자주 재촉당하는 등 곤란했던 것은 이루 말할 수도 없었다.

그러는 동안 어느새 8월 15일이 되었다. 그날 아침, 어떤 사람이 왔는데 3시간 안에 집을 비우고 나가라는 것이었다. 경복궁에 있던 우리 직원들은 대단히 놀라서 짐을 꾸렸는데 3시간은 5시간으로 지연되었고, 결국 그 이튿날까지 짐을 옮기게 되었다. 나는 다행히 필운동에 자그마한 집이 있어서, 짐은 그곳으로 옮기고, 서린동에 있는 文鍾韶박사댁의 문간방으로 몸을 피했다.

그때 뼈저리게 안타까웠던 것은 나의 藏書 전부를 두고 나가라는 김용태의 명령이었다. 책 중에는 일본인 有光에게서 산 책도 있었으니, 이를테면 국가재산이 될 책을 개인이 소유하고 있다는 것이었다. 이것은 물론 박물관 직원이 고자질한 것이 분명했다. 나는 그가 누구인지 잘 알고 있었으나 여기서 그 이름을 밝힐 필요는 없을 것이다. 그러한 이유로 나의 책은 전부 박물관으로 옮겨졌는데, 물론 그후 다시 찾게 되었다.

6월 28일, 미국 사람들이 서울을 철수할 때 젊은 미국 외교관인 페리어(Ferrier)의 부인이 북경에 있을 때 사서 모은 중국 관계의 책을 나에게 맡기고 가겠다고 하였다. 나는 그 책을 보관할 자신은 없었지만 맡아두었는데 9·28 후에 돌려줄 수 있었던 것은 다행한 일이었다. 이 사람과는 동경에서 만나 後日談을 나눴다.

9월 23일쯤 되었을까. 하루는 그때 내가 살고 있었던 필운동 집에 박물관 직원 두사람이 찾아왔다. 이제 얼마 안 있어 서울이 다시 미군과 국군의 손에 들어갈 것이라고 하였다. 그때가 오면 玉石을 분간할 수 없을 테니까 자기들이 늘 나의 지휘하에 있었다는 증명서 같은 것을 영문으로 써달라는 것이었다. 나는 아직도 서울이 적군의 수중에 있는데 그런 것이 얼마나 위태로운가를 설명하며 타일렀으나 이미 영문으로 타이프해왔기 때문에 서명해 주었다.

나는 이때 처음으로 美術品 北送作業을 하는 공산당원들의 이야기를 들을 수 있었다. 서울의 두 박물관, 즉 국립박물관과 덕수궁미술관의 소장품은 김용태의 지휘로 모두 포장되어 있었다. 또한 개인 소장품으로서 중요한 것은 全鎣弼씨 소유였는데 김용태는 그것도 같이 가지고 가야 한다고 생각하여 그것의 포장을 명령하였다.

그때 국군은 점차 서울 가까이로 오고 있었다. 만약 포장이 빨리 끝난다면 국립박물관과 덕수궁미술관의 소장품이 북송될 가능성이 그만큼 더 많았다. 마음 속으로 북한측에 협력하지 않고 있던 사람들 사이에서 어느덧 무언중에 합의가 되어 지연작전이 시작되었다. 즉 사흘에 걸쳐 겨우 큰 물건 9점을 포장하였던 것이다. 싸고 또 싸서 거의 다 포장이 되었을 때는 물건의 형태와 크기를 기록하는 일을 빠트렸기 때문에 다시 풀어야 한다는 식이었다.

그리고 일단은 종이와 솜으로 포장하였지만 마지막에는 나무상자에 넣어야 했다. 그러나 전쟁 중이라 나무상자가 쉽게 구해지지 않았다. 만 이틀 동안 나무상자를 구하러 다녔으나 결국 구하지 못하여 板子를 사기로 했다. 그러나 그것을 사는 데만도 하루가 걸렸다. 또한 전쟁 중에

목수를 구하기도 어려웠다.

그러는 사이에 미군과 국군은 서울 근교에 다다랐다. 김용태는 모든 것을 팽개치고 북으로 도망갔다. 이렇게 숨막히는 지연작전으로 결국 박물관 물건을 북송하려던 그들의 계획은 좌절되었다.

9월 28일 아침 나는 북한군이 철수한 박물관으로 들어갔다. 神武門을 들어서서 보도를 밟고 가는데 어떤 미군이 지뢰를 주의하라고 소리를 질렀다. 몇 발자국 앞에 지뢰가 있었던 것이다. 慈慶殿(박물관 사무실)은 아수라장이었다. 그곳에 있던 什器들은 모두 약탈되었거나 파괴되고 수위들이 쓰던 캐비넷은 땅 위에 뒹굴고 있었다. 그리고 그 속에 들어 있던 李仁榮 소장의《三國遺事》는 보이지 않았다.

이 책은 李秉直의 소유가 되었다가, 미술협회에서 경매에 부쳐서 120만원으로 낙찰되었으나 살 사람이 돈을 내지 않아, 미술협회에서 보관하고 있던 것을 김용태의 지시에 따라서 박물관으로 옮겨온 것이었다. 그《三國遺事》는 지금까지 발견된 것 중에서 가장 오래된 版이었는데 그 중의 일부는 宋錫夏씨 손에 들어갔다. 李仁榮·宋錫夏 소유의 부분을 합해도 完本은 되지 않았으나 그것으로도 국보의 가치가 충분히 있었다. 즉 많은 傳世本의 誤字를 그것으로 바로잡을 수 있었던 것이다.

이렇게 귀중한 古書지만 겉보기에는 헌 책이므로 없어진 것은 참으로 이상한 일이었다. 그날 그 책은 분명히 휴지처럼 땅에 흐트러져 있었을 것이다. 후에 안 일이었지만 그날 慈慶殿에 들어왔던 사람 중의 한명이 주워서 자기 가방에 넣고는 시치미를 떼고 있었던 것이다. 그는 우리가 부산으로 피난갔을 때 그곳에 나타났는데 책주인인 李秉直은 책을 가져온 그 사람에게 일금 15만원을 주었다고 한다. 이 글을 쓰는 지금 그 사람도 이미 他界하였으니 이 에피소드도 잊어버릴 때가 된 것 같다. 어려운 소용돌이 속에서 누구나 이성을 바로 가지기는 어려운 까닭이다.

부산 피난시절

9·28 이후, 제정신을 바로 차리기도 전에 또 다른 시련이 닥쳐왔다.

11월 말인 어느날, 서대문 네거리에 갔더니 독립문에서 서대문까지 미군 탱크부대가 늘어서 있었고 군인들은 지쳐서 기진맥진해 보였다. 중공군이 전쟁에 개입하자 전선에 혼란이 생겨 미군들이 후퇴하기 시작했던 것이다. 그 정보는 부산 미국공보원장인 크네즈(Eugene Knez)가 미군식당에서 알아온 것이었다. 그리고 이번에는 될 수 있는 대로 빨리 박물관 물건을 疏開시켜야 될 것이라는 충고였다.

나는 그 충고를 받아들여 문교부장관 白樂濬씨를 세번이나 찾아가서 서울시민이 동요하기 전에 서울을 떠나겠다고 하였다. 드디어 정식 공문이 아닌 영문으로 된 그의 편지를 받았다. 장관의 공문이란 장관 개인이 주는 것이 아니라 문교부 전체가 알고 동의하는 것으로서 書記一係長一課長에서부터 次官까지 다 알아야 되기 때문이다. 그렇게 되면 정부가 박물관의 疏開를 명령하는 것이 되므로 그러한 상황에서는 시민들의 동요를 막을 수가 없다. 때문에 정식 공문을 보내지 않았던 것이다.

당시 철도는 미군이 전적으로 관리하고 있었기 때문에 그들에게서 貨車 한대를 얻었다. 12월 4일 오후 7시가 지나 어둡기 시작한 때부터 크네즈의 주선으로 미국대사관 소유의 트럭 1대를 빌려 덕수궁미술관 창고에 있는 진열품들을 서울역으로 옮겼다. 그리고 그보다 먼저 덕수궁미술관장 李揆弼씨에게 원한다면 덕수궁의 진열품들을 같이 부산으로 가져가겠다고 하였다. 그는 매우 당황했으나 자기 힘으로는 도저히 이 난국에 대처할 도리가 없다고 생각하여 우리가 책임지고 부산으로 가지고 가는데 동의하였다.

12월 7일 아침, 문교부장관에게 가서 부산으로 떠난다고 하였더니 가지고 가는 물건의 목록을 두고 가라고 했다. 책임이 장관에게 있으므로 무엇을 옮겼는지 알아야 한다는 것이었다. 실은 그런 경우에 대비하여 국립박물관에서는 목록을 만들어 두었으나, 덕수궁미술관 측은 포장할 때 복사지에 쓴 것만 갖고 있을 뿐이었다. 우리는 출발을 연기한 채 종일토록 그 목록을 몇 부 더 만들어 일부를 장관에게 전달하고 나서야 부산으로 갈 수 있었다.

美國製 大形 貨物車는 박물관 물건을 싣고도 많은 자리가 남아 그곳에 간부직원들의 가족(모두 15, 16명)을 태우고 부산으로 떠났다. 그러나 부산에 도착한 것은 4일 후였다. 이렇게 오랜 시간이 걸린 이유는 그때 서울로 올라가는 화물차는 거의 모두가 軍需物品을 싣고 있었고, 반대로 부산으로 가는 차는 빈 차였는데, 우리는 그런 빈 차의 하나에 탔던 것이고, 서울로 올라가는 차가 우선적으로 통과했던 까닭이었다.

기차 안에서 4일씩이나 있는 동안에 우리는 숯 풍로 하나로 밀가루를 빚어 수제비를 먹었을 뿐 반찬이라고는 거의 아무 것도 없었다. 가끔 내려 역 근처에서 식료품을 조금씩 사기도 하였다. 다른 직원들은 될 수 있는 대로 많은 물건을 가지고 떠났으나 나는 이 화물차에 다시 찾은 나의 장서만을 싣고 갔다.

한편 나의 가족은 이 화물차에 타지 않고 크네즈가 마련한 미군인 병원차에 특별히 연결된 차량으로 미리 부산에 와 있었다. 내 가족을 부산으로 미리 보낸 것은 가족에 대한 근심이 없어야 자유롭게 행동할 수 있다고 생각했기 때문이다.

우리는 우선 진열품들을 부산 미국공보원 뜰에 있는 창고에 넣고 좀 더 좋은 보관처를 구하기로 하였다. 도청에 의뢰하자 慶南管財廳長의 호의로 그들이 관리하는 창고를 얻게 되었다. 그 당시로는 부산에서는 최상의 4층으로 된 耐火倉庫였다. 우리는 이곳 3층과 4층에 우리의 물건을 옮기고 2층에는 거처할 집이 마련되지 않은 직원들을 수용하기로 하였다. 그러나 이것은 잠시뿐이었고 며칠 후 그들은 다른 곳으로 옮겼다. 이렇게 10여일이 지나는 동안에 서울에서 피난민이 내려와 부산시는 초만원을 이루었다. 갈 곳이 없는 이들에게는 하루에도 몇 차례씩 광복동을 오고가고 하는 부산 피난시절의 생활이 전개되었다.

다시 생각해보면 박물관 소장품을 일찍이 부산으로 옮긴 것은 적절한 처리였으나, 우리가 실수했던 것은 문교부와 협의하여 결정했어야 할 예산조치 등 많은 절차를 밟지 않고 박물관이 움직였다는 점이었다. 이에 대한 비난이 主務部를 무시했다는 사실과 겹쳐졌다.

그러나 이런 점들을 제대로 문제삼기도 전에 정부는 다시금 渡江하여 부산으로 옮겨 왔다. 정부 고관들이 움직이는 것은 그리 힘든 일이 아니었다. 그들은 마음대로 차량을 쓸 수 있었기 때문에 書類綴이나 들고 오면 되었다. 일부의 비난이 있었다 하여도, 또 우리가 어느 정도 실수를 범했다 하여도, 내 일생에서 가장 자랑할 만한 일이 있다면 그것은 내가 우리 직원들과 함께 動産文化財의 거의 전부를 전쟁의 와중에서 무사히 보관할 수 있었다는 것이다. 후에 파리미술관의 미술품을 독일로 搬出하려는 독일 사람들의 계획을 분쇄하는 이야기인 〈大列車作戰〉이라는 미국 영화를 보고 그때를 회상하기도 하였다.

한국에 있다 간 젊은 미국의 외교관이 동베를린에서 뉴스 영화를 보았는데 북한군이 서울을 다시 점령했을 때 박물관 창고가 텅 비어 있는 모습을 보여 주었다는 것이다. 그런데 그것이 미국인이 모든 물건을 약탈해갔기 때문이라고 해설을 했다는 것이다.

부산피난시절 우리들의 생활이 얼마나 비참하였는지는 상상하기 어렵지 않을 것이다. 나에게는 1년에 2천불의 자금이 있었다. 이것을 간부직원들에게 적당히 나누어주었다. 그것도 일시불로 주어 이용하도록 하였다.

光復洞 뒷거리에는 많은 종류의 사람들이 여러 가지 장사를 하였다. 내가 준 얼마간의 돈으로 이곳에서 장사하여 연명한 직원 가족도 있었으니 그때 박물관 직원들의 살림이 어느 정도였는지 짐작이 갈 것이다.

우리 가족은 경남도청 문정과장의 호의로 부민동에 있는 그의 집 6조 다다미방에 들었다. 그는 국립박물관장이 대단한 거물인 줄 알았다가 점차 지내보니까 저녁에 요리집에도 한번 못 가는 위인인 것을 알고 냉대가 심했다. 하루는 우리집에 온 손님이 화장실에 갔다. 우연히 같은 때 화장실에 갔던 K 문정과장은

"뉘꼬? 빨리 나오시소."

하고 소리를 질러 우리집 손님이 쫓겨나온 일도 있었다. 할 수 없이 우리는 다른 곳으로 옮기지 않을 수 없었다.

북한군은 1951년 1월 4일 이후, 우리측이 철수한 뒤 얼마 동안 서울을 점령했으나, 추운 겨울 텅 빈 서울에서 이렇다 할 정치활동도 못하다가 다시 3월 16일에 철수하여 서울은 사람이 없는 빈 도시로 변하였다.

아직도 서울에는 남은 물건이 있었기 때문에 우리는 그것을 수습하기 위해 미국대사관 비행기편을 이용하여 崔熙淳(崔淳雨)과 덕수궁미술관장 李揆弼을 서울로 파견하였다. 그것이 3월 29일이었다.

그때 우리가 수습할 중요 대상은 西域遺物이라고 총칭되는, 중앙아시아 지방의 유물로서 일본의 京都 西本願寺의 大谷光瑞라는 사람이 탐험대를 보내서 가져온 문화재였다. 그 종류는 壁畫·彫刻·繪畫·土陶品·木製品·纖維品·文書 등 각 부문에 걸쳐 있었으나 제일 중요한 것은 역시 舊총독부박물관 진열품이었던 壁畫였다. 이 물건들은 거의 당나라와 비슷한 시기의 것이었고, 수백년 동안 사막에 파묻혀 있었기 때문에 파괴되기가 쉬워, 첫번째 부산소개 때는 그것을 제외하였던 것이다.

崔는 이번에는 우선적으로 그것을 포장하여 가져오도록 지시를 받았다. 그 무거운 벽화의 포장 재료를 구하기 어려운 상황에서 4주일이 걸려 거의 포장이 끝날 무렵, 경복궁 안에 布陣하고 있던 우리 포대는 북을 향하여 사격하기 시작했고 그 硝煙의 냄새는 불안감을 가중시켰다. 이것이 북한군의 제1차 春季攻擊이었다.

부산에서 나는 크네즈를 통해 서울에 있던 미군부대에 연락하여 서울역에 있는 화물차를 이용할 수 있게 하였다. 그리고 西域遺物 전부를 무사히 부산으로 가져왔다. 이때의 서울행은 내가 같이 가기로 작정하였던 것이었으나, 마침 박물관 물건을 호놀룰루에 疏開시킨다는 안건 때문에 나만은 부산을 떠나지 말라는 상부의 지시가 있어서 서울에 갈 수가 없었다.

4월 12일, 북한군의 첫번 봄공세가 실패한 후 나는 崔熙淳·金商翊·李永樂·朴憲眞(덕수궁박물관 직원)과 같이 다시 서울로 들어갔다. 서울까지 가는 트럭을 얻어 타고 영등포에 도착하여 어떻게 한강을 건널까 하고 머뭇거리고 있는데, 내가 아는 멜히오라는 미군 대령이 나타났다.

그는 뜻밖에 이런 곳에서 나를 만난 것을 기뻐했고, 그 덕분에 우리 일행은 무사히 중심지로 들어갈 수 있었다.

우리는 텅 빈 덕수궁에 들어가고 나서 우리가 거처할 곳을 마련하였다. 나는 그때의 서울 광경을 일생 잊을 수가 없다. 大漢門에서 중앙청 쪽을 보니 거리에는 한사람도 없었다. 光化門 네거리에서 和信 쪽을 보아도 아무도 없었다. 간혹 사람이라도 보이면 그것은 순경이었다.

우리는 곧 경복궁 쪽으로 갔다. 박물관에 들어가 보니 그 혼란상황은 이루 말로 표현할 수가 없었다. 陳列本館(지금의 學術院과 藝術院 廳舍) 안에는 포장된 짐이 몇 개 있었다. 꼬리표에는「평양물질문화연구보존위원회」라고 적혀 있었다. 이번에는 이 방면의 담당자가 왔던 모양인데, 그들은 몇 개의 개인 소장가의 물건을 포장하여 북으로 가져가려고 한 것이다. 그중의 한 꼬리표에는 柳子厚라는 이름이 있었다.

慈慶殿(박물관 사무실)에 들어섰더니 그 곳에는 "문화재를 보호하자"라는 구호가 기둥에 써 있었다. 그것은 간단한 구호였으나 우리는 박물관에 근무하던 사람이 쓴 구호라고 생각하였으며, 월북한 박물관 사진사 金永昱의 이름이 떠올랐다.

이번에 우리가 가져갈 물건은 박물관 도서였다. 포장 재료가 없었으므로 새끼줄로 책을 묶을 수밖에 없었다. 그런데 작업 이틀 만에 경복궁 안에 포진된 대포들이 또 다시 북을 향하여 불을 뿜기 시작하였다. 공산군의 제2차 공세가 시작된 것이었다. 나는 곧 지금의 시경찰국이 있는 곳으로 가서 먼스키대령을 만났다. 그는 後方司令官으로서 전에 우리에게 군트럭을 제공해 준 사람이었다. 이번에도 그는 트럭을 보내 주어 힘들이지 않고 도서를 서울역에까지 옮겨 왔다. 그런데 이번에는 그가 좀 언짢은 기색이었던 것은 한국인 애인 수지양과의 불화가 그 원인이었다고 들었다. 이 먼스키대령은 우리를 잘 도와주어 기억에 새롭다.

그후 1958년 초, 뉴욕에서 크네즈와 함께 그를 만났다. 그리고 정년퇴직을 앞둔 그를 위해 차이나타운의 일류 식당에 초청하여 후일담을 나누었다. 미군이 평양을 점령했을 때 그는 후방사령관이었다. 그가 하루는 한국 사람의 초대를 받아 갔는데 닭 한마리를 통채로 삶아 주어서 그 닭을 앞에 놓고 어떻게 먹어야 될지 몰라서 크게 당황하였다고 했다. 아마 영계백숙이었던 모양이다. 그날 저녁 우리는 옛 이야기로 꽃을 피웠다. 그는 나와 나의 처를 가버너즈 아일랜드(Governor's Island)라는 하드슨江 河口에 있는 섬(그것은 軍專用이다)에 초대하기도 하였다.

한국에서 많은 공로를 세운 그의 부대는 한국 군부의 표창을 받았는데, 그때 그는 벌써 그 부대를 떠난 후였기 때문에 功은 자기가 세우고 賞은 다른 사람이 탔다고 이야기하였다.

당시 서울에 갔을 때, 나는 내가 살던 弼雲洞 171번지 3호에 갔다. 우리가 그곳을 떠나기는 1950년 12월이었다. 그때 우리는 겨울 준비를 모두 해놓았었다. 쌀 세가마니와 김장을 세독이나 장만하였다가 조금도 먹지 못하고 떠나버렸던 것이었다. 이렇게 준비해놓은 양식 때문에 우연히 이곳으로 온 사람은 그것을 먹고 한겨울을 지낼 수 있어서 결과적으로 우리집을 잘 지켜주었다.

부산 管財廳 창고는 우리가 3, 4층을 사용하고 2층에는 약품회사가 들어 있었다. 그런데 이 약품회사에 있었던 미군 소령 한명은 그의 지프차에 쓸 휘발유를 1층에 두고 있어서 위험천만이었다. 하루는 그들이 사용하는 석유난로가 고장이 나서 연기가 온 집안에 가득 차게 되었다. 勿失好機라고 나는 소방대에 연락하였다. 다행히 소방차가 왔을 때 연기는 거의 없어진 후였다. 나는 박물관이 이런 회사와 같은 집에 있을 수가 없다는 것을 문교부장관에게 알리고, 얼마 후 그 약품회사를 쫓아내는 데 성공하였다. 나의 계략이 성공한 것이었다.

李대통령은 박물관 소장품을 외국으로 疏開시켜서 안전하게 보존하려고 하였다. 그러나 미국무성은 한국 미술품을 미국으로 옮겨오는 것에 반대하였다. 2차대전 때 독일 베를린미술관의 미술품을 미국에 옮겨왔다가 많은 비난을 받은 일이 있었던 까닭이다. 미국 관리들은 미국보다 가까운 일본으로 疏開할 것을 제안했으나 이대통령은 단연 거절했다고 들었다.

그때 호놀룰루미술관장인 그리핑씨는 만약 한국이 원한다면 전쟁 동안 자기네 미술관이 한국 미술품을 보관해 주겠다고 자진하여 나섰다. 이러한 제안은 미국 같은 나라에서는 중앙정부가 승인하지 않더라도 私立미술관에서 자체적으로 할 수 있는 일이었다. 한편 문교부에서는 미술품을 미국으로 보낸다는 案을 중요하게 생각하여 국회에 同意要請案을 냈다. 그러나 그것이 국회에 상정되기도 전에 전황이 호전되어 필요없게 된 것은 참으로 다행스러운 일이다.

그러나 우리 미술품이 언제 어디로 疏開될는지 알 수 없었기 때문에 만일의 경우를 대비하여 우리는 나무 상자를 짜서 국립박물관과 덕수궁미술관 물건을 따로따로 넣어 두었다. 국립박물관 물건은 N100호로, 덕수궁미술관 물건은 D100호로 시작되었는데 전쟁이 끝난 뒤에도 이것은 오래도록 지속되었다.

광복동에 자리잡고 있었던 우리는 새로 만든 나무 상자를 잘 배치하여 관장실·학예실·총무과 등의 방을 만들고서 집무를 하였다. 그리고 1953년 약품회사가 나간 후에는 비록 피난 중이었지만 우리는 2층에서 現代美術展示會를 개최하였다. 高羲東·裵濂·金煥基 등의 일류 화가의 작품을 모아놓으니 피난거리에서 화제가 되었다.

우리들의 살림은 어려웠으나 그런대로 록펠러재단에서 주는 年 2천불의 돈을 나누어 쓰면서 살았다. 또 이곳에서 연구발표회도 가졌는데 부산은 좁은 곳이어서 강당 하나 빌려 쓰기가 어려웠다.

우리 가족은 富民洞에 있는 K과장댁에서 이사하여 시청에서 멀지 않은 七星運動具店 2층에 방을 얻었다. 그곳에서 얼마 후에 다시 이사하였는데 峨嵋洞에 있는 일본 사람이 살던, 이른바 長屋(연립주택)의 한쪽을 사가지고 그곳에서 아내가 信英醫院이라는 이름으로 개업하여 어려운 살림에 많은 도움이 되었다. 다만 부산은 먹을 물이 적어서 지대가 높은 峨嵋洞에서의 물고생은 이만저만이 아니었다.

우리 식구는 다섯이었는데 부민동 K과장댁에서 막내딸이 태어나서 여섯식구로 늘어났다. 아내가 개업한 병원의 이름은 둘째의 이름 信那에서 信자를 따고 막내 이름 英那의 英자를 따서 信英醫院이라고 부른 것이었다.

戰後의 독일

1952년 봄, 광복동 사무실에 법무부의 洪璡基 국장이 찾아왔다. 베를린에서 自由法曹人會議가 열리는데 이북에서 온 변호사 두명을 데리고 베를린에 갔다 와 달라는 부탁이었다. 그들은 외국어를 전혀 하지 못했기 때문에 함께 가 달라는 것이었다. 나는 부산의 피난살이가 괴로웠기 때문에 더 생각할 것도 없이 승락하였다. 그때 받은 여권이 아직도 있는데 그 여권의 유효기간이 7월 21일부터 8월 10일까지로 되어 있다. 여권이란 보통 6개월의 유효기간이 있어야 하는 것이 통례인데 3주일의 여권을 준 이유는 남에게 편의를 제공하지 않으려는 당시 외무부 관계 공무원의 고약한 심보 때문이었다. 내가 이에 대해 항의하였으나 막무가내였다. 그런데 여권이 나온 날은 이미 베를린회의가 시작된 후였다. 그때는 서울에 독일공관이 없어서 비자를 받을 수가 없었다. 비행기가 동경에 도착했을 때 내가 비행장에서 독일대사관에 전화로 사정을 이야기했더니 프랑크프루트 비행장에서 비자를 받도록 연락해 주겠다고 하였다. 이렇게 하여 무사히 독일에 도착하여 베를린에 갔더니 일주일 회의 중의 3일은 이미 지나간 뒤였다. 하긴 한국대표단이 회의에서 큰 비중이 있었던 것은 아니었다. 그 회의의 목적은 자유진영에서 공산 측의 실정을 법조인의 입장에서 폭로하는 것이었으므로 한국에서는 그러한 목적에 협조하면 되는 것이었다. 늦게 도착한 우리는 아무것도 할 일이 없었으나 미국측의 라디오(Radio in American Sector. RIAS로 불린다.)의 청을 받아 내가 독일어로 방송하기도 하였다.

나와 함께 간 이북 출신 변호사들은 북에서 피난을 왔던 까닭에 양복 한벌도 없어 부산에서의 출발이 늦어졌다. 그뿐 아니라 그들은 양식 먹는 법조차 제대로 몰랐고 따라간 사람이 일일이 화장실까지 같이 가야 되는 어려움이 있었다. 나는 독일에 다시 간다는 생각에 아무것도 묻지 않고 따라 갔으나 그들 때문에 독일에 온 것을 후회하기까지 하였다.

그때 베를린은 대부분이 폐허 상태였다. 겨우 문을 만들어 놓은 절반쯤 부서진 집에 東獨에서 피난온 독일 사람들을 수용하고 있었다. 우리는 그들에게서 소련군의 만행, 동독 공산당의 행패, 국민들의 어려운 살림 등등을 자세하게 들었다. 그들의 이야기는 북한에서 피난온 사람들의 이야기와 똑같았다. 소련군인들이 시계를 약탈해서 한팔에 4, 5개씩 차고 있었고, 또 부녀자를 겁탈하였다는 이야기 등등 무궁무진하였다.

나는 동경에서 떠날 때 프랑크프루트에서 멀지 않은 트라이사(Traisa)라는 시골에 살고 있는 벨기에시대의 은사인 헨쩨교수에게 전보를 쳤는데 그 부인이 공항에까지 나왔다. 1940년에 그분들과 작별한 후 실로 12년 만에 다시 만나게 된 것이었다.

"어떻게 되어 이렇게 예고도 없이 왔느냐"

하고 말하는 교수의 손을 잡았을 때 나는 감개무량하였다. 우리는 저녁상을 앞에 놓고 12년 동안의 이야기를 주고 받으면서 시간 가는 줄을 몰랐다. 나는 그날 저녁의 대화로 전쟁 후 독일인들의 생활태도를 어느 정도 알 수 있었다.

스피노자는 "이 세계가 내일로 종말이 온다 하더라도 오늘은 오늘대로 나는 한그루의 사과나무를 심겠다" 는 말을 하였다. "우리는 많은 문제를 안고 있으나 오늘은 오늘대로 우리의 할 일을 해야겠다"라고 말하는 교수의 얼굴에는 어딘가 엄숙한 표정이 깃들어 있었다.

베를린회의 때 나는 파리에 주재하는 全奎弘公使를 만났다. 그는 나와 함께 義手足을 만드는 위생국에 가자고 하여 택시를 탔다. 가는 도중 택시 운전사는 위생국이 인바리덴街(Invaliden Strasse)에 있는데, 그것이 서베를린의 마지막 집이라고 하였다. 문득 우리는 얼마 전에 있었던 동독 공작원들에 의한 린제박사 납치사건을 상기했다. 인바리덴街에 차가 들어서자 全公使는 겁이 나서 택시를 멈추고 걸어갈 태세를 보였다.

안심하라는 운전사의 말을 듣고 우리는 정말 자유세계의 마지막 집

앞에서 내렸다. 그곳에는 40미터도 되지 않는 다리가 있어 동·서 베를린을 연결하고 있었다. 다리를 건너 저쪽에 보이는 큰 집 벽에 우리의 흥미를 끄는 표어가 붙어 있었다.

"독일은 제2의 한국이 되어서는 안 된다."(Deutschland darf nicht das Zweite Korea Werden.)

암암리에 서독에서 동독을 침범해서는 안 된다라는 뜻이었는데 그 의미의 뒤에는 남한이 북한을 침범했다는 괴변의 논리를 암시하고 있었다.

나와 함께 갔던 두 변호사분들이 가장 놀란 것은 독일에는 밤에도 통행금지시간이 없다는 것이었고, 또 거리에 사람이 적다는 것이었다. 나는 그때의 여행기를 東亞日報(1952년 8월말)에 실었는데, 《세계의 인상》이라는 趙豊衍씨가 낸 책에 다시 실렸으며, 《藜堂隨筆集》(탐구당, 1973년)에도 포함되어 있다.

戰局이 호전되어 1953년 정부는 다시 서울로 가게 되었다. 그러나 이 대통령의 반대로 박물관은 다시 경복궁으로 들어가지 못한다는 것이었다. 그분은 조선시대의 勤政殿·慶會樓 같은 건물이 박물관 유물보다 더 중요하다고 생각한 것이었다. 그래서 모든 기관이 서울로 돌아가는데 우리는 서울에 가도 들어갈 장소가 없었다. 하는 수 없이 부산을 떠나 예장동에 있는 民族博物館 자리로 사무실을 옮겼다.

우리가 들어갔을 때는 2층에 海軍憲兵隊가 있었다. 그러나 그들은 얼마 후 나갔고 우리는 정문에 국립박물관 임시본부라는 간판을 달았다. 그곳이 좁기는 했지만 임시로 약간의 진열품을 진열해 놓고 문을 열었다.

어느 날 별(星)을 단 군인이 그 곳에 나타났다. 그러더니 또 하루는 다른 별자리가 나타났다. 우리는 의아하게 생각하였다. 그러던 얼마 후에는 景武臺署에서 나와 박물관에서는 그 건물을 어떻게 생각하며, 박물관 건물로는 적당한가 등등 상세하게 여러 가지 질문을 하고 갔다.

그런데 그후에 이 건물은 聯合參謀本部로 사용할 예정이므로 박물관은 다른 곳으로 이사하라는 상부의 전갈이 왔다. 聯合參謀本部의 어떤 군인은 어느 학교라도 찾아서 가라고 하였다. 나는 정말 進退維谷에 빠진 격으로 당황하지 않을 수 없었다. 乙酉文化社 사장 鄭鎭肅씨를 통하여 경무대 비서관 安憙慶씨와 연락이 되었다. 安秘書의 알선으로 나는 어느날 아침, 李大統領과 경무대 뒷뜰에서 마주앉게 되었다.

나는 이때 蘇秦·張儀의 口辯을 총동원하여 대통령에게 박물관이 당한 곤경에 대하여 설명하였다. 나의 말을 들은 대통령은 그러면 박물관은 어디로 가는 것이 좋겠느냐고 나의 의견을 물었다.

"지금 덕수궁 안에 石造殿이 있는데 전쟁 때 파괴되었으니까, 그것을 수리해 주시면 좋겠습니다."

라고 대답하였다. 대통령은 즉시 비서를 부르더니 嚴工兵監에게 석조전 수리의 견적을 내게 하라고 명령하였다. 그때 마침 參謀總長으로 있던 丁一權中將이 왔다. 대통령은 참모본부를 현재의 박물관 청사로 옮기는 일은 얼마 있다가 실시하도록 李亨根에게 전하라고 하였다.

다음날 대통령은 예고도 없이 비서만 대동하고 덕수궁에 들러 부서진 석조전의 각 방을 돌아보고 갔다는 연락을 받았다. 그때 마침 李瑄根씨가 文教長官으로 취임하였는데 나는 그에게 될 수 있는 대로 석조전의 현황을 살펴보라고 귀띔해 주었다. 그리고 그날 마침 열린 國務會議 때 그는 대통령이 묻는 말에 의견을 말할 수 있었다. 이렇게 하여 거금 7천만환 정도를 들여서 석조전을 수리하게 되었고 나는 박물관장 25년 중 17 년을 그곳에서 지내게 되었다.

이대통령은 오랫동안 미국에 있었던 만큼 박물관의 중요성을 잘 이해하고 있었고, 박물관 소장품을 서울 이외의 좀더 안전한 지역에 보관하는 것이 좋겠다는 생각을 지니고 있었다.

지금 자세한 날짜를 기억할 수는 없으나, 하루는 경무대로부터 鎭海에 계시는 대통령이 박물관 소장품 보관에 적당한 곳을 발견하였으니 곧 軍用機편으로 진해에 오라는 전갈이 왔다. 나는 즉시 新設洞에 있는 경마장 자리로 차를 몰았다. 그곳에는 잠자리 같은 L19라는 輕비행기가 대기하고 있었다. 약 30분 후 鎭海에 도착하였다. 그때 海軍大學校長으로 있던 李鍾贊少將이 지프를 보내주어서 그의 안내로 地下의 武器保管

所로 사용하던 곳을 보았다. 그러나 그곳은 우선 습기가 많아서 박물관 창고로는 적당하지 않았다. 나는 그것을 대통령에게 보고하고, 李少將의 점심대접을 받고 서울로 돌아왔다. 그런데 機內가 갑자기 추워져서 조종사에게 그 이유를 물었더니 조종사가 자신이 졸음이 와서 자지 않기 위하여 히타를 껐다는 것이다.

부산에서 올라온 우리 가족은 잠시 필운동에 살다가 예장동의 박물관 임시본부 옆에 있는 옛날 倭城臺의 관사로 이사하였다. 이 관사는 日帝 때 統監이나 총독의 통역관이 전용으로 사용하던 집으로 대지 250평, 건평 70여평의 상당한 규모의 큰 집이었다.

南山의 북쪽 편 아래에 있어서 해가 잘 들지 않는 결점은 있었으나, 여름에는 꾀꼬리가 울고 겨울에는 꿩이 내려오는 한적한 분위기의 조용한 집이었다. 그래도 70, 80년 묵은 古屋으로서 매년 수리비 때문에 곤란하였으나, 그후 나에게 5년 年賦로 불하되어 박물관장을 그만둘 때는 나의 유일한 재산이 되었다.

서울에 올라와서 박물관 살림을 시작한 지 얼마 안 되어서 국회에서는 괴상한 案件이 의안에 올라와 있었다. 즉 국립박물관을 감사하자는 것이었다. 이왕 의정에 올려진 이상 큰 반대를 할 사람은 없었다. 監査委員으로는 骨董品을 좋아하는 張澤相과 孫道心 두 의원이었다.

張澤相씨가 박물관장인 나에게 원한이 있었던 것도 아니고, 이 감사의 주역인 孫道心씨가 업고 들어왔을 것은 틀림없었으나, 張은 그때 별로 할 일도 없어 매일 관장실에 자리잡고 앉아 시간을 보냈다. 그 대신 孫은 열심히 파헤치려고 하였고, 박물관과 관장을 유별나게 못살게 굴었던 孫在馨의원은 孫道心씨를 매일 국회에서 만나 감사에 대한 자료를 제공하였다.

그러나 감사를 진행하면 할수록 孫道心씨는 커다란 흑막은 커녕 아무런 혐의도 발견할 수가 없었다. 당시 나는 두분이 감사하는 동안 원고 교정을 보고 있었다. 이렇게 해서 국회 監査는 孫在馨의원의 실망에도 불구하고 결국 無爲로 끝나고 말았다.

박물관은 이통에 콘택스라는 고급 사진기를 모 인사에게 선사하는 등 가벼운 곤경을 치루기도 하였다.

후에도 국회에서 국립박물관이 의제의 대상이 된 것이 한두번은 아니었다. 내가 지금 그 날짜를 기억하지는 못하겠으나 한번은 姜世馨이라는 사람이 "국립박물관에서는 매일 유물이 한점씩 없어진다"라고 발언하여 당시의 국회 사무총장인 崔挺宇씨가 분개해하면서 나에게 알려준 일이 있었다.

그 외에도 1960년 후반의 일이라고 생각되는데, 국립박물관 창고에서 실로 어마어마한 유물이 없어졌다는 투서가 국회에 날아들어온 적이 있었다. 그 투서에 증인으로 지적된 사람은 지금도 많은 작품을 만들고 있는 도예가 池順鐸씨였다. 그는 그 이야기를 듣고는 시골로 가버리는 것으로 불쾌한 증언을 피하였다. 확증은 없으나 투서의 장본인은 당시 골동상도 경영했던 모인물로 추측되는데 지금은 사망하고 없다.

釜山 光復洞 管材廳倉庫 사무실에서 직원회의
왼쪽으로부터 秦弘燮, 劉始鍾, 崔熙淳, 林泉, 金商翊, 筆者, 朱洛璋, 金元龍, 金鎬卓, 洪思俊, 朴日熏

가족사진, 부산 아미동집, 信英醫院 앞에서(1953)

德壽宮 石造殿 앞에서

제 6 장 ■

새로운 出發

國寶 海外展示 준비

1949년 미국에서 돌아올 때 나는 하와이에 들려서 그리핑과 기파드 두 사람과 해외전시의 가능성에 대하여 토의한 일이 있었다. 그러나 6·25동란이 그 모든 것을 일단 단념하지 않을 수 없게 만들었다. 그러다가 停戰이 성립된 후, 나는 어느 때보다도 우리가 계획하던 미국 전시를 실행에 옮길 필요가 있다는 생각을 더 절실하게 하게 되었다.

많은 미국 군인들이 우리나라에 왔다 갔다. 그들은 폭격된 시가지, 부서진 도로, 헐벗은 한국의 불쌍한 국민들밖에는 본 것이 없었다. 찬란한 우리의 문화유산은 눈에 띄지도 않았던 것이다. 따라서 그들의 그러한 先入感을 조금이라도 바로잡기 위해서는 미국에서의 우리 미술전시가 꼭 필요하다고 생각하게 되었다.

이것을 준비하는 데에는 상당한 시간이 필요했다. 큰 규모의 국가적인 미술전시를 하려면 워싱턴에서 우선 시작해야 되고, 전시장은 미국 제일의 국립미술관이어야 하는데 그러한 곳들은 적어도 3년간의 스케쥴이 항상 미리 결정되어 있었기 때문이다.

우선 전시품들을 결정하기 위하여 1956년 9월 말에 두 전문가가 서울에 왔다. 그중의 한 사람은 메트로폴리탄미술관의 東洋部長인 알렌 프리스트(Alan Priest)씨였고, 다른 한 사람은 보스턴미술관의 로버트 페인

(Robert T. Paine)씨였다. 이 팀에 호놀룰루미술관장인 그리핑씨를 넣기로 되어 있었으나 그들 사이에 의견이 엇갈려 결국 그리핑씨는 오지 않았다.

나는 한국측의 선정위원으로서 高羲東·裵濂·李丙燾·孫在馨·洪鍾仁·全鎣弼 등을 위촉하였는데, 이러한 일에는 자기도 한몫 끼어야 된다고 생각하는 사람이 많아 곤란하였다. 그러나 문제는 우리측 위원의 발언권이었다. 金鎣弼씨는 제일 중요한 수집가로서 상당한 안목이 있었고, 孫在馨씨는 書畵에, 또 高羲東씨는 畫家로서의 정확한 판단을 가지고 있었다. 그런데 우리 전시가 미국에서 열리는 이상 그것이 미국 사람들에게 어떻게 받아들여지는가를 염두에 두지 않을 수 없었다. 다시 말해서 미국의 미술관에는 중국·일본의 미술품이 많으므로 우리 전시품과 이들 나라의 미술품이 비교될 때 나타날 관객들의 반응을 고려하여야 했다. 그런데 우리측 위원들 중에는 그런 것에 대한 지식을 갖고 있는 사람이 아무도 없었다. 결과적으로 우리측 위원의 의견은 조금도 받아들여지지 않은 채 프리스트와 페인의 의견만이 일방적으로 관철되었다.

예를 들어 孫在馨씨는 자기가 소장하고 있는 檀園의 神仙圖를 전시품에 포함시키기 위해 거액의 표구비까지 들여가면서 병풍을 만들었고, 우리측 위원들도 찬성하였으나 프리스트와 페인은 끝내 받아들이지 않아 孫에게 실망을 안겨 주었다. 대체로 檀園은 우리나라 사람들에게는 관심의 대상이지만, 그들의 생각으로는 단원의 병풍과 같은 大作을 한국 제일의 화가의 작품으로 전시한다면 오히려 그릇된 인상을 줄 것이라며 반대하였다.

위에도 언급한 바와 같이, 국립박물관과 덕수궁미술관 소장품들은 전쟁 중에 부산으로 내려간 후 정부를 따라 박물관이 환도한 후에도 그냥 부산에 머물러 있었다. 그리고 당시의 尹仁駒 釜山大學校 總長의 배려로 부산대학의 새로 지은 건물(후에 부산대학박물관으로 이용됨)에 보관되어 있었기 때문에 선정위원들 전체가 부산으로 가서 수일간 체재하게 되었다.

프리스트와 페인은 해운대호텔에 투숙했고, 접대를 맡은 나도 역시 같은 호텔에 머물렀다. 우리측 위원들은 동래호텔과 그 외의 여관에 분산하여 유숙하였다. 당시 해운대에는 손님이 적었고 따라서 모든 서비스가 좋지 않았다. 손님이 적으니 좋은 요리사가 와 있지 않았고, 매일 부산에서 식품을 사들여야 하는 불편이 있었다.

또한 냉장고가 있었으나 그때는 전기 부족으로 晝間에는 쓸 수가 없는 것이 애로사항의 하나였다. 그러나 곧 상부의 지시에 의해 냉장고를 사용할 수 있도록 특별 配電을 해주었다. 덕분에 우리가 해운대호텔에 있는 동안 해운대 주민들 전체가 전기 혜택을 받았다. 지금 생각하면 우스운 이야기이다.

프리스트라는 사람은 미국에서도 많은 이야깃거리를 가지고 있는 사람이었다. 당시 57, 58세의 나이에 獨身으로 사는 괴짜로 매일 사소한 일까지 일기에 기록하고 있었다.

우리측 위원들이 東萊에 묵는 동안 같이 따라온 문교부 직원은 저녁마다 술값을 내기에 진땀을 뺐을 것이다. 특히 高義東씨는 미국측 위원들의 독선과 횡포에 분개하였지만 언어가 통하지 않았으므로 그 분노를 주로 나에게 터뜨렸다. 그러나 나는 그 불평을 전할 수도, 전할 곳도 없었다.

미국전시와 관련된 또 하나의 중요한 일은 비용 문제였다. 나는 전쟁으로 피폐해진 우리나라가 그 많은 돈을 부담한다는 것은 어렵다는 생각에 모든 비용은 전시되는 나라, 즉 미국에서 내도록 하였다. 이 때문에 상당 기간 동안 교섭이 진행되었는데 결국 한국측은 부산까지의 수송에 필요한 책임만을 지기로 했다. 우리가 미술품을 포장해서 부산까지 운반하면 부산에서 美 해군배에 실어서 美大陸까지 가고, 거기서 다시 철도로 워싱턴까지 가기로 하였다. 시종 호송하고 전시를 따라다닐 사람의 여비와 체재비도 미국무성에서 내도록 양해가 되었다.

그러나 이것은 나의 큰 실수였다. 당시 그 비용을 산출한 사람은 서울의 美大使館 文政官인 S씨였는데 그가 체재비를 낮게 책정하는 바람에 결과적으로 우리는 크게 골탕을 먹었다. 급기야 워싱턴의 우리 대사관에 있는 韓豹頊 공사에게 부탁하여 이대통령한테서 1,000불을 받는 일까지 생겼다. 그때의 경험을 토대로 유럽전시 때는 주재원의 여비 중 소정의 액수를 우리 정부로부터 받았는데, 그것은 미국무성에서 받은 돈의 두 배에 가까운 것이었다.

전시에 따르는 큰 문제는 항상 保險이다. 그 전시품들은 우리 민족 최대의 문화재로서 그 가치를 돈으로 환산한다는 것도 어려운 일이고, 상당한 액수의 보험에 가입하는 것도 사실상 불가능한 일이었다. 그래서 아무 손상이 없을 것을 전제로 하여 被保險額은 3천만환에, 그리고 보험료는 참가 미술관이 5천불씩을 내는 것으로 양해가 되었다.

마지막 문제는 圖錄을 만드는 일이었다. 이 문제는 부득이 미국측 전문가의 힘을 빌려야 했는데 우리쪽에서는 영어로 그런 일을 해낼 사람이 없었기 때문이다. 그래서 프리어미술관에서 해롤드 스턴(Harold Stern)이 파견되어 몇 주일 동안 초고를 만들었다.

서울과 부산에서 선정된 물건 및 그 외의 수집품에서 추가된 일부를 합하여 모두 195점이 최종적으로 결정되었다. 종별로 나누자면 彫刻 26점, 회화 35점, 도자기 116점, 기타 금속제품이 18점이었다.

미국에서 전시할 미술관은 워싱턴의 국립미술관, 뉴욕의 메트로폴리탄 박물관, 보스턴박물관, 시애틀미술관, 미네아폴리스미술관, 샌프란시스코의 리죤 오브 오너미술관, 로스앤젤레스의 카운티박물관, 호놀룰루미술관이며 전시기간은 1957년 12월 17일부터 1959년 3월 1일까지였다. 최초의 해외전시는 1948년부터 계획되어 온 것이었으나 10년 이상이나 걸려서 성취된 것이었다. 그리고 기획·교섭·전시의 세부에 이르기까지 전부 나 혼자서 일을 처리하였고, 정부에서는 최후로 승인만 했을 뿐이었다.

震檀學會의 일을 맡아서

1950년대에 내가 한 중요한 일의 하나가 震檀學會의 일을 맡은 것이었다. 이 학회는 1934년에 李丙燾·趙潤濟·李允宰·孫晋泰·李相佰 등을 주축으로 조직되었는데 그 중에서도 李丙燾씨가 중심이 되었다.

그러나 일제하에서, 더욱이 1934년이면 일본의 대륙침략이 한참 본격

화될 때였기 때문에 國學을 중심으로 한 학회는 유지되기가 어려웠다. 자금이 없었던 이 학회는 일 년에 겨우 한 권씩의 책을 발간하기도 힘에 겨웠으며, 1941년까지 겨우 14권의 《震檀學報》를 발간하였다.

당시 왜경이 朝鮮語學會를 탄압하고 간부들을 체포하자, 같은 수난을 피하기 위해 자진해서 학회활동을 중지하였다. 그러다가 해방을 맞이하게 되자 震檀學會 회원들은 國史 강좌를 개설하여 일반인의 요구에 응하였다.

이 학회 회원들을 중심으로 京城大學 法文學部의 歷史學·國語學·國文學·社會學의 교수진이 구성되었다. 國史에 李丙燾·孫晋泰·李仁榮, 국어와 국문학에 趙潤濟·李秉岐·李熙昇·李崇寧, 社會學에 李相佰 등이 그 예이다.

한편 《震檀學報》 제15권도 편집 간행되었는데, 서문은 1945년 11월에 써놓았지만 막상 출판은 1947년 3월에야 이루어졌다. 또한 다음호인 제16권은 1949년에 출판되었다. 이렇게 《震檀學報》 출판이 부진했던 이유는 해방 직후의 사회혼란, 정치불안, 생활의 곤란 때문이었다. 게다가 한국전쟁으로 회원 전체가 부산으로 피난하게 되었고 제각기 생활에 시달려 동면상태로 들어갔던 것이다.

환도 직후 나는 자진해서 震檀學會의 일을 맡기로 하고 1954년 5월 31일에 서울大 文理大學長室에서 총회를 열었다. 理事長 李丙燾, 副理事長 李相佰을 추대하고 理事 겸 編輯책임 등 실제의 일은 내가 담당하였다.

내가 震檀學會의 일을 자진해서 맡게 된 까닭은 한국전쟁이 일어나기 전에 록펠러재단과 한국사 편찬에 관한 회의를 가졌었기 때문이다. 그것을 震檀學會에서 맡으면 延大보다도 오히려 이쪽이 인원도 더 많고 일을 쉽게 성취시킬 수 있을 것 같았다. 만약 그렇게 된다면 震檀學會가 다시 살아나게 될 것이고 또 충실한 한국사를 간행할 수도 있을 것이라는 생각이었다.

나는 곧 파스 박사와 서신교환을 했다. 그리고 그의 말에 따라 震檀學

會를 社團法人으로 만들어 1954년 9월 10일에 문교부장관의 인가를 받아 11월 25일 서울지방법원에 등기를 완료하였다. 록펠러재단과의 교섭 결과, 동재단에서 《韓國史》 5권을 2년 내에 완료하기로 하고 執筆料 1만불을 보조한다는 통지서가 왔다. 이에 따라 12월 20일, 理事會는 다음과 같은 집필진을 결정하였다. 그리고 장차 《한국사》의 출판은 乙酉文化社에서 한다는 약속 아래 호화판 요정에서 모임을 가졌다. 乙酉文化社 사장 鄭鎭肅씨는 대단한 열의를 가지고 우리의 일을 성원하였다.

〈執筆陣〉

古代篇	李丙燾
(先史時代는	金載元)
高麗時代篇	金庠基
朝鮮時代篇	李相佰
近世篇	崔南善

그 외에 年表가 추가되었다. 이렇게 해서 5권으로 완결하기로 하였다. 이 《한국사》 프로젝트는 震檀學會에 활기를 불어넣어 이것을 계기로 다음해인 1955년부터 學報 17권도 나오게 되었다. 그후 약간의 곡절은 있었으나 1980년 11월까지 모두 49권의 학보를 간행했으며, 아직도 무게로 보든지 무엇으로 보든지 他의 추종을 불허하는 학계의 대표지로서의 관록을 유지하고 있다.

당시 한국사 저술의 분담을 둘러싸고 약간의 의견 차이가 있었다. 그런데 지금까지도 그때 자기도 책 하나를 맡았어야 하는데 몇 사람이 사전에 분담해서 회의에 나왔기 때문에 소외되었다고 생각하는 사람이 있다고 들었다. 그러나 이상의 집필자 선정은 온당한 것이었으며, 그때로서는 그 이상의 집필진이 결정될 수가 없었다. 예를 들어 일본 같으면 시대를 세분하여 많은 사람의 집필 분담이 가능했을 것이나 우리나라의 경우는 그렇게 많은 학자가 없었던 것이다.

한국사는 록펠러재단과의 약속대로 2년 내에 완성되지 못했다. 1959

년 6월에 古代篇이 나오고 10월에 年表篇이 나온 것 외에 다른 것은 모두 지연되었다. 가장 말썽이 많았던 것은 高麗時代篇으로 그것을 맡은 金庠基씨는 震檀學會와의 계약에 自筆로 捺印하고도 그러한 조건으로 계약을 한 일이 없다고 하여, 결국 오랜 동지들과 결별하였다.

그가 李弘稙·申奭鎬 등과 東國文化社에서 《韓國全史》 4권을 낸다고 광고가 났었으나 金庠基씨의 《高麗時代史》만을 1961년 6월 15일자로 1,500부 찍어냈을 뿐, 李·申은 한 권의 책도 쓰지 못하고 흐지부지 되었다. 金庠基씨가 맡은 高麗篇은 결국 李丙燾씨가 썼고 그것은 1961년에 나왔다.

또 한가지 차질이 생긴 것은 崔南善씨가 집필도 하기 전에 별세한 것이었다. 그래서 할 수 없이 이 부분을 李瑄根씨에게 맡겼다.

이리하여 계약 후 2년 안에 완결하기로 했던 《한국사》는 朝鮮時代篇이 近世 前·後期로 두 권이 되었고, 近世史가 最近世와 現代篇의 두 권, 이에 古代, 中世篇을 더하여 6권에다가 年表篇까지 합하면 모두 7권으로 1965년에 비로소 완결되었다. 무려 10년이라는 긴 시간이 걸린 것이었다.

후에 록펠러재단의 파스 박사와 만나 이야기하였을 때, 그는 그러한 책에 10년이 걸린 것은 결코 오래 걸린 것이 아니며, 《한국사》는 크게 성공했다고 하였다. 이렇게 해서 출판된 《한국사》 7권은 그후 여러 가지 비슷한 책이 나왔음에도 불구하고 아직까지도 학술적으로 중요한 저술로 평가받고 있으며, 1980년까지 각 권이 4, 5만권씩 팔렸고, 지금은 어떤 가정이든 이 책이 없는 집이 없을 정도가 되었다.

1955년 5월 12일, 震檀學會 초청으로 董作賓·朱家驊·溥儒의 세분이 臺北에서 도착하였다. 내가 1948년 시카고에 들렀을 때 董作賓을 만난 이야기는 위에서 언급한 바 있다. 董作賓은 甲骨文의 세계적인 권위자이고, 溥儒는 淸朝 宣統帝 溥儀의 사촌으로서 詩·書·畫 三絶로 유명한데 중국에서는 '北溥, 南張'이라 하여 남쪽의 화가 張大千과 함께 並稱되는 유명인사였다.

그리고 朱家驊씨는 원래 親韓派 인사로서 우리나라 臨政要人들 사이에는 잘 알려져 있었다. 그는 대학총장·교육부장·중앙연구원장 등의 요직을 거쳤고 重慶時代에는 蔣介石의 위촉으로 우리나라 臨政要人들과 접촉하여 많은 도움을 준 사람이었다. 李대통령도 그 명성을 듣고 있었고, 중국에서 오랜 망명생활을 한 申翼熙·李範奭 같은 분들과는 특별한 교우관계가 있었다.

董作賓씨를 초청하게 된 것은 내가 우연히 그를 만났던 것이 인연이 되었고, 溥儒씨를 초청하게 된 것은 李相佰씨가 北京에 유학갔을 때 교제가 있었던 것이 인연이 된 것이다. 또한 일행 중의 단장격인 朱家驊씨는 나의 뮌헨시절 때의 친구 關德懋씨가 사업차 서울에 왔다가 이야기 끝에 朱라는 전 독일유학생이 한국 임정요인들과 관계가 깊다는 이야기를 들어 결국은 그를 초청하기에 이른 것이다.

중국 손님들이 우리나라에 체재하는 동안 이들을 만찬에 초대한 분들은 中國大使, 延禧大學總長, 國會議長 申翼熙, 李範奭, 梨大總長, 閔丙燾, 高羲東, 李起鵬, 外務長官, 서울特別市長, 金載元 등등이었다.

서울特別市長은 朱家驊에게 행운의 열쇠를 주었고, 서울대학에서는 董作賓씨에게 그의 저서《殷曆譜》에 대하여 문학박사를, 그리고 朱家驊·溥儒에게는 명예법학박사 학위를 수여하였다. 교통부장관은 서울에서 경주까지의 왕복 특별차편을 알선하여주어서 震檀學會 간부 전원이 세 분을 모시고 경주를 관광하고 왔다. 물론 학회의 초청에 의해 왔었던 만큼 세 분 모두 서울대학교 대강당에서 학술강연을 하였는데, 상세한 것은 그때의《震檀學報》(제 18 호, 1957) 彙報에 실려 있다.

그때만 해도 우방과 문화교류가 많지 않아서 반공에 관심이 많은 아시아재단에서 재정적으로 많은 원조를 해주었다. 또 震檀學會와 같은 순수학회가 朱家驊씨 같은 정객을 초청한 것은 외국에서도 드문 일이었기 때문에 많은 주목을 받았던 것은 당연한 일이었다.

후에는 朱家驊씨가 중심이 되어 나와 李丙燾·兪鎭午, 세 사람을 대만에 초청하였다. 그때 關德懋라는 뮌헨대학 때의 친구를 대만에서 다시 만나서 우정을 새롭게 할 수 있었다.

造形美術研究所

예전에 서울에 거주하였던 淺川伯教라는 일본인 陶藝家가 있었는데 그는 수십년간 전국을 샅샅이 뒤져가면서 朝鮮時代의 陶窯址 자리를 조사하였다. 그렇게 해서 모은 파편이 몇 가마니나 되었는데 그 파편에는 일일이 발견지가 기입되어 있었기 때문에 전문적으로 조선시대의 도자기를 연구하는 데에 큰 도움이 되었다. 그가 서울을 떠날 때 애써서 모은 도자기 파편 전부와 그가 아끼던 여러 가지 물건을 박물관에 주고 갔다. 그가 떠나면서 마지막으로 한 말은 한국은 좋은 도자기의 자료가 되는 흙을 가지고 있으니, 부디 한국의 독특한 도자기예술을 부흥시켜 보라는 것이었다.

나는 항상 이 말을 염두에 두고 있었다. 그런데 록펠러재단의 파스씨가 약 3년 동안을 매년 5천불씩 지원할 터이니 도자기 부흥을 위하여 연구소 같은 것을 설립할 생각이 없느냐고 하였다. 결국 이 지원을 받기 위하여 造形美術研究所라는 사단법인을 만들고 李相佰씨를 위원장으로 추대하여 도자기 만드는 일을 시작하였다. 물론 실제의 일은 박물관에서 하였다.

우리나라는 옛부터 도자기가 유명하였고, 또 지금도 막대한 양의 도자기를 생산해내는 데도 불구하고 소위 새로운 지식을 갖춘 도예가라고 불릴 만한 전문가는 한 사람도 없었다.

利川 또는 驪州에 상당수의 가마가 있어서 우리가 일상시에 쓰는 도자기를 공급하고는 있으나 그분들은 새로운 의미로서의 도예가는 아니었다. 그분들은 기껏해야 陶工이고, 이때까지의 방법을 계승하여 밥그릇·김치그릇·국그릇 등 일상용기를 만들기만 할 뿐으로 하등의 예술성을 발견할 수 없었다. 따라서 막상 일을 시작하려 해도 같이 일할 사람이 없었다.

파스씨는 우리가 추천하는 두 사람, 즉 劉康烈씨와 鄭圭씨를 재단 비용으로 미국에 유학시키기로 하였다. 鄭圭는 도자기로 유명한 뉴욕州의 알프레드(Alfred)大學에, 그리고 劉康烈은 로체스타(Rochester)에 가서, 鄭은 陶藝工藝를, 劉는 染色工藝를 공부하도록 하였다.

연구소에 工房과 가마를 만들기 위하여 연구소 이사의 한 사람인 全鎣弼씨의 소유지를 얻었는데 全씨 자신도 굉장한 관심을 표시하였다. 利川지방에는 재래식 가마가 많아, 그곳에서 젊고도 상당한 경험을 가지고 물레(陶車)도 돌릴 수 있는 元某씨를 고용하였으며, 고려청자를 만들 수 있다고 하는 노인 劉씨를 모셔왔다.

그런데 이중에서도 제일 젊은 元이 鄭圭와 노인을 돕기는커녕 오히려 釉藥에 남몰래 異物質을 집어넣는 등 상식 밖의 방해공작을 하여 우리는 첫번부터 난관에 부딪쳤다. 이러한 이유들로 그때 中央產業에 와 있던 미국인 피스틱(Fistick), 또 후에 우리 일을 돌보려던 池順鐸도 우리를 떠나고 말았다. 2년 후에는 自作自給하겠다던 파스 박사에 대한 약속은 지킬 수 없었고, 구어내는 도자기의 7, 8할은 못 쓸 물건이었다.

원래 鄭圭는 畫家였는데 일상생활도 계획성이 없이 하던 사람으로 미국에 있는 동안 도자기 제작의 가장 기본이 되는, 흙을 빚어 열을 가하여 그릇을 만드는 법도 배우지 못하고 온 것 같았다. 사실 무늬를 넣고 또 맵시있는 器形을 만드는 것은 그 다음 일인 것이다.

또한 劉康烈은 도자기보다 染色工藝에 관심이 많아 후에 弘益大學에서 그 방면에 많은 인재를 양성하였으나, 우리에게는 큰 도움을 주지 못하였다.

우리가 造形美術硏究所를 시작하였을 때 한국에서는 그 계획이 참신한 일이었고, 또 세계적으로도 도자기미술이 붐을 이루고 있던 추세라 경제적으로도 한몫 볼 수 있겠다고 생각한 사람이 있었다. 그 사람은 그때 鎭海에 李忠武公銅像을 세우고 또 南山에 李承晩博士銅像을 세워 막대한 수입을 올렸던 尹孝重씨였다.

그는 도자기로 일확천금을 얻을 수 있다고 생각하였던지 대규모의 도

자기 가마와 작업장을 만들고 우리가 데리고 있던 사람까지 빼내갔다. 그때문에 그렇지 않아도 곤경에 빠진 우리는 더욱 더 난관에 처하고 말았다. 그러나 우리보다 수십배의 자금을 갖고 대규모로 일을 벌인 尹孝重 역시 도자기를 구울 때마다 그만큼 큰 적자를 보았고, 급기야는 수천만원의 손해를 본 채 우리보다도 먼저 망하고 말았다. 사실 우리는 1만 5천불 정도를 썼을 뿐 망했다고 할 것까지는 없었다.

어쨌든 도자기미술에 새 기원을 만들려고 했던 나의 원대한 이상은 수포로 돌아갔다. 그러나 그후 우리 일에 자극을 받은 사람들이 계속해서 이 방면에 정진한 결과, 지금은 서울공대·이화여대·경희대·국민대·홍익대 등에 도예과가 생겨 많은 후진들을 양성하고 있다. 아직 일본의 수준에 따라가려면 요원한 일이나 내가 뿌린 씨는 이렇게 자라고 있다고 스스로 위안하고 있다.

시실리아 섬·아테네·이집트

1956년, 한국 유네스코위원회를 통해서 이탈리아 팔레르모市(시실리아島)에서 고고학 발굴에 대한 유네스코회의를 한다는 통지를 받았다. 회의의 목적은 전쟁시 중요한 유적지를 보호하기 위하여 국제적인 협약이 필요할 뿐만 아니라 국내적으로도 유적을 보호하는 원칙이 있어야 되므로 고고학자들이 모여서 토의를 하고, 될 수 있으면 국제적인 규약을 만들고자 하는 데에 있었다.

나는 아시아재단에서 왕복여비와 체재비를 받아 참석하기로 하였다. 내가 떠나기 전날 밤 노총각 李相佰博士가 약식 결혼식을 올렸는데 반도호텔에서 李起鵬 부처를 모시고 피로연을 베풀던 기억이 아직도 새롭다. 다음날 비행장에서 신문에 난 李相佰 부부의 사진을 보고 혼자 미소를 지었다. 그의 결혼은 당시 학계와 체육계 인사들에게는 큰 화젯거리가 되었다.

마침 5월인데다가 더욱이 화창한 이탈리아의 일기는 여행에 꼭 알맞는 것이었다. 서울을 떠날 때 영국대사관의 참사관으로 있던 맬콤

(Dugald Malcolm)씨는 브리티쉬 카운실(British Council)이라는 英國 對外文化宣傳機構에서 일주일간 나를 영국에 초대하도록 알선하여 로마에 가면 그곳으로 찾아가라고 말하였다.

나는 팔레르모(Palermo)에 도착하여 그랜드호텔에 여장을 풀고 일주일간 회의에 참석하였다. 회의 용어는 주로 프랑스어였고 영어도 썼으나 통역은 없었다. 이 회의의 중요한 의제 중 하나는 각국이 외국의 고고학 발굴단이 올 때 어떻게 대우하느냐가 문제였는데 그런 것은 아예 우리나라에는 해당도 되지 않았다.

또 한가지 중요한 案件은 전쟁 때 石窟庵 같은 중요한 유적을 보호할 수 있는 방법과 남대문 같은 국보는 방어상 군사목적으로 이용해서는 안 되며, 반대로 공격해도 안 된다는 둥둥의 결의안을 채택하였고 후에 그것을 각국 정부에 돌려서 승인을 받았다.

나는 고국에 돌아온 후 외무부에 그 뜻을 전하였다. 그러나 외무부장관이었던 曺正煥씨는 그런 것은 우리가 認准한다 하여도 상대가 北韓 같은 적인 경우에는 인정받지 못할 것이라고 하며 아예 귀담아 듣지도 않았다.

우리는 팔레르모에서 그리스시대의 유명한 유적인 세게스타(Seggesta)·몽레알(Monreale) 등을 보면서 대단히 유익한 시간을 보낼 수 있었다. 그중에서도 인상적이었던 것은 영주의 궁전에 있는 두 개의 침실이었다. 그것은 영주가 2층 침실에서 줄을 당기면 아래층의 부인방에 종이 울리고 곧 부인이 남편을 찾아 올라간다고 하는 로맨틱한 침실이었다. 또한 그 궁은 중국식 건물을 모방하였다고 하는데, 중국식으로 지붕의 네 귀에 風鈴을 달고 있었다.

또 그리스의 영향을 받은 세게스타는 거의 아테네의 파르테논과 맞먹을 정도의 훌륭한 건물이었고, 몽레알의 모자이크 벽화는 비잔틴미술의 대표적인 작품이었다.

이때 만난 사람으로 후에도 교우관계를 계속한 사람은 東京大學의 關野克박사로 내가 귀국 도중 東京에 들렀을 때 그의 집에서 하룻밤을 지내기도 하였다.

이탈리아 본토에 돌아온 후에는 브리티쉬 카운실 사무실에 찾아가서 베니스에서 런던까지의 비행기표를 받아가지고 베니스로 갔다. 나는 한국을 떠나기 전에 캐더린 햅번이 주연하는 〈섬머타임 Summer Time〉이라는 영화를 본 적이 있다. 줄거리는 미국의 한 여교사가 베니스 구경을 갔다가 경험하게 되는 이야기였는데, 집에 있는 우리 아이들은 꼭 베니스를 돌아보고 오라고 당부하였다. 이것이 계기가 되어서 나도 베니스에 가기로 결정하였던 것이다.

실로 베니스는 세계에서도 유례를 볼 수 없는 아름다운 곳으로 이탈리아에 가는 사람은 꼭 베니스에 가보라고 권하고 싶다. 나는 베니스에 모두 네 번을 갔다. 1956년 이후 1965년에 맏딸과 함께 갔고, 1971년에는 아내와 함께, 그리고 1977년에는 서양미술사를 전공하는 막내딸과 함께 갔다. 언제 가도 아름다운 로맨틱한 도시로 기억에 남아 있다.

베니스에서는 알 이탈리아 항공편으로 런던에 가기로 하였다. 그런데 승무원들이 파업을 하여 우리는 모두 항공사 사무실에 가서 새벽 2시에 플로렌스시에서 떠나는 브리티쉬 항공편을 이용해야 했다. 새벽이어서 호텔에 들 수도 없었기 때문에 우리는 항공회사 사무실에서 몇 시간을 기다릴 수밖에 없었다.

런던에는 아침 일찍 도착하였다. 이른 시간이었음에도 불구하고 브리티쉬 카운실에서 나와 영접해 주어서 고마웠다. 이곳에서 나는 大英博物館·빅토리아 앤드 알버트박물관·議事堂·하이드파크·버킹검宮殿·윈저宮·옥스포드大學 등등을 구경하였다.

나는 이미 이탈리아의 로마·플로렌스·베니스를 거쳐 왔으며 이들 도시는 그 자체가 박물관이었다. 그런데 10일 동안이나 박물관만 구경하고 온 나는 박물관과 古物이 지겨워졌다. 그래서 나는 영국 사람들에게 박물관 외의 것도 보고 싶다고 하였다.

내가 그러한 말을 한 데에는 또 다른 이유가 있었다. 나는 11년간 유럽에서 사는 동안 헨쩨 교수의 영향을 받아서 그런지 영국에 대한 일종의 선입감이 있었다. 즉 헨쩨 교수에게는 무엇이든지 독일이 제일이었고 그래서 그는 영국과 프랑스에 대해서는 항상 좋지 않게 이야기하였다. 그러나 그것은 대단히 옳지 않은 견해였다. 그후 나는 프랑스 사람이나 영국 사람들과 친해질 기회가 많았는데 그럴 때마다 그들을 다시 알아야 되겠다는 생각이 들었다.

그래서 이번 런던에 왔을 때 영국 사람을 잘 이해할 수 있는 기회가 있기를 바랐던 것이다. 이런 나의 행동 때문이었던지 귀국 후에 맬콤參事官을 만났더니, 본국으로부터 한국의 박물관장은 박물관을 보는 것을 좋아하지 않더라는 보고가 왔다는 말을 하였다.

런던을 떠나면서 이번에는 꼭 두 나라에 가봐야겠다고 생각하였다. 하나는 그리스이고, 또 하나는 이집트였다. 물론 여비에 제한이 있어 오래 머무를 수는 없었지만 일단 가보기로 작정하였다. 항공요금 규정에 따라 목적지가 東京이면 가는 도중의 그리스는 물론이고 이집트에서도 요금을 더 지불할 필요가 없었다.

아테네에 도착해서는 투어리스트 호텔이라는 2류호텔에 들었다. 그곳은 아파트의 2층 같은 곳으로 말도 통하지 않았고 대접도 엉망이었다. 그래도 하루 동안 관광버스로 파르테논신전·국립박물관 같은 아테네 시내의 중요한 명소를 보았다. 아테네는 생각보다 작은 도시여서 하루 동안의 관광으로도 충분하였다. 또 이곳은 東西 교통의 길목이어서 후에도 다시 올 일이 있으리라고 생각되었다. 실제로 나는 1977년에도 일주일간 아테네에 머무를 기회가 있었다.

나는 이제 아테네에서 TWA편으로 카이로에 갔다. 프라자호텔에서 여장을 풀고 길거리로 나와보니 거리는 굉장히 많은 사람들로 붐볐다. 나는 팔레르모회의에서 내 옆에 앉았던, 이집트 대표였던 고메인씨에게 이집트에 갈 것을 예정하고 미리 부탁했던 바도 있어 카이로에 도착하자 곧 삭카라(Sakkara)라는 주소로 편지를 써서 도움을 청했으나 아무런 회신이 없었다.

그는 당시로는 이집트 제일급의 고고학자였고 삭카라라는 유적지에서 발굴을 지도하고 있던 유명한 사람이었다. 나는 그에게 다시 속달도 보내고 전보도 쳤으나 일체 소식이 없었다. 결국 나는 그를 다시 만나지 못하였다. 훨씬 후에 전해 들은 이야기로는 정치적인 이유 때문에 회답하기를 꺼렸을는지도 모른다고 했다. 내가 南韓에서 왔다는 것 외에 또 다른 이유가 있었을 수도 있을 것이다.

그로부터 1, 2년 후 타임지에 고메인씨가 나일강에서 투신자살하였다는 짧은 기사가 났다. 그의 자살 이유로는 王位에서 쫓겨난 파룩에게 발굴된 보물을 바쳤기 때문에 몹시 궁지에 몰려 고소당했었다는 소문도 들려 왔다.

이집트에서는 발굴하기도 어렵고, 또 박물관에서 일하기도 어려웠다. 이집트국립박물관처럼 유품이 풍부한 박물관도 세상에서 드물 것이다. 그 진열품들은 이루 말로 설명할 수 없을 정도로 대단했다. 그중에서도 가장 인상적인 것은 어려서 王位에 올라 일찍 세상을 떠난 투탄카멘墓에서 나온 물건들이었다.

이집트는 비오는 날이 일 년에 며칠밖에 되지 않아 카이로에서 30분쯤 달리면 곧 사막이 나온다. 이때문에 사막에 묻혀 있던 木製品과 그 외의 물건들이 4천년이 지나도록 썩지 않고 그대로 보존되어 있었던 것이다.

그곳의 진열장들은 하나하나마다 열쇠를 몇 벌씩 가지고 있었다. 값진 물건들이 많아 조그마한 것이라 해도 수만불, 아니면 수십만불씩 하는 것들이었다. 관람자들을 잘 감시하여야 함은 물론이거니와 직원에 대한 감시도 철저했다. 한 진열장마다 각각 다른 열쇠로 네 번을 잠그게 되어 있으니 그 열쇠를 가진 사람은 모두 네 사람으로 예를 들면 館長, 副館長, 部長, 課長——, 이런 순서로 열어야 한다. 따라서 이 중에 한 사람만 외출을 해도 진열장을 열 수 없다는 이야기가 된다.

그곳에는 유명한 이슬람미술관이 있다. 이슬람은 偶像을 숭배하는 것을 꺼리기 때문에 人物을 표현의 대상으로 삼지 않는 그들의 미술은 자연 그 대상이 건축물과 건물의 장식에 국한될 수 밖에 없었고 바로 그 한계 때문에 이슬람미술은 크게 발달할 수가 없었다.

이집트는 60개 이상이나 되는 피라밋을 가진 나라이다. 나로서는 우선 그 곳으로 가는 것이 제일 급한 일이었다. 관광버스로 약 30분 정도 가니 바로 저 유명한 기자(Giza)의 피라밋이 있는 곳이 나타났다. 이 기자의 피라밋에서 서쪽은 사막이고, 사막에서 나일강까지는 10 분도 걸리지 않는다. 그러니까 나일강물이 스며드는 곳까지가 사람이 사는 곳이고, 나일강을 넘으면 카이로시가 있으며, 그곳에서 紅海 사이에 또 사막이 있는 것이다. 정말로 이집트는 나일강의 산물이라고 할 수 있다.

2.5톤의 무게를 가진 돌을 230만개나 쌓아서 만든 큰 피라밋은 그리스의 역사가인 헤로도토스의 계산에 의하면, 약 10만명이 20년 동안 동원되어 만든 것이라 한다. 나는 이때까지 멕시코·인도·캄보디아·인도네시아 등 각국의 거대한 유물들을 많이 보았으나 어느 것도 이집트의 피라밋처럼 오래되고 거대한 것은 본 적이 없었다.

제대로 여행을 하려면 카이로에서 나일강의 상류로 더 올라가서 아스완댐이 있는 곳까지 가야 했지만 여비도 많지 않았고 또 이집트에서의 여행이 스케쥴대로 될 수 있을지도 의문이었다. 그래서 나는 카이로의 호텔에서 자면서 비행기를 예약한 날짜를 기다리는 수밖에 없었다.

카이로의 기후는 대단히 무더웠다. 그래서 낮 12시경부터 오후 3시까지는 잠자는 시간이었으며, 강한 햇빛을 가리기 위해 커텐을 치고 방안에 있다가 4시쯤 되면 다시 일어나서 활동하였다.

이 나라는 여러 가지로 문제가 많았다. 시내에는 영국 사람들이 물려준 거대한 건물들이 많았다. 그런데 시골에서 카이로로 몰려든 가난한 사람들이 곳곳에 몰려 있으면서 여행자들까지 괴롭혔다. 일찍이 고대에는 세계 최고의 문화를 지녔던 이 나라가 사람도 바뀌고 종교도 바뀐 채 앞으로 어떻게 변모할는지는 아무도 알 수 없을 것이다.

東亞文化硏究委員會

1953년경부터 나는 하바드대학의 Harvard-Yenching Institute(哈佛燕

京學社)와 밀접한 관계를 맺게 되었다. 이 연구소는 본래 宣教재단에서 나오는 자금으로 북경에 있는 燕京大學을 운영하다가 중국이 공산화되자 그 자금을 다른 곳으로 돌리게 되었다.

당시 그 연구소의 소장이던 세르게 엘리세에프(Serge Elisséeff)는 나에게 약간의 연구비를 주었는데 나는 그것으로 경주에서 발굴작업을 하는 데 보태어 썼고, 또 西海島嶼 조사비용에도 충당하였다. 이렇게 해서 작성된 조사보고서는《慶州 路西里 雙床塚, 馬塚 138號墳》(1955년 刊)과《韓國西海島嶼》(1957년 刊)라는 책으로 발표되었다.

엘리세에프교수는 본래 러시아 사람이었다. 그는 부유한 가정에 태어나 본국에서 대학을 나온 후 베를린대학과 파리대학에 유학하였고, 후에 東京帝國大學을 정식으로 졸업한 첫 외국인으로서 일본에서도 잘 알려져 있었다. 그는 러시아가 공산화된 후에 두 아들 니키타(Nikita)와 바딤(Vadime)을 데리고 발틱海 쪽으로 국경을 넘어 파리에 도착하였다고 한다. 그리고 그곳에서 잠시 일본대사관에서 근무하기도 하면서 망명객의 서러움을 겪었으나, 1930년경에 하바드-옌칭에 초빙되어 소장으로 있다가 68세 가량 되어 퇴직하였다. 그는 日本學의 세계적인 권위자로 많은 著作을 남겼고, 우리나라에도 해방 후에 여러 차례 다녀갔으며, 延世大學校에서 명예박사학위도 받았다.

상세한 것은 하바드-옌칭에서 퇴직할 때 *Harvard Journal of Asiatic Studies*에 라이샤워교수가 쓴 글에 잘 나타나 있다. 퇴직한 후 파리에서 부인과 같이 여생을 보내고 있었는데, 부인이 먼저 세상을 떠나고 몇 해 후에 그도 他界하였다. 내가 1971년 파리에서 만났을 때는 혼자서 지내고 있었다. 첫째 아들 니키타는 프랑스에서도 유명한 이슬람 전문학자이고, 바딤은 세루누스키박물관장으로 故 아캉씨의 後任으로 아직도 많은 활동을 하고 있다.

하바드-옌칭 연구소는 소장 엘리세에프박사가 퇴직한 후 라이샤워씨가 뒤를 맡게 되자 이때까지의 방침을 바꾸어 한국·일본·중국(臺灣) 세 나라에 카운실(위원회)을 두고 그것을 통해서 학술연구비를 지급하겠다고 하였다.

그러던 어느 날 하바드대학의 와그너교수가 와서 한국쪽 카운실을 조직하는 방법에 대하여 토의하였다. 그 결과 카운실 멤버로 7명을 선정했다. 그들은 李丙燾·白樂濬·兪鎭午·李相佰·梁柱東·李崇寧·金載元이었다. 그리고 이들 중에서 한 사람이 하바드와 연락을 취하는 역할을 맡아야 했는데, 결국 나 외에는 맡을 사람이 없었다.

한국측 위원회의 이름은 東亞文化硏究委員會라고 결정하고 위원장을 선출하기로 하였다. 그런데 이들 중 어느 누구도 이 위원회를 左之右之하는 것을 원치 않았으므로 돌아가면서 교대로 위원장을 맡기로 하였다. 첫번째 위원장이 白樂濬씨였고, 다음은 李丙燾·李相佰·兪鎭午의 순서로 돌아가면서 하기로 하였다. 그러나 그 외의 梁柱東·李崇寧은 위원장이 되지 않았고, 白樂濬·兪鎭午 두 분이 學界를 떠난 후에는 내가 위원장을 계속 맡았다.

카운실 회원중 젊은 간사들로는 高柄翊·李萬甲·洪以燮·趙璣濬씨가 있었다. 이들 중 洪은 얼마 후부터 회의에 나오지 않아 떠나 갔고, 趙도 자진 탈퇴하였다.

또 카운실 위원도 白氏가 나간 후에 金相浹씨가 대신 들어왔으나, 兪씨가 나간 후에는 대신 사람을 위촉하지 않았다. 그러는 동안 신진 유망 인사로서 간사에 위촉되었던 高柄翊·李萬甲 등이 이제는 新進이 아니라 中堅이 되어, 카운실 위원과 간사의 구별이 없어지고 말았다. 그리고 후에는 李基白·金東旭씨가 추가되었다.

東亞文化硏究委員會는 1972년부터 하바드-옌칭學社의 기구가 바뀌어 하바드-옌칭 서울사무소로 되었고, 내가 그 사무소의 대표가 되었다. 그리고 委員會는 계속 유지되었으나 그것은 서울사무소 대표의 요청에 따라 1년에 한두 차례씩 모이는 정도에 그쳤다.

東亞文化硏究委員會는 내가 박물관을 떠날 때까지는 덕수궁 석조전 맨 아래층에 있었고, 내가 정년퇴직한 후에는 청진동 208번지에 事務所를 차렸다. 결국 나는 18년 동안이나 그 일을 맡아서 했는데 15년 동안 나와 같이 일한 사람은 郭東璨씨로 그의 깔끔한 사무처리 솜씨는 하바드-옌칭 본부에서도 좋은 평을 들었다.

하바드-옌칭學社에서 지급된 돈은 그때그때마다 액수가 달랐으나, 많을 때는 1년에 4만불까지 지급되었다. 그래서 서울에 있는 학자들에게 연구비를 지불했을 뿐만 아니라, 대만이나 일본에 1년, 또는 2년간 유학도 보낼 수 있었다.

18년 동안이나 이 사업을 계속한 결과 한국에 있는 東洋관계 연구자들——하바드의 성격상 그 외의 학문분야는 관심 밖이었다——특히 우리나라의 國史·國文學·文化·社會 방면의 학자들로서 이 위원회의 혜택을 받지 않은 사람은 그리 많지 않을 것으로 생각된다.

나는 처음에는 약간의 보수를 받다가 대표가 된 후에는 연간 4천불, 그후에는 4천5백불의 수당을 받았는데 정년이 된 후에는 그런대로 살림에 도움이 되었다. 이 사업에 소모되는 시간은 상당히 많아, 1년에 한번씩 모든 지원서류를 영어로 작성하여 제출하는 데에도 보통 2개월씩 걸렸다.

하바드 본부에서는 한국 학자들을 모르기 때문에 전적으로 우리가 제출하는 서류에 의존할 수밖에 없었다. 그러나 그렇다 하더라도 본부에서 생각하는 것과 한국에서 생각하는 것이 반드시 일치하지만은 않았다. 예를 들어, 역사학에 관계된 우리 위원들 중에서 전국의 대학에서 역사를 강의하고 있는 현역학자는 많아야 60, 70명을 넘지 못했다. 그리고 미국측에서는 그들의 역량을 자세히 알고 있었다.

그러나 우리는 이미 대성한 사람보다는 젊고 유능한 사람들을 키워나갈 필요가 있었다. 아직은 큰 업적이 없다 하더라도 전도유망한 젊은 사람들에게 연구계획을 할당하는 것이 필요하다고 생각하였다. 그런데 이것은 미국측에서 생각하는 것과는 거리가 있는 것이었다.

여하튼 우리가 제출하는 연구제목이나 방법이 처음과는 많이 달라졌는데 후에는 내용면으로는 우리나라보다도 훨씬 많은 학자를 가진 일본과 같은 높은 수준이 되었다는 것이 미국측의 평가였다.

닉슨 행정부가 들어서면서 대만과 미국의 관계가 달라진 전후에 하바드와 중국카운실(中國 東亞學術研究計劃委員會가 정식 명칭이다)과의 관계에 변화가 생겨 1974년경에 중국카운실은 없어졌다. 그리고 2, 3년 후에는 일본카운실(東方學研究委員會)도 문을 닫았다. 중국과는 달리 일본의 경우는 더 이상 東洋研究에 하바드의 지원이 필요없다는 것이었다.

결국 마지막까지 남은 것은 우리나라뿐이었는데, 우리의 연구 수준은 많이 좋아졌으나 일본과는 반대로 아직도 미국의 지원이 필요한 실정이었다. 본부에서도 그렇게 생각했고 중간에서 우리쪽과 하바드大 사이에 연락을 취해주던, 하바드대학 출신의, 신문 특파원으로 東京에 와 있던 아이반 홀(Dr. Ivan Hall)의 의견도 마찬가지였다. 따라서 한국사무소는 일본보다 1년 더 지속되었다.

그러다가 펠젤(John C. Pelzel)교수 대신 하바드-옌칭의 所長이 된 크레이그(Albert Craig)교수가 우리나라까지도 문을 닫게 하였다. 그는 일본역사를 전공한 사람으로 일본인 아내를 가진 사람이었다. 나는 서울사무소를 1년이라도 더 연장시키기 위하여, 그가 서울에 체재하는 3 일 동안 여러 가지로 그의 마음을 돌리려고 애를 썼고 全海宗·高柄翊·李基白·韓沽劤씨 등 우리나라의 가장 대표적인 학자들과 같이 크레이그 부처를 우리집에 초대하여 저녁식사를 함께 하였다. 우리집 게스트 북을 보니 그들이 사인한 날짜는 1975년 10월 13일이다. 후에 들은 이야기로는 크레이그는 나의 접대가 대단히 친절하고 정중해서 서울사무소의 폐쇄조치를 하루 이틀 미루다가 결국은 단행했다고 하였다.

대만에서의 나의 카운터파트는 유명한 李濟였다. 또 일본의 경우는 日本委員會라고는 하나 실지로는 둘로 나뉘어 있어 東京과 京都에서 제각기 주관하는 사람이 달랐다. 전체의 書記長 같은 역할을 한 사람은 榎一雄교수로 그는 동경대학 교수였으나, 本據는 東洋文庫이고 동경사무실도 그곳에 두고 있었다. 榎一雄은 자신이 東京을 중심으로 하는 연구비 신청을 받았으나, 京都에서는 吉川孝次郎을 중심으로 연구비 신청을 받아 결국 동경 것과 합치게 마련이었다.

세 나라의 연구비 신청도 제각기 특색이 있었다. 한국에서는 주로 한국이 연구대상이었고, 중국에서도 중국연구가 그 대상이었으나, 일본의 경우 일본연구는 거의 없었고 한국과 중국연구가 그 대상이었다. 그 까닭은 일본에서는 일본연구를 하는 데에 지나칠 정도로 돈을 많이 쓰기 때문에 그쪽으로 돈을 돌릴 필요가 없었기 때문이다.

혜택을 받은 대상으로는 한국의 경우 전국의 각 대학과 연구소가 모두 포함되었으나, 중국에서는 李濟위원장이 모든 연구비를 臺灣大學의 교수들에게만 주었다. 이것은 후에 많은 중국 학자들의 비판대상이 되었다.

한국의 경우는 가장 공평하여 어느 지방이든 또 어느 대학이든 모두 연구비를 할당받았다. 이 점은 미국 본부에서도 인정하였고, 후에 위원에 위촉되었던 李基白씨도 이 점을 자랑스럽게 생각하였다. 물론 전혀 불평이 없었던 것은 아니었다. "서울에 있는 대학이 우선권을 가졌다." "서울대학 교수들에게 치중되었다." 또는 "누구의 주위에 있는 사람이 자주 연구비를 탄다." 등등의 여러 가지의 불평이 있었다. 그러나 그것은 당치 않은 이야기이며 서울에 있는 학자가 더 많은 연구비를 탔다면 그것은 그곳에 더 많은 학자가 있었다는 것을 의미할 뿐이다.

하바드-옌칭과 관계하면서 가장 인상적이었던 일은 1960년 10월 26일부터 3일간 臺灣에서 韓·中·日 세 카운실의 合同會議를 한 것이다. 물론 비용은 전부 하바드에서 지불했고 각 카운실에서 4, 5명씩 참가하였는데 세 나라의 학문의 경향을 살펴보고 서로 협력하자는 것이었다.

서울에서는 나 외에 高柄翊(史學)·李崇寧(國文學)·李萬甲(社會學)이 참가하였고, 李丙燾씨는 사정으로 인하여 갈 수 없었다. 그리고 일본에서는 吉川幸次郎(中國文學)·岩生成一(日本文學)·三品彰英(韓國史)·榎一雄(東洋史)이 왔다.

중국에서는 훨씬 더 많은 사람들이 참석하였다. 중국카운실의 대표인 李濟 외에도 董作賓·錢思亮·孔德成 등등이 참석하였다. 카운실과 직접 관계는 없으나 유명한 胡適도 참가하여 韓·中·日 세 나라가 협력하는 것이 학문연구에 얼마나 필요한 것인가에 대하여 유창한 영어로 강연하였다.

그때의 생각으로는 일종의 國際學術會議(中國 사람들은 韓·中·日會際會議라 불렀다)를 다시 계속할 뜻을 비쳤으나 하바드-옌칭에서 많은 돈을 더 유효한 데 사용하는 것이 좋겠다고 생각하여 다시는 계속하지 않았다. 그때 한국정부 측에서는 中·日 두 나라의 대표를 초청하여 臺北 그랜드호텔에서 성대한 만찬회를 열어 우리는 외교적으로도 성공하였다고 생각하였다.

해외전시품 선정위원들(1956년 부산), 오른쪽으로부터 裵濂, 全鎣弼, 孫在馨, 洪鍾仁, 페인, 필자, 高羲東, 崔熙淳 등이 보인다.

해외전시품 선정위원, 왼쪽으로부터 필자, 페인, 프리스트, 洪鍾仁(1956 부산)

필자의 藝場洞 집에 오신 중국손님들, 왼쪽으로부터 董作賓, 朱家驊, 필자의 처, 필자, 李元植교수(1955)

중국손님들과 慶州旅行(1955), 왼쪽으로부터 趙明基, 溥儒, 필자, 信那, 朱家驊, Philip Rowe(아시아財團대표), 董作賓, 李丙燾, 앞줄왼쪽으로부터 李相佰, 鄭鎭肅

臺北 東亞學術研究委員會 韓·中·日 합동회의에서(1960. 11.)
앞줄 왼쪽으로부터 孔德成, 羅香林, 岩生成一, 李濟, 라이샤워, 筆者, 吉川幸次郎 뒷줄 왼쪽으로부터 李元植, 陳奇祿, 全漢昇 하나건너 三品彰英, 李萬甲,凌純聲, 董作賓, 榎一雄, 郭定一, 高柄翊, 李崇寧

유네스코 고고학회의에
참석한 필자,
이탈리아 팔레르모市(1956)

베니스에서
큰딸 理那와 함께(1965)

西海島嶼학술조사단 일행, 德積群島 動發船을 타고(1954)
왼쪽으로부터 李炳三(사진가), 鄭鎭肅, 高柄翊, 하나 건너 尹武炳, 筆者, 李海英, 李相佰, 왼쪽에 앉은 사람 林泉

西海島嶼黑山群島조사단 일행, 務安郡 鎭里面 사무소 앞에서(1954)
앞줄 왼쪽으로부터 崔鶴根, 李相佰, 李崇寧, 하나건너 筆者, 金周淵, 林泉, 뒷줄 왼쪽으로부터 李海英, 全光鏞, 尹武炳, 鄭洪鎭

제 7 장

海外展示와 文化外交

美國展示

미리 결정된 스케쥴에 따라서 미국에서의 전시는 1957년 12월 14일 워싱턴시의 국립미술관에서 열리기로 되었다. 그러나 우리는 진열품의 포장방법 때문에 큰 걱정을 하였다. 다행히도 이 문제를 해결하여 준 사람이 호놀룰루미술관장인 그리핑씨였다. 즉 그곳 미술관에 있는, 포장에 능숙한 프레인(Fraine)이라는 사람을 파견해 준 것이다. 그의 포장방법은 지금 같으면 구식에 속할는지 몰라도 안전하다는 점에서는 거의 완전무결해 보였다.

후에 호놀룰루에서 프레인을 다시 만났을 때 그는 우리 夫婦를 자기 집에 초대해 주었다. 그의 동생은 하와이 원주민 후예와 결혼했는데 그 부인이 얼마나 뚱뚱한지 말할 수도 없었다. 그런데 놀란 것은 그가 밤에는 어느 중국음식점의 문지기 노릇을 한다는 점이었다.

우리 미술품은 부산에서 미국 해군함정에 실려서 샌프란시스코 근처의 오클랜드에까지 갔고, 그곳에서 다시 기차에 옮겨 실려 워싱턴으로 갔다. 그때 일부에서는 항공편으로 보내자는 말도 있었으나, 나는 그것이 오히려 위험성이 더 크다고 생각하여 배편을 선택하였다. 이 미술품을 호송하는 책임자로 崔熙淳씨가 따라갔으나 모든 것이 기계적으로 되어 호송이라는 것은 형식적으로만 필요한 것이었다.

나는 근 1년 동안 미국에 있게 될 것을 예상하여 아내를 동반하기로 하였다. 그런데 그때는 李대통령의 방침에 따라 외교관들도 대사 외에는 모두 독신으로 가 있던 때였다. 그러나 의사인 나의 妻는 그리핑씨의 도움으로 호놀룰루 사탕수수재배조합의 母子保健事業視察이란 명목으로 하와이에 초대되어 미리 그곳에 가 있었다. 결혼생활 16년째인 아내는 오랜만에 가정을 떠나서 3개월 동안의 호놀룰루에서의 생활을 마음껏 즐겼다. 醫科大學 졸업 이후에 처음으로 홀가분한 자유의 기분을 만끽하였던 모양이었다.

워싱턴국립미술관에서는 우리의 미술품이 도착된 후에 비로소 이들 물건에 맞는 진열장을 만들었고, 다음에 진열품을 진열했는데, 그 기간이 적어도 1개월 반은 걸렸다. 우리는 그들의 용의주도한 준비에 감탄하지 않을 수 없었다.

1957년 12월 15일자 워싱턴포스트紙 첫면에는 高麗磁器를 들고 있는 나의 사진이 원색으로 크게 실려 있다. 그리고 배경으로는 덕수궁 소장의 미륵반가상이 보인다. 물론 내가 유명해서가 아니고 그 두 물건이 워낙 훌륭하여 그 덕분에 세계지의 하나인 워싱턴포스트지의 첫면에 나의 얼굴이 크게 나온 것이다. 하루 종일 어디를 가든지 내 얼굴이 보여서 이상한 느낌이었다. 또 12월 16일자 타임紙에는 여섯 점의 우리 진열품이 원색으로 나오고, "크게 웃는 金載元 박사……"운운하는 기사가 나와서 친구들 사이에 화제거리가 되었다.

워싱턴에서 우리 전시의 개막은 한국측 관계자들에게는 큰 경축일 같기만 하였다. 오전 중에는 東洋陶磁研究그룹(Far Eastern Ceramic Study Group)의 심포지움이 있었다. 基調講演은 영국에서 온 곰페르츠씨가 하였다. 그는 儆新學校에 있던 미국인 선교사 쿤스의 사위이자 쉘 석유회사 직원으로 전쟁 직후에는 일본에 주재하여 많은 고려자기를 수집했는데, 한국도자기에 대한 책도 쓴 사람이었다. 다음에는 한국에 왔던 헨더슨의 강연이 있었는데, 이것이 지나치게 길어져서 결국 토론할 시간이 없었다.

國立美術館長 워커씨의 오찬이 셜그레브클럽에서 열려 초대된 사람은 모두 그곳으로 갔다. 그 클럽은 거기서도 유명한 곳으로 약 100여명의 손님이 초대되었다. 여기에 참석한 사람은 梁裕燦 대사, 國務次官 로버트슨, 前 國立美術館長 핀레이, 룩셈부르크 大使 러갈레이, 財務次官補 버드, 海軍次官補 노톤, 스미소니안 인스티튜트의 칼 마이켈, 클리블랜드 미술관의 셔만 리, 메트로폴리탄박물관의 프리스트, 보스턴박물관의 로버트 페인 등등이었다.

16일 저녁은 梁대사가 한국대사관의 위층에 있는 그의 자택에서 칵테일파티를 열어 각국의 大使와 文化界 인사들이 많이 참석하였는데 우리 夫婦도, 大使 夫婦와 리셉션 라인에 서서 워싱턴 사교계의 많은 유명한 거물들과 악수하였다. 생각하면 길이길이 잊지 못할 일들이었다.

나는 전시실에서 한국미술에 대한 講話(talk)를 일주일에 한 번 정도 하였고, 어느날 저녁은 3백명 가량 들어가는 美術館 大講堂에서 강연을 하기도 했다. 특별히 워커관장이 나를 소개하였다. 나는 이렇게 큰 강당에서 3백여명의 관중을 앞에 놓고 한시간 반 동안 영어로 강연하기는 처음이어서 그 성과에 대하여 도무지 자신이 없었다.

강연이 끝나자 나는 청중 앞으로 내려가지 못하고 옆문으로 빠져나가 내 방으로 갔다. 그리고 곧 미국 친구들이 그 곳으로 나를 찾아왔다. 그런데 그 뒤에 따라온 아내의 얼굴을 보니 喜色이 滿面이었고, 같이 온 韓豹頊公使도 강연이 성공이었다고 하여 그제야 나는 안심하였다. 그후 비슷한 강연을 뉴욕과 보스턴에서도 하였으나 그때부터는 항상 자신이 있었다.

원래 일본 같은 곳에서 해외전시를 하면 5, 6명의 직원이 따라가기 마련인데 우리는 단 두 사람밖에 오지 못했다. 崔는 전시장에서 생기는 일을 맡고, 나는 모든 섭외를 맡았다. 손님 접대, 매스컴과의 인터뷰, 여러 한국 친구들의 초대에도 응하는 등 정말 눈코 뜰 사이도 없이 바쁜 나날을 보냈다. 그런데 위에서도 말했지만 우선 우리의 체재비인 하루의 12불은 너무도 적어서 많은 고생을 하였다.

다음에 우리의 전시는 뉴욕에서 열렸다. 그런데 처음부터 우리는 프리스트씨의 별난 성격 때문에 곤경에 빠지고 말았다. 그는 그 박물관의 터줏대감이자 제일 고참인 독신자로 그의 묘한 행동은 국제적으로 이미 평판이 자자하였다.

거기에는 이유가 있는 듯했다. 즉 프리스트에게는 兄이 한 사람 있었는데 그 兄은 어렸을 때부터 매사에 규율이 있고 정돈되어 있었다는 것이다. 반면에 그는 항상 그 兄과 비교되어 부모에게 야단을 맞아야 했다. 그때문에 그는 5세 때부터 모든 일을 兄과는 정반대로 하기로 결심하였고, 이것이 그가 비뚤어져 나가기 시작한 동기였다고 한다.

매양 그런 식으로 박물관 일도 처리하여 首腦部에 있는 사람과는 잘 어울릴 수가 없었다. 출근은 오전 11시경에, 12시에는 식사, 그리고 2시에 다시 사무실에 나와 4시에 퇴근하는 것이 그의 일과였다. 물론 이렇게 하고도 박물관에 붙어 있을 수 있었던 것은 그의 뒤에 큼직한 빽이 있었던 까닭이다. 우리가 머무를 때 거기에는 로리머(Rorimer)라는 유태인 출신의 관장이 있었다. 하루는 프리스트가 청하지도 않은 이사회에 나와서는 관장에게 '미스터 로하이머(Rohimer)'라고 불렀다. 로하이머라는 말은 전형적인 유태인 이름으로 로리머는 바로 그것을 고친 이름이었다. 매사에 이런 식이었다.

우리의 전시도 역시 프리스트식으로 한 방은 아주 암실을 만들어 그 안에 덕수궁의 半跏思惟像을 놓고 스포트 라이트로 비췄다. 그 효과는 드라마틱하였다. 물론 반드시 좋기만 했다는 말은 아니나 하여간 특색이 있는 진열 방식이었다. 박물관에서는 그 사람 때문에 여러 가지로 곤란하여서 결국 그에게 解職을 통고하기에 이르렀다. 그러나 그는 이에 불복하고 소송을 제기하였는데 그것이 몇 해를 끄는 사이에 그는 일본을 가거나 또는 여행을 하기도 하였다.

일본 京都에서 그는 골동상인 山中商會 소유의 國寶 建物에 살았는데 일본 당국에서도 그에게는 질색을 하였다. 그는 체인 스모커로서 손에서 담배를 떼는 적이 없어서 입에 한 대, 오른쪽 손에 한 대, 왼쪽 손에 한

대, 이렇게 한꺼번에 세 대씩 쥐고 있었다. 일본 사람들은 國寶 建物이 불에 탈 것을 우려하였으나 프리스트는 전혀 주의를 기울이지 않았다.

우리는 가끔 그의 집에 가기도 했다. 그런데 위험천만하게도 집안에 광견병에 걸린 조그마한 개가 있었다. 개를 죽이지 않는 이유에 대해서 그는 "당신들은 집안 사람이 병에 걸리면 설마 일부러 죽이지는 않을 테지……"하고 답변하였다.

프리스트! 그는 미국 박물관계의 괴짜로 그를 쫓아낸 후에도 오래동안 그 박물관 東洋部는 제구실을 하지 못하였다. 한 사람이 망쳐놓은 것은 쉽게 고쳐지지 않는 법이다.

그는 후에 세계일주 여행을 하고 돌아온 후 얼마 있다가 죽었다는 소식을 들었다. 다년간 그의 비서로 일했던 스밋트양은 지금 큐레이터 자격으로 있는데 프리스트시대 사람은 아마 이 스밋트양 뿐일 것이다.

1958년 1월 18일 뉴욕전시의 막이 올랐다. 이날 저녁 메트로폴리탄 박물관장의 만찬이 있었고, 같은 시간에 전야제가 행해졌다. 그런데 韓美財團에서는 한국을 위하여 재단에 기부해 준 모든 독지가에게 전야제 초대장을 보냈다. 그 결과 예측할 수 없었던 대혼란이 벌어졌다. 수천명의 손님이 모여들어 감상한다는 것은 거의 불가능한 일이었다. 그래도 수십명의 한국 여학생들이 한복을 입고 가야금을 타기도 하고, 한국무용을 하기도 하여 그날은 완연한 코리아 이브닝이었다.

유엔 駐在大使인 林炳稷씨는 유엔에 와 있는 각국 외교관을 주빈으로 삼아 리셉션을 열려고 하였다. 그러나 李대통령이 파티비용 3천불을 주지 않아 하지 못하고 말았다. 워싱턴에서는 대사관에서 파티를 하였으나, 뉴욕에서는 그런 시설이 없어 3천불이 든다는 계산이었다.

한국전시가 시작되는 때를 같이 하여 월드하우스 갤러리에서는 現代韓國作家들의 전시회가 있어 그것 역시 성황을 이루었다. 한참 그쪽에서 파티가 진행될 때 트루만 前大統領도 잠깐 얼굴을 보여 화제거리가 되었다.

어느날 저녁 韓美財團總裁인 크리스텐버리장군이 록펠러빌딩의 52층에 있는 레인보우룸이라는 고급식당에 우리 부부를 초대하였다. 무사히 뉴욕까지 와서 전시회를 시작한 때였기 때문에 나는 홀가분한 마음으로 그날 저녁의 만찬을 마음껏 즐겼다. 장군과 그의 부인(오페라 가수)에게 나는 허심탄회한 마음으로 그동안 이 전시회를 열게 되기까지의 여러가지 어려웠던 과정들에 대해서 이야기하였다.

그날 저녁은 날씨도 좋고 높은 곳에서 내려다 보는 뉴욕의 夜景은 그지없이 아름다웠다. 센트랄파크쪽을 보면 시민들에게 식수를 제공하는 저수지가 보였고, 5번街를 질주하는 승용차의 불빛과 아울러 뉴욕시는 그야말로 불야성을 이루고 있었다. 또 다른 한 쪽을 보면 뉴욕 항구의 모습이 뚜렷하게 보였고, 어렴풋이나마 자유의 여신상이 희미하게 보이는 것 같았다.

나는 전쟁 동안에 우리의 미술품을 수호해야 하는 내게 주어진 임무를 완수했다는 자부심으로 마음이 뿌듯했고, 그때야말로 내 생애의 최고의 시간을 가지는 느낌이었다.

하루는 뉴욕 라디오에서 인터뷰를 요청해 왔다. 나는 인터뷰를 하는 중에 내가 뉴욕에 와서 얼마나 행복한가를 이야기하면서 뉴욕은 세계의 중심이고 이곳에서 훌륭한 음악을 듣는 것이 얼마나 좋은지를 말하였다. 입장료는 20불이 넘어도 우리는 마리아 칼라스의 오페라를 보지 않을 수 없었다고 이야기하였다.

그런데 며칠 후, 메트로폴리탄 오페라 길드라는 곳에서 나이 많은 부인의 전화가 걸려 왔다. 오페라 길드라는 것은 뉴욕시의 돈많은 부인들의 후원회 같은 모임인데, 청소년 음악교육을 위하여 오후 특별공연으로 칼멘을 공연하는데 초대한다는 것이었다. 우리는 곧 초대에 응하기로 하고 공연시간에 맞추어 갔다.

손님은 전부 중고등학생들인데 이날따라 무대를 바꿀 때 막을 내리지 않고 무대장치하는 광경을 보여 주었다. 학생들에게 일부러 보여주는 것이었다. 우리의 좌석은 극장장 좌석으로, 일반석과는 구별되고 1등석은 아니었으나 무대를 다 볼 수 있는 자리였다.

幕間에 식사도 하게 되어 있는데, 비록 간단한 음식이었으나 우리는 크게 우대를 받는 듯한 기분으로 길드의 간부쯤으로 보이는 뚱뚱한 부인과 시종 이야기를 나누었다.

그런데 이날 사실은 보스턴미술관의 페인씨의 초대를 받아 우리 부부는 보스턴으로 가기로 약속이 되어 있었다. 그리고 페인씨 댁에서 3일간 宿食하기로 했다. 우리 전시는 다음에 보스턴으로 가기로 예정되어 있었으나 아내가 뉴욕에서 유럽을 경유하여 일찍 귀국하기로 했기 때문에 페인씨는 우리를 그때 초청하였던 것이다.

나는 하루쯤 늦게 간다고 해서 큰 실례가 될 것은 없다는 생각에서 엽서만 보냈을 뿐이었다. 그런데 그날 저녁 우리를 위하여 라이샤워교수 부부까지 초대하여 만찬을 베풀었는데 모두들 식탁에 모인 후에야 나의 엽서가 도착했다는 것이었다. 대단히 미안하고 죄송한 일이었지만 지금 생각해도 그날 〈칼멘〉 특별공연은 인상적이었고 잘 보고 왔다고 생각된다.

페인 일가는 보스턴 일대의 명문가이다. Robert Treat Paine은 미국 독립전쟁 때의 용사라고 한다. 그래서 나의 친구는 그 이름을 딴 페인 제3세이고, 다음이 제4세가 될 것이라고 하였다. 미국의 뉴잉글랜드 지방 사람들은 원래가 보수적인 데다가 페인家는 더욱 그랬다. 그런 사람이 우리를 3일간이나 초대한 것은 이례적인 것이었다. 집안의 가구도 구식이고 모든 생활양식이 보수적이어서 3일간 우리는 좋은 경험을 하였다.

뉴욕에서의 생활은 그런대로 즐겁게 지낼 수 있었으나 체재비가 부족하여 곤란하였다. 그래서 이 곳에서 韓豹頊공사에게 부탁하여 李대통령의 특별지시로 1,000불을 받았다. 그때까지 우리는 일종의 사명감을 가지고 모자라는 생활을 검약하게 꾸려갔던 것이나 지금 생각해도 썩 좋은 기분은 아니었다. 뉴욕에 있는 동안 나는 살모니교수의 배려로 많은 수집품을 보고 많은 사람을 만났다.

우리 전시품들은 뉴욕을 떠나 보스턴으로 갔다. 아내가 떠난 후였기 때문에 나는 그 곳 뮤지움街 10번지에 작은 아파트를 빌려 자취생활을 하였다. 보스턴 다음으로 시애틀시에서 전시가 시작되는 것만 보고 나는 귀국했다. 그리고 金元龍씨가 내 뒤를 맡았다.

뉴욕에서 시애틀로 가는 도중에 나는 그랜드 캐년에 들려 이 천하의 奇景을 볼 수 있었다. 저녁 때 인디안 춤을 구경하고 있는데 어느 미국 관광객이 나에게 다가오더니

"당신은 어느 부락에서 온 사람이오?"

라고 물었다. 그는 나를 인디안으로 착각했던 모양이다.

시애틀 전시의 전야제 때는 이런 일이 있었다. 갑자기 장내가 웅성웅성하더니 많은 사람들이 밖으로 나갔다. 다름이 아니라 소련에서 쏘아올린 인공위성 스푸투니크호가 반짝거리면서 공중을 횡단하고 있었던 것이다. 이것이 바로 세계 최초로 발사된 인공위성이었다.

미국에서의 전시회 이야기는 여기서 끝내기로 한다. 다만 한 가지 그 후의 일로 쓰고 싶은 것은 하와이의 호놀룰루 전시회 때의 일이다. 즉 그곳 일본영사관에서 일본계 주민들에게 한국전시회를 보지 말라고 권고한 일인데 심히 이해하기 어려운 처사였다. 이것은 내가 후에 그곳 관장에게서 들은 이야기였다.

유럽展示

미국전시회 후에 유럽에서도 한국미술전시회를 유치하려는 움직임이 있었다. 親韓派인 헤르츠(Hertz)駐韓西獨대사는 적극적으로 그것을 추진하고 있었다.

1959년 6월 15일, 나는 헤르츠대사의 알선으로 베를린映畫祭에 참석하기 위하여 서울을 출발하였다. 독일대사관으로 온 公翰에서는 영화에 관계 있는 사람을 원하였다. 그러나 헤르츠대사는 그 公文을 한국정부에 보낼 경우 영화와는 관계 없는 정부관리가 갈 것이라고 예상하였다. 또 선례에 비추어 보아 그것은 올바른 판단이었다. 그러니 그것보다는 독일어에 능숙한 내가 영화제에 참석한 후 각 박물관 관계자를 만나서 독일

에서 한국미술전시회를 열어 볼 길을 모색하라는 것이었다.

영화제 때 한국에서는 姜鷺鄉의 〈鍾〉이라는 작품을 출품하였다. 나는 출발하기 전에 그를 만난 일도 없었고 현지에 가서야 비로소 만났다. 그런데 베를린에 도착해서야 1시간 30분 이상 영화제 당국에서 상영되는 이 영화를 作者의 승인도 없이 약 20분 이상이나 컷트시킨 것을 발견하였다. 姜의 항의에 결국 당국자들은 컷트시킨 부분을 다시 삽입해 넣었다. 그밖에도 다른 영화는 전부 오후 2시부터 상영하는 데 반해서 한국영화의 상영시간은 오전 11시로 잡아놓고 있었다. 그런데도 姜은 상영시간을 오전으로 한 것이 자기를 특별히 대접한 때문이라고 해석하였다.

그러나 1시간 30분이나 상영되는 영화의 이야기는 낮잠이 올 정도로 재미없는 지루한 것이었다. 나는 그러한 영화의 뒤를 따라온 것이 대단히 부끄러웠다. 콩그레스 할레에서의 시상식에서도 姜은 은근히 賞을 기대했으나 헛수고였다. 본래 수상작은 수상자에게 미리 연락이 가므로 그날 수상통지를 받는 일은 없었다.

헤르츠대사는 영화제 당국자에게 요청하여 한국영화를 상영하기 전에 15분간 한국민요를 부를 수 있도록 조치하였다. 그 노래를 부른 여학생은 대사가 다트모스음악학교에 유학시킨 학생이었다. 노래를 부르기 전에 그 여학생이 생달걀을 사달라고 하여 나는 달걀을 구하느라 진땀을 빼기도 하였다. 이 여학생은 후에 독일인과 결혼한 리리파로 독일 텔레비전에 출연하기도 하였다.

시상식이 있기 전날, 미국 참가자들이 나를 저녁 파티에 초대하였다. 영광으로 생각하고 참석해 보니 10여명이 모인, 영화인답게 유쾌하고 화려한 파티였다. 그러나 그러한 파티에 외국사람이 혼자 참석하여 교제하는 것이 얼마나 어려운 일인지는 추측하고도 남음이 있을 것이다. 그 자리에서 그들은 많은 기념사진을 찍었는데 후에 나에게도 그중의 몇 장을 호텔에까지 보내왔다. 나는 누가 누구인지 아는 사람이 한 사람도 없었다. 그러나 후에 우리집 아이들은 그중의 한 사람을 가리켜 유명한 배우인 존 웨인이라고 했다.

헤르츠대사의 속셈을 모르는 우리나라 영화인들이 내가 영화제에 간 것을 못마땅하게 생각했다는 이야기를, 나의 중학교 후배인 영화감독 李炳逸에게서 들었다. 그러나 내가 그러한 용무를 띠고 가지 않았다면 영화와는 관계 없는 문교부 예술과 직원이 갔을 것이다.

베를린映畫祭의 심사위원 중에는 비영화인이 반 이상이라고 하였다. 베를린박물관장 라이데마이스터박사도 한 번은 심사위원이 되어 하루에 5, 6시간 동안 영화를 보는 고역을 치루었다고 했다. 영화의 우열을 가리는 데에는 오히려 영화전문의 감독이나 배우가 아닌 사람이 더 적합하다는 말이었다. 이러한 이야기가 우리나라에서도 통하는지는 알 수 없다. 내가 베를린영화제 당국에서 받은 항공권은 1등석이었다. 그러나 이것을 동경에서 2등석으로 바꿔 그 차액을 쿠폰으로 가졌다. 그리고 그 쿠폰은 베를린에서 함부르크·쾰른·파리를 거쳐서 런던·스톡홀름·헬싱키로, 그리고 다시 프랑크푸르트에 왔다가 귀국할 수 있을 정도로 넉넉한 것이었다.

베를린에서는 라이데마이스터 박물관장을 만났으나 그와는 전시회에 대하여 이야기하지 않았다. 왜냐하면 베를린의 특수사정 때문에 그곳까지 우리 미술품을 가져올 수가 없었던 까닭이다. 그는 나와 전쟁 전부터 알던 사이였기 때문에 주로 옛 이야기를 하였다. 그는 유복한 집안에 태어나서 역시 유복한 집안의 부인을 맞아 행복한 생활을 하고 있었다. 전쟁 전에 그는 책상 위에 〈기어가는 아들〉이라는 조각작품을 놓고 있었는데, 그것은 독일 근대의 대조각가인 램브루크(Lembruck)의 작품이었다. 지금 그 아들은 큰 어른이 되었다고 하였다.

독일의 다른 박물관에서도 모두들 한국미술품전시회에 흥미를 느꼈으나, 내가 만난 사람들은 누구나 다 결정적인 이야기를 할 수 있는 지위에 있는 사람들이 아니었다.

그 여행 중에서 내가 한 번도 가보지 못한 나라로서 제일 흥미를 느낀 도시는 마드리드였다. 그곳의 프라도미술관이 세계적으로 유명하여 고야의 名品을 볼 수 있었던 것은 큰 기쁨이었다. 나는 프라자호텔에 투숙하였는데 그 앞 광장에는「동키호테」와「판쵸」의 동상이 있었다. 낡은 여권을 보면 마드리드에 도착한 것이 1959년 7월 15일, 출발한 것이 17일로 기록되어 있다. 즉 17일에 마드리드를 출발하여 런던에 도착하였고, 22일에는 런던에서 스톡홀름으로 갔다. 그곳에서는 브락스톤이라는 젊은 영국인의 아파트에 숙박하였다.

스톡홀름에서 놀랐던 것은 밤 2시쯤 밖을 내다 보니 해가 중천에 걸려 있는 것이었다. 그래도 그들은 그것을 밤이라고 하였다. 틀림없이 시간은 오전 2시이니까 밤임에는 틀림이 없었다. 시가에는 순경 같은 사람만이 다니고 있었다.

그곳의 구스타프왕은 고미술품을 좋아하며, 예전에 慶州에도 다녀간 사람이었다. 그러나 내가 갔을 때는 여름이어서 피서지에 가고 없었다. 나는 일렌스베르드(Gyllensward) 국립박물관장과 같이 그의 宮 안에 있는 수집품을 보았다. 또 이곳에 遠東博物館이 있어 갔더니 그 유명한 중국 先史시대의 彩色土器가 많았다.

그러나 무엇보다도 볼 만한 것은 스칸센이라는 섬 위에 있는 民俗博物館이었다. 이것은 서울 근처에 있는 民俗村의 할아버지뻘 쯤 되는 진짜 민속촌이었다. 모든 건물은 지방에서 그대로 옮겨 온 것인데 그 건물들에는 주민들이 제대로 된 진짜 민속의상을 입고 살고 있었다. 시골에서 옮긴 수백년 된 교회도 있었는데 그 안에서는 일요예배를 보는 신자들이 많았다.

또한 스톡홀름 근처에 켐페라는 부자가 사는데 그의 동양수집품은 볼 만하였다. 마침 주인이 여행 중이었는데 벤츠 승용차를 보내주어서 찾아갔다. 점심 때가 되니 융숭한 점심식사가 들어왔다. 그만하면 외국 선비를 대접하는 품이 중세기나 다를 것이 없었다.

나는 스톡홀름을 떠날 때 이 나라가 300년 동안이나 전쟁을 겪지 않아서 이렇게 인심이 좋은가보다하고 감탄하였다. 이 조그마한 나라에 칼그렌(Bernhard Karlgren) 같은 세계적인 동양학자도 있고, 다른 文物의 발달도 유럽의 다른 큰 국가들이 따르기 어려울 정도였다.

7월 27일, 스톡홀름을 출발하여 헬싱키로 갔다. 핀란드에는 그곳 출신의 미국 시민인 하이텔라씨가 살고 있었다. 그는 서울에서 미국공보원에 있던 사람으로 한국 사람들을 많이 사귄 좋은 친구였다. 그곳에서도 미국공보원에 근무하고 있었고, 시외에서 노모와 함께 살고 있었다. 헬싱키에서 이틀 밤을 자는 동안에 나는 北歐의 생활이 어떠한 것인지 어렴풋이나마 알 수 있었다.

호수가 많다. 국민 50명당 한 개꼴로 호수가 있을 정도이다. 그리고 국민 한 사람당 사우나탕이 두 개나 있다고 한다. 한편 森林이 굉장히 많아 경작할 수 있는 면적은 겨우 8. 5퍼센트에 불과했다. 하이텔라 댁은 키가 낮은 森林에 둘러싸여 있는 비교적 작고 아담한 집이었으나 사우나탕만은 큼직했다. 지리적으로 북쪽에 위치한 데다가 겨울에는 불과 4,5시간 정도의 日照시간밖에 안 되는 이 나라에서는 사우나탕에서 몸을 뜨겁게 데우는 것이 반드시 필요한 일이라고 들었다.

그곳의 언어는 알타이語系로서 東洋의 우리나라와 人種上으로도 관계가 있다고는 하나 거리에서 보는 사람들에게서는 그런 느낌을 받을 수가 없었다. 추운 곳에서 러시아라는 큰 나라의 이웃에 살면서 많은 정치적인 고난을 겪어 온, 불과 500만도 되지 않는 이 민족은 끈질기고 부지런하기로도 유명하며, 세계적으로 우수한 인물들을 많이 배출하였다. 세계적으로 유명했던 作曲家 시벨리우스도 핀란드 사람이다.

헬싱키의 국립박물관에서 우리나라의 櫛文土器와 똑같은 土器를 보았으나 어느 정도 가까운 관계인지는 확실히 말할 수가 없었다. 하이텔라씨는 우리나라의 많은 화가들과 친하게 지냈는데 그의 거실에 가 보니 朴魯壽 등의 한국 그림이 걸려 있어 고향에 온 것 같은 느낌이었다.

1966년에 나는 그가 로스엔젤레스 근처의 라구나 비치에서 兄과 외롭게 사는 것을 발견하였다. 미국공보원을 떠난 후 교통사고로 근 1년간 고생했다고 한다. 그런데 이 착한 청년에게는 한 가지 고민이 있었다. 즉 아무리 노력해도 자기에게 맞는 아가씨를 발견하지 못한다는 점이었다. 설사 발견했다 하더라도 그만 놓쳐버리는 것이었다. 나는 미국이란 나라에서도 결혼하기가 그렇게 어려운 줄은 처음 알았다. 이 글을 쓰면서 지금쯤은 그가 결혼하여 행복하게 살고 있기를 바라는 마음이다.

나를 베를린영화제에 초대한 헤르츠대사는 유태계로 히틀러정권 때 망명하여 미국으로 갔다가 전쟁 후에 속죄하는 뜻으로 그러한 사람을 재기용할 때 외교직에 복귀한 사람이다. 서울에는 처음에 總領事로 왔다가 公使, 大使로서 한자리에서 계속해서 승진발령을 받았다. 그리고 다분히 문학적이고 예술적인 기질을 가진 사람이었다.

그는 親韓派로 후에는 李대통령의 숭배자가 되었다. 또한 많은 미술품을 수집하였는데 그중에서도 우리 民畵의 美를 발견한 최초의 외국사람으로서 민화야말로 한국의 미술이라고 찬양하였다. 헤르츠박사와 나는 특히 친한 사이였다. 그는 나의 독일어를 독일 사람들의 독일어보다도 낫다고 과찬하기도 했다. 후에 멕시코주재대사로 전임되어 그곳에서 他界하였다.

한국에 호의를 가진 헤르츠대사는 韓獨간의 친목단체가 필요하다는 생각에서 韓獨協會를 조직하기로 하였다. 나는 협회의 定款을 만들어서 헤르츠대사와 당시 서울에 주재한 독일상사의 대표인 힌리히(Hinrich)라는 분의 찬동을 얻어 1959년 어느날 반도호텔에서 韓獨協會 創立總會를 가졌다.

대사관직원 이외의 거류민들로는 독일상인들이 대부분인 관계로 협회에 文化(Kultur)라는 文句를 넣지 말라고 하여 Koreanische-Deutsche Geselschaft, 즉 韓獨協會라고 이름을 지었다.

臨時議長으로 회의를 진행할 사람은 韓獨, 두 나라의 말을 할 수 있는 사람이어야 했기 때문에 내가 뽑혔다. 그날은 약 100여명의 사람이 모였는데 두 나라 사람들이 각기 약 50 대 50으로 반 수씩 되는 듯하였다. 지금 그 회의 진행을 이곳에 상세하게 쓸 수는 없으나 나는 협회장이 될 의사가 없었기 때문에 安浩相씨를 회장으로 선출했다. 그리고 하이델베르그에서 철학박사학위를 따고 수일 전에 귀국한 曺街京씨를 총무로 추천하였다.

이것을 계기로 曺街京씨는 헤르츠 대사와 가까워졌다. 대사가 강연할 때 그의 통역으로 많은 도움을 주어 한국 사람과 독일 사람의 중간 역할을 잘 하였다. 회장 安浩相씨는 독일에서 돌아온 지 오래 되어, 그의 독일어가 독일 사람들에게는 귀에 거슬렸던 것이다.

1959년 연말이 다가오자, 韓獨協會를 움직이던 독일측의 힌리히는 반도호텔 다이나스티룸에서 화려한 크리스마스 파티를 열 것을 제의하였다. 그러나 한국측 회원들은 대학교수나 대학생이 대부분이었다. 그래서 당시 우리들의 박봉으로는 그 비싼 회비를 감당하기 어려우리라 하였더니, 협회에서 독일상사들의 찬조금을 얻어서 절반을 부담하여 주기로 하였다.

이 파티를 하는 날 오후에는 서울에 있는 독일 가족들의 어린이와, 또 일부 한국측 회원들 어린이를 모아서 크리스마스 선물을 주기로 하였다. 나는 아내와 같이 반도호텔에 가서 산타클로스 할아버지로 분장하고 지팡이를 들고 어깨에 선물주머니를 메고서 독일 어린이들에게 갔다.

"나는 하늘에서 내려온 산타클로스 할아버진데 네 이름은 무엇이지? ……예쁜 이름이로구나. 너에게 내가 가지고 온 선물을 주겠다."

라고 하며 선물을 주었더니 대단히 신기한 모양이었다. 그런 데다가 한국 아이들에게는 한국말을 했더니 나의 인기는 최고였다. 이때 찍어둔 사진이 없어서 나의 산타클로스 모양을 보지 못하게 된 것은 유감스런 일이 아닐 수 없다.

그날 저녁의 본 파티에는 근 백여명이 모였다. 이날의 인사말은 당연히 회장인 安浩相씨가 해야 되는 데도 불구하고 힌리히는 굳이 나에게 하라는 것이었다. 나는 곤란한 입장에 빠졌으나 어쩔 수가 없었다. 그러나 두고두고 꺼림직하였다.

나는 우선 한국말로 인사를 하고 다음에 독일어로 하였다. 이 인사말은 후에도 계속해서 좋은 평을 들을 수 있을 정도로 훌륭한 인사말(Ansprache)이었던 모양이다.

이때 독일대사관에서는 한독협회의 사업으로, 독일어 책에 관심이 많은 한국 학생들의 편의를 도모해주기로 하였다. 그것을 위해서 본국 정부에 예산을 신청하였는데 킨들러 參事官이 나의 사무실까지 다녀 갔다.

그러나 이 예산이 나올 무렵 킨들러씨는 본국으로 전임되어 가고 없었고, 대사관에서는 그 예산의 많은 부분을 독일 여성으로서 한국인과 결혼했다가 불행하게 끝난 劉在晟씨의 부인을 돕는 비용으로 사용할 계획을 세웠던 모양이었다. 그 부인이 사는 厚岩洞 집의 일부를 도서실로 만들어 250불의 방세를 지불하고, 그 부인을 도서실 직원으로 채용하여 월급 250불을 지급하는 식으로 일종의 후생비로 전용하려는 의도였다.

그러나 한국 학생들은 南山의 漢江 쪽에 위치한 그 집에 가려면 우선 전차로 30분, 전차에서 내려서도 다시 30분을 걸어야 했으므로 몹시 교통이 불편하였다. 또한 도서실 직원인 그 부인은 한국 학생이 혹시나 책을 훔쳐가지 않을까 하는 감시의 눈치를 보였는데 그 눈초리가 불쾌해서 불평을 하게 되었다.

나는 忠武路 입구에서 멀지 않은 金重華라는 의사의 집을 빌리면 한독협회의 도서실로는 이상적이리라고 생각하였다. 여하튼 이렇게 도서실 운영 개선에 대한 묘한 방안을 세우고, 새로 들어온 李鉉鎔회장과 상의하여 한독협회 임시총회를 소집하였다.

한국측의 의도를 미리 탐문한 독일측 회원들은 총회가 시작되기 전에 미리 예비회의를 소집하여 한국측의 제의를 거부하기로 결정하였던 것이다. 이러한 독일측의 가장 큰 이유는 돈은 독일 정부에서 나오는 것인데 독일 사람들이 그것을 어디에다 쓰든 한국 사람이 관여할 바가 아니라는 입장이 지배적이었던 까닭이었다.

나는 李鉉鎔씨와 상의하여 회의를 流會하기로 하고, 이 일은 다시 상의하지 않기로 하였다. 사실 그때의 독일인들의 태도에는 납득할 수 없는 점이 많았다. 즉 도서실인 후암동 집에 독일어로 쓴 讀書室(Lesestube)이라는 간판은 있었어도 한국어로 된 간판은 없었다.

"창피하게 한국말 간판을 어떻게 붙이느냐?" 라고 어느 독일인이 말했다고 전해 들었다.

나는 이 사건으로 韓獨協會와의 연락을 끊었고, 그후에는 일체 관계를 하지 않았다. 후의 일은 잘 모르겠으나 힌리히를 길에서 우연히 만났더니 그도 그후에는 별로 관계하지 않았다고 하였다.

유럽에서의 한국미술전시회의 교섭은 비교적 순조롭게 진행되었고, 그러는 동안에 민주당정권이 들어서서 이 일을 더 활기차게 추진시켜 주었다.

1960년 10월 26일에 하바드-옌칭의 會際會議가 끝나자 나는 臺北에서 서울로 돌아오지 않고 파리로 직행하였다. 여권에 있는 기록을 보면 파리 도착이 11월 6일이다. 우리 대사관의 金永周 參事官과 같이 세루누스키박물관에 가서 엘리세에프관장(前 하바드-옌칭 소장이었던 엘리세에프의 아들)의 사회로 유럽에서의 한국미술전시에 대한 협의를 하였다. 이때 참석한 사람은 네덜란드·독일·영국·프랑스의 박물관을 대표하는 사람들로 결국 우리 전시회를 열 곳은 비엔나박물관을 추가하여 다섯 나라가 되었다.

유럽에서는 1961년 3월 23일, 런던에서 첫 전시회를 열게 되었다. 앞으로 남은 시간이 많지않아 展示品을 가지고 崔熙淳씨가 먼저 떠났다. 유럽 전시에 관해서는 文敎部에서 국회의 동의를 구하였으나 參議院 의원 중에 반대하는 사람이 있어서 최종 동의가 나올 때는 崔는 香港으로 가는 도중이었다.

展示品은 우리 해군함정으로 香港에 가져 가고 그곳에서 다시 영국 해군 배에 옮겨 싣기로 하였다. 우리의 배가 너무나 작고 레이다의 성능도 멀리까지 미치지 못하여 한때 매우 당황한 일도 있었던 모양이나 香港까지 무사히 항해를 마쳤다 한다.

유럽에서의 첫 전시회는 런던의 빅토리아 앤드 알버트 박물관에서 시작하기로 되어 있어 그 시간에 맞춰 도착하게끔 서울을 떠났다. 나는 이때가 인도에 갈 좋은 기회라고 생각하여 우선 방콕에 들려 그곳에서 캄보디아에 가서 앙코르왓트를 보고, 인도의 뉴델리에도 가기로 하였다.

서울의 미국대사관에 있던 맥코막씨가 방콕에 있어서 그 집에서 나흘 밤이나 묵었다. 그곳에서 앙코르까지는 20분이 걸렸다. 그러나 도중에 너무 오래 묵을 수 없었던 나는 캄보디아에 가서 비행기가 내리는 시엠리엡에서 하룻밤만 자고, 유명한 앙코르왓트·앙코르 톰·바욘 같은 유적을 돌아 보았다.

물론 나는 전문가도 아니고 또 자세히 연구할 수도 없는 처지였으나, 동방에 남아 있는 문화유적 중 역사상 가장 위대한 유적임에 틀림없다고 느꼈다. 이 유적들은 모두 인도적인 색채가 농후하여 우리들같이 大乘佛敎의 유적들을 주로 보아 온 사람에게는 퍽이나 낯선 인상을 주었다.

이때의 나의 여행에 대해서는 《美術資料》(제 3 호, 1961년 6월)에 紀行文을 실었고, 또 《藜堂隨筆集》에 〈앙코르·타지 마할·아잔타 紀行〉이라는 제목의 글로 수록되어 있다.

3월 2일 아침, 뉴델리에 내려서 인도 국립박물관의 푸리副館長을 찾았다. 그와는 팔레르모에서 열렸던 유네스코회의에서 만났었기 때문에 그도 기억하고 있었다. 그런데 이상하게도 그곳 관장이 모리라는 미국여자인 것에 놀랐다. 나는 1970년을 전후하여 그 분을 자주 만날 기회가 있었다.

푸리박사는 나에게 여러 가지 여행계획을 만들어 주었으나 갈 길이 바쁜 나는 그렇게 오래 있을 수가 없었다. 그래서 결국 타지 마할·아잔타石窟·엘로라石窟·엘레판타石窟을 관광하는 것으로 축소시켰다.

타지 마할은 세계에서 가장 아름다운 건물의 하나로 인도의 恭愍王 같은 무갈제국의 황제 샤 자한 5세가 죽은 부인 타지 마할을 위해 지은 墓廟라고 하였다. 뉴델리에서 택시를 대절하여 名所들을 보았다. 그 중에는 간디의 遭難處를 많은 정성을 들여 성역화한 것이 눈에 띄었다.

뉴델리를 떠나서 봄베이에 갈 때는 에어콘 클라스라고 하는 최고급 기차를 탔다. 1등석의 배나 되는 요금에 걸맞게 한 차량에 겨우 다섯 명밖에 타지 않는 초호화판 열차로 식당차에서 음식을 날라다 주었다. 봄베이에서 1박하고 다음날 아랑가바드로 갔다. 항공기에는 손님이 절반도 되지 않았는데 항공회사에서는 큰 생색을 내면서 좌석을 지정하여 주었다.

다음 날 오전에는 아잔타, 오후에는 엘로라에 갔다. 아직 인도는 雨期가 오지 않아 들판은 누렇게 물들어 있었는데, 조금 있다가 비가 오면 하루아침에 천지가 모두 녹색이 된다고 한다.

아잔타石窟에서는 高句麗壁畫 같은 오래된 벽화를 볼 수 있어서 퍽이나 반가웠다. 아잔타라는 곳은 하나의 큰 돌덩어리로 이루어진 石窟寺院이다. 그리고 아잔타석굴은, 암석산을 뚫어서 20여개의 窟을 만들고, 그 굴 속에 다시 몇 개의 방을 만들었는데 중앙홀에는 塔도 만들어 세웠다. 오후에 간 엘로라石窟도 마찬가지였다. 하나의 거대한 암석을 뚫어 몇 층이나 되는 사원을 만들었는데 그 건물 뜰에서는 하늘이 보였다. 대단한 人力이었고, 신앙의 힘이란 참으로 위대한 것이라는 생각이 들었다. 한편 엘레판타石窟은 봄베이에서 한 시간 정도 떨어진, 바다 가운데에 있는 섬에 있었다.

3월 7일 아침, 에어 인디아 항공편으로 런던을 향해 떠났다. 그런데 떠날 때 稅關員이 귀찮게 굴었다. 가지고 간 고추장이 阿片이 아닌가 하고 조사를 하는 것이었다.

런던에서 전시회를 전담하는 곳은 브리티쉬 아츠 카운슬이라는 機構였다. 이들은 소리없이 조용히 일을 잘 하였다. 主幹하는 사람은 가브리엘 화이트라는 뚱뚱한 사람이었다. 나는 스트라스모아 가든이라는 조용한 거리에 있는 깨끗한 방을 얻어 자취하면서 살았다. 절약한다기보다도 洋食을 오래 먹을 수 없었던 까닭이다.

런던에 체재하는 동안에 나는 스코틀랜드의 에딘버러와 브리스톨 같은 곳으로 여행하기도 하였다. 또 영국에는 옛날부터 귀족계급 蒐藏家가 많으므로 그들을 찾아가기도 하였다. 그들은 대부분 런던 근교의 대저택에서 살았고, 여러 번 나를 식사에 초대하여 주었다.

어느 날엔가는 아직 미혼으로서 신문에 자주 이름이 오르내리던 알렉산드라 공주가 온다고 하더니, 그녀는 시녀만을 데리고 단출한 모습으로 나타났다. 그러나 여왕은 오지 않았다. 여왕은 미술전시회에 오는 일은 별로 없었고 대신 競馬에만은 큰 취미를 가지고 있다고 하였다. 알렉산드라 공주가 왔을 때는 외부 사람들의 촬영을 일체 금하였다. 왕족들의 행차에는 전용사진사가 따라 다닌다고 한다.

5월 7일, 런던전시회를 마치고, 다시 전시품을 포장하여 다음 展示地인 네덜란드로 갈 준비를 끝냈다.

5월 16일에는 나만 먼저 항공편으로 암스텔담에 도착하여 헤이그의 헤메인데박물관 관장인 바이젠베크씨를 만났다. 그리고 그곳의 알게마데란街에 있는 독신 여직원의 아파트를 빌려 쓰기로 하였다.

헤이그市에는 유명한 社會科學硏究所가 있어 각국의 학생들이 모여 있었다. 우리나라에서도 서울大·高大·延大 등에 다니는 젊은 사람들이 와 있었다. 나는 나의 아파트에서 밤이 깊도록 그들과 함께 이야기했고, 그들은 11시가 넘어서야 돌아갔다. 그런데 얼마 후에 그들에게서 전화가 왔다. 즉 인도 학생들의 말에 의하면, 짤막한 방송이기는 하지만 한국에서 쿠데타가 일어났는데 그것은 左翼 쿠데타라고 한다는 것이었다.

나는 그날 밤 한숨도 자지 못하다가 아침 일찍 일어나서 신문을 사 보았더니, 역시 쿠데타라는 말은 있었으나 자세한 보도는 없었다. 나는 화란 정부측에 문의하였더니 그들도 상세하게 알지는 못했으나, 서울에서 집권한 사람은 張都暎장군이라고 하였다. 장도영이 어떻게 左翼으로 보도되었을까 하고 나는 의아했다.

화란박물관에서는 런던에 있는 한국미술품을 화란으로 옮기는 것을 일단 중지하라고 하였다. 서울의 정치상황이 확실치 않기 때문에 정부의 실권자가 누구인지 알기 전에는 그 미술품에 대한 책임을 질 수 없다는 것이었다. 그때는 우리 대사관이 그곳에 설치되지 않아 더 이상 사정을 알 도리가 없었다. 나는 독일의 본에 전화를 걸어 全奎弘大使와 통화하였다.

"서울에서는 張勉總理가 행방불명이라는데 어찌된 일일까요?"

"총소리 한두 방 났다고 그렇게 정부가 뒤집히겠어요? 걱정 말고 있으시오."

아마 독일에서도 비슷한 문의가 많이 왔기 때문에 그런 식으로 대답하였던 것 같다. 全대사는 상당한 시간이 지난 후 外交官 자리를 떠나 미국으로 가서 아직도 그곳에서 살고 있다.

나는 5월 19일에 다시 런던으로 돌아갈 수밖에 없었다. 런던에서 수일간 머무르는 동안 서울의 정치정세는 차차 뚜렷이 알게 되었다. 우리의 전시품을 하리치港을 통하여 로테르담으로 보내기로 하고 나도 같은 배를 탔다.

5·16사태는 이렇게 하여 우리에게는 큰 변화를 미치지 않고 네덜란드 정부도 잘 협조하였다. 그러나 베아트리스 왕녀를 명의상 우리 전시회의 총재로 모시는 것을 처음에는 승인할 듯하더니 5·16혁명 후에는 거절하였다. 화란은 君主國家여서 쿠데타로 집권한 정부를 생리적으로 좋아하지 않았던 까닭이었다.

네덜란드에서의 전시회는 예정했던 대로 6월 14일에 헤메인데박물관에서 열렸다. 전시회를 하는 동안에 우리 정부에서는 金溶植씨를 수석으로 하는 친선사절단을 보냈으나 네덜란드 정부에서는 소극적으로 사절단을 맞았다.

대사관이 없는 헤이그에서 나는 우리나라의 公館員 노릇을 하려고 네덜란드에 사는 모든 교포들을 모아서 우리 친선사절단의 환영회를 열었다. 식사는 나의 아파트 지하에 있는 식당에서 로스트비프로 주문했다. 우리끼리 밥을 짓고, 위스키·브랜디와 포도주를 사다가 하루 저녁 모여서 이야기할 기회를 가졌다.

네덜란드전시회가 시작될 때는 파리에 있는 우리 대사관에서 韓昇寅공사, 尹永教일등서기관 일행이 와서 만찬을 베풀어 주어 우리의 면목을 세웠다. 그런데 잘 알 수는 없지만 그 당시 韓昇寅공사는 대단히 불안한 상태에 있었을 것이다. 그는 얼마 후에 파리를 떠나 미국으로 간 뒤에 다시 한국에 돌아오지 않았다. 그는 민주당정부에서 채용한 외교관 중의 한 사람인 까닭이었다.

네덜란드에서 전시회가 열리는 동안 나는 본으로 갔다. 그곳에는 尹錫憲참사관이 역시 서울에서 친선사절단이 온다고 준비 중이었다. 그런데

본에서는 서울에 있는 포터라는 武官에게서 한국 정부가 좌익색채가 농후하다는 정보를 입수하였다고 했다. 같은 정보를 전에 서울에 와 있던 독일 참사관인 킨들러씨가 나에게 귀띔하여 주었다. 나는 이것을 尹참사관에게 전달하였다.

우리에 대한 네덜란드측의 대접은 대단히 소홀하였다. 말로는 근사하게 했지만 우리는 그 어느 곳에도 초대받은 일이 없었다.

네덜란드전시회가 8월 13일에 끝나면 파리전시회가 12월에 개최되기 때문에 4개월이라는 긴 공백기간이 생기게 되었다. 그래서 정부에서는 포르투갈 정부의 요청을 받아들여 리스본에서 전시회를 갖는 것이 좋겠다는 의견을 전해 왔다.

리스본에는 꿀뱅끼앙이라는 재단이 있었다. 그 재단은 진열실을 갖추고 있었고, 돈도 있는 데다가 간부 중 한 사람이 도자기를 좋아하여 그곳에 유치하려는 것이었다. 그러나 이렇게 예정에 없는 전시회는 輸送에 여러 가지 문제가 따를 것이 우려되어 나는 미술품의 안전성을 위하여 거절하지 않을 수 없었다. 당시에는 이러한 결정권이 전적으로 나에게 있었다.

화란에서의 우리 박물관 직원들의 생활은 단조로웠다. 그러던 차에 어느날, 헤이그에서 멀지 않은 곳에 사는 한국 부인이 우리를 초대하였다. 그녀는 金基昶씨 부인인 朴崍賢씨의 친구로 화란 사람과 결혼하여 그곳에서 살고 있었다.

파리전시 때까지의 오랜 시간을 유럽에서 보낼 수도 없었던 나는 새 정권이 들어선 후의 서울의 일이 걱정되어 8월 초순에 귀국하였다. 그런데 귀국한 지 얼마 후에 平常服을 입은 군인이 나를 찾아왔다. 그는 기관장들을 면접하고 혁명공약을 물어 보아 외우지 못하면 파면시킨다고 하였다. 나는 그에게 8·15 직후부터 15년 동안이나 이 자리에 있었다고 하였더니 놀랐던지 그는 더 이상 아무 것도 묻지 않고 돌아갔다.

유럽전시회는 1962년 5월 8일부터 6월 30일까지 파리 · 프랑크푸르트, 그리고 비엔나에서의 일정을 마치고 모든 진열품은 무사히 서울에 도착하였다. 생각하면 돈 안 들이고 큰 일을 해낸 것이다. 이때 나를 대신하여 섭외를 맡은 사람은 外務部의 朴民秀라는 二等書記官으로 끝까지 우리 전시회를 따라다녔다.

이승만대통령 부처와 함께
국보해외전시이전 국내전시 때(1957. 5. 13)

웨일 미국부대사 부처 및 에반스 영국대사와 함께
국보해외전시후 국내전시 때, 국립박물관(1958)

미국 국보전시 때, 워싱턴국립미술관 앞에서(1957)

국보 전시실에서의 講話(1957)

뉴욕전시 때, 크네즈박사댁에서(1958)
뒷줄 왼쪽으로부터 헤모비치(피아니스트), 한통숙(성악가), 필자의 처, 헤모비치부인. 앞줄 왼쪽으로부터 크네즈, 筆者, 李相佰, 李丙燾, 崔熙淳

현대 한국작가 전시회에서, World House Gallery, 뉴욕(1958)
梁裕燦대사(중앙), 梁대사부인(오른쪽 끝), 크네즈부인, 崔智愛(오른쪽으로부터 두번째), 필자와 필자의 처(왼쪽으로부터 두번째)

헤르쯔 독일대사, 필자, 칼·밀러(한국은행직원)

베를린 영화제에서의 만찬(1959)

스톤헨지 유적지에서, 영국(1961)

네덜란드 전시준비를 위하여 로테르담 항구에 도착한 후
崔熙淳씨와 함께 (1961)

제 8 장 ■

偉大한 文化遺跡을 찾아서

보로부두르

1963년, 말레이시아聯邦의 쿠알라룸푸르에서 Asian-American Assembly라는 회의가 열렸는데 나는 그 곳에 초대되었다. 주최는 아시아財團으로 일본·대만·필리핀·인도·버마·파키스탄·말레이지아·네팔 등이 참가하였다. 主題는 東洋의 이 나라들이 미국과 문화교류를 어떻게 해야 서로 오해 없이 잘 이루어질 수 있는가, 하는 것이었다.

이 기회에 나는 말레이시아·싱가포르 등 여러 나라의 文化·經濟·政治의 단면들을 엿볼 수 있었다. 말레이시아와 싱가포르는 아직 한 나라를 이루고 있었는데, 싱가포르의 李光耀首相을 그곳의 라만副首相 관저에서 만날 수 있었다.

말레이시아의 경제는 전적으로 고무·주석에 의존하였다. 고무·주석 두 원료의 생산이 모두 세계 생산의 대부분을 차지하여 그것만으로도 인구 800만에 5천만불 초과라는 黑字를 낼 수 있다고 들었다. 동양에서는 국민소득이 2위로서 일본 다음간다고 하였다. 그들의 生必品은 거의 대부분을 외국에서 수입하였는데, 외국에서 사들이는 승용차만 해도 연간 4, 5천대였다. 그러나 그때만 해도 국민들의 생활상은 수도에서조차 後進性을 면치 못하는 상태였다. 한 쪽에 최신주택이 있는가 하면 다른 한 쪽은 이 나라의 고유한 원두막 같은 집이 있었다.

경제권의 대부분은 중국계 시민들이 쥐고 있었기 때문에 말레이시아인들의 생활의 향상을 돕는 것에 爲政者들이 가장 큰 역점을 두고 있었다. 그리고 말레이시아語를 公用語로 만드는 것이 그 나라의 제일 큰 문화정책이었다. 이러한 국민들의 염원 아래 세워진 것이 말레이시아大學이었다. 건설 도중이었으나 시설은 최신식으로 갖추어져 있었다. 아직 세계 학계에서 두각을 나타내기에는 먼 미래의 일이었으나 의욕은 대단하였다.

그때 말레이시아의 정치는 실제로는 副首相인 라만씨가 하고 있었는데, 그는 뒤떨어진 조국의 선진화를 위하여 헌신적 노력을 기울이고 있었다. 英國의 식민지였던 이 나라는 독립 후에도 영국과는 긴밀한 유대를 가지고 있어 國防도 전적으로 영국에 의존하고, 공용어도 영어였다. 심지어 말레이시아大學의 副總長도 오펜하이머卿이라는 영국인이었다. 總長은 首相이 겸하고 있었으나, 그것은 명목상의 총장일 뿐이었다.

나는 이곳으로 올 때 인도네시아의 보로부두르라는 佛敎遺蹟을 볼 유일한 기회라고 생각하였다. 그래서 홍콩에 들러 입국 비자를 얻으려 하였으나 2, 3일 동안의 체재 기간 중에는 얻을 수가 없었다. 그리하여 쿠알라룸푸르의 우리나라 대사관을 통하여 부탁을 하였더니, 회의가 끝나는 4월 12일에야 비자를 발급해 주었다. 그 당시의 대사는 崔泓熙 예비역장군이었는데 大使로서 지나칠 정도로 본국 정부에 대한 비판을 하더니 그후에 캐나다로 이민가서 反韓運動에 앞장을 섰다고 들었다.

4월 13일, 싱가포르에 도착하여 그곳의 유력한 교포인 鄭源祥씨의 영접을 받았다. 그의 집에서 점심대접까지 받고 시내 여러 곳을 관광하였다. 내가 탄 인도네시아의 가루다機는 한 시간이나 늦게 떠났는데 인도네시아 돈을 암시세로 사라는 장사꾼이 찾아왔다. 그러나 나는 말레이시아大學 副總長인 오펜하이머卿으로부터 인도네시아 돈을 외국에서 사는 것은 위험하니 사지 말라는 충고를 받았기 때문에 사지 않았다.

당시 공식환율은 1불에 50루피아, 旅行者를 위한 환율은 180루피아, 그리고 암거래로는 1,200루피아였으니 그 차액이 얼마나 큰지는 알 수 있었다. 암거래로 루피아를 사면 세계에서 가장 싼 나라이고, 公正率로는 제일 비싼 나라였던 것이다. 나는 出國할 때 다시 조사당할 것으로 짐작하여, 入國할 때 가지고 있던 달러를 모두 신고해 버렸기 때문에 단 1弗로도 暗 루피아를 살 수 없었다. 그러나 이것은 나의 큰 실수였다. 얼마든지 暗달러 값을 받고 루피아를 입수할 수 있었고, 또한 위험한 일도 아니었다.

쿠알라룸푸르의 우리나라 대사관으로부터 자카르타 근교에 柳亨熙라는 교포가 살고 있다고 들었다. 그는 日帝 末期에 징용당해 이곳에 온 후 중국 여성과 결혼해서 살고 있었고, 직공 500명을 고용한 큰 메리야스공장을 경영하고 있었다.

4월 14일, 자카르타에 도착하자마자 곧 그에게 연락을 하였더니 그가 먼저 나를 찾아 주었다. 그의 집에서 점심대접도 받았는데 그의 이름은 일본식으로 「우오즈미」라고 하였다. 이 사람 외에는 아무도 아는 사람이 없어 인도네시아에서의 여행은 퍽이나 어려웠다. 마침 나보다 하루 먼저 中共主席인 劉少奇가 공식방문하여 도처에 환영아치가 서 있었고, 劉와 수카르노대통령의 肖像이 붙어 있었다.

4월 15일, 비행기편으로 족자카르타에 내리고 보니 내가 이곳에 온 목적의 전부인 보로부두르로 가는 길이 막혀 있었다. 즉 劉少奇가 하루 뒤에 그곳에 오기 때문에 모든 사람의 출입을 금한다는 것이었다. 그런데 내게는 李相佰박사가 족자카르타(족자는 略稱)의 술탄에게 보내는 소개장이 있었다. 술탄은 王이라는 뜻으로, 그는 수카루노 執權에 공로가 있는 사람으로 인도네시아올림픽위원회의 委員長이기도 하였다. IOC 위원인 李相佰씨와는 친분이 두터워 나는 예기치 못한 곳에서 큰 도움을 받았다.

나는 니투르(인도네시아의 觀光公社)의 車를 몰아 우연히 비행기에서 만난 無錢旅行 중인 미국인 부부까지 태워 가지고 보로부두르에 갔다. 42km의 거리였으나 좋은 포장도로여서 쉽게 도착하였다. 약 두 시간 동안 走馬看山式으로 보기는 했지만 오랜 동안의 願을 풀어 즐거웠다. 돌아오는 길에 몇 개의 챤디(墳墓를 위한 건물)를 관광하고, 프람바난이라는 힌두교 寺院으로 차를 몰아 하루 동안에 이곳의 중요한 遺蹟들을 모두 보았다.

그중에서도 보로부두르는 위대한 유적이었다. 인도네시아에는 이 외에는 별로 볼 만한 곳이 없었다. 한편 觀光客들이 잘 가는 발리섬에는 旅費가 모자라 가지 못했다. 그곳은 民俗舞踊으로 유명했다.

족자에는 단 한 개의 가루다호텔이 있었으나 그 곳은 劉少奇 일행이 점령하여 나는 게스트하우스로 갔다. 깨끗한 곳이었고, 모두들 친절하였으나 수도가 있어도 물이 나오지 않았다. 물론 그때와 지금과는 많이 달라졌겠지만 그 당시의 인도네시아 사람들의 생활은 최저의 상태에 머물러 있었다. 심지어 대학교수의 월급이 15불 정도라고 들었다.

나는 비행기로 자카르타에 돌아와 하룻밤을 호텔 인도네시아에서 잤다. 그리고 도중에 다시 방콕에서 一泊하고 4월 17일에 東京에 도착해 4월 19일에는 서울로 돌아왔다. 이때의 紀行文은《美術資料》제 7 호에 실려 있다.

마야文明

인도와 인도네시아의 거대한 유적을 보고 나는 이번에는 멕시코와 과테말라에 흩어져 있는 마야유적을 살펴보아야 될 것 같은 생각이 들었다. 그런데 그러한 기회는 예상 외로 빨리 왔다. 즉 音樂·演劇·美術을 지원하기 위해 창설된 록펠러Ⅲ세자금의 운영을 맡은 맥크레이씨가 나에게 각국의 考古學界와 博物館을 시찰할 수 있는 기회를 준 것이었다.

나는 1965년, 샌프란시스코에서 열린 東洋學大會에 참가하여 한국의 돌멘에 대하여 연구발표를 하고 나서 맥크레이씨의 초청으로 미국의 東部로 갔다.

그쪽에 있는 發掘調査 實況을 보려고 아리조나州의 스네크타운에 가기 위하여 만반의 준비를 갖추었으나 금년도(1965)의 발굴작업은 이미 끝났다고 하였다. 그렇다면 멕시코와 과테말라에 가는 것이 좋을 것이라고, 아메리칸 내츄럴 히스토리博物館의 엑크호름박사와 하바드大學 피보디博物館의 와일리박사, 그리고 스미소니안博物館의 考古學專門家들이 이야기하였다. 그때 과테말라의 티갈에서 발굴작업을 주관한 곳이 펜실바니아 대학박물관이었으므로 그 박물관의 사다스웨이트박사가 소개장을 써 주었다.

과테말라市 空港에 도착한 것은 5월 11일 오후 3시경이었다. 인구 약 40만 정도 되는 그 시는 우리나라의 大田만한 도시였다. 그리고 마야族의 후예가 인구의 6할을 차지한다고 하였다. 개발도상국의 首都여서 그런지 맨발로 다니는 사람이 많았다.

다음날 다시 비행기를 타고 약 1시간 15분 만에 티갈에 도착하여 정글 롯지(Jungle Lodge)라고 하는 숙박시설이 있는 곳에 갔다. 그곳에서 식사도 하고, 음료수도 마실 수 있었다. 나 외의 손님은 미국에서 온 老夫婦와 나머지 한 사람만이 있을 뿐이었다. 숙박시설이라고는 하지만 침대·세면기 외에는 아무것도 없는 원두막 같은 곳인데, 우리는 곧 觀光會社의 안내인을 따라 遺跡地를 관광하기로 하였다.

과테말라市는 高地帶여서 시원하였으나 티갈은 섭씨 40도에 가까운 정글지대로 蘭 같은 종류의 식물이 높은 가지에 얽혀져 있었고, 진기한 새와 나비 같은 것이 날아다녔다. 이 熱帶의 새들은 낮에는 요란스럽게 울었지만, 잠이 들 무렵인 밤 11시쯤 되면 그렇게 요란스럽게 울던 새들도 조용해졌다가 아침이 되면 다시 요란스럽게 울어댔다.

티갈의 中心地는 소위 큰 廣場(Grand Plaza)이라는 곳이다. 그 곳에는 거대한 寺院이 있는데, 그중의 하나는 높이가 229피트이며, 100여 계단을 올라가면 넓이 150평방피트의 房이 374개가 나온다. 비교적 조그마한 방들을 莊嚴하게 만들기 위하여 무한한 人力을 투입하였던 것이다.

그곳에서 멀지 않은 곳에서 지금 복원공사가 진행되고 있는 또 하나의 피라미드를 보았다. 아직 금속을 사용하지 못하던 石器時代에 이러한 大工事를 하였다는 점에 놀라지 않을 수 없었다. 티갈은 모두 여섯 群의 寺院址로 나뉘는데 첫번째 발견 때는 항공기로 공중에서 내려다 보니

흙으로 덮여 있기는 했으나 피라미드를 알아볼 수 있었다고 한다. 우리는 오전에 네 개를 보고 오후에는 또 한 곳을 보았다.

마야人들의 가장 큰 문제는 물의 공급이었다. 이곳의 乾燥期는 11월부터 5월까지이며, 그후에는 雨期가 온다. 건조할 때는 몇 달이 가도 비 한방울 오지 않는다. 따라서 그 물을 저장하는 방법이 큰 문제이다. 그곳에서도 山 사이를 두 군데 막아서 저수지 시설을 만든 것을 볼 수 있었다.

거기에는 자그마한 博物館이 있었는데 주로 펜실바니아大學 박물관 팀이 발견한 물건들을 진열하고 있었다. 진열품은 土器·石器·玉器·碑石 같은 것이었다. 碑石은 이곳에서 자주 볼 수 있는 유물인데 새겨져 있는 도상은 曆學的인 어떤 상징 같은 것으로 추측되고 있다.

5월 13일에는 일찍 일어나서 人夫들의 거처 및 발굴대의 宿舍, 作業室 등을 보았다. 지금 와 있는 대원은 약 25명이었고, 그 중 절반이 여자였다. 이들은 주로 작업실 일을 하고 있었다. 그러나 遺物은 별로 많지 않았다. 寺院에 올라가는 계단에 장치해 둔 石器 같은 것이 중요한 것이었다. 유감스러운 일이지만 寺院 외에는 다른 住居址가 발견된 것이 없었기 때문에 古代 住居地域이 어느 정도의 규모인지 알 수가 없었다.

펜실바니아大學 박물관은 연간 10만불씩 쓰면서 10년간 이곳에서 일하고 있었다. 그런데도 과테말라 정부에서는 그해에야 비로소 10만 불을 지불하였다 한다. 그리고 과테말라 측에서 두 명의 대학생을 발굴에 참가시키고 있었으나, 그들은 英語도 몰랐을 뿐만 아니라 考古學에는 초보자였다.

나는 어제 나를 싣고 온 바로 같은 비행기로 오전 11시 과테말라市에 도착하였다. 티갈의 비행장은 발굴대를 위해 정글의 일부를 없애고 활주로를 놓은 것이었다. 중국집에서 점심을 먹고 동물원과 박물관에 갔다. 박물관장은 이 나라의 유명한 詩人 사마야오씨로서 考古學者는 아니었다. 이 나라 고고학발굴은 펜실바니아·하바드·밀워키의 세 대학에서 맡고 있었는데, 雨期가 되면 그 일꾼들은 모두 이 박물관의 지하실 작업장에 모인다고 하였다.

이곳 시장에 가면 많은 인디안들의 모습을 볼 수 있다. 각처에서 모여든 그들은 장날이면 모두 과일·채소 등의 농산물을 가지고 와서 팔고 생활필수품을 사 가지고 간다. 이 나라에서 가장 유명한 곳은 지지가스테낭고라는 곳이다. 그곳에 가면 가장 순수한 인디안 모습을 볼 수 있다. 더욱이 그곳은 인디안의 迷信이 섞인 독특한 기독교 교회로 유명하였는데 가지 못한 것이 유감이다.

14일에는 스페인점령시대의 首都였던 안티크바라는 곳에 비교적 깨끗한 버스가 있어 그것으로 往復하였다. 지배자들이 그들 본국의 높은 文化를 그대로 옮겨 놓은 곳으로 創建은 16세기 중엽에 했다고 한다. 한때 이곳에는 18개의 修道院, 32개의 教會, 7, 8개의 大學, 5개의 病院이 있었고, 人口는 7만명, 주택수는 6천에 이르렀다고 하는데, 1773년에 큰 地震이 있어 순식간에 전 도시가 파괴되어 버렸다고 한다.

좁은 지역인지라 한 시간당 1불씩 안내자를 고용하여 復元된 宮殿·教會·寺院 등을 구경하고 돌아왔다. 도중의 경치는 아름다웠고, 아직 덜 개명된 것이 오히려 마음에 들었다.

14일 오후 7시 45분에 나는 멕시코의 메리다를 향하여 떠났다. 과테말라空港 팬암 사무실에는 한국인 직원이 있다고 들었는데 그것을 안 것은 후의 일로서 그때는 만나지 못하고 왔다.

메리다市는 低地帶로서 대단히 더운 지역이다. 이곳을 중심으로 유카탄半島의 마야遺蹟을 살필 계획을 세웠다.

스페인 사람들이 이곳에 온 후 처음부터 이상하게 생각했던 것은 이 지역에는 河川이 없다는 사실이었다. 雨期가 되어 2, 3개월간 큰 비가 와도 그것이 表土에 숨어 있을 뿐 내(河川)가 되어 흐르는 일은 없었던 것이었다. 비가 그쳐 표면의 물이 없어지고 地表 아래로 스며들어 물이 차 있는 곳을 센노트라고 하였다. 그러나 그런 곳은 그리 많지 않았고, 그런 곳에는 水神이 있는 곳이라고 생각하였다. 물이 없고 기후는 무더워 이곳에서 재배되는 것은 선인장처럼 보이는 헤네켄(Henequen)이라는 식물이었다. 지금도 유카탄반도의 최대의 收入源은 헤네켄이고, 그것으로 밧줄을 만든다고 한다.

지금으로부터 약 60, 70년 전에 한국 사람들이 노동자로 하와이에 갔던 바로 그때 일부의 우리나라 사람들은 이곳에 왔다. 그 숫자는 1,004명이라고 들었다. 그들이 할 수 있는 노동은 헤네켄 재배였다. 하와이로 간 사람들은 결과적으로는 성공하여 지금은 모두 잘 살고 있으나, 유카탄으로 간 사람들은 거의 전멸하고 말았다.

메마르고 무더운 화씨 100도를 오르내리는 지역에서 헤네켄을 뿌리내리게 하기 위해서는 물을 주어야 한다. 그런데 헤네켄에는 단단한 가시가 있어 찔리기만 하면 피가 나기 일쑤였다. 먹을 것도 제대로 못 먹고 더운 곳에서 과도의 노동에 지친 우리나라 동포들은 거의가 죽어갔다. 그중에서도 억센 사람들은 高地帶인 멕시코市나 미국 쪽으로 가서 延命하였는데 그 숫자는 많지 않았다. 지금 살아남아 있는 우리나라 사람은 오래 전부터 멕시코에 이민왔던 사람들의 後孫이다.

어느 날 저녁 나는 모자를 사러 갔더니 상점 주인이「미스터 金」이라고 불렀다. 너무나 놀라서 그것을 어떻게 알았느냐고 하였더니

"한국 사람은 다 미스터 金이 아니냐"

고 하였다. 그가 그곳에서 얼마 되지 않는 곳에 다른 미스터 金이 藥局을 경영한다고 하여 한참 찾아다녔으나 헛수고였다. 후에 멕시코市에 가서 吳天錫대사를 만났더니 大使館에서 韓國移民六十年史를 편찬하려고 자료를 모은다고 하였다. 그런데 吳대사가 그곳을 떠난 후에 그 계획은 실행되지 못하고 말았다.

旅行社를 따라 먼저 간 곳이 치첸 이차(Chichen Itza)였다. 가는 도중에는 헤네켄만 보일 뿐 다른 식물은 보이지 않았다. 주택은 단순하고 깨끗했고, 주민들의 옷차림도 가난한 모습이 아니었다. 치첸 이차는 全域이 1. 5킬로미터의 길이였고, 幅이 800미터밖에 되지 않았으나 이곳에는 2개의 센노트가 있었다. 우리는 그중의 하나에 안내되어 옛날 이야기를 들었다.

傳說에 의하면 이곳에 있는 水神을 위하여 1년에 한 번씩 未婚의 女人을 바쳤다고 하는데, 여자의 가슴을 째고 심장을 꺼낼 때 머리를 눕혔던 돌이 아직도 남아 있었다. 이 센노트의 길이는 直徑 약 60m 가량 되었다.

유카탄의 遺蹟에 비상한 관심을 가졌던 톰슨이라는 미국 영사가 여기에 잠수하여 屍骨·硬玉·土器 같은 것을 발견하였다고 한다.

가장 인상에 남는 것은 武士의 寺院(Templos de los Guerreros)으로 카네기재단에 의해 복구되었는데 사방에 武士와 僧侶의 像이 서 있었다. 옛날에는 이것이 彩色이 되었다고 하는데 지금은 흔적만 보일 뿐이었다. 아주 이색적인 건물 중의 하나는 天文臺로 형태는 圓形이었다.

공차기(蹴球)의 코트라는 곳은 한 쪽에 돌로 만든 둥근 것이 달려 있어 공을 그곳으로 나가게 해야 된다고 하였다. 그러나 그 경기의 방법을 지금은 알 수가 없다고 한다. 또 사실 공을 차서 그곳으로 나가게 하는 것은 불가능한 일로 대개는 儀式에 불과하였을 것이라고 생각되었다.

다음날 우스말(Uxmal)에 갔다. 미국에서 온 젊은 觀光團을 만났는데 근처에 있는 수영장에서 오는 길인지 지나치게 떠들어서 어제와 같은 엄숙한 분위기를 느낄 수가 없었다. 그곳의 知事의 집(Governor's Palace), 女僧의 집(Nunnery) 같은 것이 볼 만하였다.

멕시코市에 도착하여 메트로폴이라는 호텔에 들고, 대사관에 갔더니 吳天錫대사와 具忠會공사가 환영해 주었다. 또 멕시코市에는 전에 WHO(세계보건기구)의 파견원으로 서울에 와 있던 아빌라라는 의사도 있었다. 나는 具공사와 함께 國立人類學博物館으로 찾아갔다. 그것은 굉장한 규모였는데 멕시코의 큰 자랑거리였다. 마침 館長이 不在中이어서 그 아래의 아베레라라는 사람을 만나서 그의 안내를 받은 다음, 나는 그를 中國街의 北京이라는 식당에 초대하였다. 이것이 인연이 되어 후에 그가 나를 멕시코올림픽위원회의 이름으로 초대하였다. 멕시코까지 오는 우리나라 사람이 적어서 吳대사는 나를 귀빈으로 대접하여 주었다.

市에서 한 시간쯤 가면 테오티우칸이라는 遺蹟이 있었다. 年代的으로는 후기에 속한다고는 하나 굉장한 곳으로 나는 具공사와 같이 갔다. 入口에 있는 조그마한 박물관에는 테오티우칸에 대한 해설이 있었다. 그중에서도 가장 큰 것은 퀘사코틀寺院(Templo de Quezacoatl)·太陽 피라미드(Piramide del Sol)·달 피라미드(Piramide de la Lune)·農事寺院(Templo de la Agricultura) 등등의 거대한 건물들이었다.

테오티우칸은 본래는 큰 도시를 이루고 있었다고 한다. 建立年代는 안내서에 의하면 紀元前 100年부터 紀元後 650年이라고 하는데, 그후 이 학설이 변하였는지는 알 수가 없다. 나는 아빌라박사와 같이 스페인 傳來의 무용인 플라맹고를 구경하고, 그곳의 투우장도 구경하였다.

멕시코市는 熱帶地方이었으나 날씨는 대단히 시원하였다. 해발 2,200m의 高地帶인 까닭이었다. 나는 멕시코市에서 재미있는 분을 한 사람 만났다. 그분의 성함은 李辰默씨로, 駐英公使를 지낸 李卯默씨의 季氏되는 사람인데 농촌개량사업에 대한 전문가였다. 農村이 自力更生하는 방법을 연구한 그 방면의 권위자로서 南美 各國 정부의 초청을 받아다니곤 하였다. 그때 마침 그가 브리티쉬 온두라스 정부의 초청을 받아 그 곳으로 가는 도중에 멕시코市에서 만났는데, 그후 어떻게 되었는지 알지 못하고 있다.

나는 예정대로 미국으로 가지 않고 5월 21일에 멕시코市를 출발하여 대서양을 넘어 독일의 보쿰市에 있는 보르네만교수댁에 잠깐 갔다가 파리로 갔다. 프랑스에서 舊石器時代 유적을 순방하고 싶다는 나의 희망을 맥크레이씨가 들어 주어 이곳으로 소식을 보냈던 것이었다.

프랑스의 舊石器文化

내가 서울을 떠날 때 샹바르 프랑스대사에게 프랑스에 갈 계획을 이야기했더니 그는 프랑스 정부에 추천하여 돈 500프랑과 1등 기차승차권을 지급받도록 해주었다. 이것은 큰 도움이 되었고 또 프랑스 정부에서 國立科學硏究센터(Centre National des Recherches Scientifiques)에 연락하여 나를 유적에 안내하도록 의뢰하여 주었다.

나는 우선 여행을 떠나기 전에 옛적부터 잘 아는 사이인 세루누스키 박물관장인 엘리세에프에게 연락하였다. 그래서 그와 함께 파리市에서 50마일 쯤 떨어진 세느江과 욘江이 合流되는 펜세반(Pincevent prés Montereau)이라는, 舊石器時代의 유적을 발굴하는 곳으로 갔다.

1964년 馴鹿의 뼈를 발견한 곳에서 우연히 발견한 유적이었다. 한 住居址에서 石器 제작자가 앉아 있었던 자리까지 알아냈고, 그 주위에 石器 破片이 흩어져 있었다. 그 遺跡地는 그대로 보관하여 전문가들에게 생생한 자료로 쓰일 것이라고 하였다. 나는 마침 점심시간이 되어 작업하는 사람들과 점심을 나누면서 이야기를 들었다.

나는 파리의 人類學博物館(Musée de l'Homme)에서 르르와 구르왕(Leroi-Gourhan)이라는 考古學者를 만났다. 그는 일본어에 능숙하여 나를 놀라게 했다. 또 엘리세에프씨가 프랑스의 모든 박물관을 총 지휘 감독하는 샤뜨렌(Jean Chatelain)씨도 소개하여 주었다. 그를 만나러 갔으나 그분이 接客 중이어서 30분간 나는 루브르박물관의 「모나리자」가 걸려 있는 전시실에서 기다렸다. 레오나르도 다빈치의 이 유명한 그림 앞에서 나는 10분 이상이나 혼자 서 있었다. 그때 물론 守衛 한 사람은 끝까지 그 방을 떠나지 않고 있었다. 그런데 1980년 여름에 가 보니 「모나리자」 그림에 유리를 끼워 놓고 심한 보안조치를 하여 누구도 온전히 감상할 수가 없게끔 되어 있었다.

파리에서 렌市로 가는 도중에 나는 하룻밤을 저 유명한 몽 상 미셸(Mont St. Michel)에서 지냈다. 이 유명한 中世紀의 城을 이제야 보게 되어 오랜 願을 풀었다. 滿潮가 되면 섬(島)이 되고 干潮가 되면 육지와 연결되는 이 조그마한 낭만적인 城에서 하룻밤을 지냈다. 렌市에 도착하였더니 CNRS(國立科學研究所)의 지오 教授(P. R. Giot)가 찾아왔다.

나는 그의 안내로 이 지방의 유적을 찾아 다녔는데, 그중에서도 중요한 것은 돌멘(Dolmen, 고인돌)과 카르낙크(Carnac)에 있는 立石(선돌, Menhir)이었다. 이곳에 있는 돌멘이 우리나라의 것과 비슷한 데에는 정말 놀랐다. 물론 그 형태에 따라서 돌멘을 여러 가지로 나눌 수 있다.

돌멘이라는 이름은 프랑스어에서 온 것으로 Stone Table이라는 뜻이다. 그리고 카르낙크의 立石은 5, 6개의 列로 되어 있으며, 各 列에 20개 이상의 立石이 있는데 높이가 1~5미터에 이르는 것이었다. 그러나 실제로 그것이 무엇이었는지는 알 수가 없었다.

프랑스에는 도합 6천개 이상의 멘힐이 있다. 또 영국에 있는 유명한 스톤헨지도 멘힐의 일종이라고 한다. 가장 큰 것은 지금 다섯부분 이상으로 부러진 록마리아께(Locmariaquer)의 大멘힐로서 20m 이상의 높이였던 것으로 유추되고, 重量은 350톤이 넘는다고 한다. 그곳에 갔을 때 지오교수는 그것을 만들어 세우려고 할 때 頭部가 너무 무거워서 절단되었을 것이며, 後世에 부러진 것은 아닐 것이라 하였다. 브르따뉴지방에서는 1차대전 때 해안에 만들어 놓은 독일군의 벙커를 아직도 볼 수가 있었다.

다음에 찾아간 곳은 도르도뉴지방의 뻬리괴(Périgeux)였다. 이곳에서는 市의 문화담당 책임자와 박물관 관계자가 나와서 공식적인 환영파티로 간단한 다과도 준비하여 나로서는 크게 대접받은 느낌이었다. 그러나 이곳의 박물관은 가지고 있는 蒐集品의 중요성에 비하여 너무나 초라하였다. 大프랑스가 地方文化財를 이렇게 관리할 수 있을까 하고 의아스럽게 생각되었다. 나는 그곳에서 뻬리괴를 중심으로 하는 유적지에 안내되었다.

가장 인상이 깊었던 곳은 레제지(Les Eyzies)박물관이었다. 비록 규모는 작았으나 그 부근의 구석기시대 상황을 일목요연하게 알 수 있도록 잘 정리되어 있었다. 로즈리 오트(Laugerie–Haute), 로즈리 바스(Laugerie–Basse), 또는 라스코(Lascaux)도 이곳에서 멀지 않았다. 마침 그때는 라스코의 壁畫가 관람자들의 호흡에서 나오는 菌 때문에 손상이 간다고 하여 관람자들의 출입을 금했고, 抗生劑로 치료를 하기 위해 거창한 설비를 해 놓았다. 그러나 나는 遠來의 客이라고 특별히 입장이 허락되었다. 라스코는 극히 근래에 와서 우연한 기회에 발견되어 세계적인 센세이션을 일으킨 곳으로 그곳에는 구석기시대 사람들의 많은 그림이 있었다.

레제지 일대에 많은 업적을 남긴 사람이 페로니(Perony)인데 그의 아들이 오래도록 레제지박물관 관장을 하고 있었다. 그러나 워낙 薄俸이어서 그 자리를 지키지 못하고 있었다. 이분들은 이 방면의 귀중한 學者들이었으나 시골사람과 같은 소박한 느낌을 주어 마음이 흐뭇했다.

나는 르구르두(Regourdou, Montignac-sur-Vézère)라는 곳에서 로제 콩스탕(Roger Constant)이라는 농부를 찾아갔다. 그는 우연히 그의 所有地에서 구석기유물을 발견한 후 그 出土品으로 조그마한 박물관을 만들었다. 세계 最小의, 그러나 가장 중요한 유물을 전시하고 있었다.

이곳에서 나는 보르도市로 갔다. 驛에는 보르도大學의 보르데(Bordes) 교수가 마중나와서 그가 정해준 호텔에서 旅裝을 풀고, 곧 교수의 宅에 가서 점심식사 대접을 받았다. 부인도 유명한 학자로 좋은 책을 내고 있었고, 그의 著書인 《石器時代 *l'Age de Pierre*》는 한국말로도 번역되었다.

나는 보르도大學에 가서 교수의 연구실을 보고 크게 인상을 받은 바 있어 후에 서울에 있는 샤바르大使의 강력한 추천을 얻어 박물관 직원인 鄭永和를 학생으로 보내 구석기시대 연구를 시켰다. 그는 5년 동안 연구한 결과 박사학위를 받고 돌아와 지금 우리나라에서 유일하게 舊石器時代를 전공한 학자로 활약하고 있다.

보르데교수는 나에게 구석기인이 어떻게 石器를 만들었는지 몸소 보여주었다. 그뿐 아니라 보르데교수는 나에게 수십개의 구석기유물도 주었는데 그것은 지금 우리 국립박물관의 蒐藏品이 되어 있다. 언뜻 보기에는 돌멩이에 불과했으나 프랑스의 文化財임에 틀림없어 손가방에 넣어 가지고 密輸入하여 왔다. 그것들은 적어도 100만년은 되는 것들이었다.

나는 파리에 있는 동안 하바드大學에 있는 나의 딸 理那에게 방학이 되는 대로 파리로 오라고 하였다. 프랑스지방 여행을 끝내고서 딸과 함께 이탈리아로 떠나 로마·플로렌스·베니스 등을 여행하고 나 혼자 서울에 돌아왔다. 이때 로마에서 한일교섭이 타결되어 정식으로 국교를 맺게 된다는 소식을 들었다.

보로부두르사원에서, 족 작카르타(1963)

티갈, 과테말라(1965)

카르낙, 프랑스구석기시대 立石유적

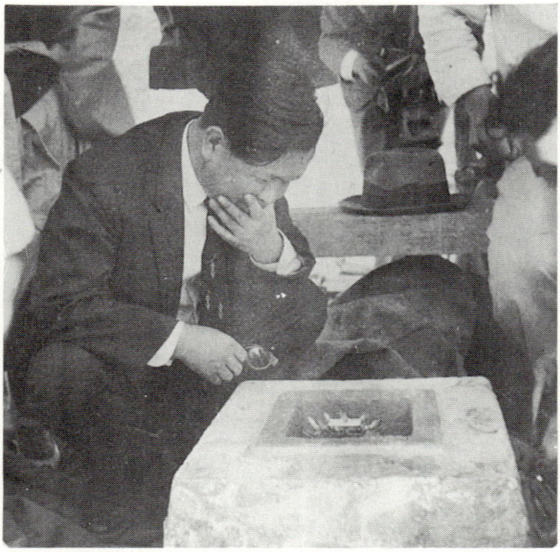

慶北 松林寺磚塔舍利具調査(1959. 4. 21.)

慶州 南山鐵瓦谷佛頭 옆에서 朴日薰(경주박물관장)씨와 함께(1965)

梁山貝塚조사를 마치고(1967. 11.), 왼쪽으로부터 金正基, 朴日薰, 韓炳三, 필자, 有光敎一

관장실에서(덕수궁 石造殿)

제 9 장 ■

우리 文化의 소개와 그 어려움

靑瓦臺의 심부름꾼으로

1965년도 저물어가던 때 어느날 청와대에서 만찬회에 참석하라는 전갈이 왔다. 로스앤젤레스의 市長 요르티(Yorty)가 왔는데, 대통령이 미국에 갔을 때 특히 요르티시장의 환대를 받았으므로 그 답례로 그를 초대하였던 것이다.

그런데 그보다 앞서 대통령 부인은 로스앤젤레스市의 카운티박물관에 한국 물건이 하나도 없는 것을 유감스럽게 생각하여 陶磁器 10여점을 사서 그 박물관에 기부하기로 하였다. 그 물건을 산 것이 박물관측이니, 아마도 나에게 그것에 대한 설명을 하라는 것이 틀림없었다. 陸女史는 만찬에 참석하지 않았는데 아마도 요르티市長이 부인을 동반하지 않았기 때문인 것 같았다.

만찬에 가 보니 당시의 최고 권력층들이 다 모인 것 같았다. 公報長官 洪鍾哲, 國防長官 金龍, 祕書室長 李厚洛을 비롯해서 나와 비슷한 자격으로 온 로스앤젤레스의 安光洙總領事, 그리고 통역을 맡은 儀典室長 曺相鎬가 있었다. 식사가 끝난 후에는 李文淑과 그 제자들의 무용이 있었다. 그리고 잠시 후 요르티시장은 떠났는데 그는 떠나기 전에 나에게 그 미술품을 로스앤젤레스에 가져다 주기를 요청하였다.

로스앤젤레스에는 카운티가 여섯 개 있다. 그 중 한 카운티의 시장이

요르티였고, 카운티박물관은 그 여섯 카운티 공동의 박물관이었다. 따라서 요르티는 부분적으로만 관계되어 있을 뿐이었다. 여하튼 나는 그 일 때문에 얼마 후 로스앤젤레스로 떠나야 했다.

1966년 정월, 安光洙총영사의 영접을 받으며 로스앤젤레스에 도착한 나는 곧 곤란한 문제에 부딪쳤다. 즉 그 박물관 동양미술부의 桑山(구와야마)라는 사람은 일본계인데 우리나라의 퍼스트 레이디가 보낸 물건이 質이 좋지 못하니 받지 못하겠다고 하는 것이었다. 동양미술부의 책임자가 그런 말을 하므로, 비록 박물관 관장이라 하더라도 난감한 처지가 되었다. 安총영사도 입장이 난처하게 되어 나에게 어떻게 할 것이냐고 물었다.

다음 날 나는 安과 함게 박물관에 가서 副館長을 만나 미국전시 때의 목록과 비교하면서 그 물건이 그런 低質의 것이 아니라는 것을 납득시키고, 다음날 아침에 증정식을 하기로 했었다. 이렇게 일이 진행된 것은 桑山라는 사람이 뉴욕의 아시아 소사이어티에서 열리는 스웨덴의 구스타프 왕의 수장품 전시회를 보러 갔으므로 반대할 수가 없었기 때문이다.

다음날 아침, 신문기자·카메라맨 등이 모인 가운데 증정식이 열리고, 나는 20분간 연설까지 하였다. 그 자리에는 요르티市長의 부인도 참석하였다. 나는 式을 끝내고 安과 같이 박물관을 나오면서 그의 손목을 잡고 "大事畢!"이라고 외쳤다. 그날 석간에는 박물관 간부들과 찍은 나의 사진과 함께 거기에 대한 記事가 실려 있었다.

다음날 아침, 뉴욕으로 떠나려고 하는데 桑山이 나를 찾아왔다. 아무것도 모르는 듯한 눈치였다. 나는 애써 딴전을 피우고 있는데 그가 막판에 가서, 한국에서 준다고 한 물건은 어떻게 되었느냐고 물었다. 그래서 나는

"아! 그건 벌써 다 끝내고 지금 나는 뉴욕으로 떠날 작정이오."

라고 하였다. 그제서야 그는 무슨일이 벌어졌는지 눈치채고는 얼굴이 파랗게 질린 채 황급히 가버렸다.

그후 귀국하여 들은 이야기로는 그때 내가 한 연설을 安총영사가 서

울로 보내 KBS에서 방송하였다고 한다. 그러나 이렇게 하여 전달된 도자기류는 그후 한 번도 카운티박물관에 진열된 일이 없었다.

桑山는 1978년에 文公部의 초대로 서울에 온 적이 있다. 그런데 그는 한국박물관이 청와대로부터 막대한 돈을 받아가지고는 당시의 館長이 대부분의 돈을 착복하고 좋지 않은 물건을 사 보냈다는 허무맹랑한 말을 하였다고 한다. 같은 자리에 초대되어 갔던 에블린 맥큔여사에게서 직접 전해 들은 얘기다. 이러한 경위에 대하여 나는 여러 미국 친구들에게도 말하여 두었지만 지금 이 일을 철저히 규명할 수 없는 것이 유감이다.

내가 서울을 떠날 때였다. 호놀룰루의 그리핑씨가 인도에서 유네스코의 한 기관인 博物館機構(ICOM) 주최의 박물관 세미나를 지도하고 있는데, 그곳에 참가하지 않겠느냐고 연락해 온 적이 있었다. 여비만 자비로 부담하고 오면 일체의 비용, 즉 호텔과 식비 등은 그곳에서 부담해준다는 것이었다. 기왕 여권을 가지고 있는 터라 인도에서 몇 주일 머무르는 것도 좋을 것 같았다. 인도의 古蹟을 살필 수 있는 좋은 기회라 생각하여 아시아財團으로부터 추가 여비로 4백불을 받아두었다.

그런데 샌프란시스코에서 연락이 왔다. 즉 국제올림픽위원회 위원장인 브런디지의 수집품을 드 영 메모리알박물관의 소장품의 일부로 하고 별도의 새로운 건물을 지었는데 그 개관식에는 세계의 많은 학자도 초대하여 큰 행사를 벌인다는 것이다. 그리고 그 開館式에는 진열품 외에도 韓國·中國·日本의 미술품도 대여받아 진열한다는 것이었다. 이 때문에 속히 샌프란시스코에 가서 그 박물관 관계자를 만나보라는 연락이었다. 부득이 나는 인도행을 포기한 채 예정을 앞당겨 귀국하여 우리 貸與品을 포장하였다. 그러나 이것은 미국 측의 사정으로 중지되고 말았다.

우리 미술을 외국어로 집필

로스앤젤레스의 카운티박물관에 미술품을 증정하고 東部로 갔다가 귀국하는 길에 東京에서 일본 최대의 출판사인 講談社의 佐藤貞介라는 사람을 만났다. 그는《韓國美術》이라는 책을 출판하기 위하여 나를 만나자고 하였다. 이 일은 田枝幹彦이라는 사진작가가 중간에서 알선한 것으로 田枝는 내가 스위스의 오피스 뒤 리브르社에서 韓國美術에 대한 책을 출판할 때에 도판을 만들기 위하여 서울에 다녀간 적이 있는 사람이다.

講談社에서 출판한 韓國美術에 대한 책까지 합해서 나는 外國語로 도합 세 권의 한국미술에 대한 책을 썼다.

그 중 첫째권은 독일 바덴바덴市에 있는 홀레출판사에서 출판한 것이다. 이 출판사에서는 世界의 美術(Art of the World)이라는 叢書를 내는데 인도·인도네시아·아프리카·中國·石器時代·古代 아메리카·메소포타미아·大洋洲와 濠洲·인도지나·크레타와 고대희랍·로마와 로마帝國·이집트·佛敎美術·고딕美術·古代이란·에투루스카·日本·비잔틴·그리스, 그리고 한국과 버마와 티베트를 묶어서 한 권으로 하는 도합 20권의 총서를 기획하고 있었다. 그후 이것이 늘어서 30권 이상이 되었다.

왜 한국은 티베트와 버마와 합해서 한 권을 만드느냐 하는 나의 질문에 중국이 한 권인데 한국이 다른 지역과 합쳐져서 한 권을 만들더라도 무리는 없지 않겠느냐 하는 답변이었다.

나는 한 권을 다 쓰려면——그것도 영어로——큰 부담이 될 것으로 생각했으나 집필을 승낙하였다. 원고료는 500불로 일시불이었다. 그 도판들은 우리나라 전시회가 비엔나에서 열리고 있을 때 스위스의 사진사가 촬영한 것으로 그런대로 쓸 만하였다. 후에 日本美術을 담당한 영국의 피터 스완(Peter Swann)의 말에 의하면 이 500불은 지불해야 되는 액수의 3분의 1에 해당하는 금액이라는 것이었다. 나는 경험도 없었고 외국어로 책을 쓰는 맛에 출판사의 제의를 그대로 받아들였던 것이었다. 그때 나는 英語로 썼으나 나중에는 獨·佛·伊의 세 나라 말로 번역되어 네 나라에서 출판되었는데 500불이란 완전히 속임수였다.

英語책 이름은 *Burma Korea Tibet*, Art of the World 시리즈로 紙面 配分은 버마와 한국이 각기 2이고, 티베트가 1이었다. 나는 이 돈으로 藝

場洞에 있는 우리집을 수리하였다.

그런데 얼마 되지 않아 스위스의 오피스 뒤 리브르(Office du Livre)출판사에서 다시 한국미술을 출판하자는 교섭이 왔다. 彫刻은 金元龍씨가 맡아서 共著로 하기로 하고, 역시 일시불로 1,500불을 받아서 金과 750불씩 나누었다. 그러나 이것은 외국 출판사에 두 번째로 속은 경험이 되었다. 적어도 그 두 배는 받아야만 했다. 이 책 역시 佛·獨·伊語로도 번역되어 4개국어로 책이 출판되었다. 英國과 美國이 같은 영어라 해도 각기 다른 출판사에서 출간되었기 때문에 모두 다섯 나라에서 출판된 셈이다.

이 책들은 내용은 같아도 책 제목은 제각기 달랐다. 英國版은 *The Arts of Korea*로 Thames and Hudson 출판사, 美國版은 *Treasures of Korean Arts*로 출판사는 Harry N. Abrams, 獨文版은 *Korea, 2,000 Jahre Kunstschaffen*으로 출판사는 뮌헨市의 Hirmer 출판사, 佛文版은 *Corée 2,000 Ans de Création Artistique*로 출판사는 Office du Livre였다. 제각기 출판사 이름은 달라도 製版, 出版은 전부 스위스에서 하였다. 이것이 그들의 商術이었다.

훨씬 후에 日本版이 나왔는데 출판은 美術出版社였고 제목은 《朝鮮美術》이었다. 모두 얼마나 팔렸는지는 알 수가 없으나 일본에서는 처음에 1,300部가 인쇄되어 수개월 안에 모두 팔렸다. 이 경우도 역시 사진제판은 스위스였고, 本文인쇄는 일본에서 그리고 번역은 井垣春雄이라는 사람이 했다. 그러나 이 책은 평판이 좋지가 않았다. 영국의 곰페르츠는 *Oriental Art*에 좋은 평을 썼으나 그 자신이 도자기에만 관심이 있는 사람이었기 때문이다. 첫번째 책은 1963년도에 7, 8불로 판매되었고, 두번째 책은 스위스에서 출판된 것으로 영국·미국·독일·프랑스에서 다 같이 25불로 팔렸다.

그런데 이 모든 책들을 능가하고자 나온 것이 講談社의 책이었다. 결국 500부 限定版으로 출판되었고, 美貨 150불에 해당하는 定價로서 아주 豪華版이었다. 이 책을 위하여 1967년 10월 9일에 山本正勝·名鏡勝

朗의 두 사진사가 서울에 왔다.

본래 講談社에 韓國美術을 내도록 추천한 것은 田枝幹彦이었다. 그런데 그는 일본의 美術出版社와 스위스 출판사를 위하여 찍은 사진 중에서 네 장을 北韓의 선전을 주로 하는《朝鮮文化史》라는 책에 빌려주어서, 결과적으로는 내가 北韓측에 협조한 것처럼 되었다. 이와 같은 田枝의 행위는 출판사나 저자와의 사이의 계약위반이고 배신행위였던 것이다. 이《朝鮮文化史》는 北韓에서 많은 힘을 기울인 책으로 金日成에게서 출판 관계자들이 훈장까지 받았다고 한다.

講談社의《韓國美術》은 나의 맏딸 理那와 尹武炳씨의 협력으로 만들어진 것으로 尹은 건축 전문가는 아니었지만 11面의 짧은 論文으로도 韓國建築을 소개하는 데에는 충분하였다. 가장 칭송을 받은 부분은 理那가 쓴 彫刻篇이었는데 日本의 한국미술연구학자인 熊谷宣夫가 격찬하였다.

《韓國美術》의 사진촬영은 1968년에도 山本과 川瀨正 두 사람에 의해 계속되었고, 우리의 원고는 1967년 말까지 완료되었다. 출판된 후에는 500부 한정판이 3개월 내에 매진되었는데 그중에서 적어도 100부 정도는 한국에 왔다.

이 책은 당시 探求堂의 사장 洪錫禹씨의 마음에 들어 1973년에 탐구당에서 韓國語版을 펴냈다. 일본판과 똑같은 체재였으며 도판도 講談社에서 거의 原價로 찍어주었다. 정가는 일본판과 같은 150불에 해당하는 6만원이었고 역시 500부 한정판이었다.

한편 나의 책을 본 당시의 文化財管理局長은 거금을 들여《韓國古美術》이라는 책을 출판하였다. 그러나 우리가 셋이서 3, 4년 동안 원고를 준비한 것에 비하여 그것은 5, 6명에게 원고지 60장 정도를 2 개월 안에 쓰라는 원고 청탁을 하였다. 그리고 일본인 사진사 田枝幹彦을 5천불에 고용하여 사진판을 만들어 1974년에 출판하였다. 그 책은 우리 책보다 4년이 늦었고, 값은 2만원이었다. 그리고 처음부터 우리의 책은 英文版으로 출판하기로 계약이 되었기 때문에 文化財管理局에서도 英文版을 일본의 淡交社, 웨더힐社와 같이 내려 하다가 결국은 단독으로 출판하였다. 그 책의 필자들의 의향이야 어쨌든 본 뜻은 내가 쓴 講談社版을 압도해보려는 문화재관리국측의 계산이었다.

이제 우리의 英文版 책 이야기를 쓰자면, 그것의 상황은 韓·日語版과는 완전히 달랐다. 우선 영문판은 번역이 어렵기 때문에 건축을 제외하였다. 그리고 本文도 외국 독자를 상대로 하기 때문에 韓·日語版과는 관계없이 처음부터 다시 썼다. 또한 우리의 英文 원고를 그대로 출판사에 넘길 수가 없어서 호놀룰루미술관의 그리핑관장의 도움을 받았다. 그 당시 미국유학 중이던 큰딸 理那와 나와 그리핑 사이를 원고가 적어도 5, 6차 왔다갔다 하면서 완성된 것으로, 지금도 그 영어판은 최고의 것이라고 자부하고 있다. 원고를 3년 이상이나 걸려서 썼기 때문에 어느 정도의 자신이 있었다. 그런데 講談社에서는 淡交社에서 같은《韓國美術》을 출판한다 하므로 겨우 우리 원고를 받은 때였는 데도 불구하고 곧 판매를 개시한다고 허풍을 떨어 淡交社에서 그 출판을 단념하도록 술책을 썼다고 하여 우리는 고소를 금치 못하였다. 講談社는 전 세계에 판매망을 가지고 있어 수천부에 이르는 英文版은 1980년 말에 거의 매진되었고, 정가도 美貨 65불에서 75불, 나중에는 85불로 올려 팔았다.

이 講談社 발행의《韓國美術》은 결국 한국판·일본판·영어판으로 출판되었다. 이번에는 印稅도 제대로 받아 경제적으로도 큰 도움이 되었고, 우리나라 미술을 세계에 알리는 오랜 동안의 숙원을 풀 수 있어서 마음이 흐뭇했다. 그러나 그 책이 일부 쇼비니스트의 비위에 거슬려 비슷한 책을 막대한 국비를 낭비하여 만들게 한 것은 전혀 나의 본의가 아님은 물론이다. 그 책의 대부분은 아직도 그냥 창고에 쌓여 있다고도 들었으나 자세히 알 수는 없다. 감히 그러한 책에 수천만원의 公金을 투입하는 무모한 짓은 지나친 애국심만 갖고 아무나 해서는 안 되는 일이다.

우리 책을 준비하는 데 많은 사진가들의 협력이 필요했던 것은 물론이다. 그 중에서도 石窟庵 촬영에 큰 애로가 있었다. 慶州博物館長 朴日薰씨의 도움으로 發電機를 가져다 놓고, 밤 12시부터 약 3시간 동안 가장 조용한 때를 이용하여 3일 동안 촬영을 했다. 밤에만 관광객이 한 사람도 없는 까닭이었다. 그런데 이것도 어떤 사람의 비위를 거슬렸던 모양이다.

"외국 사람을 데려다 우리나라 國寶 사진을 마구 찍게 하다니……"

어느 史學徒의 분개한 말이었다. 이 문제 때문에 나는 講談社에서 파견되어 온 두 사람에게 조심하라고 당부하였다.

한편 文化財管理局에서 국내에서 출판될 책을 위하여 田枝를 5천불에 데려온 것에 대하여 국내의 많은 사진가들이 분개하였다. 좋은 사진을 찍어 우리나라의 좋은 그림을 보여주는 것만이 중요한 일이었다. 그러나 이번에는 田枝의 사진이 모두 拙作이었다.

나는 또한 講談社의 청으로 《서울·水原》이라는 旅行案內書를 쓰게 되었다. 그것은 이왕 젊은 사진사들이 서울에 온 김에 그들을 이용하면 외국인을 위한 旅行案內書를 쉽게 만들 수 있으리라고 생각한 까닭이다. 사진은 모두 原色이었고 내가 日語로 집필한 여행안내서는 일본 돈으로 460엔밖에 되지 않는 값싼 책이었으나 많은 호평을 받아 수만부가 팔렸다. 더욱이 그 英文版은 2불도 안 되었는데 그때까지의 서울에 관한 같은 종류의 책으로는 가장 좋다는 評이었다. 이것도 3, 4만부가 팔렸다.

그래서 나는 文公部에서 열린 月曜 局長會議에 참석하여 그 책을 자랑스레 洪鍾哲장관에게 보여주었다. 우리 돈을 들이지 않고도 우리나라를 선전하게 되어 좋은 일이며, 또 남의 손을 빌어서 하는 선전이 오히려 효과적이라고 생각하였던 것이다. 그러나 그것을 본 洪장관은 화를 냈다.

"우리가 할 것을 왜놈들이 하다니……"

칭찬을 받을 줄 알았던 나는 대단히 놀랐다. 그뿐만 아니라 장관은 어느 局長을 부르더니

"당장 이런 책을 하나 만들라……"

고 명령하였다.

이것은 그가 얼마 후 자리를 바꾸게 되어 실천에 옮겨지지는 않았으나 나로서는 이해할 수 없는 일이었다. 흔히 대통령의 사진이나 책머리

에 내고는 一見 그것이 선전인 것으로 알고 있는 것 같았다. 그러나 그것은 졸렬한 방법이라고 하지 않을 수 없다. 그것은 거의가 우리 文化의 선전보다는 자기 점수를 따기 위한 속셈이었던 것이다.

5·16 民族賞

우리나라에서 가장 權威 있는 상이라면 역시 學術院賞이 될 것이다. 나는 1965년에 그 상을 받았었는데, 그 다음해 다른 상을 하나 더 받게 되었다. 그것이 5·16 民族賞이다.

5·16민족상은 1년 내에 나온 學·藝術作品을 대상으로 하며 상금은 本賞 100만원, 奬勵賞 50만원이었다. 사실 1년 내라는 조건으로 낼 만한 작품이 그리 많을 수가 없었다. 나는 金元龍씨와 共著로 된 《*The Arts of Korea*》(Thames and Hudson, London)를 후보로 냈다. 사실 金은 그때 海外에 있었는데 그의 동의를 얻고 낸 것은 아니었다.

그런데 5·16이 가까워질 무렵이었다. 당시 어느 신문에 오랫동안 新聞小說로 연재되던 한 著名한 소설가의 작품이 단행본으로 나온다는 광고가 크게 났다. 그 광고를 보고 金賞을 받기는 틀렸다고 생각했다. 사실 그런 큰 광고는 한 번에 수십만원씩의 경비가 드는데 보통 출판사에서 내는 광고는 아니었다. 그것도 여러 신문에 그런 광고가 나왔던 것이다. 아닌 게 아니라 바로 그 소설의 단행본이 경쟁자로 등장했다.

專門分科 審査委員會 分科委員長으로 당선된 李崇寧씨가 전력을 다하여 고군분투한 결과 우리의 책을 예선에 통과시키는 데 성공하였다. 그러나 綜合審査委員會에 올라가서는 이미 예선에서 떨어진 그 소설이 本賞으로 되고 예선을 통과한 우리 책은 낙선하였다. 李崇寧씨도 그 문단의 거성을 상대로 싸우기는 力不足이었다. 원래 예선에서 떨어지면 보통 그것으로 끝나는 것이었으나 5·16 민족상에서는 그렇지 않았다.

그런데 심의경과를 곁에서 지켜보던 某 有力者가 우리를 奬勵賞에 추천하였다. 그것도 두 개의 독립된 奬勵賞으로 하여 상금 각각 50만원에 트로피도 각각 한 개씩, 결국 실제로는 本賞과 동등한 상을 받게 하였다. 이것은 특별한 例로서 장려상이란 本賞 작품이 없는 경우에만 한하는 것이었는데도 그렇게 特例를 만들었다. 지금도 心岳(李崇寧의 號)은 그때 일을 회고하면서 苦笑하곤 한다.

상금 50만원을 받고 나는 박물관 직원 전원을 저녁식사에 초대하였는데 妻는 妻대로, 딸·아들들도 제각기 친구를 초대하여 우리 一家가 치룬 손님은 모두 70여명에 이르렀다.

綜合博物館

1966년 어느날, 國會에서 증인으로 나오라는 연락이 왔다. 나는 아무 영문도 모르고 갔더니 文公分科委員會에서 예산심의를 하는데 文化財管理局 소관 예산이 의제에 올려져 있다는 것이었다. 당시 文化財管理局長인 河甲清이라는 사람이 종합박물관 건립계획을 세우고 그 예산안을 제출한 것이었다.

그 綜合이라는 것이 무슨 뜻인지 아직도 모르겠으나, 아마도 본인도 역시 그 뜻이 무엇인지 확실히는 몰랐을 것으로 생각된다. 종합박물관이 필요한 까닭은 당시 德壽宮美術館의 총 수집품이 몇 만점인데 비해 진열된 물건은 천점도 되지 못하며 이 외에도 昌德宮에도 몇 만점이 있으므로 결국 舊王宮 所藏의 각종 미술품의 10분의 1도 진열할 수 없는 형편이기 때문에 새로운 미술관 건물이 필요하다는 것이다. 물론 河는 국립박물관 진열품은 아예 계산에도 넣지 않았고, 舊王宮 관할의 미술품만을 두고 하는 말이었다.

나는 事前에 이러한 이야기를 들은 바도 없었고, 또 河의 말은 이유를 억지로 나열한 것에 불과하였다. 따라서 그가 미술관을 짓고자 한 것에는 내가 전혀 납득할 수 없는 다른 속셈이 있었던 듯 하다.

원래 미술관에는 진열할 수 없는, 또는 진열할 필요가 없는 研究資料가 많다. 또 昌德宮에 진열품이 많다 하여도 그것이 새 미술관을 지을 만한 이유가 되지는 않았다. 그러한 家具, 調度品, 또는 室內裝飾品 들은 당시 진열되어 있던 곳인 昌德宮이 제일 적합한 장소였다. 물론 덕수궁

안에 있는 박물관이 이상적은 아니었고 언젠가는 새로운 건물이 필요하였으나 河甲清이 구상하는 그런 건물은 언어도단이었다.

그가 구상하는 박물관 건물이란 그의 사무실에 만들어 놓은 模型으로도 짐작할 수 있었는데, 그것을 완성한 것이 지금의 中央博物館 건물이다.* 아마 最新으로 건축된 박물관 건물로는 세계의 어디에 가도 볼 수 없는 졸렬한 건물일 것이다. 그러나 文教部長官이 박물관 건축을 추진하는 마당에 소속기관인 國立博物館長이 반대의견을 제출하는 것은 대단히 곤란한 일이었다. 나는 국회 전문위원에게 나에게 증언을 시키지 말 것을 부탁하였다. 적어도 마음에 없는 증언을 하는 것은 면하고 싶었기 때문이었다. 이 계획은 이미 河甲清이 靑瓦臺 비서 某氏와 합의하여 文教部長官의 양해 없이 대통령의 결재를 받아 두었던 것이었고, 그대로 결행되려고 하였다.

어느날, 日本에서 韓日會談의 결과 반환되어 온 文化財가 국립박물관에서 전시되었는데 그것을 계기로 대통령이 오게 되었다. 그 展示室을 미리 점검하기 위하여 하루 전에 權五柄 文教部長官이 박물관에 왔다. 나는 장관을 내 방에 모셔 놓고, 계획되고 있는 새로운 미술관은 지어서는 안 된다고 力說하고, 중지해 달라고 하였다.

그런데 그의 대답은 놀랄 만한 것이었다. 즉 權장관은 다른 용무로 청와대에 갔는데 대통령이 하시는 말씀이, 文化財管理局에서 새 미술관을 짓는다고 하니 좋은 일이며 잘 추진해 보라는 격려의 말씀이 있었다는 것이었다. 대통령은 물론 이 일을 權장관이 미리 알고 있는 것으로 말했으나 장관은 전혀 알지 못하는 바였다. 그렇다고 主務長官이 모른다고 할 수도 없어 그저 묵묵히 물러나왔다는 것이었다. 이것으로 종합박물관 건설은 主務長官의 결재없이 착수되었던 것을 알 수 있었다.

나는 새로 지을 박물관의 건축을 중지시키기 위하여 여러 사람을 만났다. 우선 종합박물관 설계를 공모할 때 심사위원장이었던 金允基씨를

---

* 현재 중앙청건물로 이사오기 전의 박물관 건물. 지금은 민속박물관으로 개조 중이다.

만나서 그 졸렬한 박물관 설계를 비판하였다. 그랬더니 그는 그 作品이 박물관으로 부적당한지는 몰라도 공모된 작품 중에서는 가장 우수했다고 말하였다. 權장관은 자기가 직접 대통령에게 박물관 건축을 중지하도록 말씀드릴 수가 없다고 하였다. 나는 國務總理에게 찾아가서 약 30분 동안 그 박물관이 건축되면 천하의 웃음거리가 될 것이라고 이야기하였다. 그랬더니 그는 잘 알았다고 하며 협조하겠다고 약속하였다. 그러나 그는 대통령에게 一言半句도 그런 건의를 하지 않았다. 또한 새 文教部長官에게 그 의견을 전했으나 역시 상부에 전달된 일은 없었던 모양이다. 그런데 그때 마침 내게는 陸女史에게 한국고고학과 美術史를 강의하기 위하여 매주 1회씩 청와대에 갈 기회가 생겼다. 나는 陸女史에게 박물관 건축에 대하여 閣下께 드릴 말씀이 있으니 閣下를 한 번만 만날 기회를 마련하여 달라고 부탁하였다. 그러나 이 청은 받아들여지지 않았다. 그 대신 육여사 말에 의하면 家族食卓에서 새 박물관 건축 이야기가 화제에 올랐는데, 대통령은 그런 건축이 필요하다고 하므로 승인하였다고 하시더라고 하였다.

결국 대통령이 그런 것까지 알 도리가 없었고, 서로 엇갈린 두 의견이 전달될 때에 그 분이 혼자서 판단하기는 어려웠을 것이리라고 짐작된다. 나는 혼자서 이렇게 여러 방면으로 그 박물관을 짓지 못하도록 노력을 하였다. 주한 프랑스大使 샹바르도 어느 땐가 대통령에게 그런 졸렬한 박물관 건물은 짓지 않는 것이 좋지 않겠느냐고 자기 나름대로의 의견을 말하였으나 물론 그것은 아무 소용도 없었다.

그러는 동안 새 박물관의 기초공사가 시작되었으나 뜻밖에도 河甲淸은 瀆職罪로 고소당해 有罪 판결이 났다. 그가 해임되기 전에 모든 문화기관을 일원화한다는 洪鍾哲 公報長官의 계획이 실현되어 文化財管理局은 국립박물관과 같이 文化公報部로 移管되었다. 나는 이때에 다시 새 건물의 공사를 중지하도록 애를 써서 일시 그 건축이 중단되었으나 洪장관은 끝내 그 공사를 계속시켰다.

또한 金壽根씨가 主幹하는 《空間》이라는 잡지에서는 두 번에 걸쳐 그

종합박물관을 신랄하게 비판하였으나 無爲였다. 이렇게 해서 20억 이상의 경비가 든 현재의 국립중앙박물관이 서울 한복판에 서게 되었다.

도대체 文化財管理局이란 곳은 묘한 機構라고 생각한다. 나라의 살림이나 개인의 살림이나 그해의 수입으로 그해의 살림을 꾸려가는 것이 원칙일 것이다. 그러나 文化財管理局은 해마다 소유의 田畓과 森林을 팔아서 특별회계 비용으로 썼다.* 도저히 이해할 수 없는 일이었다. 그렇게 해서 그 막대한 舊王宮의 財産은 거의가 없어지고 말았다.

그리고 전국에 산재되어 있는 國寶 건축물이 영구히 최종적으로 수리되었던 것도 아니었다. 우리나라의 木造건물은 항상 다시금 손을 보고 수리해야 됨은 물론이다. 또 古蹟 修理에도 많은 문제가 있었다. 李栗谷의 生家인 烏竹軒은 원래 작고 오래 된 건물이다. 그것이 율곡이 태어난 당시의 집인지는 알 수 없으나 그대로 잘 보관하는 것이 古蹟을 보관하는 원칙일 것이다. 지금은 거의 옛 모습은 찾을 길 없이 수리해 놨는데 신식 페인트칠까지 되어 있다. 그 외에도 烏竹軒을 무색하게 하는 많은 새로운 건물이 들어앉았다. 변해진 그 모습에 슬픔을 느끼는 것은 비단 老人들만은 아닐 것이다.

愛國先烈의 銅像建立

서울시민이면 누구나 1965년을 전후하여 서울시의 가장 중요한 곳인 중앙청에서 시청에 이르는 거리에 우리나라 先烈들의 石膏像이 서 있었던 것을 기억할 것이다. 누가 그러한 기발한 착상을 하였는지 알 수 없었으나, 들리는 바에 의하면 金鍾泌씨의 생각이라고 하였다. 흔히 외국의 큰 도시에는 많은 銅像들이 서 있기 때문에 서울에도 비슷한 像을 세우자고 생각한 것이라 한다. 그러나 여름에는 비를 맞고 겨울에는 얼어서 그 석고상이 오래 갈 수가 없었다.

그리하여 그것을 銅像으로 대치하기 위하여 서울신문사를 중심으로

---

* 1970년도 후반 일반회계 예산으로 넘어오기 이전의 일

愛國先烈銅像建立委員會를 조직하였다. 처음에 선 것이 光化門의 忠武公像이다. 그리고 그때 돈을 기부한 분은 朴正熙大統領이었다. 한편 그 像을 제작할 作家를 위원회에서 결정해야 될 것이었으나, 위원회에서의 選出을 거치지 않고 위원장이 된 李元雨씨가 金世中씨에게 忠武公像 제작을 의뢰하였다. 후에 "忠武公像의 考證이 잘못되었다." 또는 "칼을 바른쪽에 쥔 것은 항복하는 軍人의 像이다."라고 운운하여 하마터면 그 像을 헐어버리고 새 동상을 세우려고 일부 사람들이 떠들기 시작한 것은 시작부터 잘못이 있었던 까닭이다.

나는 鎭海에 忠武公銅像을 세울 때에도 考證委員會에 참석한 일이 있었다. 그때 製作者는 尹孝重씨로 동상건립을 주관한 것은 李忠武公紀念事業會였다. 비용의 출처는 자세히 알 수 없으나 그 일에 열심히 뛰어다닌 분은 權承夏(號는 一齋)라는 老人이었다.

考證委員會의 마지막 會議에서 논쟁이 붙은 두 상대는 趙炳玉씨와 張澤相씨였다. 다분히 정치적이고 策士的인 尹孝重은 미리 張澤相을 자기 편으로 만들어 놓았기 때문에 張은 尹의 模型에 찬의를 표했으나 趙는 반대의사를 표하였다. 그러나 일단 作家를 선정한 이상 그 作家의 原案에 약간의 수정을 가할 수 있을 뿐, 대체로 그대로 될 수밖에 없었다. 尹孝重은 李承晩博士의 銅像을 건립하기도 하였다.

다음 동상은 李漢相이라는 어느 土建會社 社長이 5·16民族賞으로 받은 돈을 희사하여 세운 金庾信像이 아닌가 한다. 이 製作者는 金景承으로 지금 시청과 南大門 사이에 서 있다.

또한 元曉大師像은 元曉路에 서 있는데 그 製作者는 宋英洙라는 젊은 서울美大 教授였다. 그는 新銳作家로서 열심히 일하다가 후에 과로로 쓰러졌다. 그가 세운 元曉大師의 축소형인 자그마한 像을 나의 回甲 때 만들어 주어 지금도 우리집 居室에 있다. 像을 볼 때마다 불우하게 夭折한 젊은 사람을 생각하면 유감되고 애석한 마음 이루 말로 할 수가 없다. 그리고 이 모든 先烈銅像 建立에 많은 힘을 쓴 분이 당시의 서울신문사 사장인 張太和씨였다.

東洋學大會

1967년 8월에 나는 미국 안 아버(Ann Arbor)에 있는 미시간大學에서 열린 國際東洋學大會에 참석하였다. 이때 이 學會에 참석하는 외국학자들을 위하여 세 대의 챠터機가 떴다. 파리에서 한 대, 런던에서 한 대, 그리고 동경에서 한 대. 왕복 비행기 요금은 우리의 경우 東京~안 아버間이 모두 200불로 서울에서 東京까지는 별도로 돈을 지불해야 했는데 합해도 400불이 되지 않았다. 그 때 나의 發表論文은 〈支石墓硏究〉였다.

안 아버에서는 체코의 바링커라는 젊은 學者를 만났다. 그는 체코의 다른 學者들과 같이 올 예정이었으나 마지막 순간에 이 學會에의 參加 금지령이 내려져서 다른 사람들은 出國하지 못하였다. 그러나 이 사람만은 미리 오스트리아에 와 있었기 때문에 미국까지 올 수 있었다. 그는 해방 후 여러 해 동안 평양에서 살아서 외국 사람으로는 평양학계의 움직임을 잘 알고 있었고, 한국말도 유창하게 하였다. 우리는 그가 골수 共産黨員은 아닌 듯하여 서울까지 데려오고 싶었으나 짧은 시간 동안에 정부의 양해를 얻을 자신이 없어 李崇寧씨와 생각만 하다가 포기하였다.

나는 안 아버에서 한국에 관심이 있는 외국 학자와 그곳에서 공부하는 우리 유학생을 초대할 수 있는 300불의 돈을 가지고 있었다. 그러나 첫째딸인 理那의 결혼 날짜가 며칠 남지 않아서 그 돈은 李崇寧씨에게 맡기고 캠브리지로 떠났다. 후에 들으니, 하바드大學의 페어뱅크 교수 등 모두 30여명 가량이 모여서 화기넘치는 유익한 모임을 가졌다고 들었다.

理那의 결혼식은 예정대로 진행되었다. 결혼식 하루 전에 중국집에서 조촐한 만찬을 가졌다. 거기에는 理那에게 많은 도움을 준 라이샤워교수 夫婦와 페어뱅크교수 夫婦(이 두 교수는 하바드대학 동양학연구의 저명한 학자들이다)가 자리를 같이하였고 나는 처음으로 호화스러운 만찬에 손님을 초대하여 샴페인을 터트렸다.

결혼식 후 리셉션은 페어뱅크교수댁의 정원에서 열렸는데 하바드大學

의 두 교수부부는 물론, 안 아버學會에 참가하였던 대부분의 우리 학자들이 왔다. 또한 理那가 하바드大學에 유학온 지 몇 해가 지났던 관계로 많은 우리나라 유학생들이 참석하였다. 신랑 신부가 新婚旅行을 떠난 후, 나는 뉴욕에서 東洋學大會에 참가하였던 한국과 일본의 학자들 일행과 합류하여 다시 챠터 비행기로 귀국하였다.

내가 관여했었으나 원래 나의 분야와는 거리가 멀었던 일 중에 산악회관계 일을 여기에 언급하고 지나가고자 한다. 1967년 12월에 나는 韓國山岳會 副會長職을 맡았다. 그 자리는 山岳會의 경비를 조달하는 데 도움이 되어주어야 하는데 나에게는 그럴 만한 능력이 없었다. 결국 그런 능력을 갖춘 李殷相會長의 補佐역할을 맡았으나 실지로는 그 임무를 다하지 못하였다.

그런데 1969년 1월 27일부터 2주일간 실시된 해외원정 등반훈련을 위하여 李熙成육군중령을 대장으로 南宮基·金東基·吳俊輔·朴命壽·朴殷明·邊明洙·林京植·李晩洙·金鍾澈 등의 젊은 사람들이 雪嶽山에 갔다가 遭難 死亡하는 불상사가 생겼다. 이때의 사정은 韓國山岳會에서 낸 《雪嶽山遭難調査報告書》(1971)에 보고되어 있다. 지금도 우리집 현관에는 회갑연 때에 山岳會에서 선물받은 거울이 걸려 있다. 내가 맡을 수 없는 전문 외의 직책이었다.

존슨대통령부인과 육여사 박물관 안내(1966)

陸士博物館 앞에서
왼쪽으로부터 李康七 館長, 필자, 李丙燾, 朴重潤(陸士校長), 許善道(1964)

그리핑씨 부처와 함께 지방여행중
왼쪽으로부터 李坰模(사진가), 洪思俊(부여박물관장), 그리핑부인, 필자, 그리핑, 郭東璨(부여박물관에서, 1966)

한국미술(Arts of Korea)의 출판기념회에서
왼쪽으로부터 체육인 金正淵, 洪鍾仁, 필자, 鄭鎭肅(1974)

디렌프르트(Norman G, Dyrenfurth)씨를 만나는 山岳會員들, 왼쪽으로부터 洪鍾仁, 디렌프르트, 필자, 李敏載

제 10 장 ■

館長在任 四半世紀를 마치고

李相佰박사와의 交遊

1966년, 나는 평소 존경하던 친구인 李相佰씨를 잃었다. 그를 처음 만난 것은 1945년 가을, 京城大學 法文學部를 조직한다고 하여 갔다가 오는 길에 지금의 부속병원 입구에서 六尺長身의 호남을 만났다. 그가 바로 想白(號)선생이었다.

그후 그는 1947년 閔丙燾씨와 함께 景福宮 안에 있는 官舍로 나를 찾아왔다. 그때의 주된 화제는 想白이 인솔하여 베를린올림픽에 갔을 때의 일이나 流産된 1940년도 東京올림픽을 위해 그가 일본올림픽위원회 위원장인 副島伯爵과 같이 歐美로 다닐 때의 에피소드가 화제를 이루었다.

그때 聖火를 그리스에서 배로 가지고 오는 대신 중앙아시아의 沙漠地帶를 거쳐 東京으로 가져온다는 案은 李相佰씨의 아이디어였다. 만약 동경올림픽이 유산되지 않았다면 그 沙漠横斷案을 책임 맡고 있던 자기가 지금쯤 중앙아시아연구의 최고 권위자가 되었을 것이라고 술회하였다.

이 착상으로 짐작할 수 있듯이 想白은 학문적으로나 스포츠에 있어서나 활동무대가 좁은 한국과 같은 나라에 두기는 아까운 존재였다. 그는 《震檀學報》에 초창기부터 끊이지 않고 名 論文을 게재하였고, 우리가 서울에 환도한 후에도 李丙燾씨·李崇寧씨와 아울러 《震檀學報》 참모의 한 사람이었다.

또한 그는 서울대학에 社會學科를 창설하여 그 기초를 닦아놓은 사람이었다. 그의 학문상의 업적 중에 가장 중요한 것은 朝鮮初期의 이른바 鄭道傳亂이라는 것이 실은 鄭道傳이 역모한 것이 아니고 芳遠이 쿠데타를 일으킨 것임을 밝히고, 王子의 亂이라고 고쳐 부르게 한 점이다. 스포츠에서는 우리나라의 거의 유일한 지도자이면서도 화려한 절정기 없이 他界한 것은 애석한 일이었다.

그는 말년에 비로소 결혼하였으나 항상 외로운 사람이었다. 지금도 나는 가끔 長身에 이마가 시원하게 벗겨진 그의 모습이 눈에 선하다. 너무나 외롭게, 너무나 일찍 세상을 떠난 그를 생각하면 마음이 아프다. 그가 別世한 때 그는 겨우 63세였다. 그는 또한 造形美術研究會의 理事長으로 박물관에 협조하였고, 오래 中國에 체재하여 書誌에 상당한 지식이 있었다. 또한 그는 古書畫에 대해서도 鑑識眼이 높은 분으로, 박물관에서는 李丙燾씨·高羲東씨 두 분과 함께 李相佰씨를 評價委員으로 위촉하여 일 년에 두세 차례의 모임을 가졌다. 회의가 끝나면 반드시 會食을 하여 즐거운 시간을 보내곤 하였다.

멕시코올림픽대회

1968년 봄, 대한체육회에서 전화가 왔다. 멕시코에서 손님이 왔는데 나를 찾는다는 것이었다. 대한체육회는 李相佰씨가 他界한 후 나에게는 먼 존재였으나 멕시코라는 말에 마음에 짚히는 일이 있었다. 속히 찾아갔더니 멕시코에서 만났던 人類學博物館의 아베레라씨였다. 그는 멕시코올림픽組織委員會에서 올림픽기간 중 문화행사의 책임을 맡고 있었다.

그 행사 중의 하나가 세계각국의 文化遺物展示인데 한국의 협조를 요청하기 위하여 서울에 왔던 것이다. 나는 그를 저녁식사에 초대하여 근무시간이 끝날 무렵 나의 왜곤車에 태워서 코리아 하우스로 갔다. 가는 도중에 차 안에서 동양 각국에서 한 사람씩 文化關係의 사람을 초청할 계획인데 나에게 초청에 응하겠냐고 물었다. 나는 기꺼이 가겠다고 하였다.

"만약 우리가 멕시코올림픽위원회 이름으로 한국올림픽위원회에 공문을 띄워 누구든 文化關係의 사람 한 명을 보내달라고 하면 당신이 올 수 있겠습니까?"

그는 나에게 그렇게 물었다. 나는 그것은 당치 않은 소리라 하였다. 거꾸로 멕시코올림픽위원회에서 그런 초청장을 받는다면 가장 적임자가 선택될 줄 아느냐고 나는 反問하였다.

아베레라씨는 귀국 후에 나를 지명하여 초청하였고, 나는 이런 경위로 멕시코올림픽에 가게 되었다. 만약 李相佰씨가 살아 있었다면 얼마나 좋았을까 하고 나는 두고두고 생각하였다. 내가 처음 멕시코에 갔을 때 아베레라씨를 北京이라는 중국집에 초대한 것이 인연이 되어 이렇게 초청이 되었고 나는 다시 멕시코에 가게 된 것이다.

물론 우리도 文公部를 통하여 國立博物館의 文化財를 진열해 달라는 멕시코의 요청을 받았으나 나는 그것을 거절하였다. 올림픽경기에 곁들여 이루어지는 전시회에 국가의 중요한 문화재를 전시하는 것은 합당치 않다고 생각했기 때문이다. 그러나 德壽宮美術館 측에서는 그 請을 받아들여 10여점의 고려자기·이조자기를 출품하였다.

멕시코올림픽위원회의 나에 대한 초청은 한국올림픽위원회 관계자들을 놀라게 하였다. 누가 한국대표단을 이끌고 갈 것인지, 또 누가 대표선수가 될지 아무런 결정이 되지 않았는데, 金某가 제1착으로 멕시코에 가기로 되었다고 말하고 있었다.

내가 具참사관의 영접을 받아 멕시코市 비행장에 내렸더니 젊은 아가씨가 나의 안내역으로 지정된 사람이라고 따라오는 것이 아닌가. 자기는 스위스 태생의 카타리나 움브리히트(Catarina Umbricht)이며 내가 멕시코에 체재하는 동안 안내역 겸 祕書役을 맡았다고 하였다. 영어는 좀 서투른 편이었으나 독일어는 그녀의 母國語로서 내가 독일말을 하는 것에 놀라면서 반가워하였다. 그녀는 스페인語도 유창하게 하였다.

카타리나양과 함께 멕시코시의 중요한 名所를 샅샅이 찾아다녔다. 나는 이미 멕시코시를 한번 다녀 갔었으나 그때는 안내도 없어 그렇게 자세하게 명소를 찾아다닐 수가 없었다. 현재의 멕시코시는 바로 스페인 사람들이 처음 왔을 때의 최후의 도시였다. 그때에는 그곳이 큰 연못으로서 그 가운데에 섬이 있어 그곳에 당시의 權力者인 몬테스마가 살고 있었다고 한다.

그때까지 다른 文明과 접촉이 없이 살아온 이 마야인들은 아직도 石器時代를 완전히 면치 못한 상태였다. 프레스코트라는 사람이 쓴 《멕시코의 征服 *Conquest of Mexico*》이라는 책을 보면 이때의 상황이 자세하게 서술되어 있다. 그러나 그것이 어느 정도로 사실인지는 물론 알 수가 없다.

멕시코市에는 유명한 교회가 있는데 그것은 본래 연못이었던 자리를 메꾸어서 지은 건물이었기 때문에 땅이 그 건물의 무게를 지탱하지 못하여 한쪽이 기울어져 있는 것을 볼 수 있다. 멕시코의 기독교에는 아직도 原住民인 마야族의 迷信이 섞여져 있는데, 그중의 한 가지는 멀리서부터 무릎을 꿇고 教會까지 가는 습관이었다. 이것은 일종의 苦行을 치루고 하느님에게 자기의 소원을 이루게 해 달라고 하는 것을 의미하는 듯하였다.

물론 멕시코市 근처의 최대의 遺蹟은 테오티우칸으로 올림픽위원회는 이곳을 이용하여 어느날 밤 큰 행사를 벌였다. 그것은 옛날부터 내려오는 傳說을 이용한 쇼였는데 수만명이 참석하였다. 멕시코 사람들은 항상 "내일 다시 봅시다(아스타마니아)"라는 말을 잘 한다. 이를테면 '漫漫的'인 것이다. 오늘 안 되면 '내일 다시 봅시다'라는 뜻으로, 멕시코 사람들의 기질의 일면을 보여주는 것이었다.

올림픽과 같은 거창한 行事를 준비하는 데에도 예정대로 진척이 되지 않았고 '아스타마니아' 하면서 항상 내일로 내일로 미루고 있었다. 그러나 그 내일이 더 이상 남아 있지 않은, 올림픽을 開幕하는 전날까지도 준비는 완전히 끝나지 않았다. 한쪽에서 올림픽경기가 진행되고 있는데 밀린 工事를 하고 있었고, 일부는 결국은 끝내지 못하고 말았을 것으로 생각된다. 수만명이 운집하고 보니 누구 하나 공사가 미완성인 것을 눈

여겨 보려고 하지도 않았던 것이다. 멕시코 사람들은 동경올림픽을 본보기로 그것에 따라가려고 노력을 했으나, 동경올림픽의 8할쯤 성공하면 대성공이라고 생각하는 태도였다.

이들 멕시코人들이 느림보인 것을 잘 나타내 주는 것은 外國美術品展示였다. 외국에서 모여드는 美術品은 물론 올림픽이 시작되기 훨씬 전에 도착하였던 것이다. 그러나 미술품이 도착하기 전에는 어떤 진열장에 어떻게 진열해야 되는지를 알 수가 없었다. 그래서 처음부터 오는 물건에 따라서 새로 진열장을 짜도록 계획하였다.

人類學博物館에 특별진열실을 마련하고 그곳에 알파벳 순서로 진열실을 꾸몄는데 그 첫번째가 이집트美術品이었다. 그래서 이집트진열시설은 정말 잘 꾸몄고 누구나 찬사를 아끼지 않았다. 그런데 그 다음부터가 '아스타마니아', 도무지 진전이 보이지 않았다.

이 전시에 일본은 참가하지 않았다. 그 이유는 얼마 전에 산토리위스키회사가 멕시코市에서 큰 전시회를 한 때문이었다. 그 물건들은 산토리미술관 소장의 日本古美術品으로 또 다시 전시를 할 필요가 없다는 일본당국자의 말도 일리가 있는 말이었다. 한편, 이런 올림픽을 계기로 여는 美術展示에 일본의 중요문화재를 낸다는 것 자체가 마땅치 않았던 것 같았다.

中國(臺灣)에서는 歷史博物館에서 약간의 出品을 했고 두 직원이 따라왔으나 故宮博物院에서 출품한 것이 아니기 때문에 주로 現代의 미술품이었는데 溥儒·張大千의 作品이 끼어 있었다. 별로 신통하지 않은 물건이었다.

그런데 중국미술품 중 가장 우수한 것은 샌프란시스코의 브런디지(Avery Brundage)의 蒐集品이었다. 브런디지는 周知하다시피 IOC의 위원장이고 올림픽의 帝王이었다. 그때문에 멕시코올림픽위원회에서 주관하는 文化行事에 좋은 물건을 내지 않을 수가 없었다. 또 수집품의 큐레이터인 다르쟌세(d'Argancé)도 특별한 대우를 받고 있었다. 브런디지의 물건은 크게 대접을 받아 제대로 진열장을 만들었다.

그러나 臺灣에서 온 물건과 우리나라의 德壽宮에서 온 진열품은 마지막 날까지 진열시설이 마련되지 않았고 몇 차례의 독촉에도 불구하고 올림픽 개최일에는 진열장도 없이 그 물건에 한하여 左右에 감시원을 세워서 일반의 관람에 응하였던 것이다. 이러한 불충분한 시설 때문에 결국 高麗青磁梅瓶의 뚜껑을 깨는 불상사까지 일어나고 말았다. 다행히도 뚜껑만 깨어졌고 梅瓶 전체는 파손되지 않았다.

물론 이때에 내가 올림픽에 간 것은 德壽宮 물건을 따라간 것은 아니었고, 그것을 위해서 舊王宮의 직원 李浩官씨가 파견되었으며 나는 진열품들과는 관계없이 초대되어 갔던 것이다.

文化行事 중 또 하나는 각국에서 國民學校 어린이들이 와서 그림을 그리는 행사였는데 우리나라에서도 한 어린이가 그 지도교사와 함께 와 있었다. 그런데 그 지도교사가 끝까지 어린이에게 붙어서 세세하게 지도하고 있었기 때문에 완성된 그림은 어린아이의 그림이 아니었다. 이 그림은 상을 받지는 못한 것 같았고, 우리의 작품이 좋다고 생각되지는 않았다.

올림픽에 관계된 사람에게 ID카드(신분증명서)가 교부되어 그것으로 어느 경기나 어느 행사에도 참가할 수가 있었다. 그래서 메인스타디움 외에는 어느 경기장이나 자유롭게 드나들 수 있었다. 가장 인상적인 것은 開會式이었다. 각 참가국이 입장할 때부터 볼 만한 것이 많았다. 그 중 특이한 나라는 蒙古였다. 한 종목의 경기에만 참가한 이 나라는 蒙古旗를 따라서 겨우 한 사람이 입장하였다. 그는 상반신에 아무 것도 입지 않은 半裸體로 경기장을 돌았다. 과거 한때는 東西洋의 많은 민족을 정복했던 大蒙古王國의 후예가 혼자서 그래도 용감하게 다른 대표선수들과 함께 걸어가고 있었다.

지난번 올림픽대회를 치룬 東京의 市長 新渡戸는 일본 기모노를 입은 여자를 데리고 입장하여 올림픽旗를 멕시코市측에 돌려주었다. 실제로 올림픽경기를 구경하는 데에는 때에 따라서는 텔레비전을 보는 것이 훨씬 좋을 때가 있었다. 더욱이 좌석에 따라서는 큰 스타디움의 경우, 저

멀리 한쪽에서 치루는 棒高跳(장대집고 높이뛰기)·投槍·投砲丸·三段跳(3단뛰기) 같은 것은 자세히 볼 수도 없었다.

어디를 가보나 우리나라 선수들의 성적이 부진하여 도무지 신명이 나지 않았다. 그런데 케냐 같은 아프리카 나라들은 선수단이 겨우 5, 6명이었는데도 金메달을 두 개나 땄고 흑인 특유의 엉덩이춤을 만인 앞에서 추는 것은 可觀이었다.

내가 투숙한 카미노 레알레라는 호텔에는 北韓에서 온 세 代表가 있었는데, 그들은 항상 같이 행동하고 절대로 혼자 다니는 일이 없었다. 어느날 저녁은 내게 전화가 왔다.

"할로, 할로, 당신은 김달성씨입니까?"

"아니오, 내 이름은 김재원입니다."

"당신은 평양에서 온 김달성씨가 아닙니까?"

"아니오, 그 자는 공산당이오."

하고 소리를 질렀더니 그 사람은 껄껄 웃으며

"김달성이 어디 갔는지 아십니까"

하고 또 묻는 것이 아닌가. 아마 그 세 사람 중의 한 사람이 김달성인 모양이었다.

그런데 뉴욕에 있는 둘째딸에게서 올 편지가 아무리 기다려도 오지 않았다. 틀림없이 같은 金씨여서 나의 편지가 그의 편지함에 넣어진 것 같았다. 나는 프론트에 가서 사정을 이야기하고 이제부터는 주의해 달라고 요청하였더니 사무실에서 큰 소동이 벌어졌다. 그 말이 삽시간에 호텔 전체에 퍼졌던 것이었다. 그 편지는 끝내 오지 않아 내가 의심한 것이 사실임에 틀림없었으나, 중요한 편지가 아니어서 하등 염려할 것은 없었다.

그런데 어느날 월터 鄭(大韓올림픽위원회 이사)에게서 연락이 왔다. 그날 브런디지위원장께서 급한 전갈이 왔으니 3시에 만나자는 것이었다. 브런디지위원장은 그 호텔에 큰 스위트를 차지하여 침실·거실·회의실·식당 등 여러 방을 사용하고 있었다. 나에게는 올림픽 때문에 용건이 있을 일은 없었으나 그 전부터 아는 사이이고 또 그의 미술관 물건을 전시하는 人類學博物館에서 만난 적이 있어 나를 만나려고 하는 일은 있을 수 있었다.

또한 월터 鄭은 원래 국제올림픽 회의에서 자주 만나는 사이였다. 우리는 일분도 어기지 않고 3층에 있는 브런디지위원장의 스위트에 가서 찾아온 용건을 말하였다. 비서가 와서 잠시 기다리라고 하였다. 그런데 기다리라는 시간이 30분이 지나고 1시간이 지나도 아무런 연락이 없었다. 우리는 그 큰 행사의 사령탑에 앉아 있는 그가 예기치 않은 일로 여러 참모들과 긴급회의를 열고 있다고 생각하여 끈질기게 기다렸다.

그러다가 한 시간 반이나 지난 후에 다시 벨을 눌렀다. 그랬더니 이번에는 다른 비서가 나와 우리를 보더니 이때까지 어디에 있었느냐고 물었다. 알고 보니 우리의 訪問을 중개하던 비서가 다음 사람에게 인계하고 갔는데, 브런디지가 우리를 접견하겠다는 말을 듣고 문을 열어 보니 아무도 없었다는 것이었다. 그럴 수밖에 없는 것이 이 스위트의 입구는 2층에도 있어 그곳에서 우리가 기다리는 것으로 착각하였다는 것이다.

급기야 우리를 찾기 위하여 호텔 안의 확성기를 통해서 나와 월터 鄭을 불렀으나, 우리는 그 말이 들리지 않는 3층 입구에서 기다리고 있었던 것이다. 이리하여 우리 둘은 약속보다 두 시간이나 늦게 브런디지와 마주앉게 되었다.

"당신이 바로 내가 서울에서 만난 미스터 金입니까?"

내가 그렇다고 했더니 그는 다음과 같은 이야기를 하였다. 한참 우리를 찾고 있는데 비서가 「미스터 金」이 찾아 왔다고 하여 브런디지는 그 사람이 바로 나인 줄로 알고 만나서 이야기를 듣다 보니, 그는 자기가 만나려는 한국의 서울에서 온 「미스터 金」이 아니고 북한에서 온 金이더라는 것이었다.

그때 북한과 올림픽위원회의 懸案 중의 하나가 呼稱問題였다. 그 문제를 꺼낸 사람은 북한 사람일 수밖에 없었던 것이다. 브런디지위원장은 이 이야기를 하면서 그의 고충을 털어놓았다.

"나는 여러분도 인정하듯이 韓國의 친구입니다. 그래서 韓國에서 하고 싶은 것을 돕고 싶은 마음이 간절하오."

그러나 이미 IOC 事務局에서는 北韓의 올림픽 加入申請書를 받아놓고 있었다. 그것도 朝鮮民主主義人民共和國(Democratic Peoples Republic of Korea, DPRK)이라는 이름으로였다. 이제 이 申請書가 잘못되었다고 돌려보낼 수도 없었다. 몇 해 동안은 IOC의 결정을 연기하였는데 이제는 더 이상 결정을 미룰 수도 없게 되었다. 그러니까 北韓의 요구를 들어줄 수밖에 없었다. 그 대신 韓國은 이때까지와 같이 단지 Korea로 충분하고 그 이름을 지금대로 사용하도록 하면 실지로는 아무 변동이 없을 것이라는 것이 그의 要旨였다. 이미 北韓을 DPRK라고 부르게 할 것이라는 뜻을 전하고 있었다.

후에 그당시 IOC總會에 참석하였던 張基榮씨의 신문 인터뷰를 보니 절대로 北韓을 DPRK라고 呼稱할 수 없도록 결정될 것이라고 하였다. 그의 입장으로서는 그렇게 말할 수밖에 없었을 것으로 생각된다.

멕시코에서의 滯在기간은 나에게는 좋은 휴가였다. 경기가 끝난 선수들은 속속 귀국하였고 나도 예정을 앞당겨 그곳을 떠났다. 나는 WHO의 일원으로 우리나라에 와 있던 아빌라박사를 만나서 그의 안내로 투우경기도 구경하고, 스페인의 플라멩코라는 무용도 보고, 또 교외에 나가서 멕시코의 좋은 경치도 볼 수 있었다. 멕시코는 자연자원이 풍부한 나라로 그러한 점이 부러웠다.

回甲宴

1969년 2월 22일은 나의 回甲日이었다. 나의 回甲을 위하여 오랫동안 東亞文化硏究委員會의 일을 보아 온 郭東璨씨가 중심이 되어 回甲論文集을 준비하여 1,014面이나 되는 두꺼운 책이 나왔다. 李丙燾·李基白·高柄翊·李佑成·南都泳·金斗鍾·韓沽劤·劉元東·李光麟·李鉉淙·金龍德·李龍範·閔斗基·金烈圭·李杜鉉·洪淳昶·李乙浩·崔在錫·金泳謨·韓相福·李崇寧·李基文·鄭然粲·兪昌均·金敏洙·姜信沆·張泰鎭·李翊燮

·金元龍·黃壽永·尹武炳·玄容駿·吳甲煥·元裕漢·柳永博·朴奉植·朴東緖·金正基의 국내학자 외에도 中華民國에서 蔣復璁, 프랑스의 Hubert Durt, 영국의 G. M. Gompertz, 일본에서 森貞次郎·松原三郎·坪井良平·熊谷宣夫의 諸氏가 玉稿를 보내주어서 과분한 回甲論文集이 되었다. 아마도 그때까지 나온 이런 종류의 論文으로는 드문 출판물이 되었다.

호적에는 생일이 음력인 2월 22일로 올려져 있으나 양력으로는 3월 13일이다. 집에서는 이 양력날을 生日로 했으나, 정작 生日을 축하하는 모임은 가진 일이 없었다. 그러나 回甲記念파티는 回甲論文集이 나왔기 때문에 부득이 하지 않을 수가 없었다. 그래서 3월 17일 오후 5시부터 7시 사이로 시간을 정하고 장소는 德壽宮 石造殿 2층 中央陳列室로 하였다.

이날 모인 손님들은 回甲論文集 못지않게 國內의 各界 人士들이 참석하였고, 나의 일생의 최고의 잔치가 되었다. 白樂濬·兪鎭午·李丙燾·李熙昇…… 등등, 이름만 나열해도 어마어마하였고, 官界에서는 丁一權 國務總理, 洪鍾哲 文公部長官, 林胤英 國務總理祕書室長 등의 얼굴이 보였다. 博物館 陳列室에서 回甲宴을 하였다고 비난하는 말도 나올 법 하였으나 그런 이야기는 곧 사라졌다.

어느날 文公部長官 洪鍾哲은 나의 停年인 1970년 2월 22일이 가까워 오는 것을 알고 내가 원한다면 그 停年制를 없앨 수도 있다고 하면서 나의 의향을 물었다. 그러나 나는 미리미리 생각한 바가 있었다. 1970년 2월 22일이면 내가 25년 동안 박물관장을 지낸 것이 된다. 즉 4반세기를 박물관을 지켜온 것이다. 그동안 세계 곳곳마다 내가 가 보지 않은 나라가 없었고, 다행히 나는 몇 가지 외국어를 구사할 수가 있어 한국박물관 하면 金載元이라고 할 정도로 내 이름이 곧 韓國의 博物館을 의미하였다.

1945년부터 1950년까지는 景福宮內 관사 1호에 살았기 때문에 우리집 아이들은 中央廳 正門을 통하여 壽松國民學校에 다니는 등 경복궁이 우리집같이 생각되었다. 한번은 外國에서 나의 住所를 쓸 때 무심코 景福

宮 House No. 1이라고 적은 적이 있었다. 日帝 때부터 그 집은 景福宮 官舍 一號로 통하였던 까닭이다. 나의 외국 친구들은 그것을 아주 재미있어 하였다. 언뜻 보기에 내가 프린스나 된 것 같은 인상을 준다는 것이었다.

나는 25年을 박물관에서 지냈으니 이제 큰 過失이 없는 한 天職을 완수한 것이라고 생각되었고, 妻와도 의견의 일치를 보았다.

그런데 1968년 여름에 미국 펜실바니아州 알렌타운에 있는 뮬렌버그 大學에서 1년간 초빙교수로 오지 않겠느냐는 문의가 왔다. 그 계기는 나에게 많은 도움을 준 록펠러재단 人文學部長으로 있었던 파스씨가 駐日大使館 文政담당의 公使 자리를 물러난 후 그곳에서 1년간 초빙교수(명칭은 Trexler Visiting Professor)로 있다가 그 後任으로 나를 추천하였던 것이다. 트랙슬러는 그 지방의 부호 이름으로, 그가 기부한 돈으로 교수를 초청하게 된 것이다.

처음에는 1969년 9월부터 오라고 했으나 내 停年을 1년 앞두고 그런 자리로 갈 수도 없어서 사양하였다. 그랬더니 1970년 가을 學期부터라도 좋다는 회답이 왔다. 그 일로 한번은 그 大學의 스텡거교수가 일부러 서울에 왔다 가기도 했다. 이리하여 停年이 되자 곧 초빙교수로 미국에 가게 되었다.

1970년 2월 23일 나의 停年退任式이 文公部 映寫室에서 열렸다. 이날은 學界에서 李丙燾·朴東吉·李熙昇·金元龍, 그리고 오랜 친구인 洪鍾仁 등이 참석한 외에도 文公部 職員 全員이 참석한 가운데 申範植 長官의 送別辭가 있었다. 나는 그 答辭로 博物館을 지켜오는 데에 여러 가지 어려웠던 점을 말하고, 그러나 다시 來世에 사람으로 태어나면 좀 더 멋진 博物館의 館長으로 오고 싶다고 말하였다.

이 停年式이라는 것은 본래 어느 곳에도 없는 것이며, 우리 政府가 생긴 이후에도 오래된 法官들의 停年 때에나 있을 수 있는 일이었다. 또한 文公部 직원 일동의 誠金으로 乘用車 한 대가 주어졌다. 하기는 長官하던 사람이 退任할 때 장관들끼리 모은 돈으로 乘用車를 사주는 自動車

契가 있다고는 들었다. 停年退職한 심정은 어깨가 가벼워졌다고나 할까, 무슨 큰 짐을 벗어 놓은 그런 느낌이었다.

다음날 國務總理室에서 국민훈장 모란장을 준다기에 갔다. 선물로 받은 나의 乘用車는 운전수가 없어 탈 수가 없었고, 그날부터는 박물관車도 보내주지 않아서 나를 도와주던 郭東璨씨가 택시를 불러주어 타고 갔다.

그때만 해도 自家用車를 쓰는 사람은 많지 않았다. 그런데 自家用은 車값보다도 그 車를 사용하는 데 드는 비용이 가장 큰 부담이었다. 車는 一時金으로 산다 해도 매달 운전수 월급 3만원, 휘발류값, 自動車稅를 합하면 10만원이라는 돈이 들었다. 그 비용이 문제였다. 자동차값은 100만여원 내외이나, 다달이 드는 10만원이라는 돈은 내게 아주 큰 부담이었다. 그렇다고 文公部 職員들이 돈을 모아서 사준 자동차를 당장에 팔 수도 없었다.

나는 아내와 상의하여 우리가 미국으로 떠날 때까지 약 4개월 동안을 무리를 해서라도 이 차를 타고 다니기로 하였다. 8월 중순에 우리가 미국으로 떠날 때까지 車에 쓴 비용은 모두 50만원이나 되었다. 그에 비해 내가 최후로 받은 봉급은 25년간 1급공무원으로 있었는데도 겨우 7만원밖에 되지 않았던 것이다.

필자, 브런디지, 李相佰씨와 함께, 덕수궁 石造殿 앞

만 20년근무 축하파티에서(1966), 왼쪽으로부터 權玉淵, 黃壽永, 필자의 처, 샹바르 프랑스대사, 필자, 권옥연부인, 李玖부인, 샹바르大使부인, 하나건너 李玖

멕시코올림픽에 초청되어,
왼쪽은 비서 움브리히트양(1968)

1969년 回甲 때, 서울大 고고학과 졸업생들
왼쪽으로부터 權彛九, 李鍾哲, 崔夢龍, 筆者, 任孝宰, 池健吉

1969년 回甲 때, 白樂濬씨와 필자부부

정년퇴임식, 申範植문공부장관의 式辭(1971. 2. 23.)

제 11 장 ■

周遊天下

뮬렌버그대학 초빙교수로

나는 항상 최고급의 생활은 미국의 월급을 받는 것이라고 농담을 하곤 하였는데, 뮬렌버그大學에서의 내 年俸은 2만5천불이었으니 이제 적어도 1년 동안은 그 恨을 풀 수 있었다. 이 年俸은 그 대학의 총장의 연봉과 비슷하거나 오히려 그보다 더 많은 액수였다.

미국에 가는 도중 東京에서 아내와 막내딸 英那는 大阪萬國博覽會에 갔고, 나는 講談社의 《韓國美術》의 校正을 보았으나 책이 출판된 후에 보니 실로 놀랄 만큼 誤字가 많았다.

뮬렌버그대학에서의 1년은 우리에게 좋은 경험이 되었다. 그 大學은 뉴욕에서 버스로 두 시간, 필라델피아에서도 한 시간이면 갈 수 있는, 펜실바니아주의 인구 15만명 정도의 알렌타운이라는 도시에 있었다. 그 일대는 리하이 밸리(Lehigh Valley)라는 지방으로 인구는 60만명이었고, 그곳에는 알렌타운 외에 베들레헴·이스톤이라는 중심되는 두 도시가 있었다.

그곳의 주민들은 보통 '펜실바니아 더취'라고 불리는데, 더취는 물론 화란 즉 네덜란드 사람을 의미하는 말이었다. 그러나 이것은 와전된 것으로 그들의 언어가 독일어의 方言이었던 관계로 화란語와 혼동되어 그렇게 부르게 된 것이었다. 그곳의 産業中心地는 베들레헴市로 리하이綜

合大學校와 베들레헴鐵鋼會社가 있다. 이 회사는 같은 地方에 있는 마크트럭회사와 함께 세계적으로 유명하며, US鐵鋼會社와 더불어 미국 최대의 鐵鋼會社이다. 베들레헴鐵鋼會社는 그곳에 本工場이 있고, 미국 각처에 그 子會社가 흩어져 있다.

또 리하이大學校 외에 리하이 밸리 全域에는 다섯개의 大學이 있다. 그중에서 뮬렌버그大學은 文理科大學으로는 가장 좋다고 이름이 나 있었으며, 미국에 있는 좋은 大學 200개 안에 포함된다고 하였다. 재미있는 사실은 이곳에 있는 다섯 개 대학에 적어도 한 명씩의 한국인 교수가 있는 점이었다. 뮬렌버그大學은 이곳을 거쳐서 醫科大學에 가는 率이 많은 것으로도 유명한데 근처의 의사들은 거의 뮬렌버그대학 출신이었다.

우리는 이 대학의 學長 舍宅에 들었다. 그때 學長은 자기집을 사 가지고 나갔고 그 대신 우리가 月 150불의 집세를 내고 살았다. 이 150불이라는 집세는 거의 무료에 가까운 정도로 電氣·水道·가스, 겨울의 난방비까지 포함되어 있었다.

일 주일에 강의는 다섯 시간이었으나, 그것은 夜學을 위한 시간까지 포함한 것으로 나는 이곳에서 최대의 대우를 받은 것이었고, 강의과목은 東洋美術이었다. 이 외에도 내가 1년 머무는 동안 地方民을 위한 公開講演을 다섯 번 해야 되며, 또 인근 地方民의 요청에 따른 講演도 해야 했다. 그중 한 번은 라이온즈클럽에서 午餐에 演士로 초청하여 갔고, 한 번은 리하이高等學校에서 학생들을 위한 강연을 가졌다. 전체 학생수는 1,500명의 조그마한 文理科大學인데 일부 통학생을 제외하고는 전부 寄宿舍에 수용하고 있었다.

美術史 志望의 막내딸 英那는 어학 관계로 기숙사에 들어가야 했으나, 대학에서 장학금을 지급하여 그런 대로 지낼 수가 있었다. 결국 우리가 미국으로 갔기 때문에 英那는 대학을 미국에서 졸업하였고, 大學院도 미국에서 다녔고, 또 그곳에서 Ph. D까지 딸 수가 있었다.

내가 그곳에서 일 년을 있지 않았던들 미국생활의 眞髓를 맛볼 수는 없었을 것이다. 미국이라는 나라에는 시골생활이 따로 없다. 미국 사람은 어떠한 시골에 가더라도 도시에서와 같은 생활을 하기 마련이다. 이 점은 우리나라와 전혀 달랐다. 우리는 아무리 都市에 살아도 어느 정도 農村생활을 옮겨놓아야 흡족하게 느끼게 된다.

그곳은 작은 대학인 데도 불구하고 없는 것이 없는 것 같았다. 학생들의 생활은 정말 풍부하였다. 유니온이라는 건물이 食堂인데, 1,000명 이상의 식사를 한 시간 반 사이에 치룰 수가 있었으며, 여러 가지 모임에도 이용되고 있었다. 우리도 그곳을 이용하여 〈한국의 밤〉이라는 모임을 주최하여 워싱턴에서 黃在景씨를 모셔서 우리나라 음악도 연주하고, 대사관에서 우리나라 문화영화를 빌려 上映하기도 하였다.

마침 그때 畫家 朴崍賢씨가 뉴욕에 체재하고 있어 그녀의 男便인 金基昶씨와의 夫婦展示會를 뮬렌버그大學 주최로 알렌타운박물관에서 열어 좋은 評을 받았다. 뉴욕에서 金基昶 부부와 친분이 있는 교포들이 많이 참석하여 며칠 동안은 작은 알렌타운에 코리아 붐이 일기도 하였다.

때마침 첫째딸 理那와 둘째딸 信那가 워싱턴과 뉴욕에 살고 있었는데 그들이 우리를 찾아오기가 쉬워서 우리 一家 중 翰集(아들)만이 서울에 있었을 뿐 크리스마스 때는 사위까지 전부 알렌타운에 모였다. 가족이 모두 모인 기회에 우리는 크리스마스와 新年 사이, 대학의 文科系統의 教授 거의 전원을 우리집의 칵테일파티에 초대하였는데, 夫人들까지 합해서 80~90명이 모인 큰 잔치를 치뤘다(그해 설날파티 때는 유별나게 눈이 많이 왔다.).

1971년 6월 봄學期가 끝나자 우리는 깊은 惜別의 情으로 作別파티를 열었다. 그때는 좀 적은 人員을 초대하였으나 그래도 30~40명이 모였다. 물론 그곳의 교포들도 새해나 기타 기회에 자주 모여 외국에서 사는 외로움을 달래기도 하였다.

알렌타운에는 헤스(Hess)라는 큰 百貨店이 있고 그 주인은 버만(Berman)이라는 큰 富者였다. 그의 주택은 어느 건축 공모전에서 1등으로 당선된 집인데, 그대로 옮겨놓아 매우 아름다웠다. 버만 댁은 대지가 넓어서 그 집에서는 다른 집은 하나도 보이지 않았고 푸른 잔디뿐인 것이 인상적이었다.

1980년 나는 아내와 다시 그곳에 찾아갔는데 우리가 일년 동안 체재하면서 많은 도움을 받았던 그 大學의 李淳元敎授(政治學) 夫婦의 배려로 그 댁에서 이틀을 머물렀다. 그리고 大學總長인 모리博士를 방문하여 유명한 건축가 필립 죤슨의 설계로 새로 지은 美術部 建物을 구경하였다. 또한 지금은 개인소유가 되었다는 우리가 살았던 노스 레이(North Leh)街 424번지의 집도 찾아보았다.

彫刻敎授 스터날(Thomas Sternal)은 내가 중간에 나서서 3개월간의 풀브라이트 교수가 되어 전 가족이 서울에 왔던 일이 있었는데 주로 弘益大學校에서 강의를 맡았다. 그는 곧 미네소타 州立大學의 하나인 윌로나(Willona)大學에 새로 생기는 美術科 主任으로 가게 된다고 하였다. 그의 안내로 우리의 기억에 새로운 시내의 여러 곳을 돌아다녔다.

그중 가장 인상적이었던 곳은 역시 버만 댁이었다. 정원의 잔디에는 現代彫刻이 많이 서 있었다. 그런데 그것이 비위에 거슬린 이웃의 某氏가 그 彫刻들을 철거하라고 소송을 제기하고, 또 버만의 집을 내려다 볼 수 있도록 이웃 땅에다 높은 집을 지었다. 어디에나 있는 富者의 호화스러운 생활태도에 반발하는 좋은 例였다. 버만은 그 유명한 헤스百貨店을 팔아넘겼으나 그것은 재정적으로 타격을 받은 까닭이 아니고 새로운 사업계획에 의한 것이라고 하였다.

그 일대의 제일 큰 부자는 트렉슬러 一家로 뉴욕에서의 록펠러 一家와 같은 역할을 하고 있었다. 그들은 많은 不動產을 갖고 여러 가지 사업에 손을 대고 있었는데, 그중의 하나가 나를 초대했던 「트랙슬러 초빙교수 프로그램」이었다.

周遊天下

우리는 뮬렌버그大學에서 소정의 임무를 마친 후 6월 중순, 아이슬랜드항공회사의 비행기로 룩셈부르크에 도착한 다음 그곳에서 기차로 파리에 갔다. 아내는 미국에 올 때부터 큰 여행을 하는 것이 소원이었는데, 미국에 있는 동안에 萬여불을 저축할 수가 있어서 그것으로 유럽에 간 것이다.

그때는 비교적 물가가 싸서 한 달 동안 파리·마드리드·모로코·바르셀로나·이탈리아·비엔나·스위스·독일까지 1등 〈유레일 패스〉 기차로 다녔다. 두 사람이 여행하는 데에 모든 비용을 포함하여 1,800불 정도 들었으니 지금은 생각해 볼 수도 없는 일이었다.

아내는 파리에 두 번째로 오는 것이었기 때문에 4, 5일만 머물렀다. 그동안에 세루누스키博物館의 엘리세에프관장을 방문하였고 샹젤리제 거리를 거닐었고, 루브르박물관이나 죄 드 폼(Jeu de Pommes)미술관의 인상파 그림과 조각 등을 감상하고서 보르도市로 떠났다.

보르도大學에는 서울대학교를 졸업한 鄭永和가 先史學教室에 있었는데 그의 약혼자 申敬子와의 결혼식이 6월 26일이었기 때문에 나는 결혼식의 主禮를 하기로 약속하였다. 완전히 中世紀의 都市 같은 보르도市에 도착하니 鄭·申 두 사람이 반갑게 맞아주었다.

결혼식은 先史學教室 研究室에서 하였다. 그 방에는 사람의 頭蓋骨·石器 등이 책상 위에 즐비하게 있었는데 그것을 말끔히 치우고, 주로 大學 관계자와 한국·아프리카·南美 등에서 온 유학생들이 참석한 가운데 진행되었는데, 式은 완전히 韓國式으로 하였다.

신부의 도움을 받아 미리 준비한 대로 인사말부터 주례사까지를 전부 프랑스語로 하였다. 大學研究室에서 거행된 이 이색적인 한국 학생의 결혼식에 감격한 보르데教授는 간곡한 祝辭를 하였다. 式이 끝난 후에 조촐한 다과가 있었고, 참석자와 같이 기념사진을 찍었다.

보르도大學은 내가 수년 전에 왔을 때보다 훨씬 現代化된 한편 學生食堂은 오랜 건물로 검소한 프랑스 地方大學의 면모를 보여주었다.

우리는 다음날 기차로 마드리드를 향해 떠났다. 마드리드에서는 崔完福大使 부부를 방문하였다. 그리고 여름인데도 불구하고 스페인의 祝祭日로 이례적으로 거행된 투우도 구경하였다. 밤에는 안내해 주는 사람도 없이 안내서로 찾아서 '플라멩코'라는 스페인춤을 보았다. 근처의 가장 유명한 오랜 도시로는 톨레도를 꼽는데 그곳의 寺院에서 엘 그레꼬 같은 유명한 화가의 그림을 볼 수 있었다.

그러나 스페인에서 제일 유명한 것은 프라도美術館이다. 한때 유럽의 富國이었던 스페인의 면모를 보여 고야·엘 그레꼬 같은 스페인 畫家들 외에도 이탈리아와 플레미쉬 畫家들의 作品이 많이 소장되어 있는 것에는 놀라지 않을 수 없었다.

우리는 다시 이곳을 떠나서 지부랄타르에서 멀지 않은 港口인 알제리라스(Algeriras)라는 곳에서 배를 타고 모로코의 탄지에(Tangier)로 넘어갔다. 아내에게 약속한 대로 유럽의 중요한 지방을 돌았으나, 거의 내가 이미 본 곳이었기 때문에 내가 가보지 않은 곳으로 아프리카의 모로코를 우리의 旅程에 넣었던 것이다. 유럽과 아프리카의 가장 가까운 海峽인 이곳은 두 시간 정도 걸려 큰 배로 갈 수 있었는데, 탄지에에 도착하니 정말 그곳은 딴 세상이었다.

우리는 우선 換錢할 때의 無秩序에 놀랐다. 천여명에 가까운 손님이 換錢窓口에 모여들어, 우리는 그곳에서 그냥 밖으로 나왔으나 모로코 돈이 없으니 택시를 탈 수도 없었다. 그때 17세 가량의 소년이 나타나서 시내의 換錢所와 驛까지 안내하였다. 택시 값은 20드람, 자기의 案內料는 10드람이라고 하였다. 그런데 기차에서 同行한 덴마크 청년의 말에 의하면, 모로코의 首都 라바트(Rabat)에서도 택시 한번 타는 데에 1드람 이상을 내는 일이 없다고 하였다. 우리는 소년에게 열 배 이상의 요금을 주었던 것이다. 지금 기억으로 美貨 1불에 10드람쯤 했는데 합해야 얼마되지 않는 돈이었으나 속은 것은 별로 유쾌한 일은 아니었다.

탄지에에서 라바트로 가는 기차에서 우리는 이 나라가 아직도 형편없는 개발도상국이라는 것을 느꼈다. 이 나라에서 제일 중요한 두 도시를 겨우 하루에 두 번만 기차가 다니니 經濟的으로도 얼마나 뒤떨어졌는지를 알 수 있었다. 모로코의 탄지에港은 아직도 地中海에 면하고 있다고 볼 수 있는데 라바트는 완전히 大西洋 쪽에 위치하고 있었다. 大西洋 海

岸에는 곳곳에서 해수욕장을 볼 수 있었고, 海岸의 얼마 되지 않는 땅에는 人工으로 지하수를 끌어 농사를 짓고 있었다.

큰 沙漠의 가장자리에 위치하고 있는 이 나라에는 가난한 遊牧民들이 많았으나 地下資源으로 석탄·망간·燐·礪石 등이 많다고 하였다. 라바트에 내린 우리는 덴마크 청년을 마중나온 덴마크대사관 차에 합승하여 하루에 26드람, 즉 3불짜리 호텔을 찾았다. 우리 여행 중 가장 싼 곳으로 딴 세계에 온 느낌이었다.

다음날 여행사에 들렀다가 9시쯤 되어 우리 大使館에 가서 玄時學大使, 崔禮鉉大領, 그 외의 상무관, 서기관 등을 모두 만났다. 아프리카에서 이렇게 우리나라 사람을 만난 기쁨은 이루 말할 수가 없었다. 大使館에서는 모로코까지 찾아온 한국 사람은 그때까지 국회의원 한 사람, 신문기자 두 사람뿐이었는데, 海路로 페리를 타고 온 사람은 우리 부부 뿐이라고 하며 우리에게 귀빈대접을 하였다.

崔大領 夫婦는 우리를 데리고 시내구경을 다녔다. 시내에는 古蹟이 많지는 않았으나, 옛 城郭과 현재의 王인 핫삼王의 아버지의 墓所가 있었다. 라바트에서는 메디나라는 市場이 볼 만하였다. 언젠가 본 〈카사블랑카〉라는 영화에서처럼 이곳은 로맨틱한 도시인 줄로 알았으나 실은 전혀 그렇지 않았다. 그래도 큰 흰색의 건물이 많았고, 避寒·避暑地로 유명하다고 하였다. 인구는 100만을 훨씬 넘었다.

崔대령을 따라서 페스(Fes)라는 古都市로 갔다. 도중에 물리 야쿨(Mouly Yacoul)이라는 온천에서 목욕을 하였다. 나무 한 그루 나지 않는 곳이었으나 온천은 뜨겁고 유황냄새가 진하게 났다. 페스에 도착하여 17, 18세 되는 소년을 앞세우고 이곳의 시장(메디나)을 구경하였다. 폭이 좁은 꼬부랑길을 이리저리로 다녔는데 이 특색있는 모로코의 시장은 외국 사람이 한번 들어오면 혼자서는 다시는 나오지 못할 것 같았다. 소년은 이상한 풀을 사주면서 코 앞에 대라고 하였다. 아주 강렬한 냄새가 났다. 우리는 소년의 안내로 皮革工場에 갔는데 그 惡臭는 정말 견디기 어려웠다. 그것을 견디게 하기 위하여 이상한 풀을 코 앞에 대라는 것이었다.

메디나의 奇風景은 전형적인 回敎國의 모습이었다. 女子라고는 한 명도 볼 수 없었다. 이곳에 있는 온갖 물건 중에 가장 觀光客의 눈길을 끄는 것은 鍮器·皮革品·양탄자 같은 것이었다.

모로코 住民의 대부분은 文盲인데 이것은 爲政者들이 일부러 그런 상태에 두어서 복종만 하도록 하는 愚民政策의 하나라고 하였다. 페스에서 라바트로 올 때 메크네즈라는 도시를 지나왔다.

모로코에는 마라켓슈란 곳이 가장 볼 만한 도시라고 하는데 우리는 한 곳에 오래 머물 수가 없어서 다음날 라바트를 떠나 탄지에로 가서 비행기로 다시 스페인의 바르셀로나에 도착하였다. 그날은 1971년 7월 6일이었다. 그런데 며칠 후에 우리가 베니스에 있을 때 핫삼王을 암살하려는 음모가 있었는데, 그 主謀者는 王이 제일 신임하던 사람이었다고 한다.

바르셀로나에서 하룻밤을 지내고 우리는 칸느에 들렀다. 원래의 목적지는 모나코였는데, 아내는 그 옛날의 여배우였던 그레이스 켈리 모나코 王妃의 로맨틱한 궁궐을 보고싶어하였다. 그러나 그곳의 호텔 사정을 감안하여 우리는 얼마 떨어지지 않은 칸느에 자리를 잡았던 것이다.

다음 날 모나코에 가서 궁궐 구경을 하고 그 앞에 있는 야외식당에서 점심을 먹으면서 南佛 해안지대의 풍경을 즐겼다. 그런데 의외로 이곳에서 내가 주례하여 한쌍이 된 鄭永和夫婦가 커피를 마시고 있는 것을 발견하였다. 우리가 보르도를 떠나서 스페인·모로코를 거쳐서 10일 후에 이곳에 왔는데 이렇게 만나게 되다니 믿어지지가 않았다. 그들도 의외의 만남에 놀랐던 모양이었다.

그들은 신혼여행 겸 이곳을 거쳐서 로마로 간다는 것이었다. 로마로의 신혼여행! 얼마나 멋있는 일인가. 다만 다른 신혼부부들은 自家用을 몰고 가는데 이들은 버스나 기차로, 다른 사람들은 호화 호텔에 드는데 그들은 싸구려 호텔에 들고, 사치스러운 식당에 가는 대신 호텔방에서 전기솥에 밥을 해먹고, 그것도 절약하기 위해서 밤에는 2등차(유럽에는 3

등차가 없다)에서 자고 낮에는 觀光을 하였다. 이렇게 써 놓으면 이 글을 읽는 젊은 사람들은 프랑스의 남부 꼬뜨 다쥐르(Côte d'Azure, 푸른 해안)를 거쳐서 로마로 가는 신혼부부의 호화판은 아니나 浪漫이 섞인 여행을 부러워할 사람이 많을 것이다.

우리는 이들과 함께 칸느에 와서 지중해에서 海水浴을 하고 해안에서 멀지 않은 식당에서 저녁을 같이 먹었다. 그곳은 비교적 값이 싼 식당이었는데 마담 鄭은 신혼여행 중의 제일 호화판 디너라고 하며 포도주잔을 높이 들었다. 우리도 그들의 장래의 행복을 빌었다. 저녁에 떠난다는 차시간에 맞춰 그들을 보내고 우리는 이탈리아로 갔다.

그때 로마의 날씨가 너무 더워서 길에 가던 말이 쓰러졌다는 기사가 신문에 크게 났다. 아내는 이미 전에 로마에서 좋은 구경을 많이 하였기 때문에 예정을 바꾸어 플로렌스에 가기로 하였다.

그런데 도중에 기차가 피사를 지나가게 되었다. 피사에 들러서 斜塔을 보고 갈 것을 그냥 지나쳐버려 크게 후회가 되었다. 플로렌스에서는 引客꾼에 끌려서 하루의 식사까지 제공하는 펜지오네에 들었다. 밤에는 구식 선풍기가 돌아가는 삑삑 소리가 요란하여 수면에 방해가 되었으나 우리는 워낙 피곤했던지라 별 지장이 없었다.

나는 이번에 플로렌스에는 세 번째로 왔다. 올 때마다 그곳에 있던 메디치 一家의 西洋文化에 끼친 영향력에 새삼 놀라지 않을 수 없었다. 그 一家는 세 사람의 教皇, 두 분의 프랑스 女王 외에도 몇 명의 樞機卿을 배출한 막강한 힘으로 15세기부터 18세기 사이에 플로렌스를 유럽 전역에서도 최고의 文化 中心地로 만들었다.

中國에서 唐의 玄宗, 宋의 徽宗 같은 분이 文客·畫人들을 庇護한 덕분에 中國文化史上 불멸의 업적을 남길 수 있었던 것 이상으로 메디치 一家는 世界史上 유례없는 美術界의 大후원자이었다.

우피찌美術館·피티美術館 등등은 이루 헤아릴 수 없는 美術의 寶庫로, 美術學徒들이 언젠가는 꼭 찾아야 될 곳으로 되어 있다.

우리는 이곳에서 베니스로 갔다. 조그마한 카날(運河) 곁에 있는 정거장에서 멀지 않은 가르데나라는 호텔로 찾아갔다. 5, 6년 전 큰딸 理那와 같이 묵었던 작고 아담하고 값이 싼 호텔이었는데, 그동안 발전하여 큰 호텔이 되었다. 우리는 이곳을 중심으로 베니스市를 돌아다녔다.

산마르코광장은 언제 보아도 아름다웠다. 대체 저런 것이 어떻게 이 세상에 생겨났는가 싶을 정도로 아름답고 신기하였다. 저녁에 곤돌라를 타려고 미리 票를 사두었다가 갔다. 예비역 해군장교인 미국인 부부와 같은 곤돌라를 탔다. 곤돌라 세레나데는 광고대로 한다면 네 시간이 걸리는 것이었다.

20여 개의 곤돌라가 列을 짓고 운하를 가면서 뚱뚱한 女歌手의 노래를 듣는 것은 정말 이 세상 최대의 즐거움인 것 같았다. 그러나 理那와 같이 왔을 때처럼 이번에도 갑자기 소나기가 오고 바람이 불어 네 시간 동안 한다던 쇼가 한 시간 반으로 끝나고 말았다. 미국인 예비역장교 부부의 초대로 산마르코광장의 테라스 커피집에서 茶를 마시면서, 그 사이에 감쪽같이 갠 밤하늘을 쳐다보면서 여름밤이 깊어가는 것도 알지 못하였다.

우리는 다시 기차를 타고 오스트리아의 비엔나에 갔다. 나는 5년 동안의 뮌헨생활 중에 비엔나에 올 기회가 한번도 없었다. 유럽 역사에서도 중요한 위치를 차지하고 있는 비엔나에 가는 것은 어느 때보다도 나의 마음을 부풀게 했다.

우리는 먼저 시내에 있는 공원으로 갔다. 그곳에는 사진에서도 자주 볼 수 있는, 바이올린을 켜는 요한 스트라우스의 자그마한 銅像이 곧 우리의 눈에 띄었다. 저녁 때여서 음악소리를 따라서 갔더니 스트라우스의 〈푸른 다뉴브江〉에 맞춰서 사람들이 왈츠를 추고 있었다. 앞에는 수십 개의 테이블이 있었는데 그곳에서 저녁식사를 하지 않고는 비엔나 여행은 허사가 될 듯 싶었다. 이렇게 우리의 비엔나 여행은 시작되었다. 이곳 박물관에는 야나타(Janata)라는 젊은 학자가 있어 나는 그를 찾아갔다. 아내는 따로 관광버스로 옛적 루돌프皇太子가 愛人과 같이 自殺했다는 마이어링村 등 유서깊은 곳을 관광하였다. 비엔나는 전쟁 중에도 파괴되지 않았고 아직도 2차대전 전의 면모를 유지하고 있어 친근감을 느끼게 하였다.

3일째 되는 날은 샤움부르그宮으로 찾아갔다. 어느 곳을 가도 옛적 합스부르그王家의 한때 화려했던 시절을 연상하게 하여 반가웠다. 아내는 다뉴브江이 정말 푸른가 하고 전차를 타고 일부러 찾아갔는데 濁流가 흐르고 있어 실망이 컸다.

헝가리와 오스트리아 두 나라를 지배했던 그 화려한 옛날은 지나간 지가 오래지만 市街地 전체에서는 나와 같은 외국 訪問客까지도 멜랑콜리하게 만드는 그러한 분위기가 있었다. 아내는 비엔나가 마음에 들어 며칠 더 머무르고 싶어하였으나 우리는 이곳을 떠나 다음 목적지인 인스부르크로 갔다. 도중에 音樂의 도시인 잘즈부르그를 거쳤으나 그곳에서 또 하루를 묵을 수도 없어서 곧바로 인스부르크로 直行하였다.

인스부르크는 市街地 곁에 높은 山이 마치 城壁같이 솟아 있었다. 이곳에서 조그마한 호텔에 들고 곧 근처에 있는 바바리아와 티롤 지방의 특유한 〈슈－프라트러〉 춤(農民들의 춤의 일종)을 구경하러 갔다. 이것은 쉽게 볼 수 없는 농민의 춤으로 아내는 두 시간 동안 재미있게 구경하였다.

다음날은 취리히로 향했다. 스위스는 작은 나라로 우리의 패스로 스위스 전국을 縱橫·左右로 다녔다. 밤에는 취리히湖의 배를 탔는데 일요일이어서 젊은 남녀 학생들이 서로 포옹하는 등 러브신을 보이기도 하였다.

제네바에서는 아름다운 제네바湖畔의 꽃시계도 보고 높이 뿜어 올라가는 분수, 1차대전 후에 지어 놓고 지금도 유엔의 사무실로 쓰는 國際聯盟의 건물 등등을 관광하였다.

스위스는 山岳의 나라로 우리는 알프스의 융프라우 요호에 올라갔다. 올라가는 도중의 변화무쌍한 봉우리의 경치도 좋았지만 역시 最高峰에서 내려다보는 알프스의 웅장한 모습은 그야말로 天下第一景이었다. 우리는 뜻밖에도 이곳에서 독일에 와 있는 우리나라 간호원들을 만났다.

그들은 남자 유학생 한 사람의 인솔 하에 휴가를 즐기러 왔던 것 같았다. 젊은 그들은 지나치게 떠들어서 모든 사람들의 눈길을 끌었다. 우리가 그곳 頂上에 있는 식당에서 따뜻한 식사를 즐기면서 遠近 一帶의 山을 바라보던 기쁨은 지금도 잊을 수가 없다. 스위스는 언제 와도 아름답다. 그런데 이러한 高山峻嶺과 많은 湖水 때문에 경작면적이 극히 적은 瘠土之民이 어떻게 세계 제일의 富를 누리게 되었는지 신기하였다. 융프라우 요호라는, 수천미터를 기어서 올라오는 索道鐵路만 해도 수십 년의 役事와 수많은 비용을 들여 완성했는데 이러한 스위스人들의 끈기와 노력이 이 나라를 세계의 公園으로 만들었고, 그것으로 우리로는 상상할 수도 없는 좋은 생활을 하게 된 것 같다.

우리는 스위스를 떠나서 뮌헨으로 갔다. 나는 취리히 정거장에서 우연히 클리블랜드博物館長 셔만 리씨를 만났다. 뮌헨으로 간다고 하여 한참 동안 이야기를 하였다. 후에 그는 나와 理那가 共著로 낸 책인 *Arts of Korea*에 序文을 썼는데 이때 우리가 邂逅한 이야기를 썼다.

뮌헨은 내가 5년이라는 긴 세월을 보낸 학생시절의 도시였다. 그곳에서 많은 것을 배웠고 또 고생도 많이 하였다. 이곳에 아내를 데리고 가는 것은 나의 오랜 念願이었다. 우리는 大學에서 멀지 않은 레오폴드街의 작은 호텔에 들었다. 길 건너에 중국식당이 있어 그곳에서 우선 실컷 밥을 먹었다. 옛날 나의 학생시절 때 집주인 아들인 알렉산더 프린츠가 크레멘스街 78번지에 산다는 것을 찾아내어 전화를 걸고 그곳으로 갔다. 조그마한 아파트에 살고 있었는데 본처와는 이혼하고 젊은 후처와 살고 있었다. 햇수로 꼭 37년 만에 만난 것이다. 그는 전쟁 때 소련에 들어가 있었다고 한다. 하루는 그림을 그리고 쉬고 있는데 장교 한 사람이 사령부로 데리고 가서 敵機가 오면 스케치를 하라고 시켰다 한다. 이 때문에 最前線에 있지 않고 덕분에 독일전선이 무너진 후에 재빨리 도망쳐서 소련의 포로가 되지 않고 영국군에게 잡혔다고 한다. 소련군에 잡혔던들 시베리아에 끌려갔을 것이었고 그랬으면 살아남지 못하였을 것이었다. 방 한구석에 알렉스의 油畫가 있었는데 그때나 지금이나 아마

츄어 수준을 넘지 못했다.

뮌헨은 예술의 도시로 레오폴드街에서는 가난뱅이 美術人들의 작품을 늘어놓고 팔고 있었다. 본래 슈바빙이라고 부르던 곳으로 예술인들이 많이 살고 있는데 슈바빙거(Schwabinger)라는 것은 보헤미안이라는 말과 같은 뜻을 갖고 있다. 이른바 영국공원(Englischer Garten)에도 가보고 宮殿公園(Hof Garten) 등 옛날의 나의 苦戰場에서 거닐고 다니다보니 40년 전의 옛날로 돌아간 느낌이었다.

이곳의 오페라는 독일에서도 손꼽히는 유명한 것으로 하루 저녁은 오페라를 보고 하루 저녁은 마리오네텐 극장, 즉 人形 오페라를 상연하는 곳에 가보았다.

원래 뮌헨에 살아본 사람은 이곳을 떠나기 싫어하는데 그것은 파리에 살아본 사람이 파리를 떠나기 싫어하는 것과 같았다. 뮌헨은 그렇게 매력이 있는 곳이었다. 그러나 이렇게 오래간만에 와 보니 옛날의 뮌헨은 아닌 것 같았다. 전쟁 후에 폐허가 된 시가는 비록 옛 모습대로 다시 복원했으나 옛날의 체취는 이미 남아있지 않았다.

내가 알던 옛 사람들도 거의 다 없어졌다. 어느 도시에 대한 애착은 그곳에 살고 있는 사람과 밀접한 관계가 있는 것 같다.

뮌헨大學에는 베르너라는 舊面의 先史學 教授가 있어, 그가 프랑크푸르트에 있는 독일 고고학연구소(Deutsches Archaelogisches Institut) 支部(Roemisch−Germanische Kommission)에 연락하여 프랑크푸르트에서 우리는 研究所의 客室에서 3일간 머물렀다. 비록 호텔과 같은 편의는 없었으나 그것은 학자에 대한 최상의 대접이었다. 내가 독일고고학연구소의 通信會員이었던 까닭이다. 지금은 이 도시가 독일과 세계를 잇는 교통의 중심지가 되었으나, 옛날에는 상업의 중심지였고, 괴테가 탄생한 곳이기도 하였다. 괴테의 집에 찾아갔더니 비록 옛 건물은 아직도 남아있었으나 역시 옛날의 체취는 찾을 수 없었다. 이곳에서 우리는 마인즈(Mainz)의 나의 옛날 친구인 컨교수를 찾아갔다. 그는 내가 1940년 마지막으로 베를린을 떠날 때 그의 집에 초대하여 주었었다. 教授도 늙었고 부인도 늙었고 그리고 우리도 늙었다.

다음날 우리는 프랑크푸르트의 빈겐에 가서 그곳에서 라인江을 다니는 유람선에 탔다. 빈겐에서 코블렌즈까지가 라인江에서 가장 아름다운 곳이라고 알려져 있었다. 모든 강가의 古蹟과 또 로렐라이라는, 하이네가 지은 노래에 나오는 名所를 지나서 코블렌즈에 도착하여 모젤의 포도주를 마시고 그날 밤을 지냈다.

다음날은 룩셈부르크市에 도착하여 그곳에서 우리는 뉴욕으로 돌아왔다. 룩셈부르크에서는 옛 친구인 엔네양(그때는 보르네만 부인)을 만나서 그들의 전송을 받았다.

미국으로 다시 돌아 온 우리는 워싱턴에서 멀지 않은 버지니아州의 알링톤에 자리를 잡았다. 원래는 뮬렌버그大學에서 나의 임무가 끝났기 때문에 아들이 혼자 기다리는 서울에 돌아가야 하였으나, 뉴욕과 워싱턴에 있는 두 딸의 청을 받아들여 우리는 3개월 동안 더 미국에 머물렀다.

3개월 후에 서울에 돌아왔을 때에는 우리는 外孫子와 外孫女의 할아버지, 할머니가 된 후였다.

뮬렌버그대학에서 강의(1970～1971)

알렌타운미술관에서 金基昶·朴崍賢 부부전을 주선하고, 왼쪽으로부터 金基昶씨의 큰딸, 필자의 처, 朴崍賢, 필자, 필자의 막내딸 英那(1971)

알렌타운 집앞에서
뮬렌버그대학 졸업식에 참석하고(1971. 6.)

1970년 크리스마스 때 알렌타운집에서, 뒷줄 왼쪽으로부터 큰사위, 둘째사위, 가운데줄 오른쪽으로부터 막내딸, 둘째딸, 큰딸 그리고 필자부부

독일 마인쯔의 퀸교수 부처와 함께(1971년 여름)

鄭永和, 申敬子의 결혼식 때 주례를 서고서, 불란서 보르도대학 先史學 연구실앞. 신부옆이 보르데교수, 신랑옆이 보르데교수부인(1971. 6.)

부 록

1

藜堂先生의 글

林泉兄을 弔함

林泉兄이 世上을 떠났다. 博物館 주위에서는 없어서는 안될 存在이던 林泉兄을 이제 다시 볼 수 없게 되었다. 금년 봄부터 病床에 있던 兄을 美國으로 출발하기 직전에 찾아 뵈었을 때, 무척 수척해 보여 不吉한 豫感이 들더니, 기어이 지금은 幽明을 달리하게 되었다.

兄을 처음 뵙기는 내가 博物館에 온 후 얼마 아닌 8·15 직후의 일이다. 강원도에서 일을 하다가 解放을 맞았다 하며, 그때까지 日本 東大 建築學教室에 있던 金某氏라는, 지금은 以北에 가 있는 사람과 같이 왔었다. 그후 兄은 일시 博物館을 떠난 적도 있었으나, 줄곧 박물관과 박물관 주위에서 우리와는 떨어질 수 없는 존재로 박물관 사업에 관계하지 않은 일이 없을 정도였고, 國內에 散在해 있는 古建築物 保存에 兄의 힘이 가지 않은 곳이 없었다.

古建築修理라 하면 우선 누구나 林泉兄을 찾았고, 또 으레 그의 助言과 設計를 請託하기로 되어 있는데, 이제 兄이 가신 후 그 일을 모두 누가 맡아볼 것인가 하고 걱정하지 않을 수 없다. 이곳에 兄이 관계하신 모든 우리나라의 古建築의 名稱을 羅列하는 것은 지극히 어리석은 일 같다. 그보다는 그의 손이 가지 않은 古建築을 헤어 보는 것이 오히려 간단할 것이다.

古建築修理 뿐 아니라, 兄은 韓國이 낳은 가장 우수한 考古學徒로, 그 이름이 길이 빛날 것이다. 불행히 兄이 단독으로 主管하여 실시된 古蹟調査는 없었지만 壺杅塚發掘에서나, 感恩寺의 發掘調査에 있어서의 林泉兄이 담당한 부분의 업적은 남의 追從을 不許한다. 慶州路西里·路東里 일대의 古墳構造의 典型的인 것으로 소개되는 壺우塚의 斷面圖는 林兄

의 解放 직후 업적의 하나로 전 세계의 學者에게 소개되었고 더욱이 感恩寺 西塔에서 발견된 舍利器 復原 같은 것은 林泉兄이 아니면 도저히 이루어지지 못하였으리라. 파리 세루누스키博物館의 다비드女史 같은 이는 이 復原을 극구 칭찬하여 프랑스에는 그러한 復原을 할 수 있는 考古學徒는 없다고 하였다. 林兄이 돌아가신 후, 이런 일은 누가 할 것이며, 林兄의 뒤를 이을 수 있는 사람은 언제나 태어날 것인가?

林泉兄은 愛酒家였다. 天眞爛漫한 選良한 성품에 愛酒家를 겸한 兄은 世俗的으로 이른바 모범적인 官廳의 規律을 잘 지키는 博物館 職員은 아니었고, 박물관 입장을 곤란하게 한 일이 한두 번이 아니었다. 대체 일년에 박물관 일은 4,5개월쯤 하고, 그 외의 시간의 대부분은 박물관 외의 일에 消費되었다. 그래도 그가 큰 미움을 받지 않은 것은 그의 善良한 人品의 탓이었다.

한편 이런 관계로 박물관 외의 收入도 상당하였을 것은 물론이나, 林兄의 살림은 조금도 넉넉하지는 않았다. 천진난만한 이 愛酒家에게는 생활에 무슨 計劃性이 있는 것이 아니었다. 그 때문에 항상 빚에 쪼들리고, 個人으로 시작하였던 事業은 모조리 失敗하였다. 그리고 指導를 받은 弟子들도 많았으나, 그들이 林兄에게 큰 도움이 되었는지는 모를 일이었다. 많은 재주를 지닌 채, 우리 박물관의 가장 큰 친구인 林兄은 끝내 혼자 저 세상으로 가셨구려. 林兄의 모습은 宛然하건만, 다시는 뵈올 수 없게 되었다. 林兄, 부디 고이 잠드소서.

(《美術資料》 제10호, 1969년 12월)

想白先生을 弔함

내가 李先生을 처음 보기는 解放 후의 일이다. 서울大學校 法文學部를 組織한다고 오라고 하기에 大學病院 正門을 올라가는데 같은 길로 내려오는 분이 바로 想白先生이었다. 六尺長身의, 이마가 넓은 그분이야말로 누구의 소개도 받지 않았으나 寫眞으로 익숙한, 伯林(베를린)올림픽에 日本팀을 이끌고 왔던 李相佰氏에 틀림없었다.

그 후 1947년인가 閔丙燾氏와 두 분이 景福宮內의 官舍에 찾아 왔을 때 話題는 자연히 내가 잘 아는 歐羅巴로——伯林올림픽으로——또 流產된 1940년의 동경올림픽으로 옮겨갔다. 만약 동경올림픽이 실현되었더라면 올림픽 聖火를 희랍에서부터 陸路로 中央亞細亞의 山岳·沙漠地帶를 거쳐서 古代의 실크로드——그리고 다시 中國을 거쳐서 日本까지 오는 想白先生의 奇拔한 案이 실현되었을 것이고, "그랬더라면 그 地方의 調査를 담당하였던 내가 지금쯤은 文化史的 特殊地位를 차지한 中央亞細亞의 權威者가 되었을 터인데…"라는 흥미진진한 술회담을 하셨다. 생각하면 내가 想白先生을 누구보다 존경하고 先輩로 또는 둘도 없는 친구로 사귄 契機는 바로 이때부터이다.

실현되지 않은 이 着想이 가리키듯 想白先生은 學問에 있어서나 스포츠에 있어서나 韓國과 같은 작은 나라——그것도 둘로 나누어져 있는 韓國에 두기는 아까운 존재였다. 해방 후 韓國의 불행한 현실은 想白先生으로 하여금 충분히 活動할 機會를 주지 못하였다. 명실공히 東洋에서의 最高級의 스포츠 指導者라는 것은 內外가 다 인정하는 바이고 우리나라의 스포츠人은 그를 큰 자랑거리로 생각한 것은 이해할 수 있으나 韓國 스포츠界의 실정은 이 指導者를 뒷받침하기에는 너무나 빈약하지 않았던가 싶다.

學門上으로도 想白先生은 우리 學界에서 보기드문 幅이 넓은 분이다. 서울大學校의 社會學部의 創始者이고 아무도 없던 社會學部를 저만큼 만들어낸 功勞者인 동시에 史學徒로서의 그의 著書는 外國學界에도 널리 알려져 있다.

스포츠에 여념이 없으면서도 책은 左右에서 떨어지지 않고 젊은이 못지않게 새로운 센스와 知識을 간직하고 있었다.

그는 재작년 回甲宴 때에 처음으로 많은 사람이 모인 데서 눈물을 흘리면서 "나는 일생동안 변변한 일을 한 적이 없어, 家族이나 親戚에게 매양 미안한 마음 금할 수 없으나, 한 가지 내가 말하고 싶은 것은 나는 일생동안 남을 해치는 일은 한 일이 없는 것이올시다"라고 述懷한 것은 想白先生의 人品의 일면을 보여주는 것이라 하겠다.

想白先生은 個人生活이 지극히 외로운 사람이었다. 항상 젊은 사람에게 둘러싸여 있으면서도 그는 고독한 사람이었다. 그리하여 그는 남모르는 사이에 저 世上으로 가버렸던 것이다.

先生! 부디 고요히 잠드소서.

(《한국일보》 1966년 4월 14일)

나의 名士交友

내가 咸興高普를 다닌 것은 1920년대 후반이었다. 高普를 나오자마자 곧장 독일유학을 떠났기 때문에 나는 고보시절의 친구들과 이렇다할 교류를 갖지 못하고 말았다. 다른 이들처럼 상급학교를 서울이나 동경에서 다녔더라면 상황은 훨씬 달라졌겠지만 내게 있어서는 그렇지를 못했다.

고보 동창으로 친했던 이로 崔在緯가 있긴 했으나 그는 지금은 이 세상 사람이 아니다. 경성제대 의학부에서 피부비뇨기학과를 공부한 그는 그 방면에서는 내노라 하면서 한 시대를 울렸으나 십수년 전에 세상을 떠났다.

또 고보시절에 가까이 따랐던 선배로 都逢燮·金良瑕씨가 있었으나 둘 다 6·25라는 민족적 비극의 북새통에서 북의 사람이 되어버려 지금은 생사조차 모른다.

나와 같은 동네에 살았던 都逢燮씨는 동경제대 약학과를 나와 경성약학전문학교 교장을 지냈다. 그는 당시만 해도 대학에서 정규 약학공부를 한 유일한 사람이었다.

金良瑕씨는 나와 이웃인 정평군에서는 수재로 널리 알려진 사람이었다. 그 역시 동경제대에서 화학을 전공해 해방 후에는 수산대학장, 세브란스의전의 생화학교수 등을 지냈다. 비타민E에 대한 연구에 심혈을 기울였던 그는 방정식이 조금 틀려 결국 비타민E를 발견하는 기회를 다른 사람에게 빼앗기고 말았다.

1929년, 고보를 졸업하던 길로 나는 독일유학을 떠나 뮌헨대학 교육과에 입학했다. 당시 뮌헨대학에서 한국인 학생으로는 내가 유일한 사람이었다. 그곳에서 내가 처음 만난 한국인은 《압록강은 흐른다》의 작가 이미륵이었다. 나보다 정확히 열 살 위인 그의 본명은 李儀景이었고 내가 그곳에 갔을 때는 뮌헨대학 생물학과를 나와 이렇다 하게 하는 일이 없이 지내고 있었다. 그러나 그의 머리 속에는 언제나 조국에 대한 생각뿐이었고 가능한 한 모국어를 쓰려고 노력했다. 그는 나의 독일 생활에 따뜻한 길잡이가 돼 주었다. 나는 그에게서 매일 한두 시간씩 독일어를 배웠다.

그가 독일에 온 것은 3·1운동 직후였다. 해주가 고향인 그는 京城醫專을 다니면서 3·1운동 무렵에는 학생신문을 찍어 돌리기도 했는데 도중에 상해를 거쳐 독일로 건너온 것이다.

나중에 대학에서 한국말과 한국문학을 강의하기도 한 그는 한국을 일찍 떠났기 때문에 우리 역사나 문학에 대해 체계적인 공부를 한 사람은 아니었으나 독일인에게는 많은 인격적 감화를 주었다. 그래서 독일인 가운데 그를 따르는 사람들이 많았고 여자들과의 에피소드도 숱하게 많았다.

뮌헨대학의 바우어교수 같은 이는 그의 영향을 받아 동양에 대한 관심을 갖게 돼 뒤에 중국철학을 공부했다. 작년에 이어 지난 봄에도 한국을 다녀간 바우어교수는 뮌헨 교외에 있는 李미륵의 묘비에 한문으로 碑銘을 직접 쓰기도 했다. 李미륵은 내가 독일을 떠나온 훨씬 뒤인 1949년엔가 세상을 떠났는데 요즘도 뮌헨에 가면 그에 관한 이야기를 들을 수 있다.

뮌헨대학에서 함께 공부를 했던 독일 뮌스터대학의 보르네만교수는 50년이 지난 지금까지도 서로 서신 왕래를 하고 있으며 연말이면 카드나 카렌다를 서로 주고 받는다. 한 달 전에 내가 브뤼셀에 들렀을 때도 중도에 그를 만나 함께 묵기도 했다.

「洪博」으로 통하는 洪鍾仁씨(전 조선일보사 회장)를 가깝게 사귀게 된 것은 1940년 내가 독일에서 귀국한 뒤였다. 당시 洪博은 조선일보 사회부장으로 있었다. 그는 내가 벨기에의 겐트대학에 있을 때 그곳에 들러 함께 만났던 적이 있어 서로 안면은 있었다.

또 조선일보와 나와는 인연이 깊었다. 내가 독일에 있을 때 '유럽(歐羅巴)전쟁'이 일어나 나는 조선일보 측의 부탁으로 매주 한 번 꼴로 유럽 전쟁에 관한 기사를 몇 해 동안 실어왔기 때문이다.

조선일보에서는 처음 내가 써보낸 기사에 어디서 구했는지 내 사진을 실었는데 그 사진이 너무 엉망이었다. 나는 그 신문을 받아보고 조선일보에 항의(?)하는 편지를 보냈다. 당시 서른이 넘은 노총각이었던 나는 "누구 혼인길을 막으려고 그런 엉터리 사진을 실었느냐"면서 새로 찍은 사진을 한 장 보냈다. 내 사진을 한 번 내보낸 뒤인지라 신문사 쪽에서는 난처해 했겠지만 노총각의 전도(?)를 생각해서인지 내 인물사진을 다시 한 번 내주었다.

이야기가 좀 옆으로 흘러갔지만 아무튼 내가 독일을 떠나 시베리아 철도를 경유해서 경의선에 올라 평양에 도착한 것은 자정이 조금 지나서였다. 그때 조선일보 평양지국 기자란 사람이 기차에 올라와 내게 인터뷰를 요청했다. 기차가 평양역에 멈춰선 시간은 15분 남짓이었다. 내가 온다니까 서울 본사에 있는 洪博이 미리 평양에 연락해서 나를 만나게 한 것이다.

내가 평양역에서 벼락치기 인터뷰를 당하고 서울에 도착했을 때는 새벽 너댓시쯤 됐을 때였다. 밖은 어두컴컴했고 나는 어디로 가야할지 막연했다. 그도 그럴 것이 함흥촌뜨기인 내가 서울 아닌 뮌헨에서 학창시절을 보냈기 때문에 서울은 내게 너무 생소했고 거기다 사방은 아직도 컴컴한 새벽이었기 때문이다. 나는 아무데서나 잠깐 쉬었다가 다시 고향 함흥으로 거슬러 올라갈 참이었다.

망연해 있는 내 앞에 나타난 사람이 바로 洪博이었다. 그는 내가 오기를 기다리고 있었던 것이다. 그는 나를 명륜동에 있는 자기집으로 데리고 갔다. 나이는 그가 나보다 대여섯 살 위이지만 이런 인연으로 해서 그와 나는 지금껏 가까이 지내고 있다.

洪博은 원래가 사람 사귀기를 좋아했고 특히 그와는 분야가 다른 사람들과 폭넓게 사귀려고 했기 때문에 그는 각층의 사람들과 교분을 나누고 있다. 나와 친하게 된 그는 당시만 해도 자칭 박물관의 「최고고문」으로 행세했는데 지금은 어엿한 박물관회 회장이다.

내가 조선총독부박물관을 「접수(接收)」하게 된 것도 그의 영향이 컸다. 해방이 되자 여태껏 일제에 짓눌렸던 사람들은 일본인이 관장하던 여러 단체들을 접수했다. 그러나 박물관을 접수하려는 사람은 아무도 없었다. 박물관에 대해 아는 사람도 없었고 또 무슨 권력이나 돈이 생기는 일이 아니기 때문이다. 물론 요즘같이 골동품 수집이 축재의 수단으로까지 여겨지고 있는 때라면 문제는 달랐을 것이다.

해방 이튿날 洪博이 내 집에 찾아왔다. 우리 집은 그와 같은 명륜동에 있었다. 洪博은 내게 이제 무얼하겠느냐면서 나더러 박물관을 맡으라고 권했다. 洪博은 일제 패망직전까지 총독부의 기관지격이었던 《매일신보》에 몸을 담고 있었기 때문에 나서지는 못할 입장이었다.

그의 말이 아니더라도 나는 그런 생각을 갖고 있었고 그전에 박물관을 한번 둘러보기까지 했다. 해방 직후 조직할 「학술원」(현재의 학술원과 다름)의 중심인물격인 白모도 내게 박물관을 맡을 것을 종용했다. 그는 내게 돈까지 주면서 지방에 있는 박물관도 「접수」하라고 말했다. 나는 그 돈을 타가지고 먼저 경주에 내려가 경주박물관을 찾아갔다. 내가 경주에 내려가자 경주박물관을 맡고 있던 일본관리는 내 앞에서 몸둘 곳을 몰라 부들부들 떨고 있었다. 나는 그를 안심시키고 난 다음 앞으로의 일처리를 그에게 부탁했다.

이렇게 해서 맺게 된 박물관과의 인연은 나로 하여금 25년 동안이나 박물관장의 자리를 지키게 했고 박물관과 나를 동격(同格)으로까지 불리게 했다.

그래서 누구에게서 전화가 오면 아무게요라는 말대신 "네, 박물관입니다"하는 소리가 스스럼없이 나올 정도였다.

이같은 버릇 때문에 나와는 가장 친했다고 할 李相佰씨(작고)로부터 "아, 당신이 박물관이오?"하는 핀잔에 가까운 농담을 들을 정도였다.

사학자이면서 사회학자이고 또 체육인으로도 널리 알려진 李相佰씨는 나보다 다섯 살이 위였지만 震檀學會 일로, 또 얼마 전에 문을 닫은 하바드연경(燕京)學社 서울지부의 전신인 동아문화연구위원회의 중심인물로 함께 활동했다.

그를 알게 된 것은 해방 직후 그가 閔丙燾씨(전 韓銀 총재)와 함께 우리 집을 찾아와서였다. 李相佰씨는 閔씨와는 나이차를 넘어서 절친한 사이였고 나와 閔씨와는 전부터 안면이 있었다.

내가 이처럼 그의 이력에 대해 장황할 정도로 늘어 놓은 것은 그만큼 내가 그를 가깝게 느끼기 때문인지도 모른다. 진단학회는 李相佰·李丙燾·李崇寧·나, 이렇게 넷이서 움직여간 셈이었는데 회장은 李丙燾씨, 부회장은 李相佰씨, 그리고 실무적인 일은 나와 心岳(李崇寧)이 주로 맡아 했다. 이 가운데 진단학회의 계획에 가장 많은 참고가 돼 준 이가 李相佰씨였다. 진단학회편의 《韓國史》(全 7 권)를 낼 때 나는 록펠러재단과 교섭해서 기금지원(1만달러)을 받았고 뒷받침은 나머지 세 李씨가 했다.

1958년에 발족한 동아문화연구위원회는 白樂濬·李丙燾·兪鎭午·李相佰·李崇寧·梁柱東 그리고 나까지 모두 일곱 사람이 위원이었다. 1972년부터는 하바드·연경학사 서울지부로 이름이 바뀌었다.

이 하바드·연경학사는 원래 북경에 있는 燕京대학을 본부로 하고 있었으나 중국 본토가 공산화되면서 중국·한국·일본 등에 지부를 두어 동양에 관한 연구를 하도록 해온 모임이 됐다. 이 동아문화연구위원회의 중심인물도 진단학회처럼 세 李씨와 나였다. 하바드연경學社 서울사무소는 하바드대학의 사정으로 지난 6월 말로 문을 닫았다.

진단학회와 동아문화연구위원회 관계 때문에 긴밀해진 나와 세 李씨의 관계는 1966년 李相佰씨가 타계한 후로도 계속돼 지금도 그와 李丙燾씨, 그리고 李崇寧씨 사이에는 이어져오고 있다.

학술원 회장으로 있는 李丙燾씨는 요즘도 학술원 주최 국제심포지움의 일을 늘 나에게 시키곤 한다. 내가 그 관계에 비교적 밝은 편인 데다 오래전부터의 친분 때문에 '부려먹기'가 좋아서인지 모른다.

心岳 李崇寧씨는 나보다 한 살이 위이지만 나는 늘상 그를 '내동생'이라고 부르면서 농담을 잘 건넨다. 전에는 함께 등산도 자주 다녔으나 요즘은 내가 빠진다. 국어학이 전공이라 그에게는 나보다 '꼬붕' (제자)이 많아 자기가 하는 일에 이들을 동원한다.

그와 나는 수년 전에《韓國西海島嶼》라는 책자를 박물관에서 낸 적이 있는데, 나는 서해도서지방의 유적을 조사했고 그는 方言을, 그리고 李相佰씨가 그 지역에 대한 사회학적 고찰을 했다. 그때만 해도 서해에는 草墳이나 風葬 같은 옛 풍습이 그대로 남아 있었다.

진단학회 관계로 친해진 사람 가운데에는 을유문화사의 鄭鎭肅 사장을 빼놓을 수 없다. 진단학회가 펴낸《한글큰사전》이나《한국사》전7권을 모두 그가 하는 출판사에서 만들었고 진단학회의 학보도 을유에서 속간을 맡게 됐기 때문에 친해진 것이다. 서로 도움을 주고 받는 관계로 처음에는 사업상 친해졌으나 지금은 개인적으로도 친해 가족들끼리도 가까이 지낸다.

음악인 林元植씨(서울예고 명예교장)와 친하게 된 것은 李相佰씨 덕분이었다. 그도 閔丙燾씨가 林씨와 친했기 때문에 친해진 것이다. 한때는 넷이서 한팀이 되다시피해서 모임에 어울려 다니곤 했는데 李相佰씨가 타계한 후로는 이러한 줄이 끊어져 버려 요즘은 별로 연계가 없다.

고려대에서 철학교수를 지냈던 李相殷씨(동양철학)와 알게 된 것은 내가 독일에서 돌아왔던 1940년 무렵이었다. 그와 나는 고려대 전신인 보성전문에서 시간강사로 서로 만났고 요즘은 그도 나도 학술원 회원이기 때문에 회의 때에나 이따금 만난다. 북경대(중국) 철학과를 나온 그는 중국말 시간강사였고 나는 독일말 시간강사였다. 당시 같은 시간강사로 함께 어울렸던 이로는 朴希聖(전 고대대학원장) · 金海均 · 咸秉業 등이었다. 미시간주 알비온대학 철학과를 나온 朴씨는 철학을, 경성제대 영문과를 나온 金海均은 영어를, 수원농고를 나와 일본에 가서 일본문학을 전공한 咸秉業은 일본어를 맡았었다.

우리들은 한 달에 한두 번씩은 명륜동 우리집에서 술자리를 함께 했다. 내가 술은 잘못했지만 내 집에는 술이 떨어지지 않았다. 일본술 白鶴회사에 다니는 함흥고보 후배 하나가 한 달에 꼭 「白鶴」술을 세 병씩 보내주었기 때문이다. 우리 가운데 주사가 심한 것은 咸秉業이었다. 그의 옆에는 항상 요강을 대령해 놔야 했다. 그렇지 않으면 아무에게나 대고 오줌세례를 퍼붓는다. 술이 지나친 데다가 주정까지 심해 그는 학교에서도 대접을 잘 받지 못하더니 6·25가 나자 앞장서서 북으로 가버렸다.

내가 普專 강사를 지내게 된 데에는 安浩相씨(철학, 전 문교부장관)와의 인과관계가 깊다. 1937년 내가 독일에 있을 때 그가 내게 편지를 해왔다.

지금도 그렇지만 소학생 같은 글씨로 보낸 그의 편지 내용은 金性洙씨가 普專을 인수해서 대학으로 키워보겠다는 포부를 갖고 유럽 등지를 둘러보는 길에 독일에도 들를 테니 잘 좀 안내해 달라는 부탁이었다. 독일의 예나대학에서 철학을 공부한 그와는 그때까지만 해도 일면식도 없었으나 이름은 듣고 있을 때였다.

1940년에 돌아와서 金性洙씨를 만났더니 普專 강사자리를 하나 만들어 주었는데 그 자리가 우연히도 安浩相씨의 뒷자리였다. 그는 보전에서 철학과 독일말을 가르쳤으나 일제가 「국어(일본어)상용」을 강요하자 일본말을 할 줄 몰라 京都大學에 가 있었다.

그래서 그가 맡았던 과목 중 철학은 연전에 작고한 李鍾雨씨(전 고대 총장)가 맡고 나는 독일말을 맡아 주 여덟 시간씩 강의를 했었다. 普專 강사자리는 해방될 때까지 계속됐다.

앞서 적은 것처럼 해방으로 박물관을 '접수' 했으나 같이 일할 사람이 없었다. '중국 가서 장군 안한 사람 없다'는 식으로 당시는 학부만 졸업하면 다 대학교수로 들어가던 판이라 박물관 같이 별 볼일 없는 데로 올 사람이 없었고 또 이 관계를 정통으로 공부한 사람도 없어서 인선에 애를 먹었다. 그래서 박물관과 약간이라도 관계가 있는 역사나 고고학

등을 전공한 사람을 불러 모았다.

李弘稙씨(사학자)를 천거하는 사람이 있어 그에게 고고학 분야를 맡겼다. 李씨는 일본에서 중·고등학교를 나왔고 대학도 동경제대에서 일본사를 전공해 우리말을 잘 하지 못해, 1946년에 우리나라에 나왔으나 마땅히 일할 곳이 없었다. 李王職의 장서각에서 일하다가 나와 함께 박물관 일을 거들게 되었다. 미술관계는 처음에 와세다대학을 졸업한 閔天植씨에게 맡겼다.

이어서 金元龍(서울대 박물관장)·黃壽永(동국대 박물관장)·秦弘燮(이화여대 박물관장)·崔淳雨씨(현 국립박물관장) 등으로 박물관의 주요 분야를 맡겼다. 이들 모두는 박물관을 같이 지켜온 가까운 후배들이고 친구들이다. 지금 생각해 보면 박물관으로는 그때가 최고의 진용이 아니었던가 싶다. 주제넘은 이야기 같긴 하지만 이 사람들이 다 죽고 나면 누가 한국 미술사와 고고학을 이어갈지 걱정스럽기도 하다.

박물관을 통해 가장 가까워진 외국인으로 일본인인 아리미쯔 교이찌(有光敎一)씨가 있다. 그는 이 땅에서 15년 동안을 박물관 일을 해온 나의 선임자격인 친구다. 그를 처음 알게 된 것은 1940년 무렵 내가 독일에서 돌아왔을 때였다. 그는 일본 관리이면서도 식민지의 관리티를 전혀 보이지 않았다. 일본인이 망하고 내가 박물관을 맡은 뒤로도 나는 그를 일년 가까이 붙들어두고 박물관 관계의 자문을 받았다.

그후 그는 일본에 돌아가 京都大學의 고고학과 주임교수를 지내다 지금은 명예교수로 있다. 그는 나를 일본에 있는 자신의 가까운 친구를 모두 합한 이상으로 절친한 친구라고 말한다.

우리들의 관계는 일본학계에서도 널리 알려져 있다. 한 달 전에 京都에 들렀을 때도 그를 만났는데 그와는 집안식구들끼리와도 잘 알고 지낸다.

하와이의 호놀룰루박물관장을 17년 동안 지낸 그리펑박사는 1958년 우리나라 고미술품의 미국전시 때 알게 됐는데 지금까지 친분을 맺고 있다. 우리 네 자녀 가운데 그의 집에 가서 신세를 지지 않은 사람이 없을 정도이고 그때마다 그는 매사에 신경을 써준다.

나도 외국에 나갈 때는 꼭 그를 만나기 위해 하와이를 거쳐서 가고 온다. 예나 지금이나 환대가 이만저만이 아니다. 서신왕래도 자주 하는 편인데 며칠 전에도 그로부터 편지가 왔으나 아직 답장을 못했다.

韓赤 총재로 있는 李澔씨와는 사돈간이다. 그를 안 것은 그가 동경제대를 나와 해방 후 치안국장인가를 하던 때였다. 미국사람 있는 데 가면 꼭 그를 만날 수 있었다. 관료생활을 오래해 온 그이지만 다른 사람들에 비해 관료다운 냄새가 덜 했고 생활도 검소했다.

그와 사돈이 된 것은 나의 둘째딸 信那(고려대 의대)가 그의 딸의 소개로 그의 장남을 알게 되어서 결혼까지 하기에 이른 것이다. 양쪽 부모들은 결국 뒤에 인준만 한 셈이었는데 사돈될 사람이 누구인가를 알고는 서로가 다 놀랐다. 李씨는 자기의 맏며느리감이 내 딸이라고 하니까 며느리 될 아이를 만나보지도 않고 약혼날짜를 정했고 우리 쪽도 그분의 자제라면 물어볼 것도 없다고 해 사후인준 문제는 순조로울 수밖에 없었다.

藜堂이란 나의 아호는 6·25동란이 나기 얼마전 爲堂鄭寅普선생이 지어주신 것이다. 藜는 명아주라는 풀이름이다.

선생은 학문을 하는 사람에게 어울릴 것이라면서 자신이 지은 여러 개의 아호감 가운데서 이것을 내게 권하셨다. 언젠가 선생의 자제인 鄭良謨씨(국립박물관 수석학예연구관)를 만나 이런 얘기를 했더니 눈물을 글썽거렸다. 그는 그 집안 사람들이 다들 그렇지만 부친을 닮아서인지 고지식하고 얼렁뚱땅하지를 못한다. 그는 커피를 특정외래품이라고 안 마실 정도다. 언젠가 내가 그렇다면 다른 외래품도 사용하지 말아야 할 것 아니냐고 했더니 꼭 필요한 것 외에는 쓰지 않는다면서 그렇기 때문에 커피 안 마시는 것만이라도 철저히 지킨다고 말했다.

(《週刊시민》 제523호; 1976. 8. 23.

《名士交遊圖》 제1권, 1977. 수록)

日曜放談

전문가가 부족하던 해방 후 초창기 박물관

김원용 : 오래간만에 뵙니다. 제가 1년에 한 번씩은 꼭 뵐려고 하면서도 근래에는 참 실례가 많았습니다.

김재원 : 그런데, 지금 이렇게 마주 앉으니까… 마주 앉기야 수백 번 마주 앉았지만, 내가 처음 김박사와 마주 앉은 때가 생각이 나는데, 그것이 1946년인 것 같습니다. 그러니까, 한 40년 전….

김원용 : 그때 제가 박물관의 관장실로 찾아갔더니 난로에다 석탄을 넣으셨어요. 그러니까, 그게 겨울일 겁니다.

김재원 : 내가 박물관 관장으로 임명된 것이 서른 여섯 살 때거든요. 그런데, 박물관에 갔더니, 한국 사람으로는 최영희라고 국민학교 졸업하고 오래동안 급사로 있던 사람밖에는 아무도 없었어요. 그런데, 그때 우리나라의 사정이 어땠는고 하니, 박물관에서 필요한 공부를 한 사람, 예를 들면 고고학(考古學)을 했다든지, 미술사(美術史)를 했다든지, 이런 사람은 한 사람도 없었거든요. 그래서, 내가 김박사의 외삼촌인 김 종무씨한테 얘기했더니, 좋은 사람이 있다고, 고려대학에서 강의하고 있다고… 아, 그래? 좀 보내 달라고… 그래서 아마 김박사가 왔을 겁니다. 본인은 기억 못할는지 모르지만, 그 때는 대학을 졸업한 사람은, 사람이 없으니까 다 대학교수거든요. 그런데 박물관 같은 데를 누가 옵니까? 더욱이 경성제국대학을 졸업했다는 분이… 그래서, 이 양반을 어떻게 박물관에다 붙들어 둘 수 없나 그렇게 생각했는데… 걸려든 거지요. 하하….

김원용 : 아, 제가 저의 외숙 말씀을 들은 것 같기도 한데요, 아시다시

피 제가 해방된 해에 대학을 나와 가지고 고려대학에서 동양사 강의를 하고 있었습니다. 그런데, 대학 때부터 고물(古物)에 취미가 있어, 해방되고 나서 우리 민족의 기원(起源) 같은 것을 좀 연구해 볼까 그래서, 제가 박물관을 찾아갔습니다. 사실은, 생각해 보니까 박물관에 있는 것이 제일 좋을 것 같았어요. 그때, 관장실로 들어갔더니 김박사가 관장… 해방이 되자마자 관장이 됐었나요?

김재원 : 그렇지, 나는 다른 사람하고 달라서, 미(美)군정장관이 임명했거든요. 그때 미군이 서울에 들어온 것이 9월 15일인가인데 내가 임명된 것은 9월말이니까 맨 첫번에 임명됐지요. 그 후에 25년간, 지금 생각하게 되면, 그때 외국 나가서 대학이나 졸업하고 한 사람들은 아주 크게 출세하고, 그 후에 장관된 이도 몇 있고, 돈도 많이 벌고 했는데, 이게 제일, 이를테면 못난 자리에 갔지요. 사람이 못나다 보니까 25년 동안이나 있었구만, 그래서 다른 사람들을 좀 끌어 넣으려고 했는데, 둘째로 온 것이 이홍직(李弘稙)씨, 이홍직씨는 동경제국대학을 졸업한, 학벌이야 그 이상없는 분인데, 그 양반의 한 가지 약점은 한국사를 하지 않고 일본사를 했거든요.

원래 박물관이란 것은 역시 고고학하고 미술사가 아니겠습니까? 그런데, 그때 미술사에는 사람을 구할 도리가 없고, 그림 그리는 사람들이 몇 명 들어왔지요. 지금은 유명한 이병도씨 사위되는 장욱진(張旭鎭)씨 같은 분도 일시 박물관에 들어왔고, 또 젊은 이화대학을 졸업한 사람도 오고, 그 다음에는 늘 그저 박물관에 드나들던 사람으로서는 민천식이란 사람이 있었는데, 유감스럽게도 전쟁이 날 무렵에 그만 죽었고요, 그래서 하여튼 김박사하고는 인연이 대단히 오래다 할는지….

그런데 박물관이란 데는 인재를 양성하는 데는 아니거든, 이미 어느 정도된 사람이 들어오는 데니까, 그래서 될 수 있으면 서울대학에 고고학과를 설치하고, 거기에 이 양반이 가서 가르치고 많은 인재를 낳는 것이 내가 생각할 때 제일 중요한 일이라고 생각했는데, 그건 훨씬 후의 일이고… 그 다음에 우리가 한 가지 같이 한 일은 미국에 간 일이지요.

나는 그 전에 십여년, 구라파에서 있은 일도 있고 해서, 미국이라는 데는, 그저 오래간만에 가서 구경하는 겸 했는데, 김원용씨는 그때 가서 실지로 많은 공부를 했고, 후에 그것이 인연이 돼서 다음에 가서 학위까지 따 오시고, 하여튼 우리나라의 고고학, 미술사에 대해서는 잊어버릴래야 잊어버릴 수 없는 업적을 쌓았다는 것은 지금 생각해도, 내가 힘껏 어느 정도 도와 드렸다고 할까, 그런 의미에서 흐뭇하게 생각하는 바입니다.

김원용 : 하여튼 제가 관장님을 가서 찾아 뵙고, 그 다음에 사령장(辭令狀)이 나온 게 47년 2월 14일입니다. 그때, 처음 저보고 하라고 하신 게 그 수정전(修政殿)에 가서 선사시대 석기(石器)를 진열하라, 그래서 저하고 장욱진씨하고 둘이 가서 추려서 하던 기억이 나는데요. 그리고 그해 4월달에, 그러니까 들어간 지 2개월 된 그 때에 개성(開城)에 가서 발굴을 했어요. 그때 이홍직선생 하고 저하고 임천씨, 사진가 이건중씨 등이 갔는데, 남의 집 사당(祠堂)에서 자게 돼 있으니 베개하고 담요는 하나씩 가져오라는 겁니다. 그래서 륙색에다가, 그때 신혼 당시인데, 긴 베개를 하나 집어 넣었단 말예요. 담요하고….

그리고 새벽에 중앙청 앞으로 해서 세종로 네거리를 건너가는데, 파출소에서 붙들렸어요. 그 때만 해도 월북하는 사람들이 많았습니다… 들어오라고, 륙색을 펴라고, 그래 보더니 베개가 나오잖아요… 아, 이거 월북하는 놈이 베개까지 가져간다고… 그래 가지고 기차 시간에 늦었지요. 저도 화가나서 발굴이 늦어지면 당신 책임이라고 그랬더니, 어서 가라고, 그래서 겨우 떠났지요. 그랬는데 발굴을 누가 해 봤습니까? 무덤을 파는데, 하여튼 지금 생각하면, 발굴보다도 끝나고 나서 술만 왕창 먹던 생각이 지금… 허허… 이건중씨, 임천씨 그리고 장욱진씨, 다들 술을 좋아했지요.

그런데, 그 때에 제가 하나 느낀 것은 엽전(葉錢)들이 무덤에서 많이 나와요. 그런데, 엽전은 서울 시내 고물상을 다니면 많이 나오지만, 가게에서 보던 엽전, 또 박물관의 진열장에서 보던 엽전이 무덤 안의 현지에 꽉 있으니까 뭐라고 말할 수가 없었죠. 또 무덤 안에 들어 앉아 있으니까, 이것은 평생 처음 당하는 경험인데, 기분이 도무지 아주 묘합디다. 잘 아시겠지만… 그래서, 그거 끝나고 나서는 더 고고학에 흘딱 반했습니다. 그 때야 아시다시피 그게 뭐 월급입니까? 그래도 전 지금 생각해 보면, 그 때에 박물관을 잘 찾아갔다고 생각합니다. 허허….

김재원 : 그때 월급을 받아 가지고는 일주일 살면 없어지지….

김원용 : 그래도 박물관에서 하루 종일 있다가, 저녁이 되면 모두 일렬로 서서 말이죠. 부인네들이 모두 내다보니까… 그때, 박물관 관사에 살지 않았습니까?

김재원 : 그렇죠.

김원용 : 그러니까, 모두 고개를 밑으로 숙이고서 이홍직선생이 선두가 돼 가지고 선술집으로 가던 생각이 납니다. 그런데 그 때의 발굴을 생각하면 요새는 많이 발전되고, 고고학 자체도 이제는 많이 발전됐지요.

김재원 : 그 때까지는 고고학이라 하면 그건 박물관에서 하는 걸로 알았거든, 그렇지 않았어요? 그래서 아주 신이 나서 하고, 우리 한국의 옛날 문화는 우리가 다 밝혀 낸다 이런 기개(氣槪)가 있었죠.

발굴한 국보를 보자기에 싸서 뛰어

김원용 : 해방 후 '59년에 고려대학이 대학으로서는 처음으로 발굴을 했어요, 경상남도 무천에 가서. 그 때까지는 이 국립박물관이 한국고고학의 중심지였죠. '61년에는 서울대학에 고고학과가 생기고….

김재원 : '61년인가요? 그렇다면 졸업생도 한 20회가 나왔겠군요.

김원용 : 네 그렇죠. 그리고 제가 '61년에 대학으로 옮겨갔는데, 그 때까지는 박물관에 14년을 제가 있었습니다. 그때, 저는 김박사님이 미국유학도 도와주시고, 하여튼 박물관에서 잔뼈가 굵어져서, 사람이 되자마자 대학으로 넘어가게 됐는데, 그때, 박물관은 관장님께 혼자 맡기고 나간 격이 됐죠. 제가 죄송하게 생각합니다.

김재원 : 아니, 그건 내가 원하던 바고, 그래서 갈 때 박물관 스테이션 왜곤에다 짐을 실어서 갖다 주고….

김원용 : 그때, 제가 '61년, 떠나기 직전에 한 것이 감은사(感恩寺) 발굴이지요. 저는 그때 거길 정식으로 참여는 안했었지만, 구경갔다가 감은사 서삼층탑에서 사리함(舍利函)이 나오지 않았습니까? 그래서 김박사하고 둘이서 보자기에 싸 가지고….

김재원 : 응, 정월 초하룻날일 거야.

김원용 : 그렇죠. 그걸 싸 가지고, 그 때만 해도 경주에서 기차를 타고 대구에 와서 또 바꿔 타는 거지요? 그런데 보니까 저쪽에 서울가는 기차가 와 있어요. 그래서 그 보물을 들고 철로길을 막 뛰어서 간신히 올라탔지요. 올라타니까 기차가 떠나더군요. 그게 벌써 24년, 그렇게 됐습니다.

김재원 : 그때 정월 초하룻날에 희귀한 물건이 나와서 아주 기뻤지요. 그 다음에 우리 나라의 발굴은 뭘 했나요?

김원용 : 지석묘(支石墓)를 발굴한 게 아마 큰 거죠.

김재원 : 사실은 지석묘를 할 때에는 김원용씨가 미국에 학위받으러 가 있을 때예요. 그러나 그 아이디어는 김박사에게서 나온 것인데, 그건 오래 걸렸지요. 한 6, 7년 걸려서… 아직도 지석묘에 대해서는 할 일이 많아요. 그래도 지금까지의 것은 기초적인 것이고 아직도 난 큰 사업의 하나라고 생각합니다. 그때 같이 하던 사람 중에서도 그 결론에 대해서는 이의가 있는 모양인데, 고고학 같은 데에 무슨 천하에 꼭 요것만 옳다, 그런 일은 있을 수 없으니까, 그것은 큰 업적이라고 생각합니다.

김원용 : 하여튼 그 지석묘연구가 그때 박물관에서 나온 보고서로서는 가장 큰 것이었고, 그 때까지는 우리나라의 선사시대(先史時代)를 강의할 때도 일제시대에 한 것들을 가지고 대개 했는데, 그 지석묘 연구가 나오면서부터 우리가 독자적으로 선사시대의 연대 편년을 다시 하고, 고인돌에 대해서도 우리 나름대로의 새로운 분류법이 생기고, 지금은 고인돌연구가 굉장히 발전됐지만, 그 때의 그 지석묘연구가 결정적인 계기가

됐다고 봅니다. 제가 진단학회(震檀學會)에서 낸 한국고고학 50년, 거기 회고에도 썼읍니다만, 하여튼 해방 후에서부터 60년대까지 우리나라의 고고학 조사와 연구 같은 것은 아이디어를 내고, 그걸 지도하고, 추진하신 분이 바로 김박사님이라고….

김재원 : 아니, 별 말씀….

김원용 : 아닙니다. 고고학계에서는 당시의 그 지도력에 대해선 모두 높이 평가하고 있습니다.

우리나라 미술사학의 비약적인 발전

김재원 : 일본에 있는 미까미 쯔기오(三上次男), 그 사람도 이 때까지 한국에서 나온 고고학에서는 역시 지석묘가 제일이라고 평하고 있습니다. 그런데, 왜 고고학이 중요하냐 하면, 아까도 내가 말씀했지만 역시 한국의 역사, 한국의 문화를 알아내는 데는 고고학이 역사의 보조과학으로, 또 독자적으로도 대단히 중요해서, 이것은 우리가 해방되면서부터 꼭 해야 되겠다 그래서 한 것인데, 그 후에 고고학교실이 생기고, 20회 졸업생도 나오고, 그건 어느 정도 성공을 했다고 생각합니다.

또 한 가지 중요한 게 미술사인데, 이것도 정통으로 학교에서부터 했던 사람은 요새는 몇 사람 되지만 그전에는 없었거든요. 그래서, 그 몇 사람들의 공적은 우리가 인정하지만, 그래도 역시 자습(自習)하다시피 하던 것은, 방법론 등에 있어서 좀 미진한 데가 있는 것 같아요. 그게 조금 극복돼야 되겠고….

또 미술사를 하게 되면, 동양미술사, 한국미술사, 또 서양미술사란 것도 있잖아요. 그런데, 어느 나라에 있어서든지 서양미술사가 중요한 위치를 점유했거든, 내가 늘 이야기하는 중의 하나가 뭔가 하면, 내가 구라파에 갔을 때에, 그러니까 지금부터 한 50년 전에 일본에서 어떤 젊은 사람이 왔어요. 그 사람이 야마다 지사부로라는 사람인데, 동대(東大)를 졸업했어요. 동경대학에서 미술사를 공부하던 사람인데, 역시 미술사는 독일서 해야 되겠다고 해서 왔어요. 그게 50년 전이거든요. 그런데, 우리나라에서는 요새야 미술사를 해야 되겠다고 해서 서울대학에도 미술사가 고고학과하고 같이 합치된 게 2년밖에 안 되고, 또 다른 대학에는 학부에는 없고, 이화대학과 홍익대학에는 대학원에 그게 있거든요. 그런데, 이거 역시 조금 더 발전시켜야 될 것 같아요.

요새 우리나라에서 한국화, 서양화에 대한 미술비평가는 굉장히 많은데, 옳은 소리들을 하는지 도무지 모르겠어요. 어제부터 호암(湖巖) 갤러리에서 피카소 전시회를 하거든. 솔직이 말해서 저게 뭐 그림 같기도 하고, 여자의 눈이 둘이고, 머리가 셋이고, 그런 괴상한 것이 있는데, 우리나라의 오지호라는 분이 있지요. 전라도, 그분이 원로화가고 상당히 인망이 있는 분인데, 그 피카소라는 것은 완전히 협잡군이다 그러거든요. 왜 저런 우리가 알지 못하는 그림을 내느냐 하면, 그래야 남들의 주목을 끌 수가 있으니까….

그러나, 최근 한 4, 50년 전부터 미술의 모든 새로운 운동은 그 사람을 정점으로 해서 됐거든. 그러면, 구라파에 있는 우리보다도 미술사가 많이 발달된 나라에서 그 사람을 따라가고, 그 사람을 배격하지 않는 데는 무슨 이유가… 그저 이상한 걸 그려 남의 주의를 끌기 위했다 하는 걸로는 암만해도 해석이 안될 것 같아요. 그러면, 우리나라 사람들은 피카소 그림에 대해서 뭐라 하느냐 하면, 솔직이 말해서 바로 이해하고 말하는 것 같지 않아요. 그래서 서양미술도 좀 더 연구해야 되겠고….

우리나라 미술사에 대해서는 옛날부터 김박사하고 나하고 얘기한 것이 있지 않습니까? 우리가 한국미술을 올바로 계통을 잡지 못하는 것은 이 한국미술이 중국에서 영향을 받아 왔는데, 어느 정도 뭘 받아 왔는지 이걸 해명하지 못해서 이렇게 곤란하다 그랬는데, 그런 것이 어느 정도 요새 됐는지 난 모르겠어요.

또 조각 같은 것도, 우리나라의 석굴암(石窟庵) 하게 되면 굉장한 유물인데, 하필 저 인도에서 시작된 그 석굴미술이 중국의 운강(雲岡)이니 용문(龍門)이니 그런 걸 다 거쳐서 여러가지가 많은데, 한국에 와서 자연석굴도 아닌 인공적으로 만든 것으로, 그렇게 교묘하게 아주 빈틈없이 딱 짜여 있는 석굴이 어떻게 한국에만 생겨났나… 그런데, 그걸 가만히 보면 그야 물론 당(唐)나라든지 중국의 그것을 본받아 왔고, 그 영향을 많이 받았겠지만, 그래도 그런 미니어처 규모라 할는지, 그런 것이 우리 나라에 생겼다 하는 것은 보통 일이 아닌 것 같아요. 어떻게 돼서 그게 우리나라에 생겼나? 중국에는 없는데….

김원용 : 글쎄요. 그건 어려운 문젠데, 그래도 요새 우리나라 미술사학은 지금 말씀하셨지만, 참 많이 발전을 했습니다. 그래서, 초기에 그저 미술사 그러면 아름답다, 그런 단계는 다 지나갔고, 그 후에 양식변천이라든가 미술사 훈련을 제대로 받아서… 김박사님 따님은 두 분 다 미술사 박사지만 말예요. 요새는 한 발 더 나아가서, 우리나라만이 가지고 있는 특색, 또는 특징이 왜 그렇게 생겼느냐? 그런 문제까지 따져서 가령, 신라시대 같으면 석굴암의 배경이 되어 있는 불교사상이라든가 그러한 사상적인 주변까지도 다 연구하고 있거든요. 아주 고무적인 일입니다. 그렇게 우리나라 미술사가 많이 발전이 됐는데, 그 뒤에는 역시 외국인이 있는 것 같습니다. 그래서 저는 우리나라의 고대문화, 미술사학이 각광을 받게 된 계기라 할까 큰 자극이 된 게, 언제입니까? 박물관에서 첫번 문화재를 해외 전시한 게?

어려움 많았던 우리 문화재 해외전시

김재원 : '57년….

김원용 : '57년이죠. 그때 미국에 처음 가고, 그 후에 몇 번 더 했는데 그 해외전시가 결정적인 게 됐으리라고 생각을 합니다. 그런데 요새는 전시도 너무 하니까 좀… 그런데 그 때에, 그 해외전시에 관한 것은 아이디어를 다 내신 모양인데. 그때 어떻게 되었는지… 저도 따라서 고생 많이 했습니다. 하하….

김재원 : 고생해야 또 좋은 일도 있지. 그게요, 맨 첫번에 내가 미국으로 유학간 것은… 아, 그건 같이 갔지, 우리 둘이 그러니까 '48년에 둘이 갔는데, 갈 땐 같은 배를 타고 갔고, 올 때는 내가 혼자 왔는데, 또

거기 가서도 내가 혼자 다니고 했는데, 하바드대학의 랑돈 워너, 아주 유명한 동양미술에 관한 권위자인데, 그 사람을 만났더니 한국미술을 미국에서 소개할 때가 아니냐? 당신은 아직도 시기가 상조(尙早)하다고 할는지 모르지만, 한번 해야 될 것 아니냐? 그런 말을 했습니다. 그런데 록펠러재단에 있는 우리를 데려간 미스터 파스란 사람도 거기에는 아주 동감이고, 그래서 록펠러재단에서도 비행기표 예산이 없었던 것을 나를 특별히 비행기를 태워 가지고, 호놀룰루에 들리게 했어요. 거기서 호놀룰루박물관장 그리핑하고, 또 우리나라에 오래 있던 의사하던 디프 하드란 사람 그 두 사람을 만났어요. 그래서 될 수 있으면 어떻게 빠른 시일내에 그것을 한 번 해 보자, 그런 약속을 하고 내가 돌아왔지요.

그러나, 그것이 한국전쟁이 나기 한 이태 전이니까요. 그런데, 미국에서는 큰 전시회는 워싱턴에서 시작해야 되거든요. 워싱턴 내셔널 갤러리에서 시작해야 그게 국제적인 뭣이 되는데, 그렇게 하려고 하면 적어도 한 4, 5년 미리 스케줄을 잡아야 하거든요. 그런데, 그런 것이 얘기도 되기 전에 전쟁이 났거든, 전쟁이 났으니까 그 때는 그걸로 끝난 거지요. 그 후에 다시 얘기가 나왔는데, 우선 우리 한국은 돈이 없소, 돈이 없으니까 거기에 대한 모든 비용을 우리는 낼 수가 없다, 심지어 거기 따라가는 사람의 여비도 낼 수가 없다, 우리가 돈을 낼 수 있는 것은 포장하는 것과 그걸 부산까지 가져다 주는 것 뿐이고 거기서부터는 당신네들이 가져가 달라. 그래서 도움을 준 것이 미국 군함예요. 군함이란게 총, 대포 쏘는 군함이 아니라 수송선이죠. 그래서 사실은 다 그렇게 됐지요.

그리고 제일 까다로운 건 보험인데, 미국에서 전시하게 될 여덟 박물관에서 공동으로 돈을 내는데, 많으면 곤란하다, 그거야. 그래서 내 생각도 그랬고 다른 사람들 생각도 그랬고, 아무 사고가 없을 것을 전제로 하고, 한 박물관에서 얼마 안되는, 5천불씩 내서 한국 정부에 준다, 그래서 한국 정부에서 어느 회사를 정해서 거기다 보험 붙이는 것은 당신네들이 하시오, 그래서 많은 돈을 받고 그리고 갔다 왔지요. 아무 사고도 없이….

그랬는데, 내가 아까 얘기한 것은 그 후에 박물관에서 또 한 번 전시회를 했는데, 그 전시회는 국가적인 것으로는 아주 초라한 겁니다. 왜 그러냐 하면 샌프란시스코에서 시작했거든. 우리는 수도 워싱턴의 내셔널 갤러리에서 하고 모시는 분이 아이젠하워대통령하고, 이승만박사, 그런데 샌프란시스코에서는 이게 거꾸로 가는 거거든, 그래서 전시회를 하는 것도 크게 못했고, 물론 여덟 군데를 가지도 않았고, 규모에 있어서는 맨 첫번보다 훨씬 못했다고 볼 수밖에 없지요.

그런데, 그 후에 전시회를 또 한 번 구라파에서 했거든요. 구라파에서 할 때는 마침 5·16혁명 때 걸렸어요. 그게 뉴욕, 런던에서 끝나서 내가 화란에 왔던 그 날에 여기 5·16혁명이 났어요. 그래서 화란에서도 역시 다른데와 마찬가지로 파트로나쥬 즉 위에 모시는 분을 베아트리스공주하고 우리나라의 대통령으로 했는데, 그게 역시 왕국이라 혁명을 좋아하지 않거든, 마지막 시간에 와서 베아트리스공주의 이름을 낼 수가 없다고, 그래서 못 했지요. 그래도 그때에는 영국, 화란, 그 다음에 파리, 독일, 오지리, 다섯 군데서 했으니까 규모도 크고 그랬지요.

김원용 : 네, 그런데 저도 그 뒤에 그런 전시회를 할 때마다 개막식에 같이 가 보기도 하고 따라다녔는데, 그래도 미국에서의 진열이 제일 잘한 것 같아요. 충분한 공간을 주고… 미국 사람들은 그것을 미술품으로서, 또 고고학적 유물로서 보고 있는 것 아닙니까? 그런데 일본에 오면 자기네 문화하고 관련이 생기니까 좀 더 치밀하게 물건을 보려고 하고 … 지난번에 영국서 할 때 대영박물관에 가 보니까, 거기는 미국에 비해 너무 공간을 줄였어요. 한 진열장 안에 너무 여러 개를 놓거든요. 그래서 거기 책임자한테 이거 너무 많이 들어가지 않았느냐 그랬더니, 영국에서는 보는 사람들이, 하여튼 많을수록 좋아한다는 거지요. 그래서 그 물건 자체의 미적 가치를 내는 것보다도 물건 자체가 가지고 있는 정보를 캐고자 하는 역시 국민성의 차이라고 할까요?

김재원 : 우리 정부에서 브리티쉬 뮤지엄이라는 데에 너무나… 대영

박물관이라 하니까, 그것이 큰 무엇인지 아는 모양인데, 구라파에서 제일 돈이 없는 데가 브리티쉬 뮤지엄이야. 만약 그 때, 빅토리아 앤드 앨바트 뮤지엄에서 했더라면 그렇게는 안 됐을 거요. 좀 더 스페이스도 있고…. 정부라든지 매스콤에서는 대영박물관에서 해야 된다… 그게 잘못이지.

김원용 : 사람은 많이 가죠? 암만해도….

김재원 : 가기야 가겠지.

김원용 : 그리고 도록(圖錄) 중에서, 이번에 대영박물관에서 나온 도록이 아마 제일 잘 됐어요. 완전하게 했고, 그리고 영국의 위트휠드씨하고 독일의 괴퍼씨, 그 둘이서 책은 아주 잘 냈어요. 그렇게 해외전시를 하면 사실 우리나라 문화공보부의 공보관 백 명을 내보내는 것, 또는 대사를 열 명 보내는 것보다도 더 우리나라 문화를 선전하는 효과가 있지만, 과거에 좀 너무 나간 것 같아요.

김재원 : 네, 그래요.

우리 국보만 내보내지 말고 다른 나라 것도…

김원용 : 그래서 이제는 국보를 메고 나가는 것은 그만둬야… 들여 와서 봐야지요.

김재원 : 그리고 또, 전시기간이 너무 오래 걸렸거든요. 그게 당초 말이 되나요? 한 군데 가서 두 달도 하고, 아휴.

김원용 : 그리고 뭘로 보내느냐? 옛날에는 배로 갔거든요. 그 배가 아주 안전할 것 같은데, 지금 배로 보내자 그러면 유럽 같은 나라에서는 그런 생각조차가 후진국이라는 겁니다. 비행기가 어때서 그러느냐 그러는데, 제 생각으로는 비행기로 가다가 폭 빠지면… 그 문화재가 바다로 다 들어가 버리면, 그게 돈으로 다시 살 수도 없는 것들이고 말이죠. 그래서 참 문제입니다.

김재원 : 그런데, 위험률은 배나 비행기나… 그냥 배를 믿는 도리밖에 없지.

김원용: 네, 그러나 지금 중앙박물관이 새로 큰 청사로 옮길 준비를 하고 있으니까 앞으로는 우리나라의 중요한 것들을 우리나라에 둬 두고, 이걸 보려면 우리나라에 오라, 이렇게 되어야….

김재원: 물론이지요. 이 때까지는 일본에만도 두 번씩이나 갔거든요. 왜 두 번이나 가요? 당초 말이 안 돼요. 일본의 것을 좀 가져오도록 해야지요. 그 사람들, 가져올 거예요.

김원용: 그런데 일본서 가져온다 하더라도 우리나라 사람들이 아직은 흥미를 안 가질 겁니다. 그게 문제지요. 그래서 일본미술품보다도 우선 우리나라에서 가져간 미술품, 그 중에서 가령, 안견(安堅)의 '몽유도원도(夢遊桃園圖)'라든가 그런 걸 와서 한 번 보여 주고, 그 다음에는 일본 물건도 우리나라와 관련을 가진 고구려시대 이전 것들을 보여 주고, 그 다음에 차차 와야겠지요. 그런데 사실, 일본 것은 안 오고 우리나라 것만 자꾸 갖다 보이고… 일본에서 보여 달라고 하는 대로 보여 준다면 아마 매년, 매달 나가야 할 겁니다.

김재원: 하하… 그건 곤란하지. 그리고 더욱이 우리나라의 그림, 비단 위에다 그린 그림 그게 약하거든요, 일본도 그런 일이 있었어요. 자기네끼리 크게 얘길 안 하는데, 어디 미국 갔다 왔을 때 어느 그림이 중간에 금이 갔어요. 몇 사람만 알고 쉬쉬 했다고 하는데, 이제 그런 것 보다도 그렇게 큰 전시회가 아니라도 될 것 같아. 불란서하고 일본하고는 서로 전시회의 언약이 되어 있어요. 그래서 그 사람들이 동경박물관에 조각하나… '밀로의 비너스' 하나만 가져갔거든. 그래도 사람이 굉장히 많이 왔어요. 그러니까 고오류지(廣隆寺)의 '미륵반가상(彌勒半跏像)' 같은 것하고 '몽유도원도' 같은 것 그 외에 고고학자료 몇 점, 이것만 가져와도 상당할 걸요. 그런 식으로 해야지.

우리가 미국에 가져간 것은요. 그게 왜 필요했느냐 하면, 미국 사람들이 한국에 많이 왔다 갔는데 모두 우리의 미제라블한 것, 폭격당해서 다 없어진 집 자리, 이런 것만 보고 우리나라에 그런 문화재가 있다는 것을 모르고 갔으니까, 또 미국의 원조도 많이 받고 그랬으니까 그게 필요했지만, 이제부터 그걸 자꾸 들고 나가다간… 영국, 독일에 지난 번에 간 것, 그건 아무 의미가 없는 것으로 생각해요. 또 간 물건도 한 5할까지 같은 것이거든. 이제부터는 일본서 물건을 가져오더라도 그렇게 많이 가져올 것 없어요. 우리나라에 없는 한국불화가 일본 같은 데 많이 있잖아요? 그것만 가져와 보여도….

김치 된장 먹고 제작한 작품이 한국적인 작품

김원용 : 오늘 우연히 배경을 보니까, 이 유화(油畫)가 이대원씨 그림입니다. 저하고 대학 동창인데 이걸 보면, 양화이면서 한국적인 그림이란 말이죠. 그런데 지금까지 박물관, 고고학, 미술사와 전통미술, 전통문화를 계속 말씀하셨는데, 그러한 우리나라 전통이 현대미술까지 계속이 됐다고 보십니까?

김재원 : 난 잘 모르겠는데… 아무리 서양미술이라도 한국 사람이 하게 되면 역시 한국적인 뭐가 나타나겠지요.

김원용 : 저희가 미술사를 외국인에게 강연하다 보면, 대체로 조선 시대말에서 끝나거든요. 그러면 그 사람들은 그 뒤는 어떻게 됐느냐, 그걸로 끝났느냐고 물어요. 그런데 1929년에 나온 에카르트의 《한국미술사》, 그것 참 처음에 나온 책이지만 여러모로 기념스러운 책이 아닙니까? 그걸 보니까, 우리나라 미술의 특색을 그 사람은, 그리스의 자연주의… 자연과 조화되는 그리스미술의 완전 조화의 미, 그런 것과 연결시키고 있어요. 그래서 자연과 조화되는 자연주의적인 성격이 우리나라 미술의 기본 혼이다 특색이다, 그렇게 말하는 사람이 많은데요, 그런 문제를 어떻게 보십니까? 그런 자연주의적인 요소가 지금까지 내려오고 있을까요?

김재원 : 글쎄요. 나도 잘 모르겠는데… 그 에카르트라는 사람은 내가 한두 번 만난 사람인데, 그 사람이 그런 소리를 했어도 다 잊어버렸을 거예요. 그건 그렇게 문제삼을 것은 아니고, 그러나 이제 말씀하신 것은 문제로 남겠는데, 글쎄올시다.

김원용 : 요새 보면, 무엇이 전통이냐 하는 것에 대해서 일부 착각을

하고 있는 것 같습니다. 가령, 전통이라는 것을 보통 생각하기는 갓, 짚신, 곰방대라든가 그런 것들이 문화요소로 딱 있어 가지고, 그 중에 하나만 없어져도 전통이 없어진다, 그렇게 생각을 하는 모양인데, 저는 외래문화가 들어오면서도 필요없는 것은 떼버리고, 우리 한국인에게 맞는 요소만 받아들이고, 또 일단 한국화해서 쓰는 그러한 정신적인 패턴이랄까, 그것이 곧 전통이란 말이죠. 만일 그렇지 않고서 옛날 것만 지키고 있는 것이 전통이라면, 가령 제가, 구정(舊正)을 공휴일로 하는 것을 반대했다가 편지가 들어오는 데 아주 놀랐습니다. 고고학을 했다는 사람이 그럴 수가 있느냐 그러는데, 고고학이라는 게 무슨 옛 것만 붙들고 늘어지는 게 아니거든요.

현재, 우리나라에 외래문화가 많이 들어오고 있어서 어느 모로 보면, 우리나라 전통이 다 없어지지 않느냐 그렇게까지 걱정하는 사람이 많지만, 저는 이런 유화(油畫)를 볼 때, 또 요새 도자기도 여기 있지만, 이것은 현대 것이지만 어디다가 내놓아도 이것은 한국 것이거든요. 이걸 만드는 사람은 한국 것을 만들려고 애를 쓴 것도 아니고 만들다 보면 이렇게 된단 말이죠. 그런 것을 보면, 역시 한국 사람이 한국에 살고 있고, 말하자면, 김치 먹고 된장 먹고 온돌에 앉아 있으면 역시 만들다 보면 한국 것이 되거든요. 그래서 문제는 우리가 한국에서 살면서, 한국의 정신만을 가지고 있으면 외래 요소가 와서 받아들인다 해도 별로….

요새 영어 한 마디 썼다고 해서 그 사람 왜 영어만 쓰느냐는 신경 과민적인 반응도 이제는, 우리나라가 좀더 선진국이 됐고, 내후년엔 올림픽도 한다는 단계에서는 좀더 넓은 눈으로 봐야 하지 않을까, 생각하는데요.

김재원 : 그런데요, 내가 지금 덧붙여서 말씀드리고 싶은데, 요새 그 샤머니즘이 아주 중하게 들어와 있는데, 무당들의 춤, 이거야말로 한국의 전통적인 예술이다…. 그래서, 요번에 이두현씨 자제 결혼식 때에, 몇 분 그 방면의 분들이 모였어요. 그래서 일부에서는 이 샤머니즘, 즉 무당춤을 한국의 고유한 무엇이라고 외국에 소개를 하고, 거기에 대해서

회의를 가지고 있는데, 어떻게 생각합니까, 이렇게 물었더니 반반이야, 일부는 역시 한국적인 것이 아니겠느냐? 그리고 일부에서는 그걸 가지고… 역시 우리나라엔 세련된 춤 같은 게 있는데, 방계(傍系)라 할는지 그런 이류(異流)의 것을 가지고 한국의 춤이라 하는 것은 좀 곤란하지 않느냐….

김원용 : 그런데 제 생각은요, 한국 민족으로서 가장 특색이 남아 있다함은, 그 근본은 역시 샤머니즘인 것 같습니다. 그래서, 지금 우리가 불교도 믿고, 예수교도 믿고 하지만, 저 자신도 자꾸 재수 나쁜 일이 생기면, 이거 굿이나 한번 하고 싶은 생각이 나거든요. 그런데, 그 굿이라는 것을 통해서 한국인이 현세(現世)에 가지는 희노애락(喜怒哀樂)을 털어 버리고, 소위 그 한(恨)을 털어 버리고 말이죠. 그런 점에서 지금 민속학 계통 사람은 너무 의미 부여를 하지만, 사실은 자연스럽게 우리가 굿에 대해서 갖는 그런 정의라 할까 그런 것은, 아마 한국 민족의 바탕이 되어 있지 않을까, 그래서 그건 그런대로 중요하다고 생각을 합니다.

김재원 : 네 그런데, 그렇다고 하게 되면, 그림 같은 것도요, 에밀레 박물관에 있는 그런 것… 그러나, 이 때까지 우리나라에서 숭상해 온 것은 역시 그 외의 다른 것이 아닙니까? 중국에서 받아들여 온 단원(檀園)이라든지, 모두 그런 것…, 그걸 어떻게 생각하세요?

김원용 : 민화가 우리에게 꽉 와서 닿는 것은요, 아카데미즘, 그런 정통적인 관화(官畫) 같은 것을 떠나서, 우리 한국 민족이 가지고 있는 그 바탕에 흐르고 있는 소위 양식(樣式)이지요. 저는 그것을 북방양식(北方樣式)이라 합니다. 북방양식…, 추상적인 거지만, 그런 것이 소위 상류층에서 외래 것을 받아들여서 자꾸 끌어 나가려 해도 그 힘이 약해지면, 바탕에 있는 민족 본유의 양식이 튀어나온단 말이지요. 그게 바로 민화입니다.

그래서 그 민화를 보면요, 누가 보더라도 뭔가 모르지만 와서 꽉 마음에 닿는 것이 있어요. 거기에서 오는 색감이나 형태나… 같은 물건도 피카소는 모두 떼어서 갖다가 붙이고, 서양적인 거지만, 우리나라에서도 피카소 호랑이라고 이름 붙은 유명한 에밀레박물관의 호랑이를 보면, 우리 민족뿐 아니라 전 세계가 그걸 보면 모두 공감을 느끼는 것은 역시 그 사람, 그 생활 속에 흐르는 한과 정, 가장 인간적인 것이 거기에 들어 있기 때문이라고 생각 됩니다. 그래서, 우리 한국미술이 세계에 보여주는 특색은 뭔가, 사람의 바탕, 원초적(原初的) 애수(哀愁)가 있고, 원초적인 정이 있고, 또 인간미가 흐르고 있다는 것입니다.

제가 볼 때, 요새 우리나라에 인구가 많이 늘어서, 범죄도 잔인한 범죄가 늘어나고 있지만, 그래서 어떤 사람들은 비관적으로 우리 민족을 보기도 하지만, 그런 미술을 보면 바탕에 흐르는 것은 참 인간적이고 좋은 거란 말이죠, 평화적이고… 그런 평화적인 민족에 현재 그런 나쁜 점이 나타난다고 하면, 그것은 후천적이라 생각됩니다. 그래서, 저는 무엇이 우리 사회의 근본적인 문제인가 하면, 요는 인구가 너무 많습니다. 인구가 너무 많아요. 사람이 줄어들면 다 해결이 되는 거거든요.

우리의 석굴암도 옛날에는 한 번에 한 열 명 들어가게 돼 있는 것을 지금은 수백 명이 드나드는 일이 생기거든요. 서울도 원래는 한 몇만 명이 살면 되는 건데, 천만 명이 사니 말이지요. 그래서 저는 인구가 줄면 모든 게 다 해결이 된다고 봅니다.

김재원 : 하하… 인구가 준다기보다도 산업이 발달돼서 더 풍요하게 살 수 있어야지 어떻게 인구가 줄겠어요?

김원용 : 그래서, 옛날부터 우리 민족이 외국으로, 일본으로 나갈 때는 우리나라에서 식량이 많아져서 인구가 폭발했을 때입니다. 기원전 300년 경에 한 번 그런 때가 왔었어요. 그러니까 일본으로 대량 건너갔습니다. 그 다음에 또 고분시대(古墳時代)에 들어와서 또 한 번, 그렇게 됐단 말이죠. 그러니까 지금 가만 보면, 근로 인구가 외국으로 막 나가지 않습니까? 역시 뭔가 조건이 좋아졌단 말이죠, 그래서 인구가 폭발했는데, 그 부작용으로 어두운 일들이 자꾸 생기지요. 그러니까 화가 나고, 뭐 떠들기도 하고 그러는데… 그래서, 앞으로 우리가 할 일은 역시 인구

조절을 잘 하면 만사가 잘 될 것 같습니다. 그래도 동양에서는 중국, 일본, 우리 그 세 민족이 동양의 줏대거든요. 역시 그런 민족의 바탕이 있는 거니까, 너무 외래문화가 들어왔다고 떠들썩하지 않더라도 잘 될 것 같은데요. 제가 앞으로 시간나는 대로 좀더 찾아 뵙고 여러 가지 지도를 받겠습니다. 오늘은 우중(雨中)에 만나서, 회포를 많이 풀었습니다. 참 감사하게 생각합니다.

김재원 : 아이고, 뭐, 허허….

방송일 : 1985년 10월 6일, KBS
(韓國放送公社編, 《일요放談》
韓國을 움직여온 元老들의 TV對談, 1986)

賀　序

斗溪先生을 城北洞 自宅에서 처음 뵙게 된 것은 독일에서 귀국한 지 얼마 안되는 1940년 겨울의 일이었다. 그때 나는 해방 후 越北하여 平壤에서 考古學 및 民俗硏究所 所長을 지낸, 지금은 他界한 都宥浩씨와 함께 선생댁을 찾았었다. 都宥浩씨는 燕京大學에 修學한 일도 있고 비엔나대학에 유학하여 先史學 관계의 학위를 받았는데 斗溪선생과 서신 왕래를 가지면서 선생의 學問에 心醉하게 되었는데, 국내의 모든 國學 관계학자들은 다 고루한 사람들이라고 경멸하면서도 斗溪선생께는 무조건 머리를 숙이고 있었다.

그때 斗溪선생은 친히《震檀學報》校正을 보고 계셨는데, 지금 생각하면 그것이 해방 전에 나온 마지막 學報가 아니었나 여겨진다. 선생은 학보를 내는 것이 힘들다는 이야기를 하셨고, 이렇게 젊은 학도들이 外國에서 새 지식을 얻고 귀국하였으니 서로 힘을 합쳐 잘 해 보자고 하신 말이 기억난다. 나는 유럽전쟁을 피해 시베리아를 거쳐 귀국하는 途上에서도 戰火가 아직 東洋에까지 미치지는 않았지만, 하루도 안심할 수 없는 時局의 추이와 변화를 잘 알고 있었으므로 우리나라에서의 國學硏究가 앞으로 어떻게 될 것인지를 매우 걱정하고 있었다.

우리가 斗溪선생의 學問上의 업적을 기릴 때 말하고자 하는 것은 선생이 우리나라의 유일한, 또는 첫번째의 歷史家라는 것은 물론 아니다. 日帝治下에서 民族의 運命이 頃刻에 놓여 있을 때, 많은 愛國志士들이 國民의 自主·獨立精神을 고취하는 방법의 하나로 우리 歷史를 연구하고 있었다. 요즈음 다시 관심을 모으고 있는 申采浩先生 같은 분의 저술이나 鄭寅普·安在鴻先生들의 업적이 다 그러한 民族受難期의 著作인 것이다. 그러나 今世紀 초에서부터 닥쳐 온 새로운 近代的 學問으로서의 歷史學을 올바르게 받아들인 학자들 가운데에서 선구자의 역할을 맡으신 분이 선생이시고, 또 많은 新學問의 同志들을 규합해서 學會를 조직하고 젊은 후학들의 師表로서 우리나라 歷史學界를 지도 육성하신 분이 바로 선생이신 것이다. 우리는 이런 뜻에서 선생을 높이 평가한다.

斗溪선생이 平生을 두고 가장 큰 노력을 기울이신 것은 震檀學會의 일이다. 震檀學會를 중심으로 모인 同志들은 해방이 되자 우리 國學界를 주도하여 갔고 그것을 중심으로 서울大學校 文理大의 敎授陣이 조직되었다. 그때의 學界 형편으로는 단 하나의 大學 敎授陣을 짜내는 것조차 어려운 실정이었는데, 이리해서 문을 연 東崇洞 校庭에서 자라난 엘리트가 현재 우리 史學界의 중추를 이루고 있는 사실은 누구나 다 인정하는 것이다. 선생은 정말 많은 우수한 제자들을 키워 내셨다.

항상 자신이 술회하시는 바와 같이 해방이 되던 그 해에 선생은 바로 50세였던 것이다. 대개는 그 나이가 되면 探究慾도 줄어들고 노경에 접어드는 것이 보통인데, 선생의 주요한 업적들은 바로 이 뒤에 이루어진 것이 많다. 이것은 선생의 著作目錄을 보면 알 수 있는 일이지만, 光復의 빛이 선생의 왕성한 학문적 정열에 한층 강렬한 불을 붙였기 때문이리라.

震檀學會에서 발간한《韓國史》(全7卷)의 출판과정에서도 다른 집필자들의 원고는 지지부진하였는데도 불구하고 선생은 제일 먼저 집필을 완료하셨고, 결국은 이러한 선생의 큰 노력이 우리 學界 空前의 大事業을 성취케 한 힘이 되었던 것이다. 당시까지만 해도 우리나라에는 아직 國民이 믿고 읽을 만한 우리나라 역사책이 거의 없는 실정이었다. 우리 민족의 걸어온 길이 아무리 순탄치 않았다고는 하나, 이것은 심히 부끄러운 일이 아닐 수 없었다. 이후 震檀學會의《韓國史》가 17~18版을 거듭하여 오늘날 史學徒의 서가에 꽂혀 있지 않은 곳이 없을 정도로 되었다는 것은 우리 모두 震檀學會 대열에 서 있는 사람들의 큰 자랑으로 여기는 바이다. 더욱이 斗溪선생은 새 版이 나올 때마다 새로운 연구성과를 추가하여 출판사에서는 이미 만들어진 紙型을 고치느라 곤욕을 치루었다.

解放 얼마 전부터 뒤늦게 震檀學會의 末席에 참가하여 줄곧 선생의 곁에서 助役의 일을 해온 筆者는 더 이상 선생의 연구업적에 대하여 언급하려 하지는 않거니와, 지금 九旬을 맞이하신 노령임에도 불구하고 아직도 정력이 絶倫하신 것은, 작년에 오래도록 연찬을 거듭한《韓國儒學史略》을 드디어 活字化하여 세상에 내어놓으신 것으로도 잘 알 수 있다.

어느 나라에서나 한 사람의 學者가 그 나라의 學界를 대표한다는 것은 있기 어려운 일이다. 그러나 우리나라에서는 斗溪선생이 우리 學界 전체를 대표한다고 해도 아무 異議가 없으리라 생각한다. 學術院 會長을 근 20년 동안이나 혼자 맡아 계셨다는 것이 우선 그것을 말하여 주며, 또 멀리 美國 프린스톤大學에서 名譽博士 學位를 수여한 것이라던지, 브라질學士院에서 名譽會員으로 추대한 것은 모두가 선생의 높은 學德을 숭앙했기 때문인 것이다.

斗溪선생은 준수한 子弟를 거느리고 계시는 것으로도 유명하다. 四博士 또는 五博士宅이라는 말을 들을 만큼 博士와 教授가 많고, 婿郎과 孫子를 합치면 一家로 능히 大學 하나를 세울 수 있을 만큼 우수한 학자들의 가정으로 알려져 있다.

이제, 선생의 九旬을 紀念하고 祝賀하는 뜻으로 선생의 弟子와 그 제자의 弟子들이 중심이 되고, 또 學問的으로 많은 지도를 받은 後學들이 힘을 모아서 한 권의 책을 엮어 頌壽論文集을 선생께 올린다. 부디 선생께서는 더욱 健康하시고 가찬하셔서 우리가 百壽를 祝願하는 모임을 다시 가질 수 있게 되기를 바라 마지않는다.

1987년 9월 일

斗溪李丙燾博士九旬紀念韓國史學論叢刊行委員會長 金 載 元 謹識

(《斗溪李丙燾博士九旬紀念韓國史學論叢》, 知識産業社, 1987)

진단학회 50년 回顧
—光復에서 오늘까지

I

光復 이전의 몇해 동안은 우리 民族史上에서도 가장 험난한 시기 중의 하나라고 할 수 있으며 좌절과 절망 속에 거의 生에 대한 집착까지도 잃어버릴 그런 막다른 처지에 이르렀던 것은 누구나 아는 바이다. 이러한 여건 속에서 震檀學會 같은 學會가 정상적인 활동을 할 수 없었던 것은 물론이다.

朝鮮語學會(後의 한글학회)事件으로 많은 國語國文學系의 학자들이 끌려가서 獄苦를 치르게 되고 우리 國學의 학자들에 대한 탄압이 노골화하게 되자 우선 발등의 불을 끄기 위하여 1942年에 學會의 활동을 중지하였는데 1934年부터 1941年까지의 震檀學報는 겨우 14號를 내었다. 이 나라에서 그때 學問을 한다는 것이 얼마나 어려운지를 웅변으로 말하여 주는 것이라 하겠다.

1945年의 光復은 우리 學會에도 새로운 希望과 意慾을 가져다 주었던 것은 물론이다. 日皇이 降服 라디오放送을 한 그 이튿날(8月 16日) 仁寺洞에 있는 泰和亭이라는 음식점에 모여 우선 첫 震檀學會의 모임을 가지고 任員을 改選하고 새로운 活動方針을 토의하였다. 이날 모인 사람은 李丙燾·宋錫夏·李相佰·趙潤濟·李崇寧·申奭鎬·金庠基·孫晋泰·柳洪烈·趙明基·金永鍵·金壽卿·都宥浩·李如星(無順)이고, 우선 委員長에는 宋錫夏를 선출하였다. 이 모임이 있은 후의 學會의 움직임은 學報 第15號 151面의 彙報를 보면 어렴풋이나마 알 수 있다.

여러 정치단체가 亂立한 가운데 震檀學會도 그런 단체에 불리워 간 일이 한두 번이 아니고 또 學會에서 생각하는 文化나 敎育에 대한 의견을 開陳한 것은 물론이나 그것보다도 學會는 中·高等學校에서 國史와 國語를 가르칠 敎員을 양성하여야 된다고 생각하여 1946年 봄에 臨時敎員養成所를 徽文學校內에 설치, 6개월간 집중교육으로 두 번에 걸쳐 졸업생을 내고 이들에게 문교부에서 敎員資格證을 주게 하여 이분들이 전국의 각 學校에서 國史와 國語를 가르치게 하였다.

이래서 震檀學會의 重鎭會員들은 한편 敎本을 쓰고, 또 한편으로는 講習會를 여는 등의 부산한 움직임을 보였던 것도 學報 彙報를 보면 짐작할 수 있을 것이다.

學會의 그러한 活動보다도 더 중요한 것은 역시 學報의 續刊이었다. 1941년에 第14號를 낸 후 4년 후인 1945년 11월에 15號의 원고를 편집하여 博文書館에 넘겼는데 博文書館의 主人 盧聖錫은 京城大 史學科 卒業生이고 學會의 會員인 까닭으로 本人도 學報續刊에는 매우 동정적인 태도를 가지고 있었던 것이다.

그러나 이 15號가 博文書館의 出版으로 햇빛을 보기는 그로부터 2年後인 1947년 5월이었다. 이렇게 第15號가 늦게 된 것은 盧聖錫 자신이 尿毒症으로 1946년 12월 17일 死去한 것에도 이유가 있고, 그의 생전에도 製作費의 일부도 회수될 가망이 희박한 學報의 출판을 此日彼日 미루지 않을 수 없는 어려운 실정이었던 것이다.

그런데 다음 16號는 1949년 1월에 나왔으니, 또 다시 2年이라는 시간이 지난 후에 출판된 것을 알 수 있다. 이 때의 學會의 委員長은 1948年 8月 5日에 他界한 宋錫夏의 뒤를 이은 李相佰으로 그는 解放되면서부터 자기가 특별한 관계를 가지고 있던 乙酉文化社에서 16號를 내도록 알선하였다.

學報 16號가 나온 다음 해는 바로 6·25動亂이 터진 1950년으로 이로부터 釜山에서 피난살이를 하게 된 회원 중의 어느 누구도 學報續刊을 생각할 수 있는 여유를 가진 사람은 없었다.

이곳에 잠깐 震檀學會 重鎭會員들이 해방과 더불어 어떠한 직책을 맡게 되었던가를 적고 지나가야 할 것 같다. 다시말하면 國學方面의 거의 모든 人才를 포함하였던 震檀學會 회원들은 예컨대, 서울大學校의 初創時 日政 때의 舊體制를 그냥 답습한 직제에 따라 法文學部의 文科方面의 敎授職은 대부분 그 분들이 맡게 되었던 것이다.

歷史敎授에는 李丙燾·孫晋泰·李仁榮(以上國史), 金庠基(東洋史), 社會學에 李相佰, 國語國文學에 李熙昇·趙潤濟·李崇寧, 倫理學에 金斗憲 등등.

이 외에 申奭鎬는 그가 본래 관계하고 있던 朝鮮史編修會(國史編纂委員會)로, 金載元은 國立博物館長으로 갔다.

이 외에 高麗大學과 延禧大學 같은 데에도 역시 오래전부터 유대를 가지고 있던 분들이 敎授로 갔던 것은 물론이다.

Ⅱ

美軍政이 자리잡았을 때에는 學術文化團體로는 제 1 호로 등록한 震檀學會(제 2 호는 韓國山岳會)이지만 戰亂으로 釜山에서 피난살이를 하는 사이는 아무런 활동을 하지 못하고 젊은 歷史學徒들이 歷史學報를 새로 創刊하여 힘겹게 연구활동을 하는 것을 곁에서 보고만 있지 않을 수 없었던 것은 안타까운 일이었다.

서울에 돌아온 후 나는 李相佰委員長에게 學會의 總會를 소집하여 줄 것을 요청하고, 내가 생각하는 方案을 설명하여 그분의 찬동을 얻었다. 李相佰씨는 다시 李丙燾씨와 상의하여 1954年 5月 31日 서울大學 文理大學長室(學長 金庠基)에서 還都後 첫 회의를 가졌다.

내가 總會를 소집할 것을 요청한 데 대하여는 우선 다음과 같은 일을 이곳에 적어야 되겠다.

1950年 5月 20日頃에 록펠러財團의 人文學部長 Charles Burton Fahs씨가 서울에 도착하여 그의 요청으로 安國洞의 美國人들 官舍村에 자리잡은 美大使館의 Robert Kinney 參事官宅에서 조그만한 會談이 열렸다. 參席한 사람은 延禧大學總長 白樂濬씨, 前 하지 美軍政長官通譯官 李卯

默씨 두 분과 나, 그리고 Kinney씨는 主人으로 배석하였다.

이 자리에서 Fahs씨는 韓國을 이해하려는 많은 외국사람이 한국의 역사를 알아보려고 해도 적당한 英文 역사 책이 없으니 될 수 있는 대로 빨리 그러한 책을 써 달라는 것, 그러는 데는 록펠러財團에서 충분한 지원을 하겠다는 것이었다. 그때만 해도 美國에 알려진 우리나라의 文化人으로는 겨우 몇 명밖에 없었는데, 더욱이 白·李 두 분은 그 중에도 가장 影響力이 큰 분들이었고, 내가 비록 國立博物館長의 자리에 있었다 하더라도 그 자리에 참석하게 된 것은 1947年 5月부터 9개월 동안 록펠러財團의 硏究員으로 미국에서 주로 博物館을 시찰하고 왔던 까닭이었다.

그 자리에서 우리들은 지금 한국말로 쓴 한국역사도 없는데 英文으로 한국역사를 쓴다는 것은 거의 불가능하다는 데 의견을 모았다. 결국 우선 한국사람이 쓸 수 있는 韓國史를 쓰고 그 다음에 英文으로 韓國史를 쓰는 것이 순서라는 데 의견의 합치를 보았고, Fahs씨 자신도 별로 이의가 있을 수 없었다. 결국 그렇게 정하고 실제의 진행방법은 다시 더 연구하기로 하고 그 회담은 끝내었다.

이때 白·李 두 분은 그러한 韓國史를 쓰는 필자진을 延禧大學 教授들로 생각하고 있는 듯했다. 그분들로서는 당연한 일이었다. 그러나 Fahs씨가 訪韓한 후 약 1개월 뒤에 우리나라의 전란이 터져 이 韓國史 이야기는 우리가 釜山에 있는 사이는 아무런 진전도 없이 지났던 것이다.

내가 震檀學會 總會를 소집할 것을 요청한 것은 바로 이 때문이었다. 나는 전란 중에도 Fahs씨의 많은 도움을 받았다. 3年間 매년 2,000弗씩 도움을 받아, 부산에서 어려운 살림을 하는 博物館費用과 博物館員 생계비에 보조한 것도 그중 하나였다. 지금은 얼마되지 않는 돈이나 그 때로는 자못 큰 돈이었다.

나는 Fahs씨에게 그《韓國史》프로젝트를 震檀學會에 맡겨달라는 것과, 따라서 執筆陣으로는 서울大學 教授들을 쓸 案을 제시하여 대략의 승낙을 얻었던 것이다. 그러나 震檀學會가 그 일을 맡으려면 學會를 法人으로 改編하여 달라는 것이 Fahs씨의 조건이었다. 法人이 아닌 임의 단체를 상대할 수 없다는 것이다.

위에 言及한 1954年 5月 31日의 震檀學會 總會에서는 다음과 같은 任員改選이 있었다. 理事長 李丙燾, 副理事長 李相佰, 理事 金庠基·金載元·李崇寧, 監事 趙明基·柳洪烈, 그리고 總幹事 및 編輯責任 金載元, 다시 말하면 모든 學會의 실질적인 운영은 전부 내가 맡기로 된 것이다.

임원개선 외의 案件은 社團法人을 만드는 것, 會則을 만드는 것 등등이었는데 이것 모두 나에게 일임되었고, 후에 다시 任員들의 同意를 얻어 수속을 진행하였다.

震檀學會의 法人組織은 내가 博物館 직원을 동원하여 1954年 9月 10日 文教長官의 決裁를 얻어서, 同年 11月 25日 서울地方法院에 登記完了하였다. 그리고 록펠러財團에서는 역시 같은 해 12월에 《한국사》 프로젝트에 1萬弗의 支援을 하겠다는 연락이 왔다. 《韓國史》를 5卷으로, 즉 古代篇·高麗時代篇·近世篇·最近世篇·年表의 다섯 책으로, 매卷 2,000弗씩의 執筆料를 주겠다는 것이었다. 후에 近世篇은 近世前·後期篇으로 나뉘고 最近世篇 외에 現代篇이 추가되어 결국 7卷으로 불어났으나, 일단 결정된 10,000弗 이상의 돈은 받을 수 없게 되었다. 여하튼 나는 이 《韓國史》 프로젝트가 성공적으로 착수되면 學報의 출판도 저절로 되어 가리라고 생각하였고 또 사실 그렇게 되어 간 것이었다.

乙酉文化社 社長 鄭鎭肅씨의 초대로 1954年 12月 20日 城北洞 某料亭에서 열린 社團法人 震檀學會의 總會에서 《韓國史》에 대한 執筆陣과 그 執筆條件 등을 결정하였으니, 執筆陣은 아래와 같다.

上古篇 : 李丙燾(但 先史時代는 金載元)

中世篇 : 金庠基

近世篇 : 李相佰

最近世篇 : 崔南善

年　表

이 會議에서 처음에는 누가 上古篇과 中世(高麗)篇을 쓰겠느냐에 대하여 곧바로 의견의 일치를 보지 못하였으나 위와 같은 결정은 잘 된 것으로 생각되었다.

最近世篇을 崔南善씨에게 부탁드린 것도 잘된 일이었다. 一生을 史學에 바친 六堂(崔南善)은 最近世史의 많은 부분을 몸소 겪은 분이기도 하여 學會로서도 큰 기대를 가졌던 것이다. 그러나 그때 六堂의 健康이 나빠 벌써 그러한 큰 저술을 할 수는 없게 되어, 결국 첫 장도 쓰지 못한 채 포기하지 않을 수 없었다. 이리하여 이 부분은 뒤에 李瑄根씨에게 부탁드리게 되었고, 이미 언급했듯이 最近世篇에 現代篇이 추가되었던 것이다.

록펠러財團에서 執筆料를 받게 된 學會는 따로 각 執筆者와 契約을 맺게 되었는데 그 要點을 들면 ① 執筆은 2年으로 끝내고 ② 執筆料는 財團에서 받은 2,000弗이며 ③ 韓國史가 國內에서 出版될 때의 印稅는 學會의 收入으로 한다는 것이었다.

지금 생각하면 2,000弗이라는 執筆料가 절대로 많은 돈이 아니나 1950年代 初로는 막대한 돈이었다. 그리고 한 가지 이 契約에서 不合理하게 느낄 수 있는 것은 印稅를 學會의 收入으로 한다는 것인데, 이것은 後에 筆者들의 畢生의 業績을 學會에서 빼앗는 느낌을 준다고 하여 執筆者에게 有利하게 고쳐졌으나 처음 그것을 결정한 總會에서는 아무도 不合理하게 생각한 사람이 없었다. 學會와 執筆者사이의 契約은 理事 全員의 찬동을 얻어 成案한 후에 自筆 署名으로 學會와 文書를 교환한 것은 물론이다.

그런데 2年間의 執筆期間을 지킨 분은 한 분도 없었다. 처음으로 原稿를 필한 것은 上古篇으로 1959年 6月 초판이 나왔고, 다음은 年表篇으로 國立博物館의 尹武炳씨가 李丙燾씨의 지도하에 완성하여 59年 10月에 나왔다.

學會의 제일 중요한 것은 역시 學報를 속간하는 일임은 물론이다. 그래서 《韓國史》 프로젝트가 록펠러財團의 資金援助로 결정되면 學報의 속간은 별 문제 없을 것으로 낙관하였으나, 그것은 그리 간단한 문제는 아니었다. 위에도 言及하였거니와 學報出版費의 일부분이라도 구독자에게서 회수한다는 것은 지극히 어려운 형편이기 때문이다.

1955年 3月初 思想界 社長 張俊河씨가 특별한 好意로《震檀學報》의 續刊을 맡겠다고 나왔고 또 우리도 그중 얼마의 비용을 부담하겠다고 하여 원고 1,200장을 思想界社에 넘겼던 것이다. 이때 우리가 출판비의 일부를 부담하겠다고 한 것은 執筆者 全員이 執筆料에서 약간씩을 學報續刊費로 보조하겠다는 의사 표시가 있었던 까닭이다.

그러나 그것이 뜻대로 되지 않았다. 思想界社에서 組版을 끝내 紙型까지 떠놓고도 此日彼日 인쇄를 늦추고 있었던 것이다. 결국 學會에서 思想界社에서 紙型을 찾아서 乙酉文化社에서 나온 것이 學報 17號인 것이다. 學報 16號가 나와서 만 6年만에야《震檀學報》가 다시 햇빛을 본 것이다. 돌이켜 생각하면 思想界社의 어려운 살림을 꾸려가던 張俊河씨에게 미안하고, 그때 그러한 出版事業에 큰 열의를 가졌던 故人에게 감사한 마음을 금할 수 없고, 紙型을 가져올 때 組版費만이라도 변상해 드리겠다고 한 약속도 이행하지 못한 것을 지금도 죄송하게 생각한다.

다음 學報 18號는 또 다시 1年半 後인 1957年 2月에 乙酉文化社에서 나왔다. 그러나 이번에는 다행히 哈佛燕京學社(Harvard-Yenching Institute)의 도움으로, 또 다음 19號도 역시 哈佛燕京學社의 도움으로 1958年 5月에 出版되었다. 17號는 총 266面, 19號는 167面으로 用紙도 좋은 質의 모조紙로 그때의 우리나라 最高學術誌의 면모를 갖추고 차차 學報가 정상으로 되어 가는 느낌이었다. 오랜 어려움 속에 헤매던《震檀學報》라 우리 관계자에게는 여간 기쁜 일이 아니었다.

이제 이곳에서 哈佛燕京學社와의 관계를 잠깐 설명하고 지나가야 될 것 같다. 同 學社는 원래 미국改新敎의 聯合財團으로 그 事業의 주체는 北京燕京大學이었다. 하바드란 이름이 붙어 있고 또 하바드大學과 밀접한 관계가 있으나 역시 경영체계는 다른 것으로 알고 있다. 그런데 中國이 共產化된 후 燕京大學을 경영할 수가 없어 그 資金을 다른 역시 東亞의 교육과 문화사업에 전용한다는 방침을 세우고 同學社의 Director로 있는 Sergé Elsseéff 博士가 서울에도 前後 몇 차례 다녀갔다. 同學社는 國立博物館과 나 자신에도 약간의 연구비를 주었고 더욱이 博物館에서는 그 資金으로 數次에 걸쳐서 상당히 중요한 發掘事業까지 하였다. 그 첫번 것이 慶州에서의 雙床塚발굴(1953), 다음이 西海島嶼調査(1954)로 1955年과 1957年에 각기 그에 대한 보고서를 내었다. 雙床塚발굴은 아직도 우리가 釜山에 있을 때였으므로 발굴과 그후 報告書 作成에 많은 애로가 있었으나 그럴수록 그러한 同學社의 보조는 많은 힘을 북돋아 주었다.

이러한 나와 博物館과의 관계상 역시 당시 크게 곤란한 처지에 있던 震檀學會의 學報 續刊費의 보조를 받게 되었다. 그리하여 學會에서는 나, 李丙燾씨, 李相佰씨가 나와서 Elisseéff씨를 환대하여 서울 주변 陵 같은 데도 案內하였다. Elisseéff씨는 러시아出身, 그 이름이 平凡社의 《東洋歷史辭典》에도 나와 있다. 그의 日本語實力은 거의 완벽하여 明治時代의 上流社會의 日本語로 후에는 구식 日本말이라는 評까지 들었으나 그것은 그가 점잖은 日本말을 완전히 구사할 수 있다는 뜻이다. 哈佛燕京學社가 創立될 때 초빙되어 Director로 가서 退任할 때까지 20餘年間 그 學社를 世界的인 명성을 이루게 하였다. 그가 奎章閣圖書室에 와서 漢文을 줄줄 내려 읽는 실력에는 모든 우리나라 學者들이 놀랐던 것이다. 그는 어느 의미로는 또 親韓的인 인물이었다.

이곳에서 나와 國立博物館과 哈佛燕京學社와의 관계를 길게 이야기한 것은 우리 學會가 同學社와는 Elisseéff씨가 退任한 뒤까지 깊은 관계를 가지고 있었던 까닭이다.

1957年에 Elisseéff의 後任으로 들어온 Edwin O. Reischauer博士(하바드大 敎授, 後에 駐日美國大使)는 이때까지의 Elsseéff씨의 방법을 고쳐 韓國·中國(香港포함)·日本 세 나라에 哈佛燕京學社의 學術援助事業에 협찬하는 Council(委員會)을 설치하고 그 委員會에서 그 나라 學術團體에서 오는 모든 硏究費申請을 일괄하여 일단 各 當該國의 委員會의 심사를 거쳐서 同學社에 송치하는 방식을 취하였다.

서울에 설치된 委員會는 Seoul Research Council for East Asian Studies (東亞文化研究委員會)라 하여 委員은 白樂濬·李丙燾·兪鎭午·李相佰·梁柱東·李崇寧·金載元(無順)의 일곱이었다. 그리고 高柄翊·洪以燮·趙璣濬 등이 보조역할을 하는 幹事를 맡았었는데, 後에 白·兪씨 등이 學界를 떠나고 李相佰씨가 他界하여 幹事陣에도 변동이 생겼다. 그리하여 마지막으로 東亞文化研究委員會를 지킨 것은 李丙燾·金載元·高柄翊·李基白·金東旭·李崇寧·金相浹·李海英(無順)委員이었다.

이 東亞文化研究委員會에서 나는 처음부터 總幹事役을 맡았고 매해 交代하기로 된 委員長에는 白樂濬씨·李丙燾씨·兪鎭午씨·李相佰씨가 각기 한차례 맡은 다음에 나 자신이 總幹事 외에 委員長職까지 맡아 그대로 새 체제가 되기까지 계속하였다.

매년 한차례 各 大學과 순수 學術團體에서 제출된 學術補助申請書를 모아서 심사할 때 근 10餘年 동안 우리 東亞文化研究委員會에서는 震檀學會·歷史學會·國語國文學會의 세 學會의 學報刊行費를 아울러 추천하여 결국 이들 우리 國學의 중요한 부분의 세 學報의 발전을 育成하는데 도움을 주었고 그것은 各 學會가 독자적으로 學報를 간행할 능력이 생길 때까지 계속되었다.

내가 이곳에 어쩌면 필요 이상으로 哈佛燕京學社와의 관계를 설명한 뜻을 독자는 이해할 수 있을 것으로 믿는다. 이곳에 참고로 쓰거니와 우리 東亞文化研究委員會와 같은 역할을 하는 委員會는 日本에서는 東方學研究日本委員會(東洋文庫內)로 委員長은 辻直四郎, 幹事長은 榎一雄이었고, 中國에서는 東亞學術研究計劃委員會(臺灣大學內)로 委員長은 李濟로 이 두 군데는 委員長은 처음부터 끝까지 변동되지 않았다. 韓·中·日의 세 委員會는 협조를 위하여 Reischauer씨의 발의로 1960年 10月 30日부터 11月 2日까지 臺灣大學에서 國際會議(Inter-Council)를 가졌다. 사정에 의하여 不參케 된 李丙燾선생 대신 내가 우리 측 代表가 되고 李崇寧·高柄翊·李萬甲 세 분이 참가하였다. 中國에서는 李濟씨와 초빙강사로 나온 胡適씨 외에 많은 분이, 日本에서는 岩生成一·吉川幸次郎·

榎一雄씨 등이 참석하였고 Reischauer씨가 끝까지 同席하였다.

1973年에 燕京學社의 고쳐진 연구비 지급 체제에 따라서 나자신은 1976年까지 同學社의 직원의 한 사람으로 서울支部의 代表가 되었다. 물론 東亞文化硏究委員會의 대상은 震檀學會 등 몇 學會뿐이 아니고 全國의 모든 대학 학자들인 것은 물론이다.

震檀學會는 年來의 宿題인 學會事務室을 확보하지 못하고 있었다. 그래서 항상 나의 事務室(國立博物館長室)이 學會事務室로 사용되었다. 나는 東亞文化硏究委員會 總幹事, 뒤에는 委員長職 또는 支部長도 맡았으므로 同 委員會의 書記職을 맡았던 郭東璨씨(現 韓國精神文化硏究院 編纂部 調査室長)가 15, 16年 동안 震檀學會의 실지의 일을 맡아보아 준 것을 이곳에 적고자 한다. 震檀學會는 내가 환도 후 總幹事 編輯責任을 맡고 후에는 얼마동안 李崇寧氏도 編輯委員會의 책임을 맡고 수고하여 주었으나 어려운 일은 郭東璨씨가 하등의 보수도 없이 하였다는 것을 잊어서는 안될 것이다.

1970年 나는 25年間 재직하였던 博物館長을 정년으로 물러나고 震檀學會도 같은 때에 事務室을 잃게 되어 淸進洞 208番地로 事務室을 옮긴 東亞文化硏究委員會의 事務室을 쓰게 되었다. 이를테면 나와 郭씨는 같이 그리로 갔던 것이다.

나의 停年은 震檀學會 學報刊行에도 많은 영향을 주게 되었으니 이전처럼 年 1回의 學報를 내는 것도 어렵게 되었다. 항상 語文學 계통의 많은 원고를 가져다 주던 李崇寧씨도 차츰 가져다 주는 원고 수가 적어졌다. 震檀學會는 韓國에 관한 모든 分野를 커버한다고는 하여도 그 主宗은 歷史와 語文學이었다. 그러나 《震檀學報》의 권위에도 불구하고 이제 각 學問分野別의 많은 學會가 생겨나고 그리로 원고가 가는 일이 많았던 것은 생각하면 당연하고 또 우리 國學의 발전이라 하겠다. 東亞文化硏究委員會에서 지원하던 《歷史學報》와 《國語國文學》도 좋은 의미로 《震檀學報》의 라이벌이 되었던 것이다.

급기야 震檀學會의 活性化를 위하여는 무슨 획기적인 體質改善이 필요하다고 생각하기에 이르렀다. 더욱이 李基白씨 같은 분은 수차 나에게 그러한 의견을 말하여 주셨다. 나도 그분의 의견에 贊意를 표하고 李丙燾씨와 李崇寧씨의 찬동을 얻어 震檀學會의 재편을 서두르게 되었다.

생각하면 환도 후의 모든 震檀學會의 일은 나와 李丙燾씨·李相佰씨·李崇寧씨 네 사람의 상의하에 결정되다시피 하였다. 그런데 우리 學界의 國際人의 한 사람인 李相佰씨의 別世는 우리 學界에도 큰 손실이었지만, 우리 學會로서는 큰 支柱를 잃는 슬픔이었다. 그래서 1967年 12月에 나온 31號는 想白博士의 추도호로 엮었던 것이다.

우리는 李基白씨에게 請하여 評議員制의 새 會則을 만들었다. 그리고 20餘名으로 구성된 評議員들의 同意를 얻어 새 體制를 갖추었다. 學會를 代表하는 議長에는 李丙燾씨를 모시고, 얼마 후에 評議員會 副議長制를 두면서 내가 그 副議長으로 임명되었다. 그리고 실제의 일은 評議員의 한 사람이 代表幹事가 되어 그의 위촉으로 幹事陣을 구성하여 나가기로 하였다.

이 새로운 會則에 의하여 첫번 代表幹事를 맡었던 李基白씨가 2年 후에 連任하여 만 4年間을 수고하고, 그 다음에 李光麟씨가 뒤를 이어 代表幹事로 힘쓴 결과 學會는 활기를 띠고 지금같이 年 2次 會報를 내는데 아무 무리가 없게 된 것은 다행한 일이라 하겠다.

李基白씨와 李光麟씨 뒤를 이어 우리 學會로는 新進이라 할 수 있는 비교적 젊은 분들이 代表幹事를 맡았다. 그러나 李丙燾씨의 배려로 가끔 巨物級도 수고하여야 한다고 해서 한번은 全海宗씨에게 간청하여 代表幹事자리를 맡기기도 하였다.

이상에 나는 學報刊行을 중심으로 震檀學會의 활동을 적어보았는데 우리 學會에는 學報刊行이 제일 중요한 일이라고 생각한 까닭인 것은 위에 말한 바와 같다.

Ⅲ

다음은 學會의 가장 중요한 업적의 하나인 《韓國史》 刊行에 대하여 그후의 進捗상항을 적어보려고 한다.

《韓國史》 刊行計劃에서 제일 중요한 사건은 中世篇(高麗時代)을 맡았던 金庠基씨와의 관계이다. 金씨는 學會 初創時부터의 오랜 會員으로 여러가지 좋은 論文을 발표하고 있었던 것은 周知의 사실이다. 그런데 自筆 自署한 學會와의 계약에 이의를 提出하고 그 계약의 無效를 주장하고 나왔다. 이제 이 不祥事를 상세히 記述할 필요를 느끼지 않으나 그때부터 金씨와 學會의 관계가 끊어지고 만 것은 유감스러운 일이었다. 결국 中世篇은 執筆料는 金씨에게 나갔으나 李丙燾씨가 집필하지 않으면 안되었다.

한편 金씨는 震檀學會의 《韓國史》와는 상관없이 별도로 李弘稙·申奭鎬 두 분과 함께 東國文化社에서 네 卷으로 되는 《韓國全史》(古代史는 李弘稙, 高麗時代史는 金庠基, 朝鮮時代史는 申奭鎬, 最近世史는 金庠基와 申奭鎬)를 내는 計劃을 발표하였다. 그러나 이 중 金씨의 高麗時代史만이 1961年 6月에 出版되고 다른 두 분의 책은 나오지 못하고 말았다. 또 金庠基씨가 자기 책 머리말에 록펠러財團의 好意에 감사한다고 하여, 마치 그 財團이 그 《韓國全史》 계획을 후원한 것 같이 쓴 것은 무슨 錯覺에서 오는 것 같다. 하여간 불행한 사건이었다.

위에서도 말하였거니와 2年간으로 原稿를 끝내서 提出한 분은 한 분도 없고 執筆者 중의 한 분인 李瑄根씨는 5·16後 不正選擧事件에 걸려 결국 무죄로 풀려나기는 하였으나 한동안 고생하여 未決에 걸려 있는 중에 집필을 계속하는 등 우리의 《韓國史》는 끝까지 순탄치 않은 과정을 거치지 않을 수 없었다.

《韓國史》는 李相佰씨의 近世後期篇을 마지막 卷으로 1965年에 끝맺었다. 學會는 이것으로 정말로 큰 일을 해냈고 나 자신은 내 나름대로 큰 보람있는 일을 도운 느낌이었다.

《韓國史》는 그후 現在(1984年 2月)까지 17版, 그중 中世篇과 近世前期篇 같은 것은 18版을 거듭하는 사이에 우리나라의 웬만한 가정에는 이 책이 서가에 꽂혀있지 않은 곳이 없을 정도로 보급되어 있다. 물론 그후 비슷한 韓國歷史가 더 나왔고 또 으레 그리하여야 될 것이나 아직도 學問的인 점에서 우리의《韓國史》보다도 나은 著書가 나왔다고 듣지 못하였다. 마지막 卷이 나온지 20年이 지난 지금은 더 새로운 韓國歷史가 나와야 된다는 말이 더욱이 젊은 後進學徒들에게서 들리는 것도 우리는 잘 알고 있고 또 바람직한 일이기도 하다.

震檀學會에서는 1965年 11月 8日 약간 늦었으나 創立30週年을 겸하여 出版祝賀式을 가지고 많은 學者들을 초대하여 서울大 敎授會館에서 큰 잔치를 베풀었다. 이때는 前 록펠러재단 人文部長 Charles B. Fahs씨를 초대하여 名譽會員證을 주었고 우리《韓國史》를 出版한 乙酉文化社 社長 鄭鎭肅씨에게는 감사장을 수여하였다.

우리는 우리《韓國史》가 약속보다 너무 오래 걸렸다고 생각하였으나 Fahs씨는《韓國史》를 財團의 큰 업적의 하나로 생각하고 있었다. 그는 在任時 다른 후진국가에도 그 나라 歷史를 쓰라는 硏究費를 補助하였는데 그중 제일 성공한 것이 震檀學會의 경우라고 말하였다.

그때의 그가 술회한 에피소드 중의 하나로 페루國에서는 歷史家에 따라서 완전히 史觀이 달라서 白人系의 페루人은 페루를 정복한 스페인人 피사로를 偉大한 英雄으로, 原住民系의 史學家들은 세계역사에도 드문 악마와 같은 인간으로 기술하고 있다고 하였다.

震檀學會가 이룩한 가장 큰 업적은 역시 우리나라에서 새로운 學問으로서의 歷史學의 傳統을 확립한 데 있다고 생각한다.

日帝 末期에는 韓國史를 연구한다는 것 자체가 범죄에 가까운 것이었다. 모든 學校에서 韓國史가 추방되고 中學校 학생들까지도 李成桂가 누구인지 모르는 형편이었다. 이때에 韓國사람의 역사의 명맥을 살려 온 분들이 우리나라의 애국지사들이었다. 짓밟힌 韓國文化를 살리기 위하여 그 바탕이 될 韓國역사를 연구하였으니 鄭寅普·申采浩·安在鴻 같은 분들이 그러한 애국지사 역사가들이었다.

이분들과는 달리 아카데믹한, 새로 들어온 과학적인 방법으로의 역사학을 발전시켜 온 것이 震檀學會이며 그 공로는 높이 평가되어야 함은 물론이다. 아직 前者의 흐름을 받은 일부의 인사들이 있기는 하지만 우리 學界는 그에서 훨씬 앞으로 나아가 있다. 만약 震檀學會와 그의 회원들의 그러한 노력이 없었던들 우리 사학계는 좀더 늦게 역사학의 올바른 길을 찾아들었을 것이다.

이러한 의미에서 震檀學會의 초창기부터 거의 혼자서 學會를 이끌어 오고 우리 歷史學의 기초를 다진 斗溪 李丙燾씨의 업적은 후배학자들이 길이 잊지 못할 일이다. 이러한 점에서 震檀學會에서는 斗溪學術賞을 제정하여 매해 한 번씩 學界의 신진들 중에서 가장 업적이 뚜렷한 분을 골라서 1980년부터 시상하기로 하였다.

그 첫번이 李成茂教授(國民大)의 《朝鮮初期兩班硏究》(一潮閣, 1980)로, 그 후 1981년에는 許興植教授(慶北大)의 《高麗科擧制度史硏究》(一潮閣, 1981), 1982년에는 洪承基教授(漢陽大)의 《高麗時代奴婢硏究》(韓國硏究院, 1981), 朴龍雲教授(高大)의 《高麗時代 臺諫制度硏究》(一志社, 1980), 그리고 1983년에는 閔賢九教授(高大)의 《朝鮮初期의 軍事制度와 政治》(韓國硏究院, 1983)가 受賞하였다. 다만 學會의 형편상 이 學術賞에 소요되는 자금은 대부분 斗溪선생의 가족들에 의지하고 있음을 적어두고자 한다.

震檀學會에서는 매년 이때까지 2회가량 古典심포지움을 열어 그 결과를 學報에 실어왔는데 1982年에는 국제심포지움을 가지게까지 되었다. 물론 재정적으로 學會가 그러한 비용이 많이 드는 국제적인 심포지움을 개최할 수가 있었던 것은 아니고 구태여 그러한 무리를 강행할 필요를 느끼지도 않았다. 그러나 그때의 國際文化協會의 會長 등으로 있던 金圭澤씨의 협조로 8월 10~13일까지 扶餘 유스호스텔에서 〈韓國史에서의 社會變化〉라는 제목 아래 심포지움을 가졌다. 그때의 外國學者는 美·佛·스위스·日本 등에서 17명이 참가하였고 國內學者는 21명이 모였다. 이 심포지움은 다음에 다시 계속할 작정이었는데 그후 國際文化協會의 事業方針이 어찌되었는지 이 글을 쓰는 지금은 확실치 않다. 이때에 참가한 외국학자는 다음과 같다. 美國에서는 Frederick Carriere, Roger

Janelli, Kathleen McCarthy, James Palais, Mark Peterson, Edward Shultz, Edward Wagner, 프랑스에서 Daniel Bouchez, 日本에서 平木實, 木村誠, 武田幸男, 스위스의 Martina Deuchler, 그리고 하와이大學의 崔永浩, 姜希雄 등이다.

Ⅳ

이상 나는 學會幹事陣에서 주어진 제목 아래 震檀學會가 걸어온 光復後의 중요한 일들을 적어보고, 나 자신이 관계된 부분을 이야기하였다. 이제 이곳에서 다시 돌이켜보아 그 사이에 있었던 그 많은 에피소드 중에서 이곳에 특히 적어둘 만한 일을 생각하여 보기로 한다. 그 중의 하나가 學會에서 入手하였던 王朝實錄에 관한 사건과 환도 직후 中國에서 세 분의 學者를 초청한 일이라고 생각한다.

日帝時代에 日本사람들이 王朝實錄(李朝實錄)을 30部 影印한 일이 있었는데(1930), 우리나라 사람으로는 그것을 얻어보기도 매우 힘들어 그 影印本마저도 귀중품이었던 것이다. 그런데 光復 직후 그 중의 한 部가 매물로 나왔다. 京城帝大 敎授로 있으면서 그 影印을 지휘한 小田省吾 개인의 장서였던 것이다. 그 影印本은 上記 30部外의 것으로 그가 개인으로 소유하기 위해서 餘分으로 찍은 것인데 다른 影印本보다 紙質이 약간 떨어지는 그러한 것이었다.

그때의 學會의 委員長으로 있던 宋錫夏씨는 해방 후 가끔 學會의 모임을 가졌던 泰和亭의 마담에게서 돈을 빌어 이 王朝實錄을 學會책으로 사두었다. 그러나 宋씨는 그 돈을 물지 못하고 作故하였다. 泰和亭마담은 물가가 크게 오른 후이므로 李丙燾씨, 李相佰씨들에게 그 책의 소유권을 주장하고 나섰다. 學會는 이 때문에 많은 곤욕을 치르지 않을 수가 없었다. 宋씨가 그 女人에게서 얼마만한 돈을 빌어 왔는지 한 번도 말한 일이 없이 다만 어떻게하여 學會에서 實錄을 샀다고 하였을 뿐이므로 學會의 입장은 매우 곤란하였다.

결국 후에 國史編纂委員會에서 새로운 影印本이 나온 후 그 實錄의 가치는 과히 큰 것이 되지 않아 내가 아는 한 문제의 王朝實錄은 그 女人의 손으로 돌아간 것으로 안다. 이 實錄은 金斗憲씨가 全南大學 總長在任時 무슨 영문인지 모르나 一時 그 大學圖書館에 가져다둔 일도 있다.

中國學者를 초청한 일에 대하여는 學報 第18號(1957)의 彙報에 상세히 실려 있으므로 이곳에서는 간단히 적어보려고 한다. 환도한지 얼마되지 않은 1955년 우리사회의 분위기는 아직도 활기를 띠지 못하고 더욱이 學界는 침울하기만 하였다. 이때에 우리 學會에서 中國에서 학자 몇분을 초대하는 것이 뜻있는 일이라 생각하여 學者이자 政治家인 朱家驊씨, 考古學―그중에도 甲骨文硏究에 세계적인 令名을 가진 董作賓씨, 또 詩書畵 三絶이라는 溥儒씨를 초대하기로 하였다. 이밖에 考古學의 李濟씨를 招待하였으나 그는 美國에 先約이 있었다.

朱家驊씨는 원래 젊을 때 독일에서 理工系統의 유학을 했던 사람으로 中山과 中央大總長, 教育部·交通部長, 臺灣에 온 후는 中央硏究院長 등을 歷任, 大陸雜誌의 主幹이기도 하고 重慶時代에는 蔣介石總統으로부터 당시 重慶政府와 우리 臨時政府 要人들간의 中間役割을 하도록 위촉을 받았던 親韓派이었는데, 그를 간접으로 알게 되기는 1954년 서울에 와 있던 나의 독일 뮌헨學窓시대의 中國친구 關德懋을 통하여서였다. 그러한 경력때문에 朱씨가 서울있는 사이에 옛 臨政要人 申翼熙씨·李範奭씨 등의 舊友를 만나 크게 기뻐하였고 朱씨의 과거를 아는 李承晩대통령도 진심으로 환영하였다.

董作賓씨는 이른바 甲骨文의 殷代硏究로 中國考古學에 획기적인 발견을 하였고 殷代의 編年을 할 수 있는 기초를 쌓은 사람으로 나는 씨를 첫번 미국에 갔을 때(1948) 그의 Chicago 旅舍에서 만났던 것이다.

溥儒씨는 清朝의 마지막 皇帝이던 溥儀씨의 四寸으로 李相佰씨가 北京留學시절에 그곳에서 交分이 생긴 사이였던 것이다. 그는 南쪽의 張大千씨와 아울러 北溥南張이라고 불리울 정도로 詩書畵에 모두 능한 中國의 北쪽을 대표하는 문화인이었다.

이들 中國 손님들은 물론 어느 한 분야의 學者가 아니고 中國의 여러 부문을 대표하는, 이를테면 自由中國의 政界·學界·文化人 代表 같은 자격으로 50년대에는 드물게 國際交流의 본보기로 서울에 왔다. 지금 이곳에 그분들의 韓國에서의 動靜을 자세히 쓸 수는 없으나 5월 12일 (1955) 金浦에 도착한 후 26일 離韓할 때까지 매일 각 방면의 열띤 환영을 받았다. 이분들을 초대한 人士들의 이름을 적으면 아래와 같다.

延禧大總長, 李起鵬, 梨大總長, 高羲東, 盧基南主教, 學術院－藝術院長 (공동주최), 中國大使 王東原, 서울大總長, 朝鮮日報社, 韓中協會, 弘益大學, 文教長官, 外務長官, 慶北知事, 申翼熙, 李範奭, 金載元, 震檀學會, 閔丙燾, 中國大使館, 아세아財團(無順 이상은 晩餐·晝餐·칵테일 또는 茶菓會 등).

서울特別市長은 朱家驊씨에게 幸運의 열쇠를 주었고 朱·董·溥씨 모두 서울大學에서 博士學位를 받았으니 董씨는 그의 유명한 著書《殷曆譜》에 대한 文學博士, 朱·溥 두 분은 名譽法學博士學位를 받았다. 名譽博士라는 것은 절차로는 아무 著書가 없어도 되는 것이나 董作賓씨에게는 미리 연락하여 學位를 줄 터이니 《殷曆譜》 한 책을 가지고 오라고 하여 그 책을 우리가 形式으로나마 심사하지 않으면 안되었는데 이 책을 理解할 수 있는 學者는 世界學界에 겨우 몇 사람이라는 유명한 책인데 서울大學에서는 나(考古學)와 李相殷(高大, 中國哲學)에 위촉하여 形式的인 심사를 하였다. 생각컨대 서울大에 제출되었던 學位論文으로는 全無後無한 大論著인 것은 틀림없는 일이다. 董씨는 그때까지 學位없는 분으로 本國에 가서도 서울大學의 學位를 크게 名譽로 여겼다. 李大統領을 禮訪한 것은 5월 16일인데 당시의 交通部長官 李鍾林씨는 慶州와의 왕복에 특별 기동차를 내주어서 學會에서는 이병도·이상백·이숭녕·김상기·류홍열·조명기씨 등과 같이 내가 중국손님을 모시고 경주일대 관광에 갔다.

이 中國學者의 2주일간에 걸친 초대에 대한 비용의 많은 부분은 다행히도 亞細亞財團의 찬조금으로 支辨할 수 있었는데, 同財團의 代表者 Philip Rowe는 웬일인지 모든 계획이 결정된 후 이 초대는 자기와 친분이 두터운 某大學總長과의 共同名義로 하라고 요구하고 나섰다. 震檀學會가 그러한 것을 단독으로 할 수 없는 것도 아닌데 나는 불쾌하여 그 요구를 거절하지 않을 수 없었다.

Rowe씨는 이에는 자기대로 불쾌하였던지 오래도록 나와는 서먹서먹한 사이였다. 그후 Rowe씨는 소아마비性 肺病에 결려 清涼里위생병원에서 사망하였는데 나는 꽃을 보내어 그를 위문하였고, 아직도 그때 일을 回想하는 일이 많다. 中國손님들의 체재 중 통역을 맡아 수고한 분은 金俊燁·車柱環·李元植 세 教授이었다.

朱家驊씨는 한국에서의 歸路, 東京에서 과로 탓인지 약한 腦血栓症을 일으켜 1개월 이상 入院하였으나 다행히 무사하였다. 朱씨는 우리 學會의 好意에 보답하기 위하여 一時 그가 會長이던 中韓文化協會와 政府教育部(部長 梅貽琦)의 이름으로 李丙燾씨·兪鎭午씨와 나를 초청하여 1960년 1월 약 2주일간 臺灣에 갔다. 臺北에서는 中國之友家라는 旅舍에 들어 學界·政界의 거의 모든 부분의 名士들을 만났다. 그분들의 이름을 지금 다 이곳에 적을 수는 없으나 胡適·王世杰·何應欽·于右任·蔣復聰·李宗仁·方志懋 등등 그야말로 朝野의 名士는 거의 모두 만났고 우리는 매일 초대를 받아 하루에 저녁식사를 두 번 하는 일까지 있었다. 그러나 제일 중요한 것은 우리의 金弘壹大使와 같이 蔣總統을 만난 일이다. 우리는 각기 몇 마디씩 蔣總統과 대화를 교환하고 그의 執務室앞에서 기념사진을 찍었다.

우리는 후에 臺中을 거쳐 高雄까지 갔는데 臺中에서는 그때 지금 臺北에 있는 故宮博物院建物이 지어질 때까지 故宮博物院 수집품이 보관되어 있었다. 그중 일부만이 展示되어 있어 그것을 참관할 수가 있었다.

臺北을 떠난 후 南쪽을 여행할 때는 항상 朱家驊씨가 우리와 同行하여 안내하여 주었고 臺北에서도 日月潭 같은 名所는 반드시 같이 가주었는데, 그때 소위 蠻人村이라는 야만인이 아닌 原住民들의 村落에 가서 찍은 기념사진을 보면 반드시 朱씨가 보여 옛 기억이 새롭다.

마지막으로 한 가지 言及하고 싶은 것은 원래 中國學者를 초대한 것은 震檀學會인데 그 답례로 우리를 초대한 것은 中國政府의 教育部와 中韓文化協會로서 震檀學會에 대한 답례만으로는 너무 늦은감이 있어 그사이 近5年이 지났고 또 그 사람들 입장으로는 震檀學會만이 대상이 아니고 좀더 넓은 범위에서 초대대상을 선정하였던 모양이다. 이래서 나와 李丙燾선생 외에 兪鎭午씨가 초대되었던 것이다. 이때는 아직 그런 國際交流가 全無한 때이라 臺灣에 가고 싶은 사람이 많았으나 우리로는 어찌할 도리가 없었다. 故高羲東씨도 臺灣에 가게하여 달라고 몇번이나 부탁하였고 또 그분같은 書畵의 教養을 지닌 분들이 同行하였던들 많은 成果를 이루었을 터인데 이것은 後日譚으로 이곳에 적어 두는 바이고 또 원래 震檀學會를 대표하여 李相佰씨도 초대되어야 하는 것인데 빠지게 되었던 것이다.

그때 한국에 왔던 朱·董·溥씨는 지금은 모두 故人이 되었다. (1984. 2. 1)

(《震檀學報》, 第57號, 1984. 6. 수록)

한 學術院 會員의 手記

I

1927년 3월 나는 咸興高等普通學校를 졸업하였다. 이것은 원래 예정하였던 것보다 꼭 일년이 늦었던 것이다. 그 까닭은 1925년 5학년 되던 해 봄 나는 불행히도 장티프스에 걸렸다. 이 병은 보통 40일痛이라고도 하여 완전히 나으려면 40일은 걸리는 것으로 5학년 졸업반에 있던 나는 봄학기는 거의 결석하지 않을 수가 없었다. 그러나 내가 병석에서 일어난 후 얼마 안되어, 나를 간호하시던 나의 둘째 叔父께서 감염되어 역시 40여일 고생하시다가 別世하시고, 그 叔父를 간호하시던 첫째 叔父마저 몸져 눕게 되었는데 그분 역시 別世하여, 나의 일생 중에 가장 불행한 해가 되었다.

이러한 不幸이 겹치는 통에 나는 학교는 다음해에 다시 5학년에 入學하였으나, 그때까지의 친구들은 먼저 卒業하고 나의 卒業은 일년 늦게 되었다. 모든 가정의 不幸으로 上級學校의 入學시험 준비를 할 수 없었던 나는 엉뚱한 생각을 하게 되었다. 즉 서울이나 일본에 유학가는 것을 포기하고 단번에 유럽으로—나의 경우 독일로 유학가는 것이 어떠냐 하는 것이었다. 물론 실제에 있어서 그곳에 가면 그곳 大學에 들어갈 수 있을런지 또는 겨우 中學校를 졸업하고 대학공부가 가능한지 등등 이런 것은 심각하게 생각하여 본 일도 없었다.

하여튼 중학교를 겨우 졸업한 나는 독일에 갈 준비를 하여 나의 이름으로 있는 땅을 東洋拓殖會社에 擔保로 넣고 3,500원이라는 그때로는 巨金을 貸付받았다.

이곳에는 이 돈을 어떻게 管理하였는지 자세히 쓰지는 않기로 하겠다.

거의 全額을 관리를 맡았던 千某라는 사람에게 떼이고 만 까닭이다. 다만 言及하고 싶은 것은 스물이 될까 말까 하는 弱冠으로 어떻게 독일로 가는 일을 쉽게 결정지을 수 있었나 하는 일이다.

나의 父親은 20歲에 死去하여 나 자신은 세 살이 된 어린애로 아버지의 얼굴도 기억에 없다. 단 하나인 동생이 紅疫으로 죽고 내가 여덟살 때에는 완전히 고아가 되었다. 삼촌과 같이 살던 나는 그 분이 별세한 후 나의 장래를 위하여 지도와 助言을 할 사람은 한사람도 없었다. 다만 父親의 유산으로 상당한 財産을 가지고 있어 그것을 바탕으로 하등의 치밀한 계획도 없이 독일유학을 떠난 것이다. 지금 생각하여도 무모한 위험천만의 일이었고 사실 또 그후 독일에서의 나의 생활은 기아선상에서 헤맸다고 할 수 있다.

日帝時代에 旅券을 받는다는 것은 어려운 일이었다. 나는 여행목적으로 독일에 가서 음악을 배우겠다고 하였다. 음악을 공부하러 가겠다는 것은 나의 친척되는 사람에 金載勳이라는 사람이 있어 독일에 가서 바이올린 공부를 하고 있었기 때문에 그렇게 여행목적을 적었던 것이다.

1929년 6월 나는 단신으로 시베리아 열차로 베를린에 도착하였다. 서울을 떠나서 만주의 끝인 만주리까지 2일, 그곳에서 독·소국경까지 10일 다시 베를린까지 2일, 이렇게 하여 꼭 2주일 후에 독일에 도착하였다.

실은 일생동안 많은 여행을 하였으나 기차로 이렇게 오래 여행한 일도 없었거니와 이렇게 유쾌한 여행을 한 일도 없었다. 유쾌한 여행이라면 놀랄 사람도 있을 것이다. 2주일이나 기차에 시달리고 도중에 한번이라도 하차하여 쉴 기회도 없이 무엇이 유쾌하더냐고.

그때 내 나이 20세, 가도 가도 끝없이 전개되는 시베리아 벌판에서 바야흐로 내 앞에 펼쳐질 신천지를 생각하고, 뒤에 남겨두고 온, 내가 생장하여 온 촌락에서의 젊은 사람으로서의 고민하던 것을 생각하면 무한한 행복감에 젖고 있었다.

그때 같은 열차에는 天津·上海방면에서 온 旅客까지 합쳐서 여러 나라의 국적을 가진 7, 80명이 정거장에 정차할 때마다 플랫폼에서 散步

할 때 나도 한몫 끼어 다니는 것만 해도 무한히 행복스러웠다.

베를린에 도착하였을 때 아무도 나를 위하여 정거장에 나와준 사람이 없었다. 旅行案內書를 보고 찾아간 그랜드호텔 암 크니의 4층에 방을 잡고 시가를 내려다 볼 때 여행 중에 느꼈던 행복감은 이제부터 어떻게 공부하여야 되나 하는 걱정 때문에 없어져 버렸다.

베를린은 너무 큰 도시로 한국의 형편없는 村에서 온 나는 아무래도 살기 어렵고 돈도 많이 들 것 같아서 4일후 뮌헨으로 갔다. 그 곳에는 후에 《鴨綠江은 흐른다》라는 小說을 쓴 李儀景씨가 있다고 하여 의지가 될 것 같이 생각되었던 것이다.

李儀景씨를 만나서 첫째로 문제가 된 것은 내가 도대체 무엇을 공부하겠느냐는 것이었다. 지금 돌이켜 생각하면 실로 어이없는 일이다. 독일까지 찾아와서 무엇을 공부하겠느냐 조차 모르고 있다니. 그러나 이것은 아마 나 뿐 아니고 그때 우리나라의 많은 青年이 경험한 일일 것이다. 배워야 된다고는 생각하면서 무엇을 배워야 된다는 생각은 하지 못했던 것이다.

위에 잠깐 나의 지극히 불행한 幼年시절을 이야기하였지만 興上이라는 조그마한 촌락(興上은 咸興에서 南으로 12킬로 되는 거리에 있는 조그만한 驛이 있는 인구 3千여명의 장거리였다)에서 중학교를 다니던 때 나는 매양 進學의 꿈을 버리지 않은 文學青年이었다. 많은 文學書籍을 탐독하여 日本作家로는 夏目漱石·德富蘆花 또는 高山樗牛 같은 사람의 책들을 잘 알고 있었고, 톨스토이·입센·도스토예프스키·체홉 등의 유럽 文筆家도 잘 알고 있었다. 다시 말하면 나의 꿈은 文筆家가 되는 것이었고, 그렇지 않으면 哲學을 공부하였으면 하였다. 그러나 이것은 겨우 中學을 나온 젊은 사람의 막연한 생각에 지나지 않았음은 물론이다. 李儀景씨와 같이 文學이나 哲學 같은 것보다도 좀 걷잡을 수도 있고 실제 생활과도 거리가 멀지 않은 教育學 같은 것을 전공하는 것이 어떠하냐 하는 것을 두고 오랫동안 생각하였던 것이다.

이리하여 우선 教育學으로 목표를 세우고 독일어 공부에 전력을 기울였다. 많은 우여곡절을 거쳐 入學한 뮌헨大學에서의 피눈물나는 나의 노력은 지금 생각하여도 超人的이라고 하여도 지나친 말이 아니라고 생각한다. 물론 獨逸語의 讀解力과 速度가 여의치 않은데 副專攻까지 어떻게 시험에 통과할 수 있도록 밀고 갔는지 나도 모를 일이었다. 결국은 遺産으로 받은 땅은 東洋拓殖會社에 抵當에 넣은 채로 거의 없어지고 돈은 千某에게 협잡당하고, 그리고 大學에서 증서 하나도 못 받고 귀국한다는 것은 생각조차 할 수 없는 일이었기 때문에 그러한 힘이 나온 모양이었다.

이상은 서울이나 日本을 거치지 않고 시골을 떠나서 독일로 갔던 이야기, 또 힘들게 大學에 입학되어 그 대학에서 공부하게 된 일을 간단히 써 보았는데, 나는 그후 공부의 방향을 180度로 바꿨기 때문에 그 경위를 적어 보려고 한다. 당시 독일에서 공부하였던 우리나라 사람은 불과 5,6명이었는데 대부분 지금은 유명을 달리하고 있는 것으로 안다.

그때의 우리나라의 형편은 外國에서 공부하고 돌아왔대야 별 도리가 없었다. 그런데 마침 벨기에의 안트워프市에 있었던 헨쩨(Carl Hentze)라는 教授가 東洋人 助手를 구한다는 소문을 듣고 그리로 연락하였다. 그는 독일人을 父母로 벨기에에서 태어난 사람으로 國籍은 벨기에였다. 원래 畫家로서 美術大學에서 그림을 그리고 있던 그는 1차대전 후 中國考古學과 中國美術을 연구한 獨學者였다. 大學에서 考古學과 美術史를 정식으로 공부한 일이 없는 사람으로 中國文獻 독파력도 상당한 수준에 있었는데 그것도 역시 獨學이었다. 이러한 경력을 가진 학자는 당시 유럽에는 상당히 많았는데 그도 그 중의 한 사람이었다.

내가 그를 찾아 벨기에에 갔을 때는 그는 教授라는 칭호를 받았으나 專任講師의 직위를 가지고 있었던 것 같았다. 中國學(Sinology)이라는 것은 아직 유럽의 學界에서는 독립된 강좌를 이룬 곳이 적어 그것이 다른 地域文化 즉 埃及學이나 印度學과 같은 대우를 받을 때까지는 상당히 오랜 시간이 경과하지 않으면 안되었다. 헨쩨교수가 있던 대학은 겐트國立大學으로 오랜 역사를 가진 大學이었으나 브뤼셀大學이나 루뱅大

學보다는 덜 알려져 있었다. 나는 뮌헨에 있으면서도 5년간 큰 여행한 일도 없고 라인江을 본 일도 없었다. 주머니 안에는 유럽에 머무를 수 없을 경우 시베리아 경유로 귀국하려고 준비한 三等列車의 여비를 넣고 라인江 구경도 하면서 벨기에로 가기로 하였다.

라인江 觀光客만을 실은 緩行船——그것은 비용이 좀 덜 들었다——은 하도 천천히 운행하여 본에 도착할 때까지 나는 나의 장래에 대한 愁心때문에 모처럼의 로렐라이 같은 이름난 명승지를 즐길 마음의 여유를 가지지 못하였다. 본에 늦게 도착하여 하룻밤을 지내고 나서 그 다음날 브뤼셀을 거쳐서 안트워프에 도착하였더니 다행히 헨쩨교수 자신이 역플랫폼까지 와 주었다.

헨쩨교수 댁에 도착하였더니 그곳이 바로 그의 연구실이었다. 그는 東洋文化 특히 美術과 考古學에 대하여는 거의 완벽할 만한 圖書를 가지고 있었다.

그날은 遠路의 피로를 풀려고 쉬었고, 다음날 아침에 다시 찾아 갔다.

헨쩨교수와의 對話는 물론 독일어로 이루어졌다. 여러 가지 이야기를 하다가 그는 나에게 韓國에 대한 지식을 테스트하기 위하여 佛像 사진 하나를 보여주고 어떻게 생각하느냐고 물었다. 다행히 그 佛像은 언젠가 한번 본 일이 있었던 것이었다. 즉 石窟庵의 주위의 壁을 장식하는 菩薩像의 하나인데 中學同窓인 崔在緯君이 新婚旅行에 갔다가 그림엽서를 뮌헨까지 보내준 것이 바로 그것이었다.

나는 이 테스트에는 合格하였다. 그랬더니 다른 또 하나의 佛像을 보여주었다. 國立博物館에 있는 三國時代의 大形 金銅半跏思惟像의 하나였다. 나는 무엇이라고 말할 수 없었다. 나는 그러한 知識을 집에서 떠나기 전에나 독일에서 얻을 기회가 없었던 것은 물론이다.

"좀… 코가 높은 것 같은데요…"

이 코멘트는 사실 요절할만한 뚱딴지 같은 것이었다. 헨쩨교수는 아무 말도 하지 않았으며 몇 해 지난 후에야 비로소 이 기억할만한 對話를 回想하여 보기도 하였다.

겐트大學은 물론 겐트市에 있으나 헨쩨교수의 연구실이 안트워프에 있었으므로 나는 만 6년이라는 세월을 이곳에서 지냈다. 우리의 研究室에는 中國·日本에서 발간되는 美術과 考古學에 관한 文獻은 물론 歐美에서 발간되는 모든 이 部門의 書籍이 모아져 있었다. 나는 이곳에서 아침부터 저녁까지 책을 읽어 결국은 나의 현재의 지식의 기반을 쌓아 올릴 수 있었다.

이런 연구에서 물론 제일 중요한 것이 語學이었다. 나에게 주어진 課題의 대부분은 中國과 日本에서 나오는 방대한 美術과 考古學의 문헌을 읽는 일로서 중요한 것은 메모를 하여 교수에게 알려주어야 하였다.

안트워프는 벨기에 제2의 도시로서 루벤스 같은 유럽 文化上의 巨物들이 활약하였던 곳이고 이곳의 美術館은 유럽에서도 굴지의 蒐集品을 가지고 있다. 그러나 지금은 독일공업지대와 다른 세계의 港口를 연결하는 무역의 중간역할을 하는 유럽의 몇째 안가는 港口로 文化上의 의의는 그리 크지 않은 곳이었다. 그런 의미에서 나의 벨기에에서의 생활은 고적함을 면치 못하였다.

이곳에서 나는 中國에서 出刊된 최신의 考古學關係의 거의 모든 圖書를 볼 수가 있었다. 아직 그때까지는 中國에서 많은 發掘作業이 이루어지지 않았고 겨우 《城子崖》라는 큰 보고서가 나왔고 殷墟의 대발굴은 李濟씨의 指導下에 시작되었으나 略報告書로 네 권이, 과히 좋지 않은 出版物로 나왔다. 中國은 日帝의 침략이 시작되어 그러한 학술사업이 이루어질 여건이 갖추어지지 않았던 것이다.

그때의 中國考古學의 관심은 靑銅器에 쏠려 있었고 또 外國 考古學者들도 주로 靑銅器時代의 연구에 집중하였다. 이때의 世界的인 學者로는 日本의 梅原末治, 中國의 李濟, 英國의 Yetts, 스웨덴의 Karlgren 같은 사람으로 우리 헨쩨教授도 〈殷周 靑銅器 紋樣의 상징성〉에 대한 해석에 全力을 집중시키고 있었다. 나도 이때 주로 中國考古學에 관한 문헌을 뒤지고 있었던 것은 물론이고 더욱이 나의 깊은 관심을 끄는 것은 그때를 전후하여 새로 學界에 알려진, 殷墟에서 발견된 甲骨文과 靑銅器銘文

이었다. 지금 그때 내가 쓴 미숙한 논문을 들춰내는 것은 本意가 아니나 아래에 그 題目만이라도 記錄하고 넘어가고자 한다.

"Die Lesung einiger alter Bronze-Inschriften", *O.Z. Neue Folge* XIII Heft 5, 1937.

"Über eine Gruppe chinesischer Messer", *O. Z. Neue Folge* XIV, Heft 2－3, 1938.

이곳에 O. Z.라고 한 것은 伯林民俗學博物館에서 간행된 그때로는 有力한 東洋에 관한 學術誌 *Ostasiatische Zeitschrift*(東亞雜誌)의 略稱이다. 수년 전 그때 그 雜誌의 編輯을 맡았던 Meister氏를 만난 일도 있다.

헨쩨敎授의 권유에 의하여 日本 住友家에서 出版된 《支那古銅精華》라는 방대한 圖錄의 末尾에 실려있는 梅原末治의 論文 〈支那靑銅器時代에 대한 所見〉이라는 論文을 "Über die Bronzezeit in China"라는 題目으로 번역하여 *O. Z. Neue Folge Heft* 5, 6에 싣기도 하였다.

이때를 전후하여 대규모의 中國古美術展示會가 런던의 Burlington House에서 열렸는데, 크리스마스 때를 전후하여 나는 런던에 가서 그것을 구경할 수가 있었다. 물론 벌써 유럽에서는 中國美術이나 考古學에 대한 관심은 크게 높아 大英博物館에는 유모르포폴로스(Eumorfopoulos)라는 사람의 蒐集品이 있었고, 그 圖錄이 파시발 옛츠(Parcival Yetts)교수의 손으로 출판되어 있었다. 또 이 蒐集品에는 몇 개의 韓國의 磁器도 포함되어 있다.

얼마 전에는 日本美術展示가 伯林民俗博物館에서 있어 그리로도 갈 수 있었다. 外國에 앉아서 日本이나 中國이나 또는 韓國의 考古學을 硏究한다는 것은 물론 실제 遺蹟發掘과 떨어져 있으므로 이것이 제일 큰 약점으로 생각되었다. 그러나 美術을 공부하는 데는 日本이나 中國에 가지 않아도 충분히 所期의 목적을 얻을 수 있었다. 英·佛·獨 세 나라에 있던 東洋美術關係의 美術館에는 각종의 美術品이 진열되어 있어 오히려 韓國이나 日本에 앉아서 연구하는 것보다 더 좋은 효과를 올릴 수 있었기 때문이다.

마지막으로 이곳에 言及하고 싶은 것은 韓國關係의 圖書인데 년도별 古蹟調査報告書는 물론 전부가 비치되어 있었고 《朝鮮古蹟圖譜》도 최종의 몇 卷 외에는 전부 있었다. 내가 후에 우리 國立博物館에서 볼 수 있는 서적은 거의 다 있었다.

나는 이곳에서 6년이라는 짧지 않은 세월을 보내는 사이에 孤寂하였으나 많은 공부를 하였다. 후에 日本學者들에게 내가 그곳에서 日本에서 출판되는 考古學雜誌를 첫 번부터 전부 讀破하였다고 하였더니 놀라는 눈치였다.

헨쩨교수는 日本의 가톨릭系의 上智大學과 연락이 있어 그곳에 있는 圖書館 관계자의 주선으로 日本冊은 물론 中國冊도 東京의 서점에서 구할 수 있는 것은 入手할 수 있었고 6년간 그곳에 있는 사이에 내가 사야 된다고 생각한 많은 책도 살 수가 있었다.

이들 圖書는 그후 헨쩨교수가 프랑크프루트市에 居住를 옮길 때 獨逸로 옮겨졌고 전쟁 중에는 손실이 없이 남아 있어 지금은 바바리아州立圖書館(뮌헨에 있음)에 收藏되어 있다. 헨쩨교수는 자식도 없고 후에 쓸쓸히 지내다가 1970年 전후 90여세의 老年으로 死去하였다.

1939년 9월에 두려워하던 제2차 歐洲大戰이 터졌다. 내가 있는 벨기에는 中立國으로 전화는 곧 미치지 않았으나 독일과 프랑스의 사이에 있는 벨기에의 中立이 지켜질 지도 의심이 나서 나는 폴란드·노르웨이·덴마크의 세 나라가 독일軍에 짓밟힌 후 1940년 5월 5일 벨기에를 떠나서 시베리아 鐵道를 이용하여 歸國하기로 하였다.

Ⅱ

당시 우리나라의 모든 사정은 그야말로 한국사람을 질식상태로 몰아가고 있었다. 나는 우선 東京으로 가 보았다. 전쟁에 참가하는 것을 목전에 둔 日本은 거의 히스테리 상태에 있었다. 서울에 다시 돌아와서 나는 普成專門學校(現 高大)의 時間講師로 독일어를 가르쳤다. 독일어는 선택과목으로 수강생은 적고 그나마 빠지는 시간이 많아서 가르친 시간만큼만 講師料를 받게 되어 收入은 거의 없을 정도였다. 어느 때는 한달 支給 講師料가 모두 3圓 50錢이었다. 나의 考古學은 어디 써먹을 데도 없고 주위를 둘러 보아도 考古學을 공부하였다는 사람도 없었다.

이 무렵의 나의 唯一한 업적이라 할 것도 없는 조그마한 다음 논문 2편을 日本 東京大學에서 나오는 人類學雜誌에 실었다.

〈支那古銅器文樣의 意義에 대하여〉
〈再次 支那古銅器文樣의 意義에 대하여〉
《人類學雜誌》第57卷 第4號와 8號, 1942.

1945년 光復의 날이 왔다. 얼마 후 그때의 서울大學 法文學部를 조직할 임무를 위촉받았던 白樂濬博士에게서 來校하여 달라는 요청이 왔다. 요지인즉, 法文學部에 考古學講義가 있는데 나더러 考古學을 맡으라고 하였다. 당시 서울大學 敎授陣은 舊 京城帝大의 敎授科目을 그대로 답습하여 짜는데 考古學에는 助敎授가 배정되어 있었으므로 그대로 助敎授 자리를 주겠다는 것이었다.

그러나 이때 나에게는 博物館長 자리가 기다리고 있기도 하였다. 서울大學은 많은 문제를 안고 있었으므로 역시 博物館으로 가는 것이 유리할 것 같이 생각되었다.

나는 과히 망설이는 일없이 國立博物館長에 임명되어 그 자리에 1970년까지 만 25년을 재직하였다. 國立博物館은 그때까지는 우리나라에서 유일하게 考古學에 전념할 수 있었던 자리이고 또 그곳에는 이때까지의 모든 考古學資料가 쌓여 있었던 까닭이다.

지금 이곳에 國立博物館이라고 썼으나 그때까지의 이름은 總督府博物館이고 그것도 독립된 기구가 아니라 學務局 社會敎育課의 한 係에 불과하였다. 그런 상황에서 우선 박물관직원들이 本廳에 가서 學務局 출근부에 도장을 찍는 것을 없애고 初代博物館長이 된 것이다. 우선 급한 것은 博物館人員을 얻는 것이었다. 박물관에는 그때까지 내려오는 사람은 꼭 한 사람이 있었으니 그것이 촉탁으로 있는 崔泳喜라는 사람이었다.

그는 國民學校 졸업 후 사환으로 들어와서 數十年 加俸이 붙어 月給이 百圓을 넘게 되었는데 그대신 박물관의 사무적인 일을 제일 잘 알고 있었다.

이곳에 내가 박물관을 어떻게 조직하였는가를 쓸 생각은 없다. 그러나 박물관이라는 데는 두 가지 部門의 人材가 필요하다. 하나는 考古學, 둘째는 美術史이다. 그러나 우리나라에는 두 學問部門에 모두 한 사람도 전공한 사람이 없었다.

그래서 자연히 이 두 學問分野에 가깝게 공부한 사람을 구하였다. 다시 말하면 美術史분야에는 실기라도 美術科를 나온 사람, 考古學분야에는 歷史科를 졸업한 사람을 채용하였다. 이곳에 앞질러 쓰거니와 이 글을 쓰는 이 時點에도 美術史가 學部에 전공으로 있는 곳은 한 군데도 없고 弘益大學의 大學院에 美術史學科가 있고 來年부터는 美術史가 서울大學 人文大學의 考古學과 합쳐서 考古美術史學科가 된다고 들었다. 考古學은 서울大學에 비로소 10여년 전에 설치되었는데 數年前에는 慶北大學에도 생겼다고 들었다.

이와 같이 考古學과 美術史가 뒤지고 있는 것은 한심한 일이었다. 韓國에는 地上地下에 많은 유적이 있고 日本사람들이 제 마음대로 파헤쳐서 그들의 업적은 좋던 나쁘던 世界學界에 알려져 있었다. 이것을 재정리하는 것은 급한 과제임은 물론이다. 美術史도 역시 마찬가지다. 내가 독일에서 본 바에 의하면 뮌헨大學에서 가장 인기있는 과목 중의 하나가 美術史이고 더욱이 女學生의 7, 8割이 그것을 전공하고 있었다. 그뿐 아니라 해방 후 한국을 찾아오는 외국 사람은, 우선 한국의 美術을 찾고 있는데 韓國學者들로서 대화에 응할 사람이 하나도 없어서야 될 일인가. 원래 日帝 때 서울大學에 美學及美術史學科가 있어 그곳을 졸업한 사람도 있었다. 그러나 해방 후 美學을 가르칠 사람은 있었으나 美術史를 가르칠 사람은 없었다. 그래서 서울大學에 美學科는 존속되어 많은 졸업생을 배출하였다. 그런데 이 美學科는 倫理學과 같이 哲學의 일부분이고 美術史에서 연구하는 部門과는 잘 합쳐지지 않았다. 그러나 美術史

家가 없는 우리나라에서는 美術專攻의 學徒들이 美術史 영역까지 카버하려고 하고 지금도 그런 상황에 있다. 그러나 이에는 많은 문제점이 있다. 美學及美術史學科라는 제도는 日本에서 시작된 제도이고 얼마전까지도 東京大學에는 이것이 지속되고 있으나 어딘가 잘못된 곳이 있는 것 같다.

國立博物館은 위에 말한 바와 같은 充員에 문제점이 있었으나 그런대로 최소한의 사람을 가지고 시작하였다.

1946년 나는 우선 급한 것이 考古學이라고 생각하여 4月末 慶州에 5, 6명의 博物館員을 이끌고 가서 해방후 처음 考古學發掘을 하였다. 國內의 政治情勢·經濟生活이 모두 안정되기 전에 무슨 考古學發掘이냐 하는 의문을 가질 사람이 있었으나 그렇다고 다만 기다릴 수는 없고 또 國內 사람은 발굴에 경험있는 사람은 한 사람도 없었으므로 내가 근일년 동안이나 붙들고 있었던 舊博物館職員 有光教一氏가 있는 사이에 그를 技術顧問으로 하여 발굴하였던 것이다.

이 解放 후의 첫 發掘事業은 多大한 學界의 반응을 얻어 당시 서울大學校 法文學部의 國學部門을 전담하듯한 震檀學會 會員의 重鎭級이 거의 全員 慶州로 왔다. 李丙燾·宋錫夏·李相佰·趙潤濟·李崇寧씨 등등.

발굴한 후에는 報告書를 내기 마련으로 다른 나라에서는 4,5년씩 걸려서 報告書를 내는 것이 보통이나 우리는 첫 發掘報告라는 점을 생각하여 서둘러서 유물을 정리하고 사진을 찍고 도면을 만들어 첫 發掘報告書는 國立博物館 古蹟調査 第1册 1946年 發掘報告《壺杅塚과 銀鈴塚》이라는 제목으로 1948年에 乙酉文化社에서 出版하였다. 用紙도 특별히 마련되었고 더욱이 圖版은 아트紙로 4·6倍版 英文概要까지 붙였다. 지금 보면 대수롭지 않은 출판물이나 당시로는 잘 出版되었다고 칭찬을 받았고 韓國에서 가져갈 것이 없던 사람들의 선물용으로도 주었다. 이때의 발굴에 참가한 사람 중 지금은 유명을 달리한 사람으로 사진담당에 李健中氏, 圖面을 맡은 林泉氏, 유물정리의 徐甲祿氏 같은 분이 있다. 林泉氏의 圖面은 지금도 가끔 引用되고 李健中氏는 그 후에도 우리나라의

有望한 寫眞作家였는데 애석하게 두 분 다 오래전에 別世하였다. 그중 徐甲祿은 필자와는 同鄕人이었는데 일찍 6·25 前에 別世하였다.

有光氏는 壺杅塚 發掘을 필한 후 귀국하여 京都大學에서 考古學主任敎授가 되었고 지금은 그 大學 名譽敎授이고 橿原考古學硏究所長이기도 하다.

이렇게 서둘러 發掘調査를 한 것은 위에서도 말하였거니와 考古學者가 한 사람도 없기 때문에 새 사람을 발굴하고 훈련하고자 한 까닭이었다.

나는 한편 美術硏究會라는 모임을 發足시켜 한 달에 한 번씩 考古學과 美術同好人들의 모임을 가져 發表會도 가졌는데, 해방 직후의 비슷한 모임 중에서도 비교적 활발한 편이었다. 이 모임에는 후에 越北한 李如星·金瑢俊 같은 사람도 있었고 6·25 중에 행방불명이 된 韓相鎭, 후에 博物館職員이 되었다가 6·25 중에 死亡한 閔天植 같은 사람도 있었다.

이들과 같이 美術講座를 개최하여 2回인가 주로 中學校 敎師를 상대로 考古學과 美術史의 普及을 꾀하기도 하였으나, 지금 생각하면 講師陣이 빈약하였던 것은 피할 수가 없었다. 나는 이때에 주로 中國考古學 이야기를 하였는데, 사실 당시 各國의 考古學者 사이의 큰 관심사였던 中國靑銅器 같은 것은 거의 그 存在조차 아는 사람이 없었다.

이때에 내가 쓴 책으로는 《檀君神話의 新硏究》라는 100面 전후의 貧弱한 것이 있다. 해방이 되어 모든 우리 것을 찾는데 우리의 國祖 檀君도 그 중의 하나이었다. 그래서 檀紀 4千 몇 百年이라는 어마어마한 年紀도 찾았다. 그런데 日本 같은 나라에서는 우리와는 반대로 그들의 天照大神이니 神武天皇이니 하는 上代를 非科學的이라고 하여 없애버렸다. 얼마 전까지도 皇紀 2600年이라고 거국적으로 축제를 올리던 日本 사람들의 그들의 古代史에 대한 태도에 놀라지 않을 수가 없었다. 그들의 上古時代는 考古學 名稱인 繩紋時代·彌生時代 등으로 改稱되었다. 그런데 우리는 우리 歷史가 5000年이니 半萬年이니 하여 檀紀를 쓰고 檀君을 國祖로 숭배하는 것은 納得이 가지 않았다.

나의 檀君神話의 硏究는 山東省에 있는 武梁祠에서 그 說話와 9割 5

分까지 같은 畵像石을 발견함으로써 발상된 것이다. 대부분 이 책이 나왔을 때의 旣成學者는 否定的인 태도를 취하고 大倧敎 같은데 관계된 人士들이 크게 반발하기도 하였다.

나의 책은 正音社에서 出版되어 新聞紙보다도 못한 용지를 사용하여 별모양없는 것으로 120원의 正價이었는데, 그후 探求堂에서 다시 찍어내 지금은 5版까지 거듭하였다. 正音社의 初版까지 합치면 6版이 나온 셈인데 몇몇 大學에서는 史學科의 세미나에서 그 책에 대하여 레포트를 쓰게 하기도 하는 모양이다. 神話 傳說의 영역을 벗어나지 않는 檀君硏究에 나의 學說이 새로운 학술적인 자료를 제공하여 준 것은 틀림없는 일로서 최근에 많은 中堅學者들이 나의 學說을 지지하고 있는 것을 欣快하게 생각한다.

Ⅲ

1948年에 나는 록펠러財團의 招請으로 1年間 美國에 가게 되었다. 목적은 博物館事業의 시찰과 그 운영에 대한 연구이었다.

나는 11年이나 유럽에 있었던 관계로 西洋사람들의 생활이 내게 신기할 것도 없었고 그들의 思考方式이 조금도 새로운 것이 아니었다. 미국사람이나 유럽사람이나 같은 文化圈內의 인간들이라 美國생활이나 유럽생활이 별로 다를 것이 없으리라고 생각하였다. 이것은 한편 정당한 생각이었으나 또 한편으로는 그렇지도 않았다. 美國사람은 유럽사람보다도 또 많은 다른 점도 가지고 있는 까닭이었다. 그러나 이곳에 그런 이야기를 장황히 쓸 생각은 없다. 내가 미국에 간 목적, 즉 博物館 운영에 대한 공부는 많이 하고 왔다. 유럽의 박물관은 專門學者들의 연구기관이라는 면이 강한 한편 미국의 博物館은 社會敎育기관이라는 것을 더 강조하는 것 같았다.

나는 1年間 미국에 있으라는 것을 9個月로 단축하여 1949年 정월에 귀국하였다.

그런데 다음해(1950) 3월경에 록펠러財團의 파스(Charles B. Fahs)博

士가 서울에 왔다. 바로 이 사람이 나를 미국으로 데려간 것이다. 그는 白樂濬氏, 李卯默氏와 나를 美大使館의 키니氏(Robert Kinney) 宅에서 만나서 韓國史를 쓸 계획을 세우면 그 財政的 뒷받침을 할 것이라고 하였다. 파스박사의 본래의 뜻은 누구인가 英文으로 韓國史를 써달라는 것이었다. 그러나 우리는 우리 말로 쓴 쓸만한 韓國史도 없는데 英文으로 쓸 수 없는 것을 설명하여 결국은 韓國말로 韓國史를 쓰면 財政的으로 원조하겠다는 약속을 받았다. 그때의 白樂濬氏, 李卯默氏 모두 그 筆陣은 延禧大學을 중심으로 구성할 생각으로 있는 듯 하였다.

파스博士가 왔다간 후 얼마 안되어 6·25動亂이 발발하여 그 韓國史編纂計劃은 그대로 잠자고 있을 수 밖에 없었다.

釜山에서 서울로 돌아온 후 李丙燾氏는 李相佰氏와 상의하여 그때까지 해방 후 아직도 본격적인 활동을 하지 못하고 있는 震檀學會의 모든 事業計劃의 總幹事役을 나에게 맡겨 주셨는데 그 중에도 중요한 것은 學報의 續刊과 록펠러財團과 교섭하여 韓國史 執筆計劃을 추진하는 일이었다. 우리는 새로 震檀學會의 中堅會員으로 理事陣을 짜고 내가 常任理事兼 編輯責任을 맡아 파스氏와 교섭을 진행하였다. 록펠러財團에서는 震檀學會를 社團法人으로 조직할 일 등등의 要求條件이 있어 그 청하는 대로 法人으로 再發足, 결국 韓國史 計劃을 上古史 中世史 近世史 最近世史의 4卷에 年表를 追加하여 5卷으로 완성하여 每卷當 록펠러財團에서는 2,000弗의 執筆料를 보조하기로 하였다.

이곳에 그 번거로운 교섭의 진행에 대하여 쓸 생각은 없으나 執筆陣은 아래와 같이 결정되었다.

史前時代와 上古篇	李丙燾, 金載元
中古篇	金　庠　基
近世篇	李　相　佰
最近世篇	崔　南　善
年　表	

이렇게 결정하고 執筆은 2年 內로 끝내기로 하였고 出版은 乙酉文化社에서 담당하기로 결정하였다. 그리고 일단 出版되면 그 印稅는 震檀學會의 收入으로 한다는 것으로 양해가 되었다. 지금 생각하면 이런 책을 쓰는 데 執筆料가 2,000弗이고 出版 後의 印稅는 震檀學會의 收入으로 한다는 것은 不合理한 점이 많고 學者의 희생을 필요 이상으로 강요한다는 느낌을 가지게 하나 그 때의 2,000弗은 큰 돈이었고 印稅를 震檀學會에 들여 놓는다는 것은 조금도 不合理하게 생각되지 않았다.

이곳에 韓國史를 둘러싼 여러가지 에피소드를 상세히 소개할 생각은 없다. 그러나 우선 執筆陣에 변동이 생기게 되었다.

崔南善씨의 건강이 여의치 않아 現代史는 李瑄根씨에게 맡겼고 또 中世史를 담당하기로 되었던 金庠基씨가 自署하여 체결한 震檀學會와의 조건에 이의를 제출 그 中世史는 執筆料 2,000弗은 金氏가 이미 받았었는데도 불구하고 李丙燾씨가 쓰지 않을 수가 없었다. 金氏는 이 때문에 震檀學會에서도 탈퇴, 별도로 다른 두 사람과 같이 韓國全史를 써서 東國文化社에서 출판하기로 하였으나 이 東國文化社의 全史는 결국 金氏의 高麗時代史만 나오고 다른 책은 나오지 못하였다.

震檀學會의 韓國史는 近世篇이 두 卷으로 近世前期·近世後期로 나뉘어서 모두 李相佰씨가 執筆, 現代篇은 最近世·現代篇의 두 卷으로 늘어나서 韓國史는 年表까지 합쳐서 모두 일곱 卷이 되었다.

2年으로 집필을 끝낸다는 첫번 계획은 여러가지로 차질이 생겨서 完成은 늦었으나 지금까지 각기 數萬卷씩이나 팔려서 우리가 기대한 이상의 성과를 거두었고 지금은 震檀學會 韓國史는 거의 모든 지식층의 家庭에서 찾아볼 수 있게 되었다. 지금 이 글을 쓰는 現在까지 여러가지 우리나라 國史책이 출판되었으나 아직도 震檀學會 韓國史는 學術的인 면에서 그 무게를 유지하고 있다고 하겠다.

1959年에 古代篇과 年表가 發刊되었는데 1965年에 마지막으로 近世後期篇이 나왔다. 우리가 첫번 록펠러財團에 約束한 것보다는 많이 늦었다. 그래도 震檀學會로서는 큰 일을 완성시켰다고 할 것이고 후일 우리

를 도와준 파스博士 자신도 韓國史 출판은 자기의 큰 成功이라고 만족의 뜻을 표하고 있었다.

韓國史와 더불어 震檀學會에서는 學報를 續刊하게 되었고 解放 前까지 겨우 15輯을 낼 수 있었던 震檀學會가 現在까지 55輯까지를 내었고 斗溪學術賞까지 설정한 성황을 이루고 있다. 이 震檀學會는 1934年에 創立 도중에 많은 어려움을 겪었으나 우리나라 學會 중에 한글학회와 더불어 가장 代表的 學會라 할 수 있고 이곳에 게재된 論文은 다 무게 있는 중요한 것이고 창립에서 지금까지 끌고 온 李丙燾씨의 큰 공로의 하나로 손꼽을 수 있다.

나는 록펠러財團의 파스氏와의 관계로 첫번 美國으로 간 일을 썼고 또 그분과의 친분이 나와 震檀學會를 도울 수 있는 계기를 만들어 준 것을 썼는데 이곳에 또 다른 비슷한 이야기를 써야겠다. 즉 그것은 나와 미국의 하바드大學에 부속되어 있는 Harvard-Yenching Institute와의 관계이다. 漢字로는 哈佛燕京學社라고 불리우는 이 연구소는 改新敎의 聯合財團에서의 기부금을 가지고 운영되는데 그들의 제일 중요한 사업은 北京燕京大學을 경영하는 일이었다. 그러나 中國에 毛澤東이 군림한 후에는 燕京大學은 北京大學의 一部로 편입되고, 그들의 가장 큰 교육사업에 쓸 돈의 용도가 없어졌다. 자금을 효율적으로 쓰기 위하여 새 사업을 시작한 것 중의 하나가 韓國·中國·日本의 세 나라에 學術硏究費를 지급하는 일이었다. 그곳에는 세르게 엘리시에프(Sergé Elisseéff)라는 러시아 胎生의 優秀한 學者가 초빙되어 所長으로 20餘年 그 硏究所 創設時부터 美國內에서의 東洋學의 진작을 위하여 노력하고 있었다. 나는 우연한 기회에 그와 알게 되어 個人으로 硏究費의 支給도 받고 또 博物館 硏究事業에도 원조를 받았다.

그중 한 업적을 들면 博物館이 主體가 되어 1956年에 시행한 세 차례의 西海島嶼調査이었다. 우리나라의 島嶼는 거의 學者들의 손이 미치지 않았으므로 豫備調査格으로 歷史考古學班·社會學班·言語學班으로 나누었는데 主要한 멤버는 歷史考古學班의 金載元·尹武炳, 社會學班의 李

相佰·李海英, 言語學班의 李崇寧·全光鏞이었다. 그 조사결과는 國立博物館 特別調查報告로 1957年에 출판되었다(4·6倍版 260面 圖版 19 英文概要 14面). 배를 타고 침식조건이 좋지 않아 빈대 모기에 뜯기고 고작 國民學校 교실에서 새우잠을 자는 苦行이었으나 近 30年 前의 그때 생각을 하면 아름다운 추억이 되었다.

엘리시에프博士는 수 차에 걸쳐서 韓國에 왔다 갔다. 그가 東洋과 첫번 접촉을 가진 것은 帝政러시아 때였다. 그는 外國人으로서 東京帝國大學을 正式으로 졸업한 唯一한 사람으로 그의 이름은 平凡社에서 나온 東洋歷史大辭典에까지 나와 있다. 日本말은 그야말로 일본사람 이상으로 유창하였다. 다시 말하면 그는 일본 明治時代의 상류사회에서 쓰던 점잖은 일본말을 자유로이 구사할 수 있었다. 그가 한국에 왔을 때 우리 震檀學會에서 李丙燾·李相佰씨 등이 총 出動이 되어서 환대하였다. 奎章閣圖書를 찾아 힘든 漢文을 줄줄 내려 읽는 것을 보고 모두들 놀랐다. 누구인가 日本學者들이 漢文을 제대로 읽지 못하고 잘못 해석하는 일이 있더라고 하였더니, "잘못 해석하는 일이 있다고—항상 잘못 해석하는데…"라고 대답하여 우리를 놀라게 하였다. 그는 전후의 韓日關係에 관심을 表明하여 그때 李承晩博士가 고의로 韓日관계 正常化를 지연시키는 인상을 줄 때

"그것은 잘 생각한 일이오. 여러가지로 日本의 영향을 많이 받고 있는 韓國사람들의 正氣를 바로잡기 위해서도 졸속으로 韓日관계를 터놓을 것이 아니다."

라고 明言하는 데는 모두들 놀랐다. 나는 엘리시에프博士가 거의 70이 되어서 은퇴한 후에 그의 파리에 있는 아파트에 찾아 본 일도 있다.

그가 哈佛燕京學社의 所長職에서 물러난 다음의 後任에 라이샤워(Edwin O. Reischauer)氏로 후에는 駐日大使가 되었던 사람이다. 라이샤워氏 때에 韓·中·日 3國에 대한 원조방법이 달라졌다. 즉 세 나라에서 각기 Council(委員會)을 조직하여 研究費 使用方法을 결정하여 신청하라는 것이다. 同 學社는 東亞에 관한 모든 學問分野에 관심을 가지고 있

으므로 그 委員會 명칭에 그것이 나타나도록 하라는 助言이 있었다. 이에 따라서 韓國에서는 서울東亞文化研究委員會(Seoul Research Council for East-Asian Studies)라는 것을 조직하였고, 日本에서는 東方學研究日本委員會(東洋文庫內 委員長 辻直四郎), 中國에서는 東亞學術研究計劃委員會(臺灣大學內 委員長 李濟)로, 같은 委員會이나 제각기 다른 명칭이었다. 우리쪽 委員會를 조직할 때는 하바드大學에서 와 있던 Edward Wagner氏가 助言하여 委員은 아래의 일곱 사람으로 決定되었다.

李丙燾, 李相佰, 白樂濬, 兪鎭午, 梁柱東, 李崇寧, 金載元

이 중에서 한 사람이 幹事長이 되어 哈佛燕京學社와 書信往來 등 실제의 사무를 전담하기로 하였는데 내가 市內의 중앙에 사무실도 가지고 있어 결과적으로 幹事長의 任務를 맡게 되고, 委員長은 輪番制로 每年 갈았는데 첫번은 白樂濬, 두번째 李丙燾, 셋째번이 兪鎭午, 다음 李相佰 그리고 다음 내가 委員長이 되고서부터는 내가 끝까지 留任하였다.

委員外에 처음에는 또 高柄翊·趙璣濬씨 등의 少壯學者 몇 명이 幹事라는 이름으로 委員會에 보조역할을 하였다. 그러나 白樂濬·兪鎭午씨 등이 얼마 후 學界를 떠나고 李相佰씨는 別世, 또 幹事 중에서 개인 事情으로 은퇴한 분이 생기고, 또 幹事되는 분들이 점차 學界의 지도적인 지위를 가지게 되어 자연 幹事陣은 없어지고, 최후까지 委員會를 지킨 사람은 李丙燾·金相浹·李崇寧·高柄翊·李基白·金東旭·金載元이고, 내가 博物館을 떠난 후는 淸進洞 208番地의 2층에 독립된 事務所를 가졌다.

우리가 研究費를 결정하여 哈佛燕京學社에 추천하여도 그대로 받아들이는 것이 아니고 同學社의 教授들의 심사로 可否가 결정되었는데 1年에 대략 2萬5千弗 내지 3萬弗 정도의 돈을 委員會에서 받아서 支給하였다. 그때만 하여도 政府 其他 國內 財團에서 學者들에게 주어지는 연구비가 거의 全無한 상태로 이 委員會를 거치는 研究費는 상당히 효과적으로 쓰여졌다. 이 研究費 外에도 每年 1,2名의 學者들에게 臺灣(香港包含) 또는 日本에 1年 내지 2年間의 留學의 길도 열어 주었다. 이 委員

會는 18年間 존속하였는데 이것으로 말미암아 나는 國內의 많은 大學敎授와 접촉이 생겼고 또 좋은 硏究가 있으면서도 발표되지 못하는 것에는 출판비도 도와줄 수 있었다.

哈佛燕京學社는 후에는 자기네의 國內法이 변동되면서 韓·中·日의 委員會를 燕京學社의 支部로 改編, 내가 支部長이 되어 그로 말미암아 나는 정년 후에도 4年間 버젓한 취직 자리가 생기고 상당한 手當도 받고 있었다.

이러한 상태는 라이샤워敎授의 後任인 人類學의 펠셀(John C. Pelzel)敎授가, 다시 日本歷史 專攻의 크레이그(Albert M. Craig)敎授로 바뀜으로 종지부를 찍게 되었고, 나와 哈佛燕京學社와의 關係는 끝이 났다.

哈佛燕京學社와의 관계에 대하여는 너무 많은 지면을 쓴 것 같은데 이제 우리 東亞文化硏究委員會의 가장 두드러진 업적 중의 하나가 國內의 가장 有力한 學會인 震檀學會·歷史學會·國語國文學會에 近十年間 學報 刊行費의 대부분을 도와준 일이라 하겠다. 前後 近 百名에 이르는 硏究費 受領者의 名單을 밝힐 생각은 없으나, 硏究費는 지극히 公平하게 여러가지 관점으로 보아 서울·地方 또는 公·私立大學을 가리지 않고 배정하였다고 생각하고 있다.

한번은 韓·日·中 學者의 모임이 各國 學界의 動向도 알고 또 그것이 將來 硏究에 도움이 되리라고 생각하여 1960年 11月 소위「韓·中·日 3國 國際會議」를 臺灣大學에서 열었는데, 中國에서는 胡適·李濟(中國側 委員長) 등의 거물급 學者가 참석하였고 日本에서도 吉川幸次郎 같은 國際的으로 알려져 있는 學者들이 왔었다. 서울 측을 代表하여 나 外에 李崇寧·高柄翊·李萬甲씨의 3名이 갔다. 물론 會議의 모든 비용을 부담하고 실제상의 주최자인 哈佛燕京學社를 代表하여 라이샤워敎授가 參加하였다. 경비에 비하여 얻은 바가 많지 않다고 생각되어서인지 이 國際會議는 1回로 그치고 말았다. 그러나 이 會議를 機會로 中·日 兩國의 많은 學者들을 만난 것은 길이 記憶에 남을 것이다. 그 중에서도 기억에 남는 것은 中國近代文化 初創期부터 큰 역할을 한 胡適씨의 강연으로 歷史가 目前에서 걸어다니는 듯한 느낌을 주었다. 그때 내 나이 50歲 전후인데 기념촬영에 韓國代表團의 代表格인 나는 맨 첫줄에 胡適·李濟·吉川幸次郎·董作賓·岩生成一·錢思亮과 같은 쟁쟁한 세계적인 碩學들과 같이 앉아 있었고 그것도 내가 中央에 자리잡고 있는 것을 보면, 나 스스로 미소를 금할 수 없다.

孔子의 直系 몇 代孫으로 알려져 있는 孔德成씨, 日本의 三品彰英·榎一雄씨 등의 얼굴이 그 다음줄에 보인다.

이곳에서 自由中國과의 관계되는 이야기를 썼으므로 시간적으로는 그 때부터 꼭 5年 前에 있었던 이야기를 써야 될 것 같다. 解放 後 10年이 지나서도 그 새 6·25動亂을 겪고 學界는 침체하고 學者들은 가난한 生活에 시달려서 가끔 外國의 초청으로 海外로 나가는 사람은 조금이라도 숨통을 틔울 수는 있었지만 우울한 학계의 분위기는 가시지 않았다. 나와 李丙燾氏·李相佰氏는 한번 自由中國의 碩學이라도 초청하여 그런 것으로 學界에 활력소를 불어 넣는 것이 어떠냐 하는 데에 意見의 일치를 보았다. 그래서 亞細亞財團에서 원조를 얻어 臺灣으로 共產大陸을 떠나서 그곳에 피난한 많은 中國의 碩學이나 藝術人 중에서 2, 3名이라도 초청하여 보기로 하였다. 그 분들이 즉 朱家驊·董作賓·溥儒의 세 사람이었다.

朱家驊氏는 大陸에 있을 때 大學總長·教育部長 등의 요직을 역임, 重慶時代에는 蔣總統으로부터 우리 臨政要人들과의 접촉을 一任받았던 親韓派로 申翼熙·李範奭씨 등과도 親交가 두터운 政治家요 學者 또 臺灣에 옮겨온 中央硏究院의 院長職도 맡아 보았고 大陸雜誌의 主幹이기도 하였고, 董作賓씨는 考古學界에 世界的인 令名을 떨친 甲骨文의 大家이었으며 溥儒씨는 淸朝의 마지막 皇帝 溥儀의 4촌으로 詩書畵의 三絶로 남쪽의 張大千과 같이 北溥南張이라고 일컫던 사람이었다.

朱家驊씨는 본래 獨逸留學生으로 나는 1954年 잠깐 서울에 와 있던 나의 뮌헨時代의 中國친구 關德懋를 통하여 알게 되었고, 董作賓氏는 내가 1949年 시카고에서 만난 후에 交分이 생긴 분으로 甲骨文의 斷代硏

究로 中國考古學界의 가장 중요한 업적을 남겼으며 그의《殷曆譜》는 世界考古學界에서 가장 有名한 册의 하나이다. 溥儒씨가 초대된 동기는 李相佰씨가 往年 北京에 유학할 때에서부터 잘 아는 사이인 까닭이다. 이제 이 세 분의 상세한 소개는 이곳에 紙面上 일일이 쓸 수가 없으나 그분들이 우리나라에 滯在하는 2週日間은 매일 초대하겠다는 사람이 많아 실제의 일을 맡은 나는 그것을 거절하는 데에 진땀을 뺐다. 그 중에는 震檀學會에서 왜 그 손님을 독점하느냐고 호통을 치는 사람까지도 있었다. 아래에 2週日間 그분들을 초청한 主要한 분들을 적어 보기로 하겠다.

文敎長官·外務長官·駐韓中國大使·서울大總長·延世大總長·梨花大總長·申翼熙·李範奭·高羲東·盧基南主敎·震檀學會는 물론이고 學術院·藝術院·弘益大學과 美術協會 등이었고, 서울特別市長은 朱家驊씨에게 幸運의 열쇠를 주었다. 李大統領을 禮訪하였을 때 大統領은 특별히 기뻐하시고 交通部長官에 분부하여 慶州에까지 特別列車를 내어주어 震檀學會 幹部會員이 同行하였다. 이 外 서울大學에서는 董作賓에게는《殷曆譜》로 文學博士, 朱家驊·溥儒 두 분에게는 名譽法學博士의 學位를 수여하였다. 이러한 震檀學會의 中國學者 초청은 그때로는 많은 화제를 제공하였다.

이들 세 분 중에서 團長格인 朱家驊씨는 震檀學會 초청에 대한 답례를 하여야 된다는 부담감을 가졌던 것으로 생각되었는지 그후 李丙燾씨·兪鎭午씨와 나를 中韓文化協會 초청으로, 1960年에 우리 一行은 臺灣으로 갔다. 우리는 臺北에 도착하여 中國之友家에 유숙하였고 各界 各層의 名士들과 交歡하였다. 물론 蔣總統도 만났고 그때까지 우리가 新聞紙上으로 듣던 분들 于右任·何應欽·王世杰·胡適·蔣復聰 등, 지금은 대부분의 이름은 잊어버려서 이 곳에 더 쓸 수도 없는 것을 유감으로 생각한다. 우리는 매일 招待를 받아야 하였고 어떤 날은 하루에 두 차례 晩餐에 참석하였다.

우리는 臺北의 거의 모든 大學을 방문하였고 政治大學에서는 학생들에게 몇 마디 말할 수도 있었다. 臺北에서 臺中에 가서 그때 그곳에 자리잡고 있었던 故宮博物院의 수집품을 구경할 수도 있었고 그곳에서 다시 高雄까지 가서 관광하였고 항상 朱家驊氏가 우리와 行動을 같이 하였다. 벌써 20年 전의 일이 되었는데 모든 일이 꿈과 같다. 그때 서울에서 우리를 도와준 中國大使는 王東原이라는 退役將軍이기도 하였다.

이곳에서 다시 나 個人이나 우리 國立博物館이 주로 哈佛燕京學社의 도움으로 시행할 수 있었던 업적의 一部만이라도 소개하려고 한다.

우리는 이때까지 한번도 寺址의 조사를 하여본 일이 없었다. 하기야 韓國考古學은 해방과 더불어 ABC에서부터 시작하여야 되었고 발굴작업에 動員될 수 있는 要員이래야 거의 數名에 불과한 현실에서 다른 先史時代나 歷史時代 考古學의 어떠한 방면도 우리가 이루어 놓은 것은 全無한 형편이었다.

《三國遺事》 卷二 萬波息笛條에 感恩寺에 대한 기록이 있다. 그 기록 중에 괴이한 傳說이 전하여 오는데, 즉 文武王이 感恩寺의 創建 도중 別世한 후 그 아들 神文王이 唐 開耀 2年 (682)에 完工하였는데 死後 東海의 龍이 되어 故國을 수호하겠다는 父王 文武王의 유언에 따라서 절의 東쪽에 구멍을 만들어 龍이 절에 들어와서 旋繞할 수 있게 하였고 역시遺詔에 따라서 藏骨한 곳을 大王岩이라 하였고 후에 龍이 나타난 곳을 利見臺라고 하였다는 기록이다.

이것은 물론 전설로 볼 것이지만 感恩寺의 유지를 조사한 즉 그 남아 있는 外樣이 이상하여 그 전설과 무슨 관계가 있는 듯이 보여, 일찍이 이곳을 답사한 日人學者 藤島亥次郎도 이 점에 注意하고 있었다.

解放 후 중요한 조사는 별로 한 일이 없는 우리는 國立博物館의 調查事業으로 感恩寺舊址調查를 결정하고 1959年 10月에 발굴사업에 착수하였다. 이 발굴은 전후 50餘日로 同年 12月 12日에 끝내고 그후 다시 2週日에 걸쳐서 左右에 있는 두 개의 巨塔 중 상태가 나쁜 西塔을 해체, 그 層塔身에서 創建 當時의 舍利關係遺物을 발견하였는데 그 중에는 舍利函 네 壁에 붙여있던 四天王像과 舍利器를 검출하여 空前의 大發見을 하였다.

이 發掘報告는《感恩寺發掘調査報告書》(國立博物館 特別調査報告 1961年刊)로 出版되었는데 亞細亞財團의 원조로 호화판으로 世界學界에 내어놓을 수가 있었다. 日本 中國을 위시하여 중요한 發掘報告書는 항상 호화판으로 출판되기 마련인데 이 報告書는 臺北의 李濟, 哈佛燕京學社에 백스터(Baxter)씨 등이 극구 칭찬하여 주었고, 京都大學의 水野淸一博士도 長文의 書評을 썼고 뉴욕大學 알렉산더 소퍼(Alexander Soper)教授도 *Artibus Asiae* XXVIII에 좋은 평을 2面에 걸쳐서 싣고 있다.

이 發掘作業에 수고한 분은 尹武炳·金正基 두 분이나 別世한 林泉씨의 노고에 특히 감사한 마음을 가지게 된다. 林씨는 이 보고서에서 특별히 그의 뛰어난 圖面으로 東洋考古學 전체의 찬탄을 받았다. 그의 圖版 14에서 25까지는 특히 자기의 독특한 才質을 발휘하였고, 프랑스 기메(Guimet)博物館에 있는 다비드(David)女史는 그러한 우수한 圖面을 그릴 수 있는 사람은 프랑스 전국에서도 찾아볼 수 없다고 하였다. 이 感恩寺의 發掘報告書는 1962年度의 韓國日報의 出版文化賞을 받았다.

感恩寺址 조사 다음의 중요한 연구는 우리나라의 支石墓(고인돌), 學界에서 돌멘(Dolmen)이라고 불리우는 巨石文化遺蹟에 대한 연구이다.

支石墓는 우리나라 新石器時代의 가장 뚜렷하고 신기한 신비의 베일에 싸여 있는 유물이다. 이것은 돌멘이라는 學術用語가 意味하듯이 그 전형적인 것은 卓子 같은 外形을 하고 있어 네 개의 받침돌(支石) 위에 평평한 덕개돌(撑石)이 올려져 있는데 그 중 제일 큰 돌멘인 黃海道殷栗郡의 것은 撑石의 길이가 28尺이고 支石의 높이는 5尺이 넘는다.

이런 卓子形의 支石墓는 보통 北方式이라고 부르고 支石이 낮아 거의 地面에 撑石이 놓여 있는 것 같은 것을 南方式이라고도 하는데 이런 典型的인 모양과 여러가지 변형이 있고 지금은 반드시 北方式이 半島의 北方地方에만 있는 것이 아니라고 하여 그 명칭 자체도 재고되게 되어 있다. 이 卓子式은 그 外形 때문에 石器時代의 祭壇이라고도 불리우는 등 一時 여러가지 상상의 대상이 되었으나 지금은 原始時代 墳墓의 한 形式인 것이 확실하게 되었다. 그런데 이 支石墓가 우리나라 南北에 모두 數千個가 있고 그 중의 어떤 것은 무리를 지어있어 많으면 數十개가 군집하고 있고 그것도 일정한 方式으로 모여있는 것이 注目되어 왔다. 그런데 支石이라는 것은 隣近地域인 滿洲에도 있고 印度支那에도 散見되고 제일 유명한 것은 프랑스 브르타뉴地方에 있는 돌멘이다. 바로 이 돌멘이라는 명칭은 그곳에서 由來한 것으로 Stone Table이라는 뜻이다. 뒤에 言及하겠거니와 나 자신이 프랑스에 가서 그 돌멘과 멘히르(Menhir) —우리나라에는 선돌 또는 立石이라고 부른다—라는 巨石遺跡을 보고 왔다. 그러나 數千개가 우리나라에 있다는 것은 지극히 흥미있는 일로 돌멘을 만든 原始社會가 우리나라에 집중 成立되어 있었다는 것을 시사하는 것으로 우리가 이 支石墓硏究에 着目한 것은 이해가 가는 일인 것이다. 支石墓라는 巨石은 움직이기가 지극히 힘들어 돌한 개를 움직이는 데 며칠 걸리는 일도 있어 우리의 支石墓調査는 많은 努力과 時間·비용·人力이 필요하여 전체의 調査에는 만 6年 이상의 시간이 걸렸다. 한 硏究調査를 위하여 몇 해 동안 계속하여 한 일이 그때까지 별로 없었고 그 비용 중의 많은 부분이 哈佛燕京學社에서 왔다.

報告書도 무게있는 것을 만들기 위하여 印刷紙의 전부를 香港에서 수입하여 왔는데 이에는 亞細亞財團의 스타인버그(David I. Steinberg)씨의 협조가 많았다.

調査의 全期間에 걸쳐서 尹武炳·金正基·韓炳三·李蘭瑛 등 여러분이 수고를 하였고 報告書는《韓國支石墓硏究》(國立博物館, 1967刊)라는 제목으로 本文 182面, 英文 20面, 圖版 155面의 巨册이 되어 1968年 出版, 1970年度의 三·一文化賞을 받았다.

물론 韓國支石墓硏究는 그것으로 硏究가 다 이루어졌다고는 할 수 없으나 그때까지는 表面만을 調査한 그런 피상적인 硏究를 탈피한 것으로 후일 日本의 三上次男敎授는 解放後 제일 좋은 報告는 韓國支石墓硏究라고 크게 칭찬을 하였고 우리도 이 報告書는 700部를 인쇄하여 널리 國內外學界에 기증하였다. 우리나라에서는 그 후로 계속하여 많은 學術書籍이 나오고 考古學調査도 초호화판으로 出刊되는 것은 경하할 일이나 그때로는 우리 자체 예산으로는 도저히 할 수 없어 哈佛燕京學社나 亞細亞財團의 힘을 빌지 않을 수 없었다.

Ⅳ

위에서 이미 우리나라에 考古學 요원이 적다는 이야기를 하였거니와 그 중요한 이유는 아직 그때까지 韓國內에 考古學을 전공할 수 있는 大學이 없었던 까닭이었다. 그러나 새로 한 專攻科目을 창설한다는 것이 대단히 어려운 일이어서 政府外의 사람으로는 어찌할 도리가 없었다. 그런데 1959年 어느날인가 나는 그때의 文教次官 金善琪씨와 景武臺에서 나오는 乘用車에 동승한 일이 있어 考古學이 부진한 이야기를 하던 중 그가 자기 在任中 天文學과 考古學의 두 강좌를 새로 서울大學의 專攻科目으로 추가하고 싶다고 하였다. 그래서 金次官이 公文으로 서울大學에서 그런 뜻으로 수속절차를 밟으라고 指示한 일이 있는데 유감이나마 그 때는 이미 다음해의 豫算案 규모가 결정된 뒤이므로 실현이 되지 못하고 말았다. 이때의 서울大 文理大學長이 李熙昇씨인 줄로 기억한다.

그러나 일단 文教部와 서울大學 사이에 거론되었던 考古學과 天文學의 두 새 학과는 다음해는 무난히 설치되었는데 그 때는 金善琪씨가 文教部를 떠난 후이었다.

이것은 나의 기억을 더듬어 본 考古學科가 새로 생긴 경위인데 그러나 教授가 될 사람이 없어 博物館에서 十餘年 같이 수고하여 주신 金元龍씨를 그리로 보내었다.

서울大學에 考古學이 생긴 후 近 20回의 卒業生이 나와 우리나라의 이 部門의 후진성은 점차 改善되고 많은 卒業生이 各大學 또는 博物館에서 일하고 있다. 그 전만 하더라도 國立博物館이 唯一한 考古學을 전담한 기구이었으나 그곳에서 후진 考古學 要員을 양성한다는 것은 거의 不可能한 일이었다.

그러나 아직도 우리나라의 考古學專攻이 서울大學校와 얼마 전에 새로 창설된 慶北大學에서만 가능한 것은 이웃의 日本 같은데 비교하면

요원한 느낌이 있다. 現在 日本에서는 全國에 作業하는 考古學要員이 2,000名이 된다고 하는 말을 坪井淸足 奈良文化財硏究所長에게서 직접 들었다. 그리고 全日本에 專攻講座도 10餘 大學에 설치되어 있고 考古學硏究室이 있는 大學은 百에 이르는 것으로 알고 있다.

그러나 그러한 후진성은 우리나라 뿐 아니고 소위 發展途上國에서는 어디서든지 볼 수 있는 일이었다. 1963年 Asian-American Assembly라는 亞細亞財團의 후원으로 말레이시아聯邦의 쿠알라 룸푸르에서 열린 會議—그 會議는 極東諸國과 美國間의 文化交流를 어떻게 하는 것이 바람직하냐 하는가를 硏究하는 會議인데—에 參加하였을 때 알아본 결과 東南亞諸國에서 獨自的으로 考古學發掘을 할 수 있는 나라는 전무한 형편이었다. 특히 말레이시아 · 필리핀 · 네팔 · 인도네시아가 심하고 印度 같은 나라의 考古學 활동도 큰 나라에 비하여 미미할 뿐이다. 그 이웃 파키스탄과 아프가니스탄에는 現在도 日本의 東京 · 京都의 두 大學 考古學班이 격년으로 큰 規模의 調査團을 파견하여 조사에 착수하고 있는 실정이었다.

쿠알라 룸푸르에서 會議가 끝난 후 나는 인도네시아에 가서 그 巨大한 유적인 보로부두르(Borbudur) 外의 一聯의 유적을 踏査하였는데 그들은 和蘭學者들이 현재의 상태로 維持하는 데 노력을 하였을 뿐 자체의 힘으로는 保存마저도 힘겨운 상태이었다.

世界的인 큰 眼目으로 볼 때 역사상 찬란한 문화를 지니고 있던 나라 중에 그 자신의 유적을 남의 調査에 맡긴 나라가 한 두 군데가 아니다.

우리가 다 아다시피 이집트의 투탄카몬의 王墓를 판 것은 英國사람이다. 또 그리스 옛 文化遺跡을 조사한 가장 잘 알려져 있는 슐리이만(Schliemann)은 독일사람이다. 지금 독일에 있는 Deutsches Archaeologisches Institut(獨逸考古學硏究所)의 본거는 伯林(베를린)에 있고 國內로는 프랑크푸르트 · 뮌헨 · 본의 세 都市에도 그 支部가 있어 부분적인 硏究를 하고 있으나 카이로(이집트) · 로마(이탈리아) · 아테네(그리스) · 테헤란(이란) · 예멘 · 안카라와 이스탄불(터키) · 다마스카스(시리아) · 바그다드(이락) · 리스본(포루트갈)·마드리드(스페인)에도 각기 研究所를 가지고 그 나라에서의 考古學 調査를 하고 있다.

독일 研究所가 지금은 強大國 대열에 드는 이탈리아의 로마 같은 데에 支部를 가지고 있는 것은 不合理한 것 같지만 그것은 이탈리아 같은 나라도 자기 유적을 자기네 힘으로 처리 못하던 때가 있었던 까닭이고 로마에는 아직도 獨逸考古學研究所가 있다는 것은 이 경우는 考古學이라는 學問의 國際協力性을 보여주는 것이라고도 말할 수 있다. 내가 지금 이런 일에 너무 깊이 들어가 논의할 수는 없으나, 현재 프랑스 南部에서 하바드大學 考古學팀이 일하고 있는 것은 반드시 프랑스 考古學팀의 힘이 약하여서라는 의미는 아니고 學問에는 國際的協力이 필요하다는 것을 의미하는 것이라 하겠으며 위에 말한 考古學的 미개지에 선진국 調査팀이 진출한 것과는 의미가 다르다고 할 수 있다.

그러나 考古學 후진국도 점차 自國의 調査는 자기들이 하여야 된다는 愛鄕心이 커져, 설령 외국 考古學班이 자기 나라에서 조사를 하더라도 그 유물은 전부 두고 가라는 것이 일반적인 추세인 것이다. 스웨덴사람들이 中國에서 조사할 때에 얻은 유물은 원칙적으로 中國에 두고 갈 것, 또는 같은 유물이 몇 개씩 出土할 때에만 한 개를 가질 수 있다는 식의 협정이 되어 있었던 것으로 안다. 外國 研究팀이 조사에 필요해서 자기 나라로 가져가야 될 때에는 연구 후에는 遺物出土國에 반환하는 것이 原則이다.

돌이켜 생각하면 우리나라의 考古學은 日本사람의 전유물이었다. 本國에서는 王陵인 경우 거의 발굴이 불가능한데 우리나라에 와서 무엇이든지 파헤칠 수 있었다. 그들의 考古學界의 큰 자랑거리로 世界에 과시하는 慶州 金冠塚 調査 같은 것이 그 중의 하나이며 이 무덤을 팔 때 韓國사람은 무덤의 근처에도 接近할 수 없었다. 韓國의 古文化研究에는 열을 올리고도 韓國사람에 대하여는 순전히 植民地 百姓에 대한 우월감을 가지고 멸시한 것이 日本學者의 태도이었다. 그 중의 전형적인 예가 京都大學의 梅原末治 같은 사람이다. 이런 말을 언제인가 같은 日本人인

柳宗悅씨도 한 바 있다. 우리나라 考古學徒들은 아직도 이들 日本學者들의 영향을 많이 받고 있고 또 그들이 一步 앞선 學者들임은 틀림없으나 그와 같은 日本學者들이 남겨놓은 잔재를 말끔히 씻는 것이 시급한 일이다.

해방 후 가끔 共同作業이니 하여 韓·日考古學 合作을 하는 것이 어떠하냐 하는 소문을 퍼뜨려 그 가능성을 打診하여 온 일이 있었으나 그것은 正式으로의 교섭도 아니고 설령 있었더라도 될 수 없는 일이었다. 오랫동안 日本考古學者의 전유물이 된 우리의 유적은 절대로 또 다른 外國사람에게 넘겨 조사시킬 수는 없다.

1960年代 언제인가 美國 위스컨신大學의 모어(Albert Mohr)라는 사람이 그 妻와 같이 數萬弗의 자금을 가지고 韓國의 舊石器 연구차 온다는 소문이 들렸다. 나는 美國大使館의 베인(Bain)이라는 文政官을 통하여 그 사항을 확인할 수 있었고 發掘許可申請書는 이미 大使館을 통하여 文敎部에 제출된 것도 알았다. 나는 다시 文化財管理局에 문의하였더니 許可하는 방향으로 本部에 서류를 올렸다는 것이다. 나는 아연실색하여 文敎部次官室에 갔더니 그 서류가 결재되지 않은 채 있었다. 나는 이것은 許可하여서는 안된다고 설득하여 허가하지 못하도록 만들었다.

그후 巨金을 가지고 入國한 모어씨는 數次 내 事務室에 와서 항의하였고 지금 한국에는 專門家가 없는데 언제까지 韓國 舊石器時代 硏究를 지연시킬 것이며 그것은 國際學界의 一般的 協調精神에 위배된다고까지 極言하였다.

나는 우리의 考古學은 日政下에 이미 뒤졌으니 얼마동안 더 뒤져도 할 수 없는 일— 당신네에게 우리의 舊石器時代 硏究를 맡길 수 없다고 明言하여 주었다. 화가 난 同氏는 그 후에도 百方 許可얻기를 노력하였고 최후에는 延世大學의 이름으로 그러나 실제로는 全國을 돌며 자기가 舊石器時代 遺蹟發掘을 하려고 하였으나 이것마저도 허가되지 않았다.

舊石器時代 硏究라는 것은 新石器와는 완연히 다른 것이다. 그 문화유적은 그때까지 中國이나 日本에서는 이미 發見되어 考古學界의 큰 硏究

題目의 하나이었으나 우리나라에서는 그때까지 아직도 발견되지 않았었다. 그러나 조만간 舊石器文化가 발견될 것은 틀림없는 일이었다. 나는 1965年 록펠러三世 資金으로 美國에서 中美의 과테말라國에서 마야文化와 같은 系統의 巨大한 遺跡址를 돌아볼 기회가 있었다. 그곳 Tikal地方의 유적은 年 10萬弗 가량의 예산으로 펜실베니아大學博物館에서 그 해로 10年째 조사해왔는데 密林地帶에 싸여 있는 그 유적지에 도착하려면 航空機를 이용하는 수밖에 없었으며 활주로도 발굴팀 專用이고 1日 1回 운행하며 食料 기타를 보급하고 있었다. 물론 다른 住民은 한 사람도 없고 나 같은 觀光客이 2,3名 있을 뿐 숙박시설도 원두막 같은 것이 있을 뿐이었다. 낮에는 이름도 모를 熱帶產의 큰 새의 소리가 요란하게 들리는데 밤에는 아무 소리도 들리지 않는 깜깜한 정글이었다. 그런데 이 중요한 發掘作業은 완전히 美國사람에게 맡겨졌고 내가 갔던 그해 과테말라政府에서 처음으로 發掘費 10萬弗을 보조하였다고 한다. 물론 考古學要員은 한 사람도 없는 그 나라는 發掘 시작 후 10年 되는 그 해에 考古學發掘法을 배운다는 뜻으로 처음으로 두 젊은 사람을 배치하고 있었다. 그런데 이 두 사람은 완전히 아무 것도 모르는 사람으로, 英語조차도 통하지 않아 美人들과의 의사소통도 안되는 형편이었다.

과테말라에 간 것은 그곳 考古學을 硏究하자는 생각은 처음부터 없었고 다만 그들의 發掘作業의 방법과 규모를 구경하고자 하였던 것이었다.

과테말라에서 멕시코市에 가서 그 유명한 人類學博物館, 또 市外의 테오티우간의 유적들을 돌아보고 나는 一路 프랑스에 갔다. 위에 내가 프랑스의 巨石文化의 유적인 돌멘과 立石을 보았다는 것이 바로 이때인데 이곳에 내가 말하고자 하는 것은 내가 Bordeaux大學에 들러 그곳에서 舊石器時代의 世界的인 명성을 가지고 있던 보르데(François Bordes)教授를 만난 사실이다.

元來 舊石器文化가 가장 잘 研究된 곳이 프랑스이고 그 유적은 南프랑스 各處에 集中되어 있었다. 우리나라 舊石器時代가 발견되면 또는 그러한 경우에 對備하여 누구인가 한 사람을 이 프랑스에서 舊石器를 硏

究시켜야 된다고 생각하였다. 결과적으로 나는 보르데教授와 言約하여 이곳에 젊은 한 考古學徒를 보내기로 하고 귀국하여 駐韓프랑스大使 샴바(Roger Chambard)씨의 알선으로 프랑스政府 장학금을 얻어 우리나라 학생이 4,5年 Bordeaux大學에 공부하는 길을 텄다. 그 學生은 鄭永和로 그곳에서 博士學位를 따고 와서 2, 3年 前 漢江上流 지역 全谷里에서 가장 확실한 舊石器文化를 발견하는 데 큰 역할을 하였다. 全谷里에서 나온 兩面核石器(英語로 Hand-Axe, 獨語로는 Faustkeil)는 金元龍博士와의 共同硏究로《震檀學報》46·47合倂號(1979)에 실려있고 또 鄭敎授 자신이 1981年 10月 멕시코市에서 열린 國際先史·原史學總會에서 發表하여 韓國의 舊石器文化 存在 여부에 半信半疑의 태도를 취하던 世界學界를 놀라게 하였다. 이 全谷의 유적은 獨逸考古學硏究所論文集(*Beiträge zur Allgemeinen und Vergleichenden Archäologie*, Band 3, 1981. Kommission für Allgemeine und Vergleichende Archäologie des Deutschen Archäologischen Instituts, Bonn 1982)에 K. J. Narr, Faustkeilfunde in Korea로 소개되었는데 이것은 兩面核石器 Hand-Axe가 東洋에는 없다고 하던 종래의 학설을 뒤집는 것으로 실로 놀랄만한 발견이었고 그것을 우리 손으로 발견하였다.

나는 이상에서 考古學에 뒤떨어져 있는 우리나라에서 신진학도를 배출하는 것이 어렵고, 그러나 그것이 얼마나 중요한가를 예를 들어 이야기하였다. 다행히 考古學은 벌써 20餘年 前에 專攻학과가 생겼으나 그중에서도 特殊分野인 舊石器時代 硏究는 外國에 유학생을 보내 연구하는 도리밖에 없다고 생각한다. 물론 이런 分野는 많은 數의 學者가 필요한 것도 아니다.

V

이미 나는 考古學分野의 전문학도가 日本같은 나라에 비하여 적다는 말을 하였거니와 이보다도 더 수가 적은 것은 美術史學分野인 것이다. 물론 지금까지도 이 分野에 학자가 없는 것은 아니다. 또 그분들의 업적을 과소평가하여서도 안될 것이다. 그러나 지금 이 글을 쓰고 있는 이때까지도 大學學部에서 美術史를 正式講座로 가르치는 곳이 없다. 弘益大學은 이미 십년 전에, 梨花大學에는 2년 전에 大學院 美術史學 專攻科가 설치되어 있으나 이것은 아직까지 절름발이로 제 기능을 제대로 다하지 못하고 있다. 이때까지의 우리나라 美術史를 한다는 분들은 대부분 독학이었다. 그것은 어려운 일이고 또 자연 限界가 있는 일이었다. 다행히 1983年부터 서울大學 學部에 考古美術史學科로 미술사전공이 설치된다니 다행한 일이다. 독일 같은 데에서는 실은 美術史는 가장 인기있는 大學科目인데 비하여 서울大學에 美術史專攻이 이제야 생긴다는 것은 만시지탄이 있으나 그나마 다행한 일이라 하겠다.

1966年 나는 샌프란시스코市에 새로 생기는 東洋美術博物館 開館式에 참석하였다. 이곳에는 본래부터 드 영記念博物館(De Young Memorial Museum)이라는 西洋美術博物館이 있었는데 그에 붙여서 國際올림픽委員會 委員長으로 20여年 그 직을 맡아오던 브런디지(Avery Brundage)氏의 東洋美術品 수집품을 위한 새 건물을 市에서 기증을 받아 짓고 그 開館式에는 전세계의 東洋美術關係 學者를 초대하였다. 유럽에서 特別機 두 대, 東洋에서는 한 대(東京에서 出發)가 보통 運賃의 3分의 1도 안되는 돈으로 그 초대된 학자들이 참석할 수 있게 되었고, 開館記念 심포지엄 기간동안 일체의 숙박료가 무료라는 破格的인 대접을 받았다. 이를테면 그곳에는 모든 世界의 東洋美術學者가 참석할 수 있었다. 이때 참석한 東洋學者는 日本에서는 近百名, 中國(臺灣과 香港)에서는 20餘名인데 우리나라에서는 불과 3名, 그것도 심포지엄 발표자로서가 아니었다.

나는 이때처럼 한심한 심정을 가진 일이 없었다. 正式으로 大學에서부터 美術史를 공부하여 온 美術史學徒가 필요하다고 생각하였다. 이것도 서울大學 같은 데에 學部에 專攻학과를 창설하면 될 것이 아니냐고 말할 수 있을런지 모르나 첫째의 난관은 그렇게 하더라도 敎授될 사람이 없었다.

실은 나는 長女 理那가 서울大學 史學科에 入學할 때부터 歷史보다도

美術史를 전공하였으면 하는 생각을 하였다. 그러나 그러한 專攻학과가 없어서 그리로 입학시켰던 것이다. 大學 卒業 후 理那는 다행히 하바드 大學의 大學院 美術史學科에 입학하고 同大學院을 장학금을 받고 좋은 성적으로 學位까지 땄다.

그러나 韓國의 美術史學을 일으키게 하는 것은 몇 사람으로 될 일이 아니었다. 이웃의 日本을 보면 이 방면의 學者가 數百名은 되는 것을 생각하면 정말 한심한 생각이 들었다.

나는 그때 서울大學 考古學科에 在學中인 安輝濬을 하바드大學에 보냈더니 정말 좋은 성적으로 학위를 따고 왔다. 理那가 彫刻專攻인데 그는 繪畫史를 專攻하였으며 우리나라에서 처음으로 美術史學的인 體系를 세운《韓國繪畫史》(서울 一志社 1980刊)를 펴냈다. 이때까지의 우리나라의 繪畫論은 화가들의 人間관계에 시종하는 느낌이 있었는데 그림 자체에 대한 論考는 이것이 처음이라고 생각한다. 이때까지 金理那와 같이 弘大 大學院 美術史學科를 지켜 왔으나 1983年부터 創設되는 서울大學 考古美術史學科의 敎授로 부임하게 되었다. 서울大學에 美術史學전공이 새로 생겼다는 것은 장차 美術史에 좋은 人才가 나올 수 있다는 희망을 가지게 하는 일이고 또 필연 그렇게 될 것이다.

어느 나라에서도 물론이거니와 日本의 중요 大學에서도 東洋美術史와 並立하여 西洋美術史를 가르치고 많은 학자를 배출하고 있다. 西洋美術史는 西洋歷史만큼 중요한 學問이다. 그들의 歷史는 그들의 美術을 모르고는 이해할 수 없기 때문이다. 더욱이 우리나라에는 많은 美術大學이 있고 그 대학에서는 東洋美術보다도 오히려 西洋美術系統의 油畫·彫刻·版畫 같은 부분의 專攻生이 더 많고 또 이미 世界一流의 美術家를 배출하고 있다. 그런데 西洋古典美術의 흐름이 무엇인지 또 르네상스美術에 대한 지식이 없이 西洋美術에서 大成할 수 없다. 近來에 와서 전성기에 이른 것 같은 抽象美術, 또 피카소 같은 畫家를 이해 못하고는 現代美術을 論할 수 없게 되었다.

생각하면 이 分野에서 우리가 하여야 할 일은 얼마든지 있고 우리는 이제 겨우 첫 入口에 서 있는 것이다.

美術史에 대하여 글을 쓰고 보면 이것은 人文科學 部分이 아닌 것 같이도 들리나 東洋이나 西洋을 막론하고 美術史는 文化史의 中心分野이며 美術實技와는 전연 별개이다. 나는 西洋美術史學者 양성에도 약간의 힘을 썼다. 나의 막내딸 英那가 내가 뮬렌버그大學에 초빙교수로 갈 때 같이 가서 그 大學에서 처음부터 西洋美術史를 전공, 후에 오하이오州立大學에서 博士學位를 따고 우리나라의 몇 안되는 西洋美術史 敎授가 되어 德成女大·서울大·弘大 등을 바삐 돌아다니고 있다. 그러나 너무 못난 아버지가 되지 않기 위하여 더 이상 쓰지 않기로 한다.

Ⅵ

우리나라가 解放이 된 후부터 많은 外國의 지식인들이 우리나라를 알고 싶어 하였고 그러는 데는 우선 처음에 우리나라 歷史·言語와 아울러 우리의 美術을 알아보고 싶어 하였다. 위에 록펠러財團에서 震檀學會로 하여금 韓國史를 집필케 한 것도 그 때문이거니와 歷史보다도 어느 民族의 文化를 제일 뚜렷하게 나타내는 것이 그 民族의 美術인 것은 물론이다. 그것이 또 民族의 文化를 아는 데 제일 빠른 方法인 것이다. 印度의 文化를 알아보려면 그 힘든 말을 배우기보다 먼저 그 美術作品을 보아야 할 것이다.

내가 록펠러財團의 硏究員으로 처음 美國에 갔을 때부터 하바드大學의 랑돈 워나(Langdon Warner)博士 등 東洋美術에 관심을 가진 사람들을 비롯하여 호놀룰루美術館의 그리핑(Robert P. Griffing, jr.)博士 같은 사람도 韓國美術展示를 조속한 시일내로 美國에서 열 필요를 역설하였다. 그 때문에 록펠러財團에서는 1948年 겨울 나를 美國에서의 귀도 호놀룰루에 들러서 그러한 美國展示의 가능성을 검토할 기회를 주었다. 그러나 1950年에 일어난 韓國動亂은 일단 그러한 계획을 뒤로 연기하게 하였다.

많은 준비와 교섭을 거쳐 美國의 8개 도시에서 열린 한국미술전시는

1957年 12月 14日부터 1959年 6月 1日까지 였는데 그때의 우리나라의 경제형편상 전적으로 외국의 財政的인 부담으로 이루어졌었으며 대단히 큰 성과를 거두었다. 美國에서의 전시에 이어 유럽 5개국(英·和·佛·獨·墺)에서 우리 美術展示가 이루어졌다. 런던에서 1961年 3月에 시작, 비엔나에서 1962年 6月 30日에 끝났다.

이곳에는 韓國美術의 外國展示에 대하여 장황히 쓸 필요는 없을 것 같다. 그러나 이것을 계기로 나는 세 번이나 韓國美術에 대한 著書를 낼 계기를 가지게 되었다.

1961年 아직 우리 美術展示가 和蘭에서 열리고 있을 때 독일 바덴 바덴市에 있는 홀레出版社(Holle Verlag, Baden-Baden)에서 世界의 美術(Kunst der Welt)이라는 叢書를 내는데 그 중의 韓國篇을 맡으라는 교섭이 왔다. 그때의 出版社의 계획으로는 그 叢書는 中國·日本·印度·印尼·에집트 등을 합쳐서 12卷으로 계획되었으나 후에 많이 추가되어 30여卷이 되었다. 그런데 나는 韓國편을 쓰되 그것은 버마·티베트와 같이 한권이 되도록 쓰라는 조건이었다. 우선 이런 韓國미술 경시에 항의하였으나 出版社의 이해를 얻을 수가 없었다. 中國이 한 卷이라면 韓國은 한 卷의 5분의 2(이것이 할당된 面數이다) 정도면 不公平하지 않다는 것이 그들의 이유였다.

그들과 더 이상 싸울 수도 없고 나는 그 조건으로 執筆에 同意하였다. 이 책은 英語로 썼으나 프랑스말·독일말·이탈리아말로 번역되어 각기 그 나라에서 出版되었고 같은 英文版도 英國과 美國에서 제각기 다른 出版社의 이름으로 나왔고 또 책의 題目도 다르다. 그런데 나는 原稿 전체를 一定한 고료를 받고 넘겨 주었기 때문에 프랑스·이탈리아·독일말 版에 대하여는 따로 고료를 받을 수도 없었고 후에 들은 바에 의하면 내가 받은 原稿料는 다른 유럽이나 미국의 著者들의 半도 못되는 완전히 出版業者에게 속았던 것을 알았다. 그러나 그때는 나의 著書가 4개 國語로 出版된다는 것만으로도 만족하였고 받은 고료는 집 修理하는데 다 써 버렸다. 이하 이 책의 題目은 각 出版社마다 약간씩 다르나 출판社名을 열거하기로 한다.

英國版 : *Burma Korea Tibet*, Methuen, London 1964.

美國版 : *The Art of Burma Korea Tibet*, Crown Publishers, New York 1964.

獨語版 : *Burma Korea Tibet*, Holle Verlag, Baden-Baden 1963.

佛語版 : *Birmanie Corée Tibet*, Edition Albin Michel, Paris 1963.

伊語版 : *Birmania Corea Tibet*, Casa Editrice Il Saggiatore, Milano 1963.

이 美術書에 필요한 모든 寫眞은 우리 展示가 비엔나에서 있을 때 스위스의 寫眞技師가 출장하여 촬영하였다.

다음의 韓國美術史에 대한 출판은 스위스의 베른市에 있는 Office du Livre라는 데에서 交涉이 왔다. 이번에는 金元龍氏와 共同執筆하기로 하고 英語로 썼는데 역시 4개 國語로 출판되었다. 이번은 사이즈도 크고 韓國美術만으로 한 卷이 되어 선뜻 출판사의 청에 응하고 아직도 유럽 出版社들이 정직하다고 착각하고 있을 때였으므로 印稅는 一時拂로 받고 版權을 넘겨 주었으므로 또 다시 그들의 함정에 빠졌다. 이번은 東京의 美術出版社가 日本版을 내기로 되어 있었으므로 그들이 보낸 日本人 寫眞技師가 서울에 와서 圖版에 필요한 사진을 촬영하여 갔다. 여하튼 結果的으로 이때까지 나온 韓國美術로는 최고의 册으로 출판되어 4개 國語로 번역되어 世界에 퍼졌다. 물론 각국版이 몇 부씩 찍혀졌는지는 알 도리가 없으나 1,000부씩이래도 4,000부가 나간 셈이다.

그런데 때마침 5·16民族賞이 制定되고 過去 1年間에 이룬 업적으로 受賞者를 결정한다고 하여 나는 共著者가 外遊中이므로 그의 동의도 얻지 못한채 學術·藝術部分에 우리의 册을 제출하여 보았다. 1年間의 업적만을 受賞作品으로 선정한다는 규정 때문에 나는 상당히 유리하다고 판단하였던 것이다.

그런데 어느날 이런 일을 아는 某氏가 와서 受賞이 어렵겠다고 한다. 아직도 심사를 하지 않았는데 무슨 말씀이냐고 反問하였더니 朴鍾和씨의 신문 連載小說《자고가는 저 구름아》가 單行本으로 나왔는데 그 出版社에서 여러 신문에 수百萬의 돈을 들여 크게 광고를 내고 있다는 것이다. 무슨 딴 속셈이 있을 것이라는 그의 말이다.

과연 예상대로《자고가는 저 구름아》가 후보로 나왔다. 그런데 學術分科審査委員長인 李崇寧씨는 新聞小說에 民族賞을 줄 수 없다는 이유들을 들어 겨우 우리의 韓國美術을 本賞候補로 分科委員會를 통과시켜 綜合審査에 넘겨졌던 것이다. 원래 常識으로는 그것으로 綜合심사에도 통과될 것인데 불구하고 다분히 政治的인 그곳에서 대격론이 벌어졌다. 우리 文壇의 大元老를 제치고 어떻게 다른 젊은 사람에게 本賞을 줄 것인가라고 文人出身들이 들고 일어났다. 李崇寧씨는 고군분투하였으나 너무나 바람이 세서 敗北하고 말았다. 결과는 本選에 오르지도 못했던《자고가는 저 구름아》에게 第1回 5·16民族賞 學藝部本賞이 수여되게 되었다.

그런데 李崇寧씨의 말에 의하면 그때 기적이 일어났다. 묵묵히 綜合審査委員會의 과열된 공방전을 곁에서 지켜보고 있던 同委員會 委員長인 金鍾泌씨가 本選까지 올라왔던 韓國美術에는 奬勵賞을 주라는 결정을 내렸다. 奬勵賞이란 本賞이 없는 경우에 限하는 것이 原則인데 이곳에 특례를 만들었던 것이다. 後에 受賞式 때 우리는 한 奬勵賞을 共著者 두 사람이 나누어 가지는 것이 아니고 獨立된 奬勵賞을 두 개로 賞金도 합치면 本賞과 같은 액수가 되는 것을 알았다. 우리는 트로피도 한 사람 하나씩 받게 되었던 것이다. 이곳에 이 이야기를 장황하게 쓴 것은 한 토막 후일담으로 재미있을 것으로 생각한 까닭이다.

아래에 역시 우리 册의 題目과 네 나라 出版社의 이름을 列擧하여 두기로 한다.

美國版 : *Treasures of Korean Art, 2000 Years of Ceramics, Sculpture and Jeweled Art*, Harry N. Abrams Inc., New York 1966.

英國版 : *The Arts of Korea*, Thames and Hudson, London 1966.

佛語版 : *Corée, 2000 Ans de Création Artistique*, Office du Livre, Fribourg, Switzerland 1966.

獨語版 : *Korea, 2000 Jahre Kunstschaffen*, Hirmer Verlag, München 1966.

日語版 : 《朝鮮美術》, 陶器 · 彫刻 · 金工, 美術出版社, 東京 1967.

다시 1966年頃에서부터 日本에 있는 最大의 出版社로 이름이 나 있는 講談社와의 한국미술 집필 교섭이 進行되어 1968年 9月 1日 이때까지 볼 수 없었던 豪華版의 韓國의 美術을 出版할 계약이 체결되었다. 지금 그때의 文書를 보면 BA版 내지 BA變形版 原色圖版 60 내지 80, 單色圖版 150 내지 200圖, 本文原稿 150 내지 200枚 圖版解說 한 點에 200字 내지 400字. 出版은 1968年 12月부터 翌年 12月 사이에 出版되는 것을 목표로 한다는 것으로 되었다.

이 책은 1970년 11월에 出版되었는데 定價는 당시 美貨 150弗에 해당하는 5萬4千엔이라는 비싼 册이 되어 나왔는데 처음 册販路에 自信이 없었던지 限定版 500部만 찍었다. 圖版篇 1册과 解說이 1册 모두 靑色 케이스에 들어 있었다. 그런데 실제로 나온 이 册은 3個月間에 매진 그 중에서 적어도 150部 以上이 韓國에 나왔을 것이라는 소문이었다.

이 책은 當時 정년을 몇해 앞둔 관계로 나로는 生涯 마지막 著書라고 생각하여 總說 · 工藝(金載元), 彫刻(金理那), 繪畵(金載元 · 金理那) 그리고 建築(尹武炳)으로 분담 집필하였다.

그런데 이 韓國美術을 독일 프랑크푸르트市의 圖書展示場에서 본 우리 探求堂의 洪錫禹社長은 이 册의 韓國販賣權을 얻어왔다. 즉 그 중에도 우리나라가 아직도 뒤진 圖版은 講談社에서 미리 인쇄하여 서울로 보내오고 나 자신이 韓國말로 本文 해설 등을 다시 써서 1973年 역시 500部 限定版으로 서울에서 出版하였다. 活字型 · 册表紙 · 책 케이스 등 모두 日本版과 같이 만들었고 定價도 美貨 150弗에 해당하는 韓貨인데 그후 換率이 높아가면서 10萬원이 되었는데 1983年 현재는 한 部도 남지 않고 매진되었다.

이와 같이 韓·日 두 나라 말로 우리 《韓國美術》이 나와서 호평받게 된 것에 자극을 받아 講談社인터내셔널이라는 講談社의 子會社에서 英文版을 서두르게 되었다.

그런데 英文版을 쓴다는 데는 많은 어려움이 있었다. 우선 英文 원고는 첫머리부터 외국인 상대이므로 쓰는 태도가 달라지게 마련이었다. 건축용어에 어려움이 있으므로 建築部分은 제외하였으나 다른 部分도 우리의 英文原稿를 직접 出版社에 넘길만한 자신은 없었다.

다행히 호놀룰루美術館長을 역임한 바 있는 그리핑(Robert P. Griffing, jr.)은 나의 多年來의 친구로 나와 나의 딸 理那의 英文을 올바른 英語로 옮기는 일에 助力하겠다고 나서 우리의 英文原稿는 당시 워싱턴에 체류중이던 理那와 호놀루루의 그리핑 그리고 서울 사이를 近 10餘次 來往하는 번거로운 작업을 하였다. 그러나 결과적으로 우리의 *Arts of Korea*의 英語는 최고급으로 외국인의 저서라고 할 수 없는 완벽한 것이 되었다. 이 완벽하다는 것은 英文을 이르는 말이고 內容을 두고 말할 수는 없을 것이며 또 時日이 감에 따라 더 훌륭한 英文版 韓國美術書가 나오는 것이 바람직한 일이다. 우리의 *Arts of Korea*는 클리블랜드美術館(Cleveland Museum of Art)館長 셔만 리(Sherman Lee)의 序文을 싣고 1974年 講談社인터내셔널의 세계판매망에 따라서 달리 3,000部 가량의 部數를 찍었고 처음 定價는 65弗 —그것이 후에 85弗까지로 引上되었다. 이곳에 다시 言及하고자 하는 것은 이런 美術圖書에 중요한 것은 圖版이다. 더욱이 최근에는 原色圖版이 不可缺의 부분이 되어 현재에는 상당한 기술을 가진 우리 기사가 나왔으나 10年 전만 해도 우리 수준이 많이 떨어졌었다.

내 册의 준비에 2年間 한번에 2個月 以上 동원되었던 日本寫眞技師의 이름은 山本正勝·川瀨正·名鏡勝朗의 세 명이었다. 또 마지막으로 쓰고자하는 것은 日本版 韓國美術보다도 4年이나 늦게 出版된 英文 *Arts of Korea*는 내용을 더 보완하여 완전히 딴 册이 되어 버렸고 우리로서는 당분간 아직도 이 册을 능가할 英文版은 나오지 못하리라고 생각한다.

그래서 이곳에 덧붙여 쓰고자 하는 것은 최근 韓國美術5000年展이 美國에서 각 도시를 순회할 때 우리의 册이 자랑스러이 圖書·美術슬라이드·기타 複製品을 파는 賣店에 눈에 띄게 展示되어 있던 사실이다. 이것을 보고온 講談社인터내셔널의 鈴木女史는 좀더 값싸게 册을 만들어 再版을 내겠다고 하여 우리는 약간의 訂正할 것을 지정하여 보내기로 하였으나 그 間 物價가 올라감에 따라 100弗 以下로는 새 册을 만들 수 없다고 하여 이 계획은 실행되지 못하였다. 하여튼 우리는 이번에는 韓國版·日本版·英文版을 통하여 상당한 印稅를 받았다.

그런데 日本에는 國際出版文化交流協會라는 社團法人이 있어 2,3年에 한번씩 外國語로 日本國內에서 出版된 優秀圖書에 賞을 주는데 그 중 제일 잘된 것에 그랑프리를 수여하기로 되었는데 受與者는 日本 外務大臣이다. 그리고 그 會의 總裁는 天皇의 동생 三笠宮이다.

그런데 1976年度의 그랑프리는 우리의 *Arts of Korea*에 주기로 되었다는 것이다. 실은 出版文化賞이라는 것은 出版社를 표창하는 것으로 受賞者는 講談社인터내셔날이 되고 나는 다만 共著者 理那와 同受賞式에 참석하도록 초대되었고 또 그 著者中의 한 사람이 기념강연을 하라는 것이다.

그래서 나는 理那와 같이 東京에 가서 1976年 6月 11日 午後 3時 明治大學에서 멀지 않은 主婦之友會館에서 三笠宮 以下 各學者들이 참석한 수여식이 끝난 다음 한 時間半 〈美術史上으로 본 韓國開國傳說이야기〉라는 題目의 강연을 하였다. 이 강설은 僑胞紙 新世界新聞의 同年 3月 21日과 22日에 게재되었고 日本사람들이 내는《親和》라는 잡지에 全文이 게재되었다.

이 受與式에는 많은 學者가 참석하여 나는 그들의 質疑에 응할 예정이었는데 協會의 幹部가 와서 三笠宮이 아래 茶房에서 나와 이야기하고자 하니 오라는 전언이 있어 급히 그리고 가서 平服을 입은 30여명의 눈에 잘 띄지 않는 호위에 둘러 싸여 약 30分 談話하였다. 三笠宮은 내가 말한 바와 같은 이야기는 처음 듣는 일이라고 대단한 관심을 표하였다.

法律에 의한 61歲 停年에 이르렀을 때 나는 꼭 25년간을 博物館長으로 재직하였던 것이다. 36歲의 젊은 나이로 美軍政長官의 任命을 받은 후 꼭 4分의 1世紀, 나는 이것으로 나의 임무를 다한 느낌이었다. 그때의 文公部長官 洪鍾哲씨는 내가 원한다면 나에게는 停年을 해당시키지 않도록 특별한 조치를 취할 수 있다고 하였다.

妻와 의논한 결과 이 경우는 고맙다는 뜻을 표하고 사퇴하는 것이 좋으리라는 결론에 이르렀다. 실지로 내가 停年으로 물러날 때에는 申範植씨가 長官이었다. 그는 나를 위하여 특별히 退任式을 마련하여 部職員全體를 모아 간곡한 送別辭를 하여 주었고 또 文公部 직원 전체의 이름으로 乘用車 한 대를 선물로 주었다. 내가 기껏해야 一級公務員으로 25年 勤務하였는데 이러한 선물을 받게 된 데에는 나로서도 놀라지 않을 수 없었다. 이 退任式에는 學界의 많은 분들 李丙燾씨·李熙昇씨 등 또는 言論界의 洪鍾仁씨 등이 참석하여 주어서 자리를 빛나게 하였다.

나는 나의 退任辭에서 "내가 다시 人間으로 태어난다 하면 다시 博物館長을 할 것이며 그러나 그때는 좀더 번영한 故國이 되기를 바란다."고 이런 뜻으로 말을 하였다. 사실 내가 博物館에 올 때에 8·15 직후의 우리나라는 世界에서 가장 不安定한 나라이었다. 그후 6·25, 4·19, 5·16을 겪는 사이 우리나라의 격변하는 정세에서 外形으로는 무사 평온한 博物館長 자리같지만 平安하지는 않았다. 그러할 뿐 아니라 나의 경제적인 生活은 醫師인 妻의 도움으로도 그달 그달 꾸려나가기가 어려웠다.

無事히 6·25의 動亂도 지나갔고 美國과 유럽에서의 展示會도 치루었고 약간의 학적인 업적도 남겼고 많은 후진들에게 도움도 줄 수 있었다. 자라나는 考古學 分野에서 많은 젊은 學徒들이 배출되었거니와 1970年頃에는 國立博物館의 考古學스탶이 잘 짜여 있어 무엇이든지 할 수 있게 되었다. 以上은 다분히 自畫自讚이나 博物館을 떠날 때의 심정이 그랬었다는 것을 써보았을 따름이다.

退任後 나는 1970年 여름 美國 펜실바니아州 알렌타운市에 있는 뮬렌버그大學(Muhlenberg College)이라는 文理科系統의 學生數 1,500名의 조그마한 大學에 초빙되어 갔다. 마침 그 大學에서는 그 지방의 재단

(Trexler Foundation)에서 著名한 內外學者를 초빙하라는 자금이 들어와 그 부름에 응한 것이다. 그때로는 많은 年俸인 2萬5千弗의 돈을 받았다. 담당 時間은 每週 4시간으로 아무 부담이 되지 않았다. 마침 學長의 舍宅이 비어 있어 그 곳에 자리잡고 우리 夫妻와 막내딸은 1年 동안 잘 지낼 수 있었다. 그 市는 人口 15萬名으로 뉴욕에서 2時間, 필라델피아市에서 한 時間半의 거리에 있어 고요한 시골 분위기를 마음껏 즐길 수 있었다. 그 조그만 大學과 大學村의 生活은 우리에게 진짜 美國生活이 어떠한 것인지를 가르쳐 주었다.

Ⅶ

이제 주어진 지면도 거의 마지막에 이르렀으므로 다음에 내가 우리의 學術院을 國際學術院聯合(Union Academic Internationale UAI)에 加入시키고자 파견되었을 때의 일을 적어보고자 한다.

國際學術院聯合(以下 UAI로 부르기로 한다)은 벨기에에서 제1차대전 후에 그 나라 學術院의 주도하에 조직되게 되었는데, 실제로 정관이 채택되고 첫번의 會長이 선출되고 事業을 시작하기는 1920年이었다. 그때의 UAI의 創立國은 벨기에·프랑스·덴마크·英國·그리스·和蘭·伊太利·波蘭·美國·노르웨이·루마니아·日本·러시아·스페인이었다. 그후 2次大戰 때문에 7年間 그 活動이 중단되었다가 1947年부터 다시 活動이 시작되었는데 지금(1982)은 會員國이 34국에 이르고 있다. 여기에 이 UAI의 상세한 활동상황을 쓸 수는 없으나, 남아 있는 기록에 의하면 韓國學術院은 1970年 以前에 벌써 구비된 書類를 보내지도 않고 간단히 편지로 加入을 신청한 적이 있었다. 그러나 그것은 실패하고 1976年에 두번째로 公式申請書를 내었다고는 하나 이번에도 사전 조사도 없이 불쑥 옵서버로 간 나는 겨우 加入拒否만을 당하지 않고 모든 결정을 다음 총회까지 미루게 하는 데 성공하였다.

다음 1977年 總會는 아테네市의 그리스學術院에서 열렸는데 나는 이때 韓國에 대한 분위기가 상당히 非友好的인 것을 느꼈다. 더욱이 스위스의 X라는 學者는 노골적으로 韓國加入을 반대하고 나서서, 옵서버로 간 나에게 거의 모욕적인 언사를 쓰기도 하였다. 이러한 狀況에서 나는 모든 代表들이 주시하는 가운데 默默히 그들의 눈치만 보고 있었다. 그러나 X氏의 설득에 제일 동조하는 듯이 보이는 것은 伊太利 사람들 뿐이었다.

물론 나는 나대로 票獲得에 努力을 하였는데 우리에게 제일 同情的인 것은 日本·英國·獨逸·오스트리아·벨기에·美國 같은 나라이고 더욱이 獨逸의 베르너博士는 오히려 너무 우리편을 들어서 걱정이 되기도 하였다.

新會員國 加入決議는 마지막 總會 때에 投票로 決定하는데 물론 이에는 토론도 없고 加入申請國의 조직 업적을 書類로 조사한 후 4分의 3의 다수결로 決定하는 것이었다. 그런데 이 4分의 3이라는 조건이 여간 어려운 일이 아니었다. 더구나 東獨·폴랜드·루마니아·헝가리 등의 共產國家들이 도사리고 있는 그곳에서 4分의 3의 多數票를 얻는다는 것은 거의 不可能한 것처럼 느껴졌다.

나는 友好國家인 印度代表를 우리 편으로 만들고자 그 대표 켈커(Kelker)씨를 잘 사귀었는데 그 사람은 총회에 참석하겠다는 서명을 하고도 실제 투표 때에는 결석, 결과적으로 否票(두票)의 역할을 하여 票對決에서 크게 不利한 결과를 가져왔다. 各 會員國은 두 표를 가지고 있는데 參席員이 한 사람일 때에는 두 표를 行使하기로 되어 있었다.

그러나 투표의 결과는 다행히 33對 11로 꼭 우리가 全體 표의 4分의 3을 얻어서 會員國으로 승인되었다. 이 때 나의 긴장한 心情은 이곳에서 다시 표현할 수도 없다. 후에 표수를 분석한 결과 共產國이 반드시 결속하여 反對票를 던진 것 같지는 않았다. 또 한 會員國의 표가 두 표라고 하면 反對票가 짝수가 되어야겠는데 홀수이었다는 것은 흥미있는 사실이었다. 위에 말한 바 같이 투표 직전까지 스위스의 X씨가 돌아다니면서 韓國에 否票를 던지도록 반대운동을 하는 듯 하였는데 그 者의 뜻이 통과되지 않았다. 위의 홀수는 결과적으로 어느 한 나라의 票가 하나는 贊 하나는 反對로 갈렸다고 推理되는데 그것이 伊太利라고 짐작하였다. 伊太利의 카지아노(Cagiano de Azevedo)라는 사람은 후에 회장에 被選되었다가 任期滿了 전에 死去한 사람으로 非友好的이었는데 投票日에는 어느 정도의 好意를 보여주었다.

이미 수차 말한 X라는 스위스대표가 왜 끈질기게 우리를 못살게 굴었는지 지금도 수수께끼이다. 그의 最大의 꿈이 UAI會長이 되는 일인데 그럴 때마다 나는 反對票를 던졌고 그 사람은 한번도 성공한 일이 없었다.

UAI는 이런 國際學術機構로는 제일 큰 것으로 各 會員國은 UAI총회에서 인정하는 硏究題目을 가지고 본국에서의 硏究結果를 보고하고 그에 대한 의견을 듣고 경우에 따라서는 補助金을 받을 수도 있다. 그러나 그 연구는 世界學界의 공통된 관심을 끄는 그런 硏究이어야 됨은 물론이다. 그런 연구테마 중에는 UAI의 창설시인 1920年부터 지금까지 繼續事業으로 진행되는 것도 있는데 그런 것은 대개 벨기에나 네덜란드아카데미에서 나온 것이 많다.

그런데 이곳에 모인 유럽의 아카데미나 또는 그를 대표하는 學者들은 古典硏究가 대부분이고 그리스語와 라틴語에 통달한 사람들이다. 이곳에 文化圈이 다른 우리나라, 日本 또는 印度가 한목 낀다는 것은 여간 어려운 일이 아니다. 日本學士院은 아직도 발표되지 않은 世界各處에 흩어져 있는 日本에 관한 문헌을 蒐集整理, 경우에 따라서는 英語로 번역 出版하는 사업을 하는데 그 중에는 현대에 사용하지 않는 말로 된 記錄도 있어 많은 財力과 人力을 갖춘 日本學士院도 40餘年來 이 硏究에만 힘을 기울이고 있다.

濠洲 같은 나라도 加入되기는 1961年인데 近 25年 동안 그야말로 남의 하는 일을 구경만 하다가 2.3년전에 비로소 太平洋地區의 言語分布地圖를 만드는 것을 日本學士院의 후원을 받아 진행시키고 있다. 또 印度는 라마야나라는 유명한 印度의 敍事詩의 연구를 맡았는데 진척이 되지 않아 每年 총회에 나와서 쩔쩔매고 있는 형편이었다.

독일은 본래 한 會員國이었다가 지금은 東西가 각기 독립된 會員國으로 있으나 별다른 활약은 하지 못하고 있다. 그러나 그것은 獨逸學界의 후진성을 의미하는 것은 물론 아닌 듯 싶다.

韓國學術院도 加入 以前부터 응분의 學術로의 기여를 하여야 된다고 생각하였다. 그래서 혹은 알타이語硏究 같은 것을 테마로 하면 世界各國의 學者들의 관심을 끌고 협력을 얻을까도 생각하여 보았다. 그 때문에 4,5年前 國際심포지움을 主催할 때에 알타이어 학자를 日本·美國 같은 데에서 초청하여 보았으나, 결론적으로는 우리나라에 몇 명의 알타이語學者가 있다고 하더라도 그것으로 그러한 연구를 주도한다는 것은 거의 불가능한 일같이 생각이 들게 되었다. UAI의 한 會員國이 된 지금 우리 學術院이 짊어진 임무는 크고 어려운데 이것은 당분간 많은 연구를 거듭하여야 될 것 같다.

아래에 몇가지 UAI에서 추진하는 硏究題目을 참고로 들어보기로 한다.

(1) 中世라틴語字典 (2) 鍊金術에 대한 文獻 (3) 비잔틴音樂作品 (4) 羅馬諸國法典 (5) 수메르와 앗시리아語字典 (6) 이란銘文코루푸스 (7) 이슬람硏究 (8) 아프리카歷史資料 (9) 中央아시아硏究 등.

이런 제목을 보더라도 그것은 유럽 學界에서 오랫동안 관심을 가져오는 문제인데 다른 文化圈에 속하는 우리나 日本·中國學者들에게는 어려운 상대가 아닐 수 없다. 要는 우리의 學的 水準이 향상되고 東洋歷史와 文化에 대한 外國人들의 관심도를 높이는 일이 가장 중요한 급선무라고 생각한다.

생각컨대 우리나라의 學術院은 우리나라의 第一世라고 할 수 있는 學者들을 中樞로 하여 성립된지 불과 30年, 그 새 우리나라의 學界도 많이 자라났으나 학문상으로 훨씬 앞서가는 다른 나라의 學的 水準을 따라 갈려면 많은 노력이 더 있어야 할 것은 우리 모두 느끼는 바와 같다.

(大韓民國學術院,《나의 걸어온길—學術院 元老會員 回顧錄》, 1983. 수록)

덕수궁 石造殿 앞에서 큰딸, 아들과 함께(1969)

그리스 미케네유적으로 가는 도중 막내딸과 함께(1975년 여름)

그리스의 고대 야외극장에서(1975)

日本 高松塚의 日本·北韓과의 合同회의를 마치고,北韓代表 金錫亨과 악수,
그 옆이 韓德洙(朝總聯대표)(1972. 10. 奈良에서)

뮌헨 닥하우수용소 뜰에서 부다페스트의 國際學術院會議에 참석하고,왼쪽으로부터 全海宗, 高柄翊, 필자(1981)

三木文雄夫妻와 함께, 이집트 피라미드 앞에서(1983. 3.)

汝矣島
앙카라 公園에서 (1978)

여의도 아파트 서재에서(1979. 10.)

여의도 아파트에서 (1982)

가족사진(1987. 5.)
앞줄 왼쪽으로부터 아들 翰集, 손녀 美謙, 필자부부, 막내딸 英那, 그뒤로 오른쪽으로부터 둘째딸 信那, 外孫女 李晌, 孫子 炫昌, 外孫子 暢, 큰딸 理那, 며느리 李禎洵, 뒷줄 왼쪽으로부터 큰사위 李亮, 外孫子 昇, 權, 外孫女 秀珍

81회 생신을 맞이하며(1990. 3. 13.)

부 록

2

藜堂先生의 人品과 追慕의 글

1. 生前의 藜堂先生

金載元博士와의 友情

有 光 教 一
前 京都大 考古學教授

1950년 내가 미국 로스앤젤리스의 캘리포니아주립대학(UCLA)의 강사로 초빙되어 가을학기에 맞추기 위해 神戸港에서 미국 프레지던트회사의 여객선 클리브랜드호에 탄 것은 9월 4일이었다. 이때 나는 강의용 참고서 몇 권만을 가지고 떠날 수밖에 없었다.

그런데 2년 후인 1952년 8월 로스앤젤리스에서 大阪商船會社의 화물선 안데스丸를 타고 귀국할 때는 그 배에 실은 나의 藏書의 수가 200여 권으로 불어났다. 그 중에는 미국에 있는 동안에 구입한 歐美出版의 考古學·人類學 관계 책들도 있었지만, 무엇보다도 金載元博士가 韓國駐在美國公館을 거쳐서 미국에 있는 나에게 보내준 다음과 같은 출판물들이 포함되어 있었다.

조선총독부 발행의 《朝鮮古蹟圖譜》(全 15책 중 13책), 年度別 《古蹟調査報告》(17책), 《古蹟調査特別報告》(12책), 《朝鮮寶物古蹟圖錄》(2책), 이외에 朝鮮古蹟研究會 발행의 年度別 《古蹟調査報告》(8책) 등이다. 도보·도록·특별보고 등의 도판은 아는 바와 같이 大形이고, 고적연구회의 《樂浪彩篋塚》과 《樂浪王光墓》도 重厚한 책이다. 이러한 浩澣한 출판물이 단단한 나무상자 두 개에 가득 들어 있었다.

상자를 열어 보고서와 도록들을 꺼내보니 이것들은 내가 가지고 있던 장서라는 것을 깨달았다. 몇 책의 표지에 묻은 汚點, 行間에 써넣은 글씨, 내가 쓴 글자가 그대로 있는 것을 보고 갑자기 그 옛날의 그리움이 가슴에 솟아 올라왔다. 동시에 金박사의 따뜻한 우정을 느끼면서 가슴이 미어진다. 여기에는 다음과 같은 사연이 있다.

일본이 패전한 뒤 朝鮮에서 떠나는 일본인은 몸 하나만으로 귀국해야 하였다. 그래서 나는 내 장서 전부를 金박사가 사주도록 하였다. 그 속에는 위에 언급한 52권의 책들도 포함되어 있었다. 조선총독부와 조선고적연구회가 발행한 책들은 조선고고학을 연구하는 사람들에게는 필수의 참고문헌인데, 발행부수가 적은 관계로 入手하기가 쉽지 않은 것들이었다. 戰後 일본으로 돌아온 나는 이러한 책들을 다시 내 옆에 갖추어 놓을 수 있으리라고는 생각도 하지 못하였다.

金박사는 내 學究의 앞날을 생각해서 내 책의 일부를 보내주려고 하여도, 당시 한국에서는 美占領下의 일본인에게 물자를 보내는 것이 허가되지 않았던 때였다. 마침 내가 UCLA에서 강의하게 되어 이를 실현할 수 있었다. 그렇더라도 당시 한국이 한창 동난의 와중인 때에 이와 같이 큰 짐을 만들어 주한미국공관에 그 발송을 의뢰하는 것도 여간 번거로운 일이 아니었을 것이다. 金박사의 너그러운 우정에 감복한다.

이들 출판물은 徒手空拳으로 UCLA에 출강하고 있던 내게 새로운 기운을 넣어 주었다. 특히 도록에서 만든 슬라이드는 학생들이 흥미를 끌 수 있었다. 그후 귀국하여 나는 京都大學文學部의 考古學講座에서 매학년 朝鮮考古學에 관한 강의를 담당하였으므로, 이 한질의 보고서들을 左右에 비치하고 그 중에서 뽑아서 강의안을 만들었다. 이 책들은 내 연구에 필요불가결한 문헌으로 정년퇴직 후 오늘날까지도 유용하게 활용하고 있다. 金박사의 學恩이 매우 크다고 하지 않을 수 없다.

金박사와의 友情어린 추억 중의 또 하나는 나의 回甲의 일이다.

1967년 나는 10월 29일부터 12월 3일까지의 5주간 서울·慶州·梁山·大邱·坡州·公州·扶餘를 돌아다녔다. 우선, 서울에서 金載元박사 댁에 머물었고, 서울大學校 文理科大學 考古學硏究室과 國立博物館에 다니면서 새로 나온 고고학 자료를 조사하였다. 다음 11월 4일부터는 경주에 가서 불국사·석굴암 등을 둘러보고, 국립박물관 경주분관의 진열품을 조사하는 한편, 당시 국립박물관에서 발굴조사중이던 梁山貝塚을 견학하고, 경북대학교 박물관도 방문하여 대학박물관의 충실한 모습에 감복하는 등 몹시 바쁘게 돌아다녔다.

11월 9일, 경주 南山을 오래간만에 답사하고 여관에 돌아오니, 국립박물관에서 10일 오후 일찍 서울에 도착하도록 하라는 연락이 있었다. 이튿날 아침 경주에서 열차를 타고, 대구에서 특급열차에 바꿔 타고보니 그 기차에 양산패총을 발굴하던 국립박물관의 여러분들이 타고 있었다. 며칠 전 현장에서 만나 서로 알고 있는 터였다.

내가 의아해 하니까, “선생님 때문에 우리도 발굴을 중단하고 서울로 올라가는 중입니다”하여 내가 아직도 어리둥절한 표정을 하니까, “오늘이 선생님 生辰이 아닙니까?” 하면서 모두들 웃는다. 나는 그제서야 불려올라가는 이유를 알았다.

이날이 내 생일, 그것도 회갑인 것을 잊어버린 것은 아니다. 그러나 異國 땅 서울에서 생일축하를 받으리라고는 꿈에도 생각하지 못하였다. 당시 일본에서는 大學紛爭(1968~1969)의 前夜쯤 되어서 학원에는 무시무시한 분위기가 맴돌고 있던 때라 교수의 회갑축하 같은 것은 생각조차 할 수 없었다. 그렇지 않아도 나는 회갑을 축하받을 만큼의 學德이 없다고 믿고 있었다.

따라서 이날 저녁 회장인 國際호텔에 들어서서 호화스러운 회갑축하연이 나를 위해 준비되어 있는 것을 보고 다만 경탄할 뿐이었다. 게다가 李丙燾·李熙昇·李崇寧·柳洪烈·李基白 같은 長老의 대 선생들이 자리를 같이하여 황송할 뿐이었다. 서울에서 한국의 대표적 碩學으로 손꼽히는 여러 선생님과, 국립박물관과 여러 대학에서 참석한 新進氣銳의 연구자들에게 둘러싸여 회갑축하연을 받도록 베풀어 주신 데 대하여 나로서는 분에 넘치는 光榮이었다.

金박사부처와 함께 촛불을 끄고, 호화스러운 생일케잌에 칼을 넣고, 축하꽃다발을 받고 하는 행사가 떠들썩한 담소속에서 진행되었다. 나의 생애를 통하여 이때같이 화려한 추억은 없다.

이 모임이 金박사의 재량에서 나온 것은 물론이다. 내 생일이 金박사부처의 次女인 信那양과 같은 날이다. 이것이 우리들의 화제가 된 것은, 1945년 우리가 처음 만나고 얼마 안된 때부터이다. 그때 이후 생일축하카드를 서로 교환하기도 하여, 金박사부처가 내 생일을 기억하고 있었을 것이다. 그러나 회갑연에 대해서는 한마디도 없이 나를 경주에서 불러올라오게 한 것은, 내 성격을 잘 아는 金박사가 아니고서는 그런 마음을 쓸 수 없으리라고 곰곰히 생각한다. 정말 고마운 우정이다.

1990년 가을 京都에서

幕後鬪士 金載元박사

李 崇 寧
漢陽大 名譽敎授

나와 金載元박사와는 해방 뒤에 震檀學會의 운영에서 다시 6·25사변 뒤에 하바드燕京學社의 서울 카운슬, 즉 東亞文化硏究委員會의 운영에서 같은 理事로 점점 깊은 情誼의 친구가 되었고, 이제는 다같이 늙어가는 터에 농지거리를 할 수 있는 사이가 된 것이다.

친구란 同門의 친구도 그리운 존재들이지만 사회에 나가서 같은 직장에서 같은 사업에서 맺어지는 친구의 정이란 同門의 정에 못지 않은 것임은 새삼 풀이할 것도 없으려니 한다. 「金博」으로 통하는 그는 일찍이 獨逸에서 공부한 터라서 외국어도 능하고 國際무대에서 鬪士로 안성마춤의 인물이다. 나도 같이 외국에 나가보니 學會人으로 드물게 보는 유능한 인물로 이번 겨울에 또 같이 출국하게 된 것도 그의 유능한 기획과 수완의 소치라고 하겠다.

내가 金博을 존경하는 이유의 하나는 그가 博物館長 25년에 책임감이 강한 데 매혹된 까닭에서다. 6·25사변의 제 2 차 후퇴에서 自由黨정부는 박물관의 소장품은 완전히 잊어버리고 「나 살려라」 하는 식으로 그대로 남으로 도망칠 때 金博은 정부의 무슨 대책이 있나 하고 기다리던 끝에 개인적으로 친한 美軍高位將星과 교섭하여 美軍차량으로 그 귀중한 소장품을 고스란히 釜山으로 옮긴 것이다.

그러나 누가 그 공을 높이 평가했던가. 그러자 還都 뒤에 博物館長 자리가 탐이 났었던지 博物館 소장품에 損傷을입혔으리라고 요로에 중상모략을 해서 드디어 국회의원 張澤相씨외 두명의 조사단을 보내게 된 것이다. 조사해 본 결과 "賞을 줄지언정 탓할 곳이 없다"라고. 나는 여기서 金博을 다시없이 존경하는 바이다.

그는 震檀學會나 그 밖에 學術會議의 운영과 기획에선 놀라운 수완을 보여 李丙燾·李相佰씨와 나를 무조건 호응케 만들고 만 것이다. 李相佰씨가 作故한 뒤에도 그는 감투를 바라지 않고 幕後에서 노력해 왔다. 會長에 李丙燾선생을 내세우고 내가 常任理事를, 그는 막후에서 운영을 꾸민 공은 참으로 컸었다. 수년 전 일이다.

"이봐! 이제 震檀學會도 世代交替를 단행할 때가 됐지. 어때 心岳은…"

나는 金博의 의견에 찬성하고 즉석에서 호응했다. 그래서 오늘의 震檀學會는 會長만 李丙燾씨고 우리는 고스란히 議員으로 물러서서 돕기만 한다. 지금 후배들이 더욱 열을 올리고 나간다. 이것도 金博의 탁월한 기획에서 이루어진 것이다.

우리는 西海로 南海로 學術調査로 나갈 때 金博과 나는 漁村의 한 방에서 자게 된다. 大黑山島의 어느날 밤 金博은 날 깨운다. 귀엣말로 "큰일났어. 波市의 여자가 T社長房으로 들어가 T社長이 내쫓느라고 야단이야 우리 도망갈 준비를 하세. 이리로 침입하면 큰일이야"

드디어 옆방에서 T社長이 몰아내어 여자의 욕지거리가 난 일이 回想된다.

우리는 지금도 만나면

"동생 잘 있어"

"야! 족보도 모르나"

그것은 金博이 나보다 한 살 아래라서 서로 이같은 농지거리가 일쑤다. 같은 學術院會員이고 같은 編輯委員으로 자주 만나게 되니, 부디 피차 늙어가는 고비에 그저 건강하기 바라는 마음 간절하다.

(《京鄕新聞》 1979. 9. 11.)

2. 弔辭와 신문기사

永訣式 弔辭 1

삼가 故藜堂金載元先生의 靈前에 告합니다. 바로 十日前인 지난 4月 2日에 震檀學會의 일로 하여 여러 同僚들이 東崇洞의 한 음식점에서 저녁을 함께 했을 적에도 先生은 이전과 다름없는 姿勢로 談笑를 나누었으니, 그 누가 수일 후에 이렇게 幽明을 달리하면서 告別의 자리에 있으리라고 생각이나 했겠습니까.

평소에 先生께서는 節制있는 生活에다가 건강에도 많은 주의를 베풀고 계셨기에 주위의 후배들은 先生이 항상 健壯한 모습과 豪快한 웃음으로 浩氣찬 座談을 이끌어 가시는 분으로만 생각하여 왔던 것인데, 어찌 이다지도 갑작스럽게 世上을 떠나셨습니까.

선생님께서는 평소에 전문이신 考古學·美術史學 分野는 말할 것도 없고 전반적인 學術 文化界에 대해서도 남다른 관심과 지식을 가졌었습니다. 近來의 動向이나 主要人物에 대한 관심도 크셨고 문제되는 書籍이나 影像物까지 일부러 海外로 주문까지 해서 구득하는 왕성한 知的意慾을 끝까지 지니셨던 분이었습니다. 여행을 즐겨하시고 世界의 중요한 文化遺跡地로서 김박사의 발길이 닿지 않는 곳이 없다할 지경이며, 오직 北京여행만을 남겨놓고 있었다는 것이 遺族들의 안타까움이었습니다. 재작년 여름 80세의 高齡으로서 유럽 각지를 여행하시면서 이태리와 독일에서는 考古學專門家들을 대상으로 한 학술강연까지 하셨다는 것도 先生의 확삭하신 활동모습을 보여주는 것입니다.

先生은 학계의 後進들의 硏究活動을 推輓하는 데서 남다른 勞苦를 아끼지 않았습니다. 考古歷史學의 분야에서 촉망되는 後進들을 위해서 연구사업을 마련하시고 海外留學의 길을 여는 등 적극적인 후원을 하시어, 이 나라 初期 學界水準을 높이는 데 이바지하시었으며, 이는 先生께서 일찍이 歐美學界의 主要人物들과 交分을 가지셨고 學界의 動向을 熟知하셨기 때문이었습니다.

美國의 하바드·옌징學社가 東아시아 三國에 委員會를 설치했을 때, 서울委員會를 맡으셔서 卓越한 운영으로 學術의 交流振興에 많은 成果를 낳게 했습니다. 그리고 주로 유럽會員國의 獨壇場이라 할 수 있는 國際學術院聯盟에 大韓民國의 學術院이 加盟할 수 있게 한 것은 거의 全的으로 金박사의 끈질긴 努力과 뛰어난 說得의 결과라는 것은 잘 알려진 사실입니다. 특히 先生께서는 이 나라 學會의 嚆矢이며 어려운 환경 속에서 近代的 歷史學을 수립하는 데에 공헌하였던 震檀學會를 소생시켜 學問的 活動을 재개케 하는 데에 決定的 구실을 하셨습니다. 創設者인 斗溪李丙燾先生이 後線에서 격려하시는 가운데서 蓊堂先生은 오늘날까지 이를 이끌어 重厚한 활동을 지속하여 한글학회와 더불어 解放의 전후시기를 이어나가면서 活動하는 獨特한 學會가 되었습니다. 이제 斗溪先生이 돌아가신 이후로는 先生께서 더욱 專念해서 이를 돌보시지 않을 수 없게 되어 있었습니다.

先生께서는 이제 天壽를 마치셨습니다. 學問上으로나 社會的으로나 하실 일을 다 하셨고, 子女들을 모두 훌륭히 長成시켜 學界·官界 등에서 秀越한 活動을 展開하고 있는 모습을 가까이서 지켜보면서 先生 自身도 身體上의 疾苦를 느끼실 일 없이 一時에 道山으로 歸하시니, 이 또한 先生다운 圓熟한 一平生의 終焉이라 하지 않을 수 없습니다.

嗚呼라 先生이시어, 고이 잠드시고 길이 冥福을 누리시기를 두 손 모아 비는 바입니다.

1990年 4月 14日

後學 翰林大 敎授 高柄翊

永訣式 弔辭 2

藜堂金載元先生님! 선생님의 訃音을 접하는 순간 머리가 마비되고 가슴이 막히는 듯한 느낌이었습니다. 한편으로는 믿을 수 없는 일이라고 부인하고 싶었습니다. 최근까지도 강녕하시다는 말씀을 듣고 다행스럽게 생각하고 있던 터였기에 더욱 놀라왔습니다. 바쁜 일과에 쫓겨 지내느라 자주 찾아뵙지 못한 것이 못내 후회스러울 뿐입니다.

선생님께서 別世하심에 오랫동안 선생님을 모시고 지내오면서 배우고 경험하고 느낀 많은 일들이 주마등처럼 눈 앞을 스치며 가슴이 저며듬을 느낍니다.

돌이켜 보면 선생님께서는 公人으로서나 學者로서나 모범적인 삶을 사셨습니다. 선생님의 삶은 저희 후배들에게 많은 것을 생각케 하고, 방향을 제시해 줍니다. 1945년 해방이 되자 선생님께서는 國立博物館長에 취임하시어 어렵고 어지럽던 시대 상황에도 불구하시고 우리의 民族文化財를 지키고 연구하고 현창하는 데 진력하셨습니다. 오직 이 길만을 꿋꿋하고 당당하고 자랑스럽게 걸으셨습니다. 선생님께서는 國立博物館의 기초를 다지셨고, 우리의 文化財를 지켜주시고 國內外에 빛내주셨으며, 우리 나라의 考古學과 美術史學의 토대를 구축하셨습니다. 많은 후배와 후학들에게 기회를 주시고 길러주셨습니다. 선생님께서 이룩하신 다양하고 뚜렷한 업적은 일일이 설명을 요하지 않습니다. 선생님께서 公人으로서 겪으시거나 취하신 여러가지 일들을 둘러싼 수많은 일화들은 마음 약하고 타협적인 저희들에게는 이미 전설처럼 느껴지기조차 합니다.

선생님과 선생님께서 하신 일들을 보면서 한 분의 성실하고 유능한

人物이 얼마나 크고 중요한 일을, 국가와 민족과 인류를 위해 해낼 수 있는가를 직접 피부로 깨닫게 됩니다. 만약 선생님께서 아니 계셨다면, 선생님께서 혹시 다른 分野를 하셨다면, 과연 현재 우리나라의 博物館과 文化財, 考古學과 美術史學이 어떤 상황에 놓여있을까 상상해 볼 때 더욱 시야가 어두워짐을 느낍니다. 선생님께서 남기신 크고 깊고 뚜렷한 발자국들을 저희들도 밟으며 따를 것입니다.

선생님께 더 없이 송구스러운 것은 그동안 추진해 온 八旬紀念論文集을 선생님께서 棄世하시기 전에 上梓하여 봉정해 드리지 못한 점입니다. 國立博物館과 인연을 맺은 선생님의 後學들이 뜻을 모아 헌정할 예정이었는데 이제는 追慕論文集이 되고 말았습니다. 저희들의 둔함을 용서하소서!

진달래와 개나리와 목련이 한창 화려한 계절입니다. 선생님! 평안히 잠드소서!

1990年 4月 14日

國立中央博物館館長 韓炳三

他界한 金載元박사 삶과 업적

金 元 龍
翰林大 客員教授

해방직후 美軍政廳에서 현재의 국립중앙박물관 동쪽과 뒤쪽 공터에 幕舍를 세웠을 때 국립박물관장 金載元박사는 신문기자들을 불러 遺跡의 파괴라고 항의하였고, 그래서 美軍막사들은 철거되었으나 金載元博士는 軍政長官으로부터 譴責狀을 받았다. 하지중장의 서명이 든 그 견책장은 그 당시는 꺼내서 자랑할 수 없는 물건이었지만 이제와서는 조그만 역사적 문서가 되었고 金박사의 문화재에 대한 확고한 信念을 밝혀주는 증거물이기도 하다.

또 서슬이 퍼렇던 당시의 景武臺 비서실에서 국립박물관의 소장품을 官邸장식품으로 빌려달라고 하였을 때, 국립박물관의 소장품은 국립박물관 본래의 사업 이외에는 쓸 수 없다고 거절한 것도 金박사였다.

그러한 박물관장으로서의 소신과 신념 그리고 오랜 외국생활을 통한 국제적 見識과 語學力의 구사를 통해 외국인들 앞에서도 당당하였으며, 그래서 서울의 외국인들 사이에는 '金載元은 가장 거만한 韓國人'이라는 評이 돌기도 하였다.

金박사의 학문적 업적으로는 山東省 武梁祠의 後漢代 石刻에 나타나는 고대 중국의 創世說話 장면이 바로 檀君神話라고 하여, 우리 古代史學界에 큰 충격을 준《檀君神話의 新研究》(1947년)와 英·獨·伊·日語로 된《韓國美術史》(1964, 66, 73년), 그리고 한국고고학과 미술사에 관한 國英文 및 日文으로 된 논문들을 우선 들 수 있다.

金박사의 보다 큰 업적은 의의있고 성과 큰 발굴사업과 연구사업들을 提案 着手 指導함으로써 國立博物館의 연구기관적 전통을 확립하는 한편, 한국고고학의 프로모터 구실을 한 데 있다고 하겠다. 1946년에 실시한 壺杅塚의 발굴은 廣開土王銘銅盒의 출토로 나라 안을 떠들썩하게 하였지만 이후 고분발굴의 하나의 典據가 되었고, 1961년에는 感恩寺址를 발굴하여 寺址발굴의 첫 발이 되었다.

62년에서 66년까지는 각지의 支石墓群을 발굴《韓國支石墓硏究》(1968년)를 통해 日人학자들의 舊說을 一新하였다. 끝으로 金박사가 큰 노력 끝에 실현시킨 두 차례의 문화재 해외전시(1957, 1962년)도 우리 古代文化의 국제적 인식을 크게 증진시켜 결과적으로 한국고고학과 미술사의 설 땅을 닦아 놓은 셈이 되었다. 金박사의 이름은 한국고고학과 永存할 것이다.

(《東亞日報》 1990. 4. 13. 게재 ; 《空間》 274호, 1990. 6. 재수록)

考古學의 태두 金載元선생을 追悼하며

金 正 基
翰林大 敎授

藜堂 金載元선생님, 先生님은 왜 이렇게도 황급히 이 세상을 등지셨습니까. 八旬을 넘기셨으니 남들은 長壽하셨다 할 지 모르나 저희 後學들에겐 결코 그렇게 생각되지 않습니다. 지난 설날 뵈었을 때만 해도 선생님은 정정하셔서 앞으로도 오랜 시간 저희 후학들의 활동을 지켜보시며 無言의 지도와 편달을 계속해 주실 것으로 믿었습니다.

선생님은 解放된 우리나라에서 日帝가 남긴 박물관을 인수하시고, 그 체제를 새롭게 확립하셨으며 두 차례에 걸쳐 北傀에 짓밟힌 서울에서 소중한 文化遺産을 보호하기 위해 그 혼란의 와중에서 기적적이라고 할 수밖에 없는 분투와 헌신적 努力으로 그것들을 守護하셨습니다. 오늘날 우리에게 전해오는 그 당시의 역사는 저희들에게 있어 現代의 神話처럼 느껴지는 사실입니다.

또 考古學 美術史를 전공한 사람이 거의 없어 荒蕪地와도 같았던 이 분야에서 선생님은 선두에 서시어 후배 연구자를 찾으시고 길러 내셨으며 연구방법을 개척, 그 영역을 넓히는 데 오랜 시간과 노력을 기울이셨습니다. 지금 우리나라 考古學界나 美術史學界에서 이미 元老연구자가 되어 수많은 업적을 세운 많은 사람들은 선생님의 物心兩面의 지원과 가르침을 받았다고 들었습니다.

제가 선생님의 부르심을 받고 歸國한 59년 이후에도 선생님은 끊임없이 후진양성을 위해 진력하셨습니다. 그러한 후배들이 역시 지금은 중견연구자가 되어 각 大學과 학술기관의 지도적 지위에서 선생님의 그 높으신 뜻을 이어받아 보다 나은 학문연구와 후배양성을 위해 항시 매진하고 있습니다.

이들은 모두 분명히 이런 생각을 하고 있었을 것입니다. "先生님이시여, 좀더 오랜 시간 저희들의 곁에서 우리들을 지켜 보아 주십시오. 선생님의 그 깊으신 思慮와 보살핌을 학문적 연구와 후진양성으로 보답하겠습니다"라고.

우리들의 정신적 支柱이셨고 학술활동의 後見者이셨던 선생님, 이렇게 홀홀히 우리들을 두고 떠나시다니 믿어지지 않습니다.

박물관장으로 재임하실 때 우리들을 심하게 질책하신 적도 한두 번이 아니었습니다. 평소의 온화하신 음성과는 달리 호통을 치실 때는 몸이 꺼지는 것같은 두려움으로 저희들은 몸 둘 바를 몰랐었습니다.

그러나 저희들은 피부로 느낄 수 있었습니다. 그럴 때도 선생님의 눈빛에는 怒氣가 조금도 서려있지 않았습니다. 오히려 밝고 맑은 희망찬 먼 앞날을 바라보시는 그런 눈빛이었습니다. 저는 그 질책이 역시 우리들을 키우고 가르치는 한 방법이었다는 것을 뒷날에야 깨달을 수 있었습니다. 發掘現場에서 우리를 깜짝 놀라게 하는 뉴스를 전하시고는 우리들이 그 사실을 확인하느라 법석을 떨라치면, 한참 후에야 "오늘이 4月 1日 만우절인데" 하시던 선생님의 유머가 새삼스럽게 기억납니다.

이처럼 때로는 엄하게, 때로는 유머로써 따뜻하게 감싸 주셨습니다.

선생님이시여, 이미 幽明을 달리하셨으나 우리를 지켜보는 巖上의 大虎처럼 부디 부디 後學을 지켜보시며, 이 나라 考古學 美術史연구의 앞날이 더욱 빛날 수 있게 보살펴 주십시오. 그것들은 모두 당신이 뿌리신 씨앗들의 자란 모습입니다.(合掌)

(《韓國經濟新聞》 1990. 4. 15.)

天職지킨 박물관의 산 歷史

12일 타계한 初代국립박물관장 藜堂金載元박사는 한국박물관의 산 역사였다.

45년부터 70년 정년퇴임까지 25년간 국립박물관장직을 맡아 광복후 불모지인 우리나라 고고학을 개척했다. 그는 일본으로 돌아가는 日人학자 아리미쓰(有光教一)를 붙잡아 우리나라 최초의 유적발굴인 경주 호우총(壺杅塚)을 발굴했다. 또 역사학연구에 고고학적 접근방법을 첫 원용《檀君神話의 新研究》란 논문을 내놓아 사학계에 충격을 주기도 했다.

여당은 박물관장 재직시 어려운 상황속에서도 후진 양성에 힘을 쏟아 지금은 고고학계의 대가가 된 金元龍씨를 美뉴욕大대학원에 보내 학위를 받도록 했고 미술사 분야의 젊은 연구생인 安輝濬교수(서울대 고고미술사학과)가 록펠러재단 지원으로 美하버드대학에서 학위를 받을 수 있었던 것도 그의 도움이다.

그는 한국 최초로 문화재 해외전시를 기획, 57년 12월부터 59년 6월까지 美 8개 도시에서 전시를 한 데 이어 61년 3월부터 62년 6월까지 英·네덜란드·프랑스·서독·오스트리아 등 5개국에 한국문화를 소개했다. 또 6·25때는 당시 국립박물관 소장 문화재의 안전소산에 큰 공을 세웠다.

그는 국립박물관장 재직시 '발굴은 파괴이므로 되도록 하지 않는 것이 좋다'는 원칙을 고수, 유적보존을 위해 불가피했던 긴급 발굴 외에는 가능한 한 손을 대지 않았다.

金박사는 1909년 2월 22일(음력) 咸南 咸州출생. 咸興고등보통학교를 졸업한 후 1929년 독일 뮌헨대학 철학부에 입학, 교육학·고고학을 전공했다. 1934년 이 대학에서 문학박사학위를 받았고 벨기에 겐트국립大에서 칼 헨쩨교수의 조수로 6년간 일하다 40년 귀국, 고려대 전신인 普成專門·京城女醫傳에서 강사로 재직하다 초대 국립박물관장에 취임했다.

그는 東京女醫大 출신인 부인 李彩熙씨와의 사이에 3녀 1남을 두었는데 맏딸 理那씨(홍익대 교수)가 하버드대학에서 동양미술사, 막내딸 英那씨(덕성여대 교수)가 오하이오주립대학에서 서양미술사를 전공,「3父女美術史가족」으로서도 학계에 알려져 있다.

韓炳三 국립박물관장, 任孝宰 서울대박물관장 등 고고학 관계자들은 "藜堂金載元박사는 그 분의 출중한 능력으로 격변하는 사회상 속에서 정치 등 다른 길로의 참여유혹도 많이 받았다. 그러나 80평생을 한결같이 한 자리를 지켜,「민족문화의 발굴과 수호」라는 天職을 고수한 것은 경외할 만하다"고 강조했다.

저서는 장녀 理那씨와 펴낸《韓國美術》*Arts of Korea* 및《韓國支石墓研究》·《壺杅塚과 銀鈴塚》·《韓國史古代篇》등이 있다.

(《韓國日報》1990. 4. 13.)

슬픈 소식

데이빗 아이 스타인버그
죠지타운大 教授
전 아시아재단 한국지부 대표

국립박물관의 초대 관장이셨던 김재원박사의 서거소식을 방금 전해듣고서 이 슬픈 소식에 너무도 큰 허전함을 느끼며 서둘러 이 글을 쓴다.

김재원박사는 자신이 살고 있던 세대보다 항상 앞서 가는 분이었다. 그는 행정가였을 뿐 아니라 학자이었고 애국자이었으며 외교관이었다. 그는 많은 글을 썼고 그가 영어로 쓴 한국미술사에 관한 몇몇 저서는 기본서가 되고 있다. 그는 한국전쟁 중에 한국의 미술문화재를 보전했던 애국자였다. 그는 국제적인 학자들과 교분이 두터웠으며 이러한 폭넓은 유대를 통하여 의식적으로 또 적절하게 한국의 미술과 역사, 그리고 문화에 관한 이해를 증진시키고 한국을 해외에 알리는 데 기여하였다. 또한 행정수완을 발휘해서 젊은이들이 학문적인 전통을 계승할 수 있도록 훈련시키는 일도 주관하였다.

우리는 그 당시에는 아시아재단의 조직을 통하여 한국의 고유한 예술전통의 중요성을 인식하고 그 중요성이 인정받도록 돕는 데에 노력하였으며, 김박사는 한국이 자랑스럽게 여길 수 있는 그 문화유산을 떠받드는 기둥이었다.

그에게는 또한 더 훌륭한 면이 있었다. 그는 나와는 한 세대나 차이가 있었고 문화배경이 다른데도 불구하고 한 가족처럼 느끼게 했다. 그의 풍부한 아이디어, 이야기들, 그리고 일화들은 편안하게 또 마력을 가지고 우리들을 즐겁게 하였다. 나는 그의 집에서 옛 독일식 전통에 따라 캐롤을 들으며, 불을 끈 거실에 있는 크리스마스 트리 위의 촛불이 깜박거리다 꺼져가는 것을 보고 지냈던 기억이 난다. 가족에게 충실한 아버지였던 그는 그의 가정적인 사랑을 나의 가족에게까지 베풀어 주었으며 그 점에 대해서 나는 감사한 마음을 여러 사람들 앞에 알리고 싶다.

김박사가 은퇴한 지 한 세대도 더 지나갔다. 한국인들과 외국인들은 모두 다 같이 한국과 한국미술에 쏟은 그의 업적을 기억해야 할 것이며 김박사를 알았던 모든 사람들은 우리들이 그와 함께 가졌던 관계와 그가 이루어 놓은 훌륭한 일들을 가슴깊이 와 닿는 애정으로 길이길이 기억해야 할 것이다.

(《The Korea Times》 Letters to the Editor 1990. 6. 13.)

〈原　文〉

Sad News

David I. Steinberg
Research Professor of Korea Studies,
Georgetown University

I have just learned of the death of Dr. Kim Chewon, former director of the National Museum. I hasten to respond to this sad news, which has created for me a palpable void.

Dr. Kim was a man ahead of his generation. He was a scholar, a patriot, a diplomat, as well as an administrator. He wrote extensively, and some of his works in English on Korean art are standard. He was a patriot, helping save art treasures during the Korean War. He was at home in the international community of scholars, and consciously and appropriately used these worldwide connections to further the cause of Korean art, history, and culture, thus helping Korea abroad. He was also largely responsible through his administration for training younger staff to continue the scholarly tradition.

For those of us who felt the inherent importance of the Korean artistic tradition and tried to assist in its recognition(at that time through the medium of The Asia Foundation), Dr. Kim was a pillar supporting Korea's heritage, one of which Korea could be proud.

He was more than that. Although separated by a generation and cultures, he was, I felt, a member of the family. He had an abundance of ideas, stories and anecdotes which he shared with ease and charm. In his darkened room, I remember watching the Christmas candles slowly flicker 9out on his tree, carols playing in the background, an old German tradition. A devoted family man, he extended his family feeling to my family, for which I here publicly thank him.

Over a generation has passed since his retirement. Koreans and foreigners alike should remember his contribution to Korea and to Korean art, and those of us who knew him will recall with poignant fondness our relationships and his accomplishments.

3. 追慕의 글

快男이고 怪男

高 柄 翊

翰林大 教授

金載元박사를 맨처음 언제 어떻게 만났는지는 기억이 없으나, 해방후 아마 2, 3년 후의 일일 터인데 景福宮 안의 박물관 館長사무실로 찾아가서 만났던 場面은 아직도 기억이 생생하다.

당시의 관장실은 韓式건물의 한쪽 날개에 있었는데 늦은 봄인지 門들을 활짝 열어놓은 마루청에서 對面했었다. 용건은 필자가 책을 빌리러 간 것이었다. 당시의 서울대학은 東洋學에 관련된 歐美의 서적이나 잡지들은 아주 훌륭하게 수집되어 있어서 우리가 졸업논문에 이용할 웬만한 참고문헌은 거의 있었다고 할 수 있을 지경이었다. 그런데 필자는 무슨 연유에서인지 중국 古代의 夏王朝가 實在한 왕조냐, 단지 傳說上의 왕조냐 하는 문제에 관해서 살펴볼 필요가 생겨, 미국의 크릴(H. G. Creel)교수의 저작인 《中國古代文化硏究》(*Studies in Early Chinese Culture*)를 참고하려 했다. 2차대전 전에 필자가 동경대학의 동양사학과에 다닐 적에 야마모도(山本達郎)교수가 演習수업의 텍스트로서 크릴교수의 책을 사용하면서 일부 내용을 소개해 주어 알게 되었던 책이었다. 그런데 이 책이 서울대 도서관에는 없었다. 서울대 도서관이 서양의 문헌을 잘 갖추고 있었으나 1938, 39年 무렵부터는 정기간행물 등이 점차로 줄어들고 太平洋戰爭 이후로는 외국서적들의 도입이 거의 끊어졌기 때문에 1937

年에 간행된 크릴교수의 이 책도 찾아볼 수 없었던 것이다. 당시에는 서울대학 도서관에 없으면 그런 외국책은 한국 땅에는 없는 것이라고 생각해도 좋을 때였다. 그런데 누가 가르쳐 주었는지 혹시 박물관의 김재원박사에게 가보라 해서 찾아간 것이다.

필자가 찾아온 목적을 설명했더니 김박사는 그 책이 있다 없다 또는 빌려주겠다 말겠다 하는 말도 없이 물끄러미 보더니 무슨 공부를 하고 있느냐 이런이런 책을 알고 있느냐는 등 마치 무슨 면접시험이나 하듯이 따지고 물어댄다. 마침 중국역사에 관한 서양학자들의 연구에는 동경때부터 관심을 갖고 있었기 때문에 그럭저럭 대답도 하고 아는 척도 할 수 있어서 아마도 내 판단으로서는 면접에는 합격한 것 같은 느낌이 들었다. 김박사는 그제서야 그 무뚝뚝한 네모얼굴이 풀리면서 웃음까지 띠우고 의자를 다가앉고서 책문제로 돌아온다.

그는 자기도 그 책을 찾고 있는 중이라는 것이다. 그러면서 책상 위에서 편지 한장을 꺼내 보이는데 바로 크릴교수에게서 온 편지였으며, 지금 그 책이 絶品이 되어 자기도 여벌이 없는데 혹 구하게 되면 보내주겠다는 뜻의 편지였던 것으로 기억된다. 당시로서는 歐美의 학자들과 직접 개인적인 交信을 한다는 것이 우리 학자들 사이에서는 별로 없던 일이었고, 더구나 바로 크릴교수와 바로 그 책을 가지고 편지내왕이 있었다는 것은 어떤 즐거운 우연같이 느껴지기도 했다.

김박사는 그의 청년시절과 대학생활을 유럽에서 보내었고 독어·영어·불어에 능통하였다. 필자가 독일 뮌헨에서 공부하고 있을 때 찾아왔던 김박사는 17년만에 다시 왔다면서도 거리이름과 번지까지 생각해 내었고, 현지 교수들과의 대화를 옆에서 듣고서 그 정확하고 수준높은 독일어에 감탄을 금하지 못했던 것이 기억난다. 단지 외국어를 잘 구사할 뿐 아니라, 외국인에 대한 태도에 있어서 당시 우리나라 사람에게서 흔히 보는 소극성이나 심지어 비굴한 듯한 그런 자세가 전무하였고 도리어 저쪽을 눌러대는 그런 위풍당당함이 있어서 많은 사람의 놀라움과 존경을 받았다.

4·19가 일어난 해인 1960년 가을에 대만에서 韓·中·日 세 나라 학자들의 모임이 있었다. 미국의 하바드 옌칭 인스티튜트(燕京哈佛學社)가 중심이 되어 이 三國에 각각 東亞연구위원회를 조직케 해서 재정적으로도 지원하고 있었는데 그 세 위원회들의 합동모임을 가진 것이다. 우리측으로서는 김박사가 대표가 되고 李崇寧·李萬甲씨와 필자가 참석했는데 김박사의 연설이나 태도 그리고 회의에서의 토론과 결정 등이 실로 당당하고, 중국·일본의 胡適·董作賓·李濟·吉川幸次郎·岩生成一, 미국측의 라이샤워교수 등 속에서도 오히려 돋보이는 듯하였다. 모두 老年期에 접어든 학자들인데 당시의 김박사는 지금 계산해 보니 50세였던 것으로 생각된다.

김박사와 함께 국제학회에 나간 일이 그 뒤에도 한 번 있었는데 1981년 헝가리의 부다페스트에서 열린 국제학술원연맹의 회의였다. 한국의 학술원이 이 국제연맹에 가입하게 된 데에는 김박사의 끈질긴 노력과 탁월한 교섭능력이 결정적인 작용을 했음은 널리 알려지지는 않고 있다. 본래 학술원연맹이라는 것은 유럽학자들이 중심이 되어 있고 그들의 관심분야도 그리스·로마의 古典學이 위주인 극히 보수적이고 권위주의적인 기구이기 때문에 아시아 같은 곳에 무슨 제대로 된 학문이 있겠느냐는 그런 태도가 엿보이는 단체이다. 따라서 여기에 가맹된 아시아국가는 중국이 1930년대에 들어가 있으나 지난 50년 동안 한 번도 대표가 참석한 일이 없고 오직 일본만이 대표가 참석하고 또 공동학술사업에도 참여하고 있는 터이다.

이 연맹에 가입하기 위해서는 그 나라 학술원의 조직과 활동이 상당해야 하고 더불어 이미 가입된 회원국의 2/3찬성표를 얻어야 하는데, 앞에 말한 바와 같은 독선적인 태도로 인해서 전쟁과 빈곤으로만 알려진 南韓으로서는 여간 어려운 일이 아니었다. 이것을 극복해서 홍보책자를 만들고 각국 대표 하나하나를 만나서 설명하고 하는 준비작업을 김박사가 여러 해에 걸쳐서 해 놓았었고, 또한 앞에서 언급한 전 동경대학교수 야마모도씨가 바로 이 국제학술원연맹의 부회장으로 있었기 때문에 그가 적극적으로 한국학술원의 가입을 협조해 주어서 투표에는 아슬아슬하게 정족수를 채워서 가입하였던 것이다. 부다페스트 회의에서는 유럽의 석학들과 개인적인 친분을 맺은 그의 모습을 눈 앞에서 볼 수 있었다. 야마모도교수와 필자는 다른 국제회의에서도 여러 차례 만났지만 여기서 김박사와 함께 만나서 학술원회의의 이런 일 저런 일의 이야기를 나누는데, 나에게는 옛날 경복궁의 박물관 관장실로 책을 빌리러 갔던 때가 머리속을 스쳐갔다.

김박사는 외모도 성격도 독특한 바가 있었던 것 같다. 일본인 고고학자 아리미쓰(有光敎一)씨는 총독부시대에 한국에서 발굴사업에 종사하던 전문가로서 해방이 된 뒤에도 김박사의 요청으로 한국에 남아서 경주의 壺杅塚 등의 발굴을 맡았던 사람이다. 오랜 후에 그가 다시 한국에 왔을 때 김박사가 자택으로 그를 초청해서 저녁을 함께 할 때 필자도 초청되어 한 자리에 있었는데, 두 사람의 오랜 협조와 긴밀한 접촉을 보여주는 흐뭇한 분위기였다. 거기서 아리미쓰氏가 김박사를 評해서「快男이고 怪男」이라 하였는데 일본말로는 동일한 발음을 갖는 이 표현은 어느면에서 퍽 적절한 것 같았다. 시원하긴 하면서도 쉽사리 남의 말을 그대로 듣지 않는 고집스러움과 강한 자기 주장을 말하는 것이리라. 김박사보다 나이가 한 살인가 더 많다는 아리미쓰교수는 부인도 병석에 누워 있고 본인도 출입을 거의 못하는 상태이나 김박사의 訃告를 듣고 애통한 弔電을 제일착으로 보내왔다고 한다.

(《空間》 274호, 1990. 6.)

藜堂金載元선생을 追悼함

李 基 白

翰林大 教授

I

선생께서 정년으로 國立博物館長의 자리에서 퇴임하는 기념식에서 였다. 선생께서는 해방된 직후 그 직책을 자진하다시피 해서 맡았던 것인데, 그뒤 25년 동안 그 자리를 한 번도 뜨지 않고 물러나게 된 것을 기뻐한다고 하시었다. 그리고 이어 죽어서 다시 태어난다고 하더라도 또 박물관장이 되고 싶다고 하시었다. 그러니까 선생께서는 박물관장직을 天職으로 생각하였던 것이 틀림없다. 그만큼 선생은 박물관을 사랑하였고, 또 박물관을 위해서 많은 일을 하시었다.

선생이 쓰신 〈博物館長 25年〉이란 글을 읽어보면, 해방과 6·25의 격동기에 우리의 文化財를 지키기 위하여 얼마나 노심초사하였는가를 잘 묘사하고 있다. 다만 선생의 천성이 활달하신 데다가, 지나간 일을 회상하는 글이라서이겠지만, 문장에서 받는 느낌은 武勇譚을 듣는 듯한 인상이다. 과연 선생이 아니었던들 누가 그 어려운 일을 그렇게 차질없이 감당해 냈을까 하는 생각을 금할 길이 없다.

景福宮과 滿月臺에 美軍이 兵舍를 지으려는 것을 막아낸 일 같은 것은, 선생 스스로가 자랑스러이 이야기하고 있는 것과 같이, 선생이기에 가능했던 것이 아니었을까. 선생께서는 국립박물관이 움직일 수 있는 문화재의 9할 이상을 소유하고 있는데, 이것이 파괴된다는 것은 서울市 전체가 잿더미가 되는 것보다도 더 무서운 일이라고 하시었다. 이렇게 우리의 문화재를 사랑하는 애정을 갖고 있었으며, 또 美軍政廳에 대응할 수 있는 능변으로 구사하는 외국어 실력을 가지었기에, 그 힘든 일을 능히 감당 해냈다고 믿는다.

선생께서는 박물관에서 근무하는 사람은 개인적으로 미술품을 소장해서는 안된다는 신념을 갖고 계시었다. 누구나 몇 점의 미술품쯤 간직하고 싶은 것이 일반적인 심정이다. 나같이 미술사와는 거리가 먼 분야를 공부하면서도, 비록 보잘 것 없는 것이긴 하지만, 몇 점의 瓦當이나 土器·磁器 등을 가지고 있다. 그런데 선생께서는 그것을 개인적으로 소유하지 않았다. 선생의 自宅에는 미륵반가상의 모조품이 하나 있지만, 그 밖의 眞品이 있는 것을 보지 못하였다. 그렇게 못한 것이 아니라 안한 것이다. 그러기에 景武臺에서 꽃병으로 쓰겠다고 磁器를 빌려달라는 것을 거절할 수가 있었을 것이다. 이런 이야기를 말로 옮기기는 쉽지만, 실제로는 결코 쉬운 일이 아니다. 만일 자신이 그 자리에 있으면서 그런 요청을 받았다고 가정하고 생각해 보면, 과연 그것이 얼마나 어려운 일인가를 짐작할 수 있을 것이다.

Ⅱ

우리 美術品을 몇차례 海外展示하는 어려운 일을 하여, 한국이 역사가 오래된 文化國이란 인식을 세계에 널리 알리는 공을 쌓은 것은 다 아는 일이다. 그와 아울러 우리의 美術史를 여러 외국어로 써서 출판하셨었다. 여러 미술사 중에서 대표적인 것은 令愛인 金理那교수와의 共著《韓國美術》(探究堂, 1972)일 것이지만, 이 책은 英語·日本語 등으로도 출판되었다. 선생께서는 美術史가 단순히 미술품의 아름다움을 감상하는 것이어서는 안되고, 美術樣式의 변천을 체계화해야 한다는 확고한 인식을 가지고 있었다. 이 관점은 우리 美術史學에서 중요한 전환점이 되고 있는게 아닌가 한다.

또 檀君神話를 중국의 武氏祠堂 畵像石의 그림과 비교하여 고찰한《檀君神話의 新研究》(正音社, 1947)는 해방 직후에 간행된 것이었는데, 그 뒤 판을 거듭하여 오늘에 이르고 있다. 이 연구의 큰 공헌은 단군신

화가 《三國遺事》의 저자에 의하여 조작된 것이란 주장을 근본적으로 깨뜨려버린 것이라고 하겠다. 그러므로 이 책은 단군신화 연구에서 획기적인 것이었고, 오늘날 단군신화를 말하는 사람은 이 연구를 빼고서 이야기할 수가 없는 형편이다.

Ⅲ

이렇게 학문적으로 큰 성과를 남기었건만, 선생께서는 스스로 학자를 돕는 후원자로 자처하시었다. 여기에 또한 선생의 위대한 점이 있다고 생각한다.

해방 뒤에 활동이 부진하던 震檀學會에 활기를 불어넣은 것은 선생이었다. 高柄翊교수의 표현을 빌린다면, 李丙燾선생이 진단학회의 始祖라고 한다면, 선생은 中始祖에 해당하는 셈이다.

진단학회에 활력을 불어넣은 계기가 된 것은 《韓國史》 7권의 간행이었는데, 그 모든 일이 전적으로 선생의 계획에 의하여 추진된 것이었다. 또한 선생께서 과감히 새로운 世代의 젊은 학자들을 학회 운영에 참여하도록 이끌어 왔는데, 이것이 학회의 활동을 활성화하는 데 효과를 나타낸 것이기도 하였다.

미국 하바드大學 哈佛燕京學社의 연구비를 맡아서 관리하는 東亞文化研究委員會를 실질적으로 이끌어간 것도 선생이었던 것으로 알고 있다. 6·25 이후의 경제적으로 어려운 처지에 있는 학계에 적지않은 도움을 준 이 연구비는 누구나 원하는 바였고, 따라서 때로는 인정에 이끌릴 법도 할 일인데, 그러한 인정을 배제하고 학문적인 발전에 도움이 되도록 운영해 간 것이 선생이었다. 이 점에서 선생은 李相佰선생과 가장 뜻이 맞았던 것으로 보인다. 두 분이 모두 사리를 판단하는 높은 안목과 넓은 국제적 시야를 지닌 분들이었다.

Ⅳ

선생만큼 학자를 양성하고 키우는 데 노력을 기울인 분도 드물 것이다. 선생께서는 우리 학계의 가장 중요한 일의 하나가 새로운 人材를 키우는 일임을 역설하였었다. 8·15해방 당시 考古學과 美術史를 전공한 학자가 거의 없다시피한 상황에서 그러한 생각이 더 절실하였던 것 같다.

선생께서는 한 사람의 학자를 양성하는 데는 20년은 걸리는데, 그 20년 동안 순조로이 학구생활에 종사하도록 하는 것이 용이한 일이 아니라고 하였다. 그 어려운 일을 선생께서는 감당해 나갔던 것이다. 오늘날 우리 考古學界와 美術史學界를 이끌어가고 있는 학자들 중에는 이같은 선생의 노력의 결과로 연구에 몰두할 수 있었던 분들이 많이 있음은 널리 알려진 사실이다.

옛 말에 德을 쌓은 집에 福이 깃든다고 하였다. 선생의 자제들은 한결같이 우리 사회의 기둥이 되어 활동하고 있고, 더욱이 두 따님은 선생의 뒤를 이어 美術史를 전공하여 학계에 공헌하고 있다. 이것이 모두 선생께서 쌓은 덕에서 말미암은 것이 아닌가 하는 생각을 금할 길이 없다.

(《空間》 274호, 1990. 6.)

博物館의 아버지 金載元博士

李 蘭 暎

國立慶州博物館長

선생님은 우리들에게 항상 館長이라는 보스였지만 우리는 선생님으로 부르는 때가 훨씬 많았다. 이 말은 博物館의 분위기를 代辯하는 한 要素가 되기도 했다. 우리들은 大學에서 休講 투성이의 考古學 講義를 들은 까닭에 館長님이라는 호칭보다는 선생이라는 호칭이 익숙했고 당시 博物館의 분위기는 大學 硏究室의 延長 같은 느낌을 갖게 하였다. 그것이 선생님의 뜻하시는 바 博物館의 位相이 아니었던가 싶다.

실은 선생님을 직접 뵙기 전에 우리는 高等學校의 國語敎科書에서 아메리카通信이라는 글을 배웠었다. 담담하고 簡潔하면서도 어딘지 博物館長이라는 직함에 강열한 自負心을 읽을 수 있어서 博物館에 대해 나대로의 막연한 상상을 한 적도 많았다. 또 博物館長은 글을 잘 써야 한다는 생각을 하게 만들었다. 그리고 高等學校의 獨逸語敎科書를 쓰신 분이라는 사실은 훨씬 후에 알았다. 그 獨逸語敎科書에 어느 大學敎授에 관한 유모어가 있었는데 어느 댁에 招待를 받아 갔다가 갑자기 비가 쏟아져서 歸家할 수 없게 되어 그 댁에서 留하기로 하였는데, 잠시 동안 그 敎授가 보이지 않아 물어 보았더니 집에 창문을 닫으러 갔다 왔노라고 대답하는 내용이 있었다. 후일 가까이서 뵌 선생님은 그런 유모어를 잘 구사하셨던 기억이 난다.

博物館 생활을 館長으로 시작하셨으니 타고 나신 博物館長이셨고, 다시 태어나도 博物館長을 하고 싶다 하셨으니 돌아가셔서도 博物館長일 수 밖에 없다. 그토록 좋아하는 博物館長을 정작 停年으로 그만 두실 때, 적당한 후임자가 없다 하여 당시는 管理官이던 館長職을 別定職으로

바꾸어 延長하자는 움직임이 무르익었었다. 허락만 하시면 그렇게 될 수 있었으나 당신께서 물러난 후에 고치라며 결연히 그 자리를 떠나셨다.

선생님은 두꺼운 테의 돋보기를 쓰셨는데 그 다리를 질겅질겅 씹으며 우리를 館長室로 불러댈 때는 호된 야단을 맞는 경우이다. 그러나 때로는 시킨 일을 미쳐 안하고도 제게 시키지 않으셨다고 잡아 떼면 그럼 Mr. 韓에게 시켰던가 하시며 한 발 물러서셨는데 알고 속으셨는지 모르고 속으셨는지 아직도 모르겠다.

우리들에게는 德壽宮 石造殿이 博物館일 때 館長이셨으므로 자연 우리의 記憶은 덕수궁에 몰려 있을 수밖에 없다. 겨울이면 연못에서 유연하게 스케이트를 즐기셨고, 눈 내리는 날이면 우리들은 이층 베란다에서 出勤하는 館長에게 눈뭉치를 집어 던져 멀리서 빙빙 돌다가 결국은 그만하라는 관장의 降服을 받고야 물러나곤 했다. 어느해, 그러니까 내가 미국에서 博物館學 관계 교육을 받고 美 本土의 博物館들을 돌아 보는 期間이 있었는데 그 때의 나는 일정한 주소가 없이 여기저기를 돌아 다니는 상태였다. 어느날 우리 집으로 당시 考古課長이던 K씨가 전화를 걸어 내가 여행 중 병이 나서 일정을 당겨 귀국한다고 했단다. 여동생이 듣고 행여 다른 동료가 그랬다면 장난이라고 하겠지만, 과장의 전화라 되짚어 혹시 오늘이 만우절인데—, 했더니 아차 하더라는 것이다. 고고과장이 관장에게 속은 것이었다. K씨는 계속 출근하는 사람마다 館長이 찾는다고 館長室로 들여 보냄으로써 관장에게 갚아 드렸다고 웃어댔다. 歸國해서 들은 이야기이다. 해마다 나는 만우절을 맞이할 때마다 그날의 일들을 상상하곤 웃음짓기가 한두 번이 아니다.

이렇게 자유스러운 분위기에서 살았지만 우리에게 딱 잘라서 엄격하게 교육시키는 일도 적지 않았다. 博物館 專門職員의 倫理問題가 요즈음 UNESCO-ICOM에서도 건의되어 그 要綱이 채택되기도 했지만 이때 이미 선생님은 우리에게 강조하셨다. 博物館 職員은 자신의 집에 단 한점도 博物館과 관련되는 資料, 말하자면 專門職에 관련되는 물건을 지녀서는 안된다는 것이었다. 또한 專門知識을 이용한 어떤 行爲나 結果, 博物

館職에 관계되는 일로 다른 사람의 好意를 받아서도 안되고 이용당할 만큼 어리석어서도 안된다고 하셨다. 남의 展示室이나 發掘 現場에서 카메라를 들이대지 말아라. 博物館과 관계되는 모든 사실에 대해서는 비밀을 지켜라, 등등 基本姿勢에 관한 것이었는데 그중 많은 부분이 ICOM(世界博物館協議會)의 倫理憲章에 그대로 부합되는 內容들이다.

그 당시에는 國內에서보다 外國에서 더욱 많이 알려진 분임을 밖에 나가 보면 느낄 수가 있었다. 博物館學이라는 새로운 學問의 必要性을 느끼신 선생님은 나에게 Field에 못 나가는 考古學者가 되기보다는 그것이 여자에게 알맞는 學問이라며 留學의 길을 터 주셨고, 滿足해 하지 않고 투정을 부리는 나에게 이번에는 日本에 있는 동안 호놀루루美術館의 G 博士가 東京으로 와서 面接試驗을 보게 하셨다. UNESCO의 Pilot Project라며 博物館學 Trainning course를 履修할 수 있게 한 것이다. 선생님께서 다 조처한 뒤의 형식적인 試驗이라는 것은 금방 알 수가 있었는데, 어쨌든 그 課程을 거쳐서 美國으로 갈 수가 있었으니 節次는 철저하게 다 치러야 한다는 것이 선생님의 持論이셨다. 그렇게 해서 하와이로 간 나는 日本에서와 마찬가지로 또 다시 지독한 homesick에 걸려서 우는 소리로 자신없는 편지를 선생님에게 보냈더니 그렇게 고생스러우면 당장 돌아오라는 답장이 왔다. 어렵게 보낸 留學길에서 어처구니 없는 소리를 하는데 야단을 치는 게 아니라, 그렇다면 돌아오라니, 이번에는 내쪽에서 반드시 버텨야 하겠다는 傲氣가 나서 그 고비를 넘긴 적이 있다. 하와이大學에 머무르는 동안 마침 美國을 다녀가시는 길에 들리셨는데 나의 英語선생에게는 굳이 單語 몇 자 가르치랴 애쓸 것 없이 데이트를 자주하는 게 좋다고 말씀하셨다며 드라이브 가자는 유혹의 말을 자주하며 놀려댔다.

한번은 감기가 너무 심해 그곳 우리를 훈련시키던 호놀루루美術館에서 차라리 죽는 것이 낫겠다고 농담을 했더니 G관장이 펄쩍 뛰고 안된다며 歸國해서 죽어도 죽어야지 Dr. 金에게 보고할 면목이 없어진다며 웃는 것을 보았다. 당시 美國에서는 東洋關係專門 curator가 귀할 때여서 나 같으면 어떠냐고 話題가 됐을 때에도 金博士가 무서워서 나는 안 쓰겠다고 놀림 섞인 거절을 받았다. 정작 귀국했을 때, 선생님은 저 바보가 돌아왔다며, 그곳에는 노총각이 많았을 터인데 신랑감 하나 못 고르고 돌아왔다며 정색을 하시는 모습을 뵌 적이 있다.

學界에서는 博物館을 官僚的이라고 말들 하지만, 정작 行政府 쪽에서는 우리들에게 公務員답지 않다는 평가를 한다. 國立博物館의 성격을 알려고 하지 않는 탓이라 생각한다. 그리고 그러한 분위기는 선생님에게서 비롯된 것이 아닌가 싶다. 그래서 우리는 변화한 요즈음의 모습을 보며 전에는 안 그랬는데――, 하고 비교하는 소리를 하게 되는 것 같다.

나같은 사람을 포함해서 많은 사람을 길러 내셨는데도 근래에는 "내가 사람을 더 많이 養하지 못했어" 하시면서 걱정하는 모습을 뵈었었다. 이렇게 博物館이 갑자기 커지고 많아지리라곤 짐작 못했다며 안타까워하셨다. 그러나 따지고 보면 선생님이 길러 놓은 사람들 중에 博物館長이 상당수에 이른다. 그 功績은 결코 가벼이 볼 수 없는 일이며 더욱이 博物館長의 品格에 模範을 보이신 일은 이루 헤아릴 수 없을 지경이다. 나는 지금도 이럴 때 선생님은 어떻게 하셨을까 하고 생각해 보곤 한다. 아무리 흉내를 내려해도 선생님처럼 즐겁게 館長 노릇은 못해 내고 그저 쩔쩔 매며 하고 있는데 그 즐기는 方法은 가르쳐 주시지 않은 것 같다.

우리들은 선생님의 여든 되심을 기려서 紀念論文集을 마련하기로 했었는데 日本京都大學의 名譽教授이고 선생님의 좋은 친구이신 有光教一博士에게는 아직 더 오래 살 작정이니 천천히 만들어도 좋다고 하셨다는데, 그 책도 받지 않으시고 이렇게 惚然히 가셨으니, 우리는 무슨 意慾으로 이 일을 매듭지을지 맥 빠져서 어찌 할까. 선생님의 回甲紀念論叢에 글을 쓰지 못했던 나는 그것을 기화로 다른 어느 紀念論文集에도 글을 써 보지 못했다. 그러므로 이번만은 하고 열심히 준비를 했는데, 끝내 보여 드리지 못하는 글이 되어 버렸다. 높고 큰 學恩은 이루 다 말할 수도 없는데, 그저 울음을 삼킬 따름이다.

(《空間》 274호, 1990. 6.)

藜堂金載元先生님을 追慕함

安 輝 濬
서울大 教授

I

사람이 세상에 태어나 사회에 몸 담고 한 평생을 살아가는 과정에서 가장 중요하고 결정적인 것이 바로 나 이외의 다른 사람과 맺어지는 이런저런 인연이라고 볼 수 있다. 부모와 자식, 형제와 자매 등 자신의 의지와는 전혀 관계없이 맺어지는 혈연이 아니면서 그것 이상으로 중요한 인연이 남편과 아내, 스승과 제자, 친구와 동료의 관계라고 하겠다.

이러한 인연들이 잘 맺어지면 사람은 자신을 관리하기에 따라 행복하고 보람된 생을 살 수 있으나 그렇지' 못할 경우에는 불행해지기 쉽다. 필자는 이러한 인연들과 관련하여 늘 복받은 사람이라고 스스로 생각하고 있는데 그 이유의 하나는 필자가 훌륭하신 선생님들을 모시고 많은 것을 배울 수 있었던 스승복이 있기 때문이다. 국민학교 시절부터 대학원 시절까지 훌륭하신 선생님을 여러 분 만났는데 특히 학문과 관련하여 대학시절의 두 분 선생님은 각별히 소중한 분들이다. 藜堂金載元선생님과 三佛金元龍선생님이 그 분들인데 이 선생님들의 도움없이는 현재의 나 자신은 있을 수 없었다고 생각한다. 이 선생님들은 학문할 기회를 주시고, 항상 도와주신 분들이다. 따라서 필자에게는 부모 이상으로 고마우신 분들이 아닐 수 없고, 이 분들과 사제의 관계를 맺게 된 것을 천행으로 생각하고 있다. 이 두 분 선생님들과 학연을 가지게 된 것은 서울대학교 文理科大學에 국내 최초로 신설된 考古人類學科(현재의 人文大學 考古美術史學科 前身)에 입학하면서 부터 였다. 이 글에서는 지난

4월 12일 타계하신 藜堂金載元선생님과의 인연을 생각나는 대로 적어 보기로 하겠다.

Ⅱ

藜堂선생을 처음 뵌 것은 필자가 대학 재학 중 군대를 다녀와 복학했던 1964년경으로 기억된다. 당시 선생님께서는 國立博物館의 初代館長으로 해방 이후 줄곧 봉직하고 계시면서 서울대학교 考古人類學科에 출강하셨다. 필자는 복학 후에 선생님께서 담당하신 考古學講讀을 수강했는데 英文으로 출판된 鄭德坤의《中國考古學》중에서 商代의 고고학을 다루셨던 것으로 기억된다. 선생님께서는 수강 학생들로 하여금 읽고 번역하게 하신 후에 보충설명을 해주시곤 하였다. 용어나 지명 등에 생소한 것이 많아 어렵게 느껴지던 생각이 난다. 강의 중에 화창한 날씨의 창밖을 자주 내다 보시며 구수하게 말씀하시던 모습이 東崇洞의 옛 캠퍼스의 정경과 함께 아직도 눈 앞에 생생하다. 학기가 끝나갈 즈음에 이것저것 필자에 관하여 질문을 하시기도 하셨는데 지금 생각하면 아마도 그때쯤부터 나에게 관심을 가지시기 시작하셨던 듯하다.

그후 2, 3년 후배들과 어울려 제대군인 티를 벗으며 캠퍼스 생활에 적응하고 있었으나, 어려운 생활여건, 아르바이트에 철저하게 빼앗기는 여유없는 시간, 막막한 장래에 대한 불안감 등으로 별로 신나지 않은 삶을 살고 있었다. 그때 필자의 처지는 1960년대의 정치적 상황 못지않게 어둡고 답답했다.

그렇지만 우리나라에서 최초로 신설된 학과에 제1회로 입학한 학생답게 미개척 분야를 일구어 보겠다는 의지와 야망 때문이었는지 제법 꿋꿋하게 버티면서 이책 저책을 짬짬이 찾아 읽곤 하였다. 그때의 생각으로는 考古學보다는 人類學이 더 미개척 분야에 속하고 따라서 할 일도 많을 것으로 생각하여 秋葉隆의 巫俗에 관한 책들, 檀君神話를 비롯한 神話에 관한 저술들, 에스키모에 관한 책 등을 열심히 찾아 읽었다. 人

類學과 民俗學에 대한 뚜렷한 개념이나 차이도 분명하게 인식하지 못하면서 관심이 쏠리는 대로 별다른 체계없이 독서를 했다. 또한 고고학이나 地質學, 古生物學에 관한 강의들과 함께 社會調査方法論이나 心理學 관계의 강의들을 들었던 것도 되도록 폭넓게 공부하고 많은 분야에 접하고 싶어하던 욕구가 작용하기도 했겠지만 人類學을 전공하는 데 필요할 것이라는 계산도 하고 있었기 때문일 것이다.

이렇게 대학 高學年을 보내고 있던 어느날 갑자기 國立博物館長室에서 급하게 찾으시니 빨리 들러 달라는 전갈이 왔다. 왜 부르실까 궁금해하며 당시 德壽宮 북쪽 石造殿의 2층 동편 끝에 있던 館長室로 선생님을 찾아 뵈었다. 선생님께서는 필자를 반갑게 맞으시고는 美術史라고 하는 학문이 대단히 중요한 것인데도 우리나라에서는 전공하는 사람도 별로 없고 인식도 부족하여 참으로 걱정스럽다는 얘기를 하신 후에 그것을 해보지 않겠느냐고 물으시는 것이었다. 그러시면서 만약 하겠다면 미국 유학도 보내주시겠다는 제의도 하셨다. 그때만 해도 미술사에 관해서 알고 있는 것이 없었고 이해도 되어 있지 않았으며 또 기왕에 인류학에 뜻을 두고 있던 터라 머뭇거릴 수밖에 없었으나, 미술사의 중요성을 강조하시는 선생님의 말씀이 워낙 진지하셨고 미술사도 인류학과 마찬가지로 미개척 분야라는 생각에서 가능하면 해보도록 하겠다는 말씀을 드리고 관장실을 나왔다. 여당선생님의 이 제의는 어두운 필자의 처지에 밝은 빛을 던져주는 것이기도 하였다. 필자는 바로 지도교수이신 三佛金元龍선생님을 찾아 뵙고 여당선생님과의 면담결과를 보고드리고 고견을 청했더니, 그 전에 두 분 선생님들께서 필자에 관해 협의하신 것과는 내용이 다르지만 여당선생님께서 그렇게 말씀하시면 그대로 따르는 것이 좋겠다고 일러주셨다. 아마도 두 분 선생님들께서는 필자의 장래 문제에 관해 그 이전에 어떤 합의를 보신 바 있었고 그것은 미술사가 아닌 다른 분야였던 모양인데 그후 여당선생님께서 필자에게 미술사를 전공시켜야 되겠다고 본래와 달리 결심하셨던 듯하다. 부족한 필자의 장래를 걱정해 주신 두 분 선생님들께 그때나 지금이나 변함없이 감사한다.

어쨌든 이렇게 해서 필자는 美術史로 방향을 돌리게 되었다. 이것은 적어도 내 개인에게 있어서는 일대의 전환점이 아닐 수 없다. 이러한 계기가 없었다면 필자가 미술사를 전공했을 리는 만무했을 것이고 또 그처럼 중요한 분야의 의미도 이해하지 못한 채 일생을 살게 되었을 지도 모른다. 이것을 생각하면 큰일날뻔 했다는 느낌이 든다. 이 때문에도 미술사에 몸담게 해 주신 선생님께 두고 두고 감사하게 된다.

선생님께서 못난 필자에게 쏟으신 정성은 각별한 것이었다. 그 정성은 필자의 미국유학 준비과정에서부터 기울여졌다. 하바드대학의 입학원서도 직접 구해주셨고, 유학 중에 지도교수로 온갖 도움을 주신 죤 로젠휠드(John M. Rosenfield)교수께도 입학을 위해 특별히 부탁말씀을 해주셨으며, 록펠러3세재단(JDR 3rd Fund)의 책임자인 포터 맥크레이(Porter A. McCray)씨에게 청하여, 여러 해에 걸친 넉넉한 장학금을 얻어주셨다. 국내의 영어학원에 다니는 데 필요한 경비는 아시아재단에서 얻어주셨다. 당시 선생님께서는 누리고 계시던 학문적 권위와 신망, 외국인이나 외국기관과 맺고 계시던 교분을 동원하시어 최대한 필자를 도와주시고 보살펴 주셨다. 또한 유학준비 중에는 필자를 2,3차 관장실로 불러 당신께서 던져주시는 제목으로 즉석에서 英作을 하게 하시고 평까지 해 주셨으며, 입학원서 작성 및 출국수속에까지 배려를 아끼지 않으셨다. 이러한 성가신 일들을 선생님께서는 항상 너그러우신 마음과 인자하신 미소로 해 주셨다. 선생님의 이러한 너그럽고 자상하신 배려가 없었다면 가난하고 능력없는 필자가 무슨 재주로 그 등록금 비싸고 세계제일이라는 명문대학에 유학을 하며 고급학문인 미술사를 공부할 수 있었겠는가?! 오늘날 필자가 우리나라 미술사학계의 말석이나마 차지하고 강의를 하고 책이니 논문이니 쓸 수 있게 된 것도 순전히 이러한 은사가 계셨기 때문에 가능했던 것이다.

되돌아 보면 선생님께서는 우리나라의 학계를 넓게 조망하시고 考古學·美術史·國史 등 국학의 발전과 인재양성의 필요성을 절감하셨던 것으로 믿어진다. 이러한 인식하에 선생님께서는 맡고 계시던 하바드 옌칭의 東亞文化硏究委員會 간사장의 직분을 최대한 활용하시어 되도록 많은 학자들에게 연구비를 지급하시고 해외연수나 유학의 기회를 제공하셨다. 그리고 우리의 전통문화를 해외에 올바로 알리는 일과 국제적 안목 및 활동능력을 갖춘 전문가의 필요성을, 國立博物館 館長으로서 國寶海外展을 치루시면서 절감하셨던 듯하다. 우리나라 학자들이 되도록 많이 해외연수와 유학을 할 수 있도록 협조를 아끼시지 않은 점이나 평소의 말씀이 이를 뒷받침해 준다. 필자에게 미국에 유학하여 미술사를 전공하게 하신 것도, 필자의 대학 동기생인 鄭永和(현재 嶺南大 文化人類學科 교수)를 프랑스에 보내 舊石器 考古學을 공부시킨 것도 이러한 크신 뜻에서 였음을 생각하면 부족하기 그지없는 자신이 송구스러울 뿐이다.

그런데 필자가 선생님께 특히 죄송스럽게 생각하는 것은 우여곡절 끝에 하바드대학 미술사학과 박사과정에 입학한 후에 저지른 잘못 때문이다. 미술사에 대한 기초가 전혀 잡혀 있지 않은 상태에서 입학이 된 필자는 과연 이 낯선 분야의 공부를 성공적으로 해낼 수 있을지 자신이 없었고, 미술사학과에서 필수로 요구되던 독일어와 불어 시험에 합격할 가능성이 매우 희박하게 느껴졌으며, 공부를 끝낸 뒤에도 우리나라 대학에 학과조차 개설되어 있지 않은 미개척분야인 까닭에 취업도 될 것 같지 않아 불안한 마음에 미술사 공부를 피하고 考古學을 전공하는 것이 좋겠다는 생각을 하게 되었다. 어느 분야를 공부하든 귀국하여 기여만 하면 될 것이고 고고학도 미개척분야이기는 마찬가지 아닌가 하는 자신을 합리화하는 생각도 들었다. 이런 몇 가지 이유와 사정을 잘 말씀드리면 이해를 하여 주시겠거니 하고 편지를 드렸는데 얼마 뒤에 들려 오는 서울의 반응은 엄청난 것이었다. 선생님께서 어찌나 진노하셨는지 국립박물관 직원들이 모두들 긴장하지 않을 수 없었다는 것이다. 평소에도 절대적인 권위와 엄격하심 때문에 박물관 직원들은 관장이신 여당선생님을 매우 두려워하고 어려워하여 별명도 「불독」(실례가 아니기를 빔)이라고 붙이고 있던 참인데 크게 노하시기까지 하셨으니 당시의 박물관의 분위기가 어떠했을지 짐작할만 했다. 어쨌든 이 일로 인하여 필자는 고고학자가 아닌 미술사학도가 되어 귀국하기를 간절히 바라시는 선생님의 뜻을 다시 한번 분명하게 헤아리게 되었고 미술사학에 운명을 걸기로 단단히 작심하게 되었다. 지금 생각해보면 시원찮은 미술사학도 하나 길러 보려니 속을 어지간히도 썩인다고 느끼셨을 것 같아 죄송스럽기 짝이 없다.

유학 중에 종종 그곳의 생활과 공부에 관해 편지를 드렸는데 그때마다 늘 격려의 말씀을 담은 답장을 보내 주셨고, 약간의 학업성과를 거둘 때마다 주변의 여러 학자들에게 자주 자랑을 하시기도 하셨던 모양이다. 이 덕택에 필자는 귀국하기도 전에 이미 많은 학자들에게 장래가 촉망되는 젊은이로 과장 홍보가 되어 있는 상태였다.

Ⅲ

필자가 미술사 중에서도 우리나라의 繪畵史로 전공을 더욱 구체화하여 굳히게 된 것도 여당선생님의 덕택이다. 미국에서 미술사를 공부하면서 종합시험을 준비하게 될 즈음부터는 박사학위논문을 무엇에 관하여 쓸 것인가의 문제를 가지고 고심하게 되었다. 그곳에서 강의를 들으며 공부한 것은 中國·日本·印度의 미술사와 西洋美術史가 전부였고, 우리나라의 미술사에 관해서는 결국 혼자서 공부하는 수밖에 없는 형편이어서 생각이 많고 복잡하였다. 中國이나 日本의 미술사에 관해서 써보면 어떨까 하는 생각도 해 보았고, 그래도 어차피 귀국해서 활동을 해야할 입장이고 또 우리의 것을 공부하는 것이 훨씬 더 바람직하고 절실하다는 판단이 서기도 하였다. 그러나 한국 사람이 외국에 유학을 떠나 와서 한국 것에 관하여 논문을 쓰는 것이 과연 바람직한 것일까 하는 생각도 해 보았다. 당시에는 우리나라 유학생들이 대체로 우리나라 것을 적당히 꾸려내어 쉽게 학위를 받는다는 엉뚱한 비난이나 멸시 비슷한 것이 퍼져 있기도 하였으므로 필자도 그런 부류로 오해받고 싶지 않은 심정이

강하게 고개를 들기도 하였다. 그러나 우리나라 것에 관하여 쓰는 것이 반드시 쉬울 것이라는 생각은 옳지 않은 것임은 말할 것도 없다. 특히 韓國美術史의 경우에는 더욱 그러함을 부인할 수 없다. 우선, 우리나라 미술사의 경우에는 당시만 해도 中國이나 日本 또는 西洋美術史의 경우처럼 槪說書나 著述을 통하여 지식체계가 잡혀 있지 않았고 作品集도 충분히 나와 있지 않아 암중모색과도 같은 느낌을 주었다. 이것은 아마도 내가 국내에서 미술사의 기초를 단단히 다지지 못하고 유학을 떠난데에도 원인이 있었겠지만 우리 미술사의 전반적인 상황이 현재와는 상당한 차이가 있었던 것도 부인할 수 없는 사실이다.

아무튼 많은 생각 끝에 우리나라 미술사에 관하여 쓰기로 작정하였다. 우리나라 미술 중에서도 佛敎彫刻이 좋을 것으로 생각되었다. 黃壽永·秦弘燮·金元龍선생님 등 선학들이 해 놓으신 것들이 있어서 튼튼한 토대가 되어줄 것이라 믿었기 때문에 불확실성에 대한 불안을 덜 느껴도 좋을 것 같았고, 특히 石窟庵에 관한 최초의 박사논문을 쓸 수 있으면 좋겠다는 꽤 강렬한 욕구를 느끼게 되었다. 이러한 이유 때문에 필자는 佛敎美術 쪽에 큰 관심을 가지게 되었다. 필자가 처음으로 국제학술지에 발표한 논문이 繩衣文殊像에 관한 것("Paintings of Nawa Monju－Mañjuśri Wearing a Braided Robe", *Archives of Asian Art*, Vol. XXIV, 1970～1971, pp. 36～58)인 점도 이와 무관하지 않다.

어쨌든 석굴암의 조각에 관해서 학위논문을 썼으면 좋겠다는 생각을 어느 정도 굳히고 여당선생님께 편지를 통해 상의를 드렸다. 얼마 후에 선생님의 답장을 받아 보니 당시 같은 학과에서 공부하고 있던 선생님의 맏따님(현재 弘益大學校의 金理那교수)이 이미 佛像으로 논문을 준비 중에 있으니 굳이 두 사람이 모두 같은 분야를 하기보다는 가능하면 서로 다른 것을 하는 것이 대국적인 측면에서 좀더 바람직하지 않겠는가라고 지적하신 다음에 우리나라 繪畫史가 적극적으로 연구가 되고 있지 않으니 그것을 붙들고 해보면 어떻겠는가라고 권하시는 내용이었다. 그 말씀은 옳고 정곡을 찌른 것이었다.

사실상 필자도 우리나라 회화사가 별로 깊이있게 연구가 되고 있지 않으며 그것이 매우 아쉬운 점이라는 것을 그간의 우리나라 출판물들을 철저하게 섭렵하면서 느끼고 있었다. 특히 미국이나 서구에서 다루는 中國과 日本의 미술사가 회화사 중심인 것을 알고 있었기 때문에 더욱 우리 繪畫史에 대한 이해의 필요성은 크게 느껴질 수밖에 없었다.

그러나 우리나라 회화에 관해서 학위논문을 쓸 용기는 내지 못하고 있던 참이었다. 불상이나 도자기에 비하여 워낙 연구가 되어 있지 않아 기대고 의지할만한 기왕의 업적이 없었으며 자료 파악도 되어 있지 않아 훌륭한 논문을 쓸 수 있을 것 같지 않았기 때문이다. 본래 학위논문이란 결과가 어느정도 확실하게 예측될 수 있어야 하는데 당시 우리나라 회화에 관해서 쓴다는 것은 적어도 필자에게는 매우 불확실하고 위험 부담이 큰 것으로 느껴져 되도록 피하고 싶었다.

이러한 처지에 있던 필자는 선생님의 편지를 받고 어렵더라도 우리나라 회화에 관해서 써 보기로 작심하게 되었다. 어차피 미개척분야를 해보겠다고 대학도 스스로 考古人類學科를 선택했었고 대학원에서도 비록 여당선생님의 권유에 의한 것이었지만 전혀 준비가 되어 있지 않던 미술사를 하게 된 바에야 굳이 학위논문을 어렵게 쓰지 못할 이유가 어디 있겠는가 생각되었다. 미국학생들이 어렵다고 생각하여 수강신청 변경을 하는 과목일수록 고집과 자존심을 앞세워 버티던 오기가 되살아나기도 하였다. 이렇게 해서 필자는 학위논문도 선생님의 권유와 뜻에 따라 우리나라 회화에 관하여 논문을 쓰게 되었다.

기왕에 우리나라 회화에 관해서 쓸 바에야 회화가 가장 발달하였던 조선왕조시대를 다루는 것이 좋겠고 그 중에서도 그 근본을 찾아 보려면 초기의 회화를 파헤쳐 보는 것이 일생동안의 연구를 위하여 바람직하겠다고 판단하였다. 그래서 조선초기의 山水畫를 가지고 논문을 쓰게 되었다. 이 논문의 자료조사를 위하여 1971년에 일시 귀국해서 國立博物館의 작품들을 조사하였다. 이때는 이미 선생님께서는 주변의 연장 근무 권유를 뿌리치시고 예정대로 停年退任하신 뒤였는데 韓炳三·鄭良謨

·李蘭暎 제선배님들과 李淮求·權寧弼 제씨가 베풀어준 도움이 아직도 잊혀지지 않는다.

蓼堂선생님의 고견을 받들어서 내린 필자의 판단과 결심은 잘한 것이라 생각하며, 지금도 선생님 덕분에 韓國繪畫史를 전공하게 된 것이 더없이 다행스럽게 느껴진다. 요즈음 대학원 학생들 중에서 회화사 연구자가 제일 많이 나오고 있는 점이나 전통회화에 대한 일반인들의 관심이 크게 높아지고 있는 것을 보면서 이 방면 연구자의 한 사람으로서 큰 보람을 느낀다.

필자가 써보려고 한때 마음만 먹었다가 포기한 石窟庵에 관해서 黃壽永선생·文明大교수·姜友邦부장 등의 학자들이 책을 발간하고, 학위논문을 이미 썼거나 쓰고 있음을 보면서 마치 필자 자신의 일인양 마음이 기뻐짐을 깨닫곤 한다. 역시 선생님께서는 필자를 위해서나 우리나라 미술사학계를 위하여 현명하게 판단하셨다고 본다.

Ⅳ

여당선생님의 말씀을 듣고 용기를 얻었던 일이 한 가지 더 생각이 난다. 1973년의 일이다. 학위논문이 끝나감에 따라 필자에게는 또 다른 불안이 엄습해 오고 있었다. 늦게나마 결혼을 하여 노총각 신세를 면하고 가정을 이룬 상태였는데 공부가 끝나가는 필자에게는 아무런 직장도 얻을 전망이 없었다. 국내 대학에는 아무데도 미술사학과가 설치되어 있지 않았고 이 방면의 전공교수를 명백하게 필요로 하고 있는 것 같지도 않았다. 힘들여 공부해서 학위를 받고 귀국하면 영락없이 룸펜생활을 하게 될 전망이고, 그것을 버티게 해 줄 경제력이 필자에게는 없었다. 참으로 난감하게 생각되었다. 남들이 흔히 하지 않는 미개척분야(혹은 영세분야)를 전공하는 사람이 보편적으로 경험하는 쓰라림을 잠시나마 겪고 있던 셈이었다.

필자는 이러한 고민을 편지에 담아 선생님께 말씀드렸다. 선생님께서는 일단 귀국하면 차차 자리가 날 것이니 너무 불안하게 생각하지 말라는 말씀을 적어 보내주셨다. 그 예로 어떤 교수가 구라파에서 서양미술로 학위를 받고 돌아 왔는데 미술에 관해서는 그가 사방 안가는 곳이 없을 정도로 바쁜 모습이라는 얘기를 덧붙이셨다. 나에게 끝까지 용기를 잃지 않도록 해 주기기 위한 말씀이었음은 물론이다.

그후 학위논문이 거의 완성될 즈음에 다행스럽게도 弘益大學校가 국내에서는 처음으로 교수를 공채하는 덕택에 필자는 공모하여 채용통지를 받게 되었고, 이로써 필자의 불안은 싹 가시게 되었다. 필자를 채용해 주신 弘益大學의 崔愛卿이사장님, 교수들의 많은 반대에도 불구하고 공채제도를 국내 최초로 실행에 옮기시고 필자의 임용에 애써주신 宋在萬선생님, 필자를 강력히 추천해 주신 李大源선생님과 三佛선생님께 감사함을 잊을 수 없다. 어쨌든 여당선생님께서 예견하신 대로 필자는 弘益大學校 美術大學에서 교편을 잡게 됨으로써 마음껏 전공을 살려 활동할 수 있게 되었다. 나는 지금도 弘益大學에 감사하는 마음을 지니고 있으며, 그 대학의 전임교수로 있던 만 9년 동안 혼신의 노력을 기울여 봉직하였음을 아직도 자부한다. 아무튼 선생님께서는 이러한 문제에 있어서도 늘 긍정적으로 밝게 내다 보셨고 그것이 나에게도 항상 용기를 북돋우어 주는 활력소가 되었던 것이다.

V

1974년 3월에 귀국하여 홍익대학교 미술대학에 자리를 잡은 시절부터 은사 三佛선생님의 덕택으로 모교인 서울大學校 人文大學 考古美術史學科로 옮겨(1983년 5월) 현재에 이르기까지 藜堂선생님께서는 항상 나의 활동을 지켜보시며 격려를 아끼지 않으셨다. 안휘준이가 아니면 어떠어떠한 책이나 이러저러한 논문이 나올 수 있었겠나 하는 식으로 말씀하시면서 용기를 돋우어 주셨다.

학창시절부터 최근에 이르기까지 25년 이상 필자는 선생님께 큰 學恩

을 입으며 폐만 끼쳐 드렸다. 은혜의 만분의 일이라도 갚아 드리고 싶어 했던 것은 사실이나 그것은 처음부터 불가능한 일이었다. 1988년에 拙著《韓國繪畫의 傳統》(文藝出版社)을 선생님께 봉정한 것이 그나마 조그마한 위안이 될 뿐이다. 금년 3월 13일 생신 때 찾아 뵌 것이 선생님을 마지막으로 뵙는 결과가 될 줄이야 어찌 알았겠는가. 별세하시기 얼마 전에 꿈속에서 뵙고 약간 불안한 마음이 들기는 했으나 설마 괜찮으시겠지 하고 방심했던 것이 후회스러운 일이 되고 말았다.

선생님은 가셨으나 선생님께서 심어 놓으신 얼은 남아서 전해질 것이며 뿌리신 학문의 씨는 후학들에 의하여 결실을 맺게 될 것이다. 후학의 하나인 필자가 혹시 무엇인가 이루는 것이 있다면 그것은 모두 선생님을 비롯한 은사님들의 공이며 그분들이 거두시는 것임을 밝혀두고 싶다. 되도록 많은 것을 거두시게 해드리고 싶으나 재주와 능력이 부족함을 어찌하랴! 선생님의 명복을 두손 모아 빌며, 1990년 5월 15일 스승의 날에 이 졸문을 쓰면서 감사의 념을 되새긴다.

(《空間》 274호, 1990. 6.)

藜堂先生의 追憶

李 杜 鉉

서울大 名譽敎授

지난 4월 13일 金載元先生의 一周忌를 기하여 墓所에서 가진 墓碑除幕式에 다녀온 지도 벌써 반년이 가까워오니 여당先生과의 40여년의 만남의 가지가지의 일들이 走馬燈처럼 떠오른다.

金선생님을 처음 뵈온 것은 國立博物館에서 개최하던 美術硏究會의 硏究發表會에 드나들던 1949년부터라고 생각된다. 그때 나는 大學卒業班이었고 大學에서는 黃壽永先生의 朝鮮美術史講義와 李弘稙先生의 國史講義도 들었고 金瑢俊씨의 《朝鮮美術史要》를 감명깊게 읽었고, 또 金선생님의 〈아메리카通信〉도 신선한 자극이었다. 한때 美學科로 轉科하려고 한 것도 博物館講座에 출석한 데서 온 영향이었다고 생각된다. 그리고 6·25사변 전 내가 취직했던 H고교의 내 담임반 학생들을 인솔하고 博物館 見學을 갔을 때에 金선생님이 반가워하시고 또 뜻밖에 일로 그렇게 놀라워하시던 얼굴이 지금도 생각난다.

《景福宮夜話》에도 쓰셨지만 6·25사변 직전인 6月 20日~24日의 뉴욕대학교수인 살모니박사의 강의 때의 일을 잊을 수가 없다. 그때의 강의제목이 〈亞細亞의 舊石器時代文化〉였다고 하는데 그때의 강의제목은 잊어버렸지만 金선생님이 직접 통역하시던 일과 또 靑銅器를 설명할 때의 통역에서 '엉덩이'를 '엉치'라고 하셨는데 "저 양반이 함경도 사투리를 그냥 쓰시는구나"하고 혼자 속으로 웃던 일이 잊혀지지 않는다. 《黎堂隨筆集》 後記에 "돌이켜 보면 나는 一生에 너무 많은 사람들의 신세를 지고 살아왔다"고 술회하셨는데 古稀를 앞둔 요즈음 나도 그러한 감회에 잠길 때가 많으며, 내가 신세를 진 많은 사람들 중의 한 분이 金선생님이시다. 직접 가르침을 받은 師弟之間은 아니더라도 當代의 碩學 중에 내스스로 私淑한 분들이 內外國人學者 중에 몇 분 계시는데 그 중의 한 분이 金선생님이셨다. 한번은 지금은 故人이 된 金東旭씨와 함께 博物館長室을 찾은 일이 있었는데 당신의 뮌헨時節 이야기를 하시면서 學位論文은 考古學이 아니고 敎育學分野였다고 하시면서 學問하는 姿勢에 대하여 우리들 後進에게 여러가지 이야기를 들려주셨다. 그후 나의 첫번째 著述인《韓國新劇史硏究》는 金선생님이 주관하시던 東亞文化硏究委員會에서 硏究費를 지급받았고 또 늘상 '나라 망신시키는 사람들'이라고 농담을 하시면서도 나의 假面劇硏究와 民俗學硏究에 支援을 아끼시지 않았다.

《韓國民俗學論考》로 學術院著作賞을 받을 때도 제일 기뻐하시고 인정하여 주신 분이 金선생님이었고 1981년의 銀冠文化勳章을 받았을 때도 紀念式場에 와 주신 유일한 先輩선생님이었다. 우리 아이들의 結婚式場에도 내외분이 와 주신 것도 송구스럽고 고마운 일들이었다. 70년대에는 몇 번씩 외국사람 집에 저녁초대를 선생님과 함께 받은 일들이 있었는데 그때마다 옆에서 나의 테이블매너에 대해서 자상하게 신경을 써주시던 일 같은 것이 잊혀지지 않는다. 이렇듯 金선생님과의 追憶은 斷片的으로 나마 여러가지 일들이 떠오르나 나의 生活에서 이제까지 生活信條로 하여 지켜오는 두 가지는 金선생님께서 본받은 것이다. 그 하나는 李基白氏나 李蘭暎氏도 회고문에서 언급하고 있지만 Researcher는 Collector를 겸해서는 안된다는 일이었다. 60년대부터 民俗調査를 한답시고 30년간 거의 全國을 다니면서도 民具다운 民具나 假面이나 巫具같은 것을 수집하지 않았다. 요즈음 와서 그런 것들이 굉장한 값으로 치솟고 투자대상까지 되고 假面이나 巫具의 컬렉션으로 한몫 보려는 수집가들도 있지만, 나는 후회하지 않기로 하고 있다. 또 다른 하나는 일단 떠나온 職場은 後輩들에게 깨끗하게 물려주고 뒤돌아보지 말라는 것이다. 1970년 선생님이 停年退任辭에서 "죽어서 다시 태어난다고 하더라도 또 박물관장이 되고 싶다"고 하셨고 그렇게 애착을 가지셨던 자리이나 그

후로 20년 세월을 博物館에 대해 늘 걱정하시면서도 다시는 찾아가시지 않았다. 正初에 歲拜로 새해인사를 나누고 여러가지 世上 돌아가는 이야기며 人物評을 나누기도 하는 것이 새해 들어서의 나의 첫번 기쁨이었는데 그때마다 退職 후 아무 포스트도 갖지 않은 것이 너무나 긴 歲月이었다는 술회는 가끔 하셨다. 효빈 같은 이야기지만 나도 停年退職 후에 한번도 내가 있던 職場에 가지를 않았다.

선생님 生前에 '藜堂'이라는 雅號에 대해서 여쭈어 보지를 못하였는데 내짐작으로는 '藜杖韋帶'라는 말에서처럼 검소한 생활을 뜻하시고자 한 것이 아닌가 생각한다. 海外旅行하실 때도 항상 second best hotel에 묵곤 하셨다는 이야기를 전해들은 일이 있다. 선생님 댁에 드나들면서 항상 느끼는 것은 그 검소한 生活이 가난한 大學教授와 다름없었고 또 어떤 때는 내가 車도 없이 터덜거리고 다니는 것이 딱하셨던지 "당신 나이에 보직이라도 맡었으면 이러고 다니지는 않을텐데"라고 하시면서도 평교수로 만족하고 있는 것을 대견하게 생각하시는 눈치였다. 民俗學分野도 필요하다고 震檀學會와 인연을 맺어주신 것과 學術院會員으로도 적극추천하여 주신 學恩을 나로서는 길이 잊을 수 없는 일이다.

海外旅行하실 때에도 미국에서 카이로에서 또는 네팔에서 엽서를 주셔서 나를 놀라게 하고 가끔 外國旅行談을 함께 나누던 일도 잊을 수 없는 추억의 하나이다.

이제 나로서는 고향선배인 두 분—金載元先生과 李敏載先生—을 잃고 어버이를 여의었을 때와 같은 心情으로 갈피를 못잡고 내 속에서 메아리치는 追憶들을 두서없이 엮어 보았다.

1991년 여름

學友 故金載元君의 他界를 哀悼함

馬 鍾 國

咸興高普 8回同窓

君은 日帝의 압정을 무릅쓰고 일찍이 독일과 벨기에 유학을 감행하여 考古學을 전공 연수, 영예의 博士學位까지 취득하고 錦衣歸國하여, 후진 양성과 일반 국민의 교양제고를 위해 대학에서 강의하고 또 著述까지 하여 우리 祖上들이 이룩한 숭고찬란한 업적을 소상하게 傳授하여 우리 국민에게 민족적 자부심과 긍지를 가지게 해 주었으며 국립박물관장 재임시에는 그 당시 6·25動亂으로 逸散 支離滅裂된 고귀한 각종 전시품들을 끈기있게 수습정리하여 君 스스로 고고학적 見地에서 국내외 관람자들에게 알기 쉽고도 유창하게(外國人에게는 英·佛·獨語로) 설명하여 민족의 文化예술면에 있어서 天賦的 才質을 널리 讃揚, 紹介하였고, 學術院會員으로 선임되어서는 국정자문에 응하여 正義에 立脚한 公明正大한 助言을 서슴지 않고 하는 등, 君이 그 짧은 생애에 國威宣揚을 위하여 남긴 업적은 실로 至大하다 하겠소.

특히 咸興高普同窓會 회장직을 맡음에 있어서는 동창회지 발행을 劃策, 제반 난관을 극복하고 이를 실현케 하여 그 당시까지 뿔뿔이 흩어져 生死조차 알지 못하고 있었던 동창들의(特히 월남한 동창) 存在와 現況을 명확히 收集, 發表함과 동시에 회원들의 회고담을 실어 懷舊之情을 새롭게 하여 주었음은 可贊할만한 일로 그 고마움 그지없소.

그리고 治家에 있어서는 民主 爲主로 함으로써 家內 분위기는 항상 화기애애하였고 子女들의(1男 3女) 教育은 各自 素質에 따라 專攻分野를 設定, 國內外에서 最高學部에까지 修學케 하였으며, 學業을 마친 후에는 海外留學者는 무조건 귀국시켜 모두 祖國을 위하여 봉사하도록 하였으니 이 또한 君 本然의 民主愛國的 措置였다고 높이 評하고 싶소.

이와 같이 하여 이제는 마지막이 된 筆跡이 되고 말았지만, 君은 지난번 新年人事狀에 以上과 같이 子女들에 대한 父母로서의 책임도 완수하였으니, 앞으로 홀가분한 마음으로 老後를 悠悠自忍할 수 있게 되었다고 하였는데 이 무슨 異變일까. 그로부터 수개월도 못되어 뜻밖에 君의 訃報에 접하게 되다니 人生無常이라고 하나, 하나님도 너무 무심하군요. 그저 驚嘆不已 哀痛益切할 뿐, 새삼 君의 어질고 너그러운 풍모와 國家와 民族을 위하여 남긴 그 빛나는 業績을 거듭거듭 想起 感歎하면서 삼가 君의 冥福을 비는 바이오.

1990. 5. 5.

(咸興高普《同窓會誌》제3호,1990. 10.)

4. 碑文

藜堂全州金公載元博士之墓

藜堂金載元先生은 平生을 學術·文化事業에 獻身하여 우리나라 考古美術史學을 振興시키고 外國學界와의 聯繫를 두터이 하는 데에 크게 이바지한 斯界의 耆宿이었다. 先生은 西紀一九○九年 二月二十二日 咸南咸州郡朱地面興上里에서 父 全州金公鶴鎬와 母 全州李氏獻俊의 長男으로 태어났다. 咸興高普를 卒業한 후 뜻한 바 있어 獨逸遊學의 길에 올라 弱冠에 뮌헨大學에서 博士學位를 받았으며 독일과 벨기에 등지에서 더욱 硏鑽을 쌓던 중 歐洲에 戰雲이 감돌자 歸國하여 普成專門教授로 奉職하였다. 先生의 活動은 祖國光復과 더불어 國立博物館長의 重責을 맡으면서 더욱 빛나니 考古美術 文化財를 온전하게 保存하고 調査·發掘을 本格的으로 推進하였으며 六·二五動亂의 渦中에서는 不屈의 意志와 手腕으로 尨大한 民族의 文化財를 完璧하게 待避시켰을 뿐 아니라 이들을 歐美諸國으로 巡回展示하여 韓國文化 宣揚에 크게 貢獻하였으니 이 모든 業績은 先生의 推進力에 힘입은 바 실로 컸었다. 先生은 國立博物館長으로 停年退任까지 二十五年間을 줄곧 우리 考古美術史學의 硏究發展에 精誠을 傾注하는 한편 특히 後學育成에도 盡力하였으니 東亞文化硏究委員會를 構成하여 하바드燕京學社를 비롯한 東亞諸國 學界와의 交流를 鞏固히 하였고 震檀學會를 再建하여 民族의 學問傳統을 繼承發展시켰으며 學術院의 樞要一員으로서 海外學界와의 交流 및 硏究水準의 提

高에 크게 寄與하였다. 이제 享年八十一歲로서 西紀一九九○年 四月十二日 逝去하시니 曠懷하고 蘊藉한 人品과 先驅的인 慧眼으로 다져진 確固한 信念은 後學들의 師表가 되었다. 夫人 李彩熙女史는 父 淸州李公楨準과 母 平昌李氏鍾春의 二女로 東京女子醫專을 卒業한 醫師로서 많은 活動을 하시다. 膝下에 一男三女를 두었으니 각기 맡은바 分野에서 크게 活躍을 하고 있다.

西紀一九九一年 四月 高柄翊撰

洪石蒼書

配	李彩熙	子	翰集	子婦	李禎洵	孫	炫昌
		女	理那	婿	李 亮		美謙
			信那		李 棟		
			英那				

墓碑　京畿道 廣州郡 五浦面 梅山里, 漢南公園 墓苑, 1991년 4월

부 록

3

年譜와 論著

1. 蔾堂金載元博士 年譜

1909. 2. 22(陰)	咸鏡南道 咸州郡 朱地面 興上里 207番地에서 故 金鶴鎬先生의 아들로 出生
1922. 3～1927. 3	咸興高等普通學校 졸업
1929. 11～1934. 9	독일 뮌헨大學 哲學部 教育學 전공 同 大學 文學博士 학위
1934. 9～1940.5	벨지움 켄트國立大學 Carl Hentze교수의 助手
1940. 11～1945. 10	普成專門學校 講師
1941. 4	辯護士 故 李楨準先生의 女 李彩熙女史와 결혼 (東京女子醫科大學 졸업, 前 保社部 國立保健院 訓鍊部 母子保健學 담당관)
1942. 1	長女 理那 출생(現 弘益大學校 教授, 韓國美術史 전공) 婿 李亮(現 外務部 外交政策企劃室 第２政策審議官)
1943. 11	次女 信那 출생(現 市立東部病院 小兒科科長) 婿 李棟(現 서울특별시 綜合建設本部長)
1944. 4～1945. 9	京城女子醫學專門學校 講師
1944. 4～1945. 10	京城經濟專門學校 講師
1945. 9～1970. 2	國立博物館館長
1946. 4～1969	서울大學校 文理科大學 講師
1948. 4～1949. 1	록펠러재단 초청 미국 및 캐나다에서 博物館 實務行政 硏修

1950. 1	長男 翰集 출생(現 亞洲大學校 敎授, 生物學 전공) 子婦 李禎洵(孫子 炫昌, 孫女 美謙, 炫玉)
1951. 4	三女 英那 출생(現 德成女子大學校 敎授, 西洋美術史 전공)
1953. 8	高等考試委員
1954. 5～1990. 4	大韓民國學術院 會員
1955. 8～1961. 5	社團法人 韓國造形美術硏究所 理事
1956. 5～	이탈리아 시실리아 팔레르모市에서 개최된 UNESCO 考古學회의 참석
1957. 5～1968. 6	하바드·옌칭學社 서울支部 東亞文化硏究委員會 委員 겸 幹事長
1957. 7～1968. 12	서울특별시文化委員會 委員
1957. 8～1958. 8	國寶海外展示管理官으로 美國 駐在
1957. 12～1990. 4	在 베를린 독일考古學硏究所 通信會員
1958. 11	제 4 차 韓日會談韓國代表團 顧問
1960. 2	文敎部 國語審議委員會 委員
1961. 2～8	國寶海外展示管理官으로 유럽 駐在
1961. 10	제 13 회 高等考試行政科 考試委員
1961. 10	文敎部敎育再建諮問委員
1961. 10	제 6 차 韓日會談韓國代表團 代表
1962. 3	韓國日報出版文化賞 수상(《感恩寺》 共著)
1962. 4	韓國山岳聯盟 副會長
1963. 4	말레이시아 쿠알라룸푸르에서 개최된 亞洲·美洲文化交流會議(Asian～American Assembly) 참석
1963. 6	UNESCO韓國委員會 委員
1964. 2	체신部郵票審議委員會 委員

1965. 3	미국 샌프란시스코에서 개최된 제27차國際東洋學者大會 참가 후 과테말라·멕시코·프랑스·이탈리아의 考古學界 시찰
1965. 7	大韓民國學術院賞 수상
1966. 1	미국 로스엔젤리스 카운티박물관에 한국유물 증정식에 참가
1966. 5	5·16 民族賞 수상(*Treasures of Korean Arts* 共著)
1966. 8	샌프란시스코 드·영박물관 東洋美術박물관개관기념. 國際東洋美術 심포지움 참가
1967. 2	韓國學術研究助成委員會 委員
1967. 3	愛國先烈銅像建立委員會 委員
1967. 8	미국 미시간주 안·아버에서 개최된 國際東洋學者大會에 참가
1967. 12～1969	韓國山岳會 副會長
1968. 3	社團法人 5·16 民族賞 審査委員
1968. 9	제19회 국제올림픽대회 멕시코조직위원회 초청, 멕시코에서 거행된 文化행사 참가
1968. 10～1976. 6	하바드·옌칭學社 서울支部 東亞文化研究委員會 委員長
1968.	韓國考古學會 창립 초대會長
1970. 2	國立博物館長 停年退任. 國民勳章 牡丹章 受與
1970. 3	三·一 文化賞 수상(《韓國支石墓研究》 共著)
1970. 9～1971. 6	미국 펜실베니아주 알렌타운市 뮬렌버그대학 초빙교수
1972. 10	일본 高松古墳발견 日·韓國·北韓 합동 고고학자회의 한국측 단장
1976. 6	일본 국제문화교류협회 출판문화상, 그랑프리(*Arts of Korea* 共著)

1977	아테네 개최 國際學術院聯盟(Union Academie Internationale, UAI)회의 참석, 大韓民國學術院 회원국가입 성공
1978～84	브뤼셀(1978)·베른(1979)·부다페스트(1981)·브뤼셀(1984) 등 국제학술원 연맹회의 한국대표로 참석
1981. 6～1990. 4	平和統一政策 諮問委員
1988. 6	베를린에서 개최된 國際古典考古學大會 참가
1990. 4. 12	別世

2. 蔾堂金載元博士 論著目錄

(1) 著 書

Göttergestalten in der älten Chinesischen Schrift (Carl Hentze와 공저)	**Antwerpen**	1943
檀君神話의 新研究 (初版)	正音社	1947
(改訂版, 8판)	探求堂	1987
壺杅塚과 銀鈴塚	國立博物館	1947
雙床塚·馬塚·路西里 138號墳(共著)	國立博物館	1955
韓國西海島嶼(編著)	國立博物館	1957
韓國史, 古代篇(共著)～震檀學會 編	乙酉文化社	1959
感恩寺(共著)	國立博物館	1961
The Ceramic Art of Korea(共著)	London	1961
義城塔里古墳(共著)	國立博物館	1962
Burma Korea Tibet(共著)(Art of the World Series)	London : Methuen	1964
독어판 *Burma Korea Tibet*	Baden-Baden : Holle Verlag	1963
불어판 *Birmanie Corée Tibet*	Paris : Edition Albin Michel	1963
이탈리아어판 *Birmania Corea Tibet*	Milano : Casa Editrice Il Saggiatore	1963
미국판 *The Art of Burma Korea Tibet*	New York : Crown Publishers	1964

The Arts of Korea: Ceramics, Sculpture, Gold, Bronze and Lacquer(共著)	London: Thames and Hudson	1966
독어판 *Korea, 2,000 Jahre Kunstschaffen,*	München: Hirmer Verlag	1966
불어판 *Corée, 2,000 Ans de Création Artistique*	Fribourg, Switzerland: Office du Livre	1966
미국판 *Treasures of Korean Arts, 2,000 Years of Ceramics, Sculpture and Jeweled Art*	New York: Harry N. Abrams	1966
일어판《朝鮮美術》陶器·彫刻·金工	東京: 美術出版社	1967
韓國支石墓研究(共著)	國立博物館	1968
ソウル・水原	東京: 講談社	1968
Seoul	Tokyo: Kodansha International	1969
韓國美術(編著) 日語版	東京: 講談社	1970
韓國語版	探求堂	1973
Arts of Korea(共著)	Tokyo: Kodansha International	1974
景福宮夜話	探求堂	1991

(2) 論 文

"Die Lesung einiger alter Bronze-Inschriften", *Ostasiatische Zeitschrift*, Neue Folge XIII, Heft 5(Berlin, 1937).

"Über eine Gruppe chinesischer Messer," *Ostasiatische Zeitschrift*, Neue Folge XIV, Heft 2~3(Berlin, 1938)

〈考古學上으로 본 上古의 戰具〉 《朝鮮日報》, 1938. 6. 23~30(6回)

〈東洋文化의 考究 – 三皇부터 周代까지〉《朝鮮日報》, 1938, 1.30 ~ 2.6일(7回)

〈支那古銅器文様の意義に就て〉 《人類學雜誌》 제 57 권 제 4 호(제 654 호, 東京, 1942. 4.)

〈再び支那古銅器文様の意義に就て〉 《人類學雜誌》 제 57 권 제 8 호(제 658 호, 東京, 1942. 8)

〈西伯利亞의 歷史와 文化〉 《春秋》 1942. 7.

"Two Old Silla Tombs" *Artibus Asiae*, Vol.X, No.3(1947)

"Han Dynasty Mythology and the Korean Legend of Tan'gun," *Archives of the Chinese Art Society of America*, Ⅲ(1948, 1949)

"The Stone Pagoda of Kuhwang-ni in South Korea," *Artibus Asiae* Vol. XⅢ, No.1/2(1950)

〈河南陝州漢墓出土의 明器〉 《歷史學報》 제 5 집(1953)

"Masterpieces of Korean Art in America", *Artibus Asiae*, Vol. XX, No.4(1957)

〈宿水寺 出土의 佛像에 대하여〉 《震檀學會》 제 19 호(1958)

同 論文 日語 〈宿水寺出土の佛像に就いて〉 《美術研究》 제 200 호(1958).

"Treasures from the Songyim-Sa Temple in South Korea", *Artibus Asiae*, Vol. XXⅡ, No. 1/2(1959)

〈巴里의 新羅寶冠〉 《美術資料》 제 1 호(1960. 8)

〈國立博物館所藏 漢代의 青銅帶句〉 《美術資料》 제 2 호(1960. 12)

〈李世倬〉 《美術資料》 제 5 호(1962. 6)

〈새로 發見된 土器 數種〉 《美術資料》 제 6 호(1962. 12)

〈韓國考古學的過去與現在〉 《大陸雜誌特刊》 第 二 輯, 朱家驊先生七十歲論文集(臺北, 1962)

〈袖中錦〉(자료소개) 《美術資料》 제 8 호(1963. 12)

〈扶餘・慶州・燕岐出土 銅製遺物〉 《震檀學報》 제 25·26·27 합병호(1964)

〈麓邨 安儀周攷〉 《李相佰博士回甲紀念論叢》 乙酉文化社, 1964

〈感恩寺と西塔發見の舍利容器〉 《みづゑ》 제 720 호(1965. 2)

〈松林寺磚塔〉 《震檀學報》 제29·30합병호(1966)

〈大邱晩村洞出土의 銅戈·銅劍〉 《震檀學報》 제 29·30 합병호(1966)

〈龍仁出土銅劍鎔范〉 《李崇寧博士頌壽紀念論叢》(1968)

〈李朝民俗彫刻의 數例〉 《美術資料》 제 12 호(1968. 6)

"Die Steinpagoden des Kamŭn-sa und des Pulguk-sa und ihre Schätze," *Popyläen Kunstgeschichte*, China, Korea, Japan, Berlin 1968.

"Studies of Dolmen in Korea" *IPEK*(*Jahrbuch für Prähistorische & Ethnographische Kunst*), ed. Herbert Kühn, 23 Band, Walter De Gruyter · Berlin · New York 1970 / 1973

〈長沙의 前漢墓發掘에 대하여〉 《震檀學報》 제 40 호(1975)

(3) 隨筆集

藜堂隨筆集	探求堂	1973
나의 人生觀－東西를 넘나들며	徽文出版社	1978

박물관과 한평생

초판1쇄 1992년 7월 15일
2쇄 2000년 11월 10일
3쇄 2013년 1월 5일

저 자 **김재원**
발행자 **홍정수**
발행처 **탐구당**

등록일 1950년 11월 1일
등록번호 서울 제 03-00993 호

주소 서울특별시 용산구 한강대로 62 나길 6
전화 (02) 3785-2211(대표)
팩스 (02) 3785-2272
홈페이지 www.tamgudang.co.kr
전자우편 tamgudang@paran.com

ISBN 978-89-6499-011-7

값 18,000 원

* 파본이나 잘못된 책이 있으면 교환해 드립니다.